혼자 해도 프로 작가처럼 잘 그리는

아이패드 드로잉

with 프로크리에이트

빨간고래 지음

한빛미디어 Hanbit Media, Inc.

지은이 빨간고래(박정아)

커다란 호수가 있는 동네에서 그림을 그리며 고양이와 함께 살고 있습니다. 프리랜서 일러스트레이터의 삶이 주는 자유와 불안정함 속에서 약 17년간 그림으로 생계를 유지해왔습니다. 따뜻하고 귀여운 것들을 무척 좋아합니다. 그래서 그립니다.
어도비 코리아, 이케아 코리아, 스테들러 코리아, 클립 스튜디오 페인트(셀시스), LG U+, 유한킴벌리, 더페이스샵, 엔제리너스 등과 콜라보레이션을 했으며, 미샤 패키지, 현대자동차 사보, 엘지하우시스지인 벽지, GS건설 캘린더 등 다수의 프로젝트를 진행했습니다. 저서로는 《맛있는 디자인 일러스트레이터 CC 2024》, 《맛있는 디자인 포토샵&일러스트레이터 CC 2024》, 《컬러링 앤 더 푸드》 외 5종의 컬러링북, 《나도 그래요》, 《혼자 놀고 싶은 날 숨은 그림 찾기》, 《드로잉 앤 더 시티》, 《드로잉 앤 더 푸드》, 《크리에이티브 아트웍 4》 등이 있습니다.

유튜브 〈빨간고래의 드로잉〉 채널
공식사이트 www.redwhale.co.kr
인스타그램 www.instagram.com/redwhale
그라폴리오 www.grafolio.com/redwhale

혼자 해도 프로 작가처럼 잘 그리는 아이패드 드로잉 with 프로크리에이트

초판 1쇄 발행 2022년 6월 27일
초판 4쇄 발행 2024년 3월 26일

지은이 빨간고래(박정아) / **펴낸이** 전태호
펴낸곳 한빛미디어(주) / **주소** 서울특별시 서대문구 연희로 2길 62 한빛미디어(주) IT출판1부
전화 02–325–5544 / **팩스** 02–336–7124
등록 1999년 6월 24일 제25100–2017–000058호 / **ISBN** 979-11-6921-000-3 13000

총괄 배윤미 / **책임편집** 장용희 / **기획** 장용희 / **교정** 박서연 / **진행** 윤신원
디자인 박정우 / **전산편집** 김보경
영업 김형진, 장경환, 조유미 / **마케팅** 박상용, 한종진, 이행은, 김선아, 고광일, 성화정, 김한솔 / **제작** 박성우, 김정우

이 책에 대한 의견이나 오탈자 및 잘못된 내용에 대한 수정 정보는 한빛미디어(주)의 홈페이지나 아래 이메일로 알려주십시오.
잘못된 책은 구입하신 서점에서 교환해 드립니다. 책값은 뒤표지에 표시되어 있습니다.
한빛미디어 홈페이지 www.hanbit.co.kr / 이메일 ask@hanbit.co.kr / 자료실 www.hanbit.co.kr/src/11000

머리말

안녕하세요, 일러스트레이터 빨간고래입니다. 저는 그림을 무척 좋아해서 일러스트레이터가 되었습니다. 저는 "어떻게 하면 그림을 잘 그릴 수 있을까?"라는 고민을 항상 합니다. 아마 이 책을 보고 계신 분들도 비슷한 생각이실 겁니다. 좋아하는 그림을 '잘' 그릴 수 있다면 얼마나 좋을까요.

하지만 그림을 시작하려면 여러 가지 문제점을 만나게 됩니다.

"뭘로 그리지? 어떻게 그리지? 물감이나 붓은 종류도 너무 많고 비싼데…."

수년간 하드 트레이닝을 한 미술 전공자들도 이런 문제로 시작이 두렵고 막막하기는 마찬가지입니다. 아이패드 드로잉은 이런 부담을 덜어줄 수 있는 좋은 도구입니다. 드로잉을 편리하게 할 수 있게 도와주는 여러 가지 기능들이 있고, 틀려도 바로 수정이 가능하며, 뛰어난 해상도도 그림이 좋아 보이게끔 해주는 데 한몫합니다.

프로크리에이트는 가장 많이 사용되고 있는 아이패드용 드로잉 앱입니다. 저렴하고 리얼한 브러시가 있어서 매우 매력적입니다. 옆에서 프로크리에이트로 그리는 것을 구경만 해도 재미있고, 왠지 그냥 따라 해도 될 만큼 쉬워 보입니다. 또 유튜브와 같은 SNS에는 무료 강좌도 많기 때문에 접근하기가 쉽습니다. 그러나 프로크리에이트를 하다 보면 이런 물음이 생기고는 합니다.

"유튜브에서 무료 강좌를 보긴 했는데 내가 알고 있는 방법이 확실히 맞는 건가?"

"사용법은 대충 알겠는데 이걸로 어떻게 그림을 그리지?"

"천천히 뜯어보니까 메뉴가 더 많네…. 대체 어디에 쓰는 기능일까?"

이 책은 이런 분들을 생각하면서 만들었습니다.

"프로크리에이트를 체계적으로 제대로 배우고 싶다."

"간단하게 그렸지만 느낌 있어 보이는 그림을 그리고 싶다."

"그림을 배워본 적은 없지만 잘 그리고 싶다."

"혼자 하기 때문에 쉽고 재미있게 하고 싶다."

이 책은 미술에 대한 전문적인 지식이 없어도 누구나 즐겁게 따라 그릴 수 있도록 심플하고 귀여운 그림으로 구성되어 있습니다. 또 프로크리에이트를 제대로 배울 수 있도록 기능을 알차게 구성했고 부분별로 꿀팁 영상이 있어서 더 쉽게 이해할 수 있도록 도와줍니다.

깔끔한 라인 드로잉부터 마치 진짜 종이에 그린 듯한 수작업 효과까지 저와 함께 차근차근 따라 하다 보면 어느새 '프로크리에이트로 느낌 있는 그림'을 그리고 있을 것입니다. 모두 즐거운 아이패드 드로잉 시간 보내세요.

감사합니다.

빨간고래

LESSON : 차근차근 시작하기

아이패드와 프로크리에이트가 서툰 왕초보라면 제스처부터 익혀보세요.

프로크리에이트 제스처 익히기

필수 제스처 알아보기

프로크리에이트 제스처는 컴퓨터의 단축키와 같은 역할을 합니다. 애플 펜슬과 함께 제스처를 사용하면 더 쉽고 빠르게 드로잉할 수 있으니 반드시 활용해보는 것을 추천합니다.

01 손가락으로만 하는 제스처

❶ **취소하기** | 두 손가락으로 화면을 터치하면 이전 작업이 취소됩니다. 250개까지 취소할 수 있습니다.

❷ **재실행하기** | 세 손가락으로 화면을 터치하면 취소했던 작업이 재실행됩니다.

❸ **캔버스 축소, 확대, 회전하기** | 두 손가락으로 화면을 모으면 캔버스가 축소되고, 벌리면 확대됩니다. 두 손가락으로 화면을 돌리면 캔버스가 회전합니다.

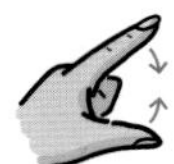

042 혼자 해도 프로 작가처럼 잘 그리는 아이패드 드로잉 with 프로크리에이트

수채화 브러시 활용하기

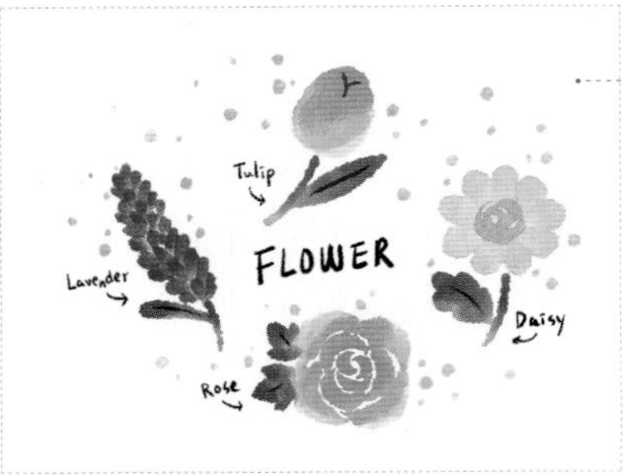

준비 파일 | 2\sketch02.png **완성 파일** | 2\final02.procreate

수채화는 물감과 물이 섞여 번진 듯한 느낌이 매력입니다. 커스텀 수채화 브러시로 농도가 연하고 물을 머금은 듯한 느낌이 나는 여러 가지 꽃을 그려보겠습니다. 프로크리에이트에도 수채화 브러시가 기본적으로 내장되어 있지만 물이 번지는 느낌이 많이 표현되지는 않습니다. 반드시 빨간고래의 커스텀 브러시를 설치하여 실습하기를 바랍니다.

140 혼자 해도 프로 작가처럼 잘 그리는 아이패드 드로잉 with 프로크리에이트

LESSON : 드로잉 그림 미리 보기

빨간고래 작가의 '따뜻한 색감의 이야기가 있는 그림'을 그릴 수 있습니다. 깔끔한 라인 드로잉부터 진짜 종이에 그린 듯한 표현까지 재미있게 익혀보세요.

준비 파일, 완성 파일

실습에 필요한 준비 파일과 실습이 모두 끝난 완성 파일을 제공합니다. 빨간고래가 직접 제작한 스케치 파일과 프로크리에이트 완성 파일을 확인해보세요.

빨간고래의 브러시 활용

그림을 그리는 데 가장 중요한 브러시 설정을 알려줍니다. 브러시의 종류, 크기, 색상을 어떻게 설정하는지 자세히 소개합니다.

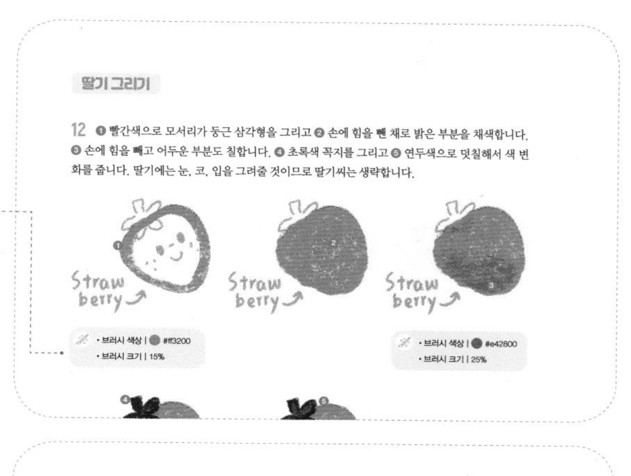

딸기 그리기

12 ❶ 빨간색으로 모서리가 둥근 삼각형을 그리고 ❷ 손에 힘을 뺀 채로 밝은 부분을 채색합니다. ❸ 손에 힘을 빼고 어두운 부분도 칠합니다. ❹ 초록색 꼭지를 그리고 ❺ 연두색으로 덧칠해서 색 변화를 줍니다. 딸기에는 눈, 코, 입을 그려줄 것이므로 딸기씨는 생략합니다.

• 브러시 색상 | #ff3200
• 브러시 크기 | 15%

• 브러시 색상 | #e42800
• 브러시 크기 | 25%

기능 꼼꼼 익히기

그림을 그려본 적 없어도, 드로잉이 서툴러도 괜찮습니다. 프로크리에이트의 다양한 기능을 제대로 활용해보세요.

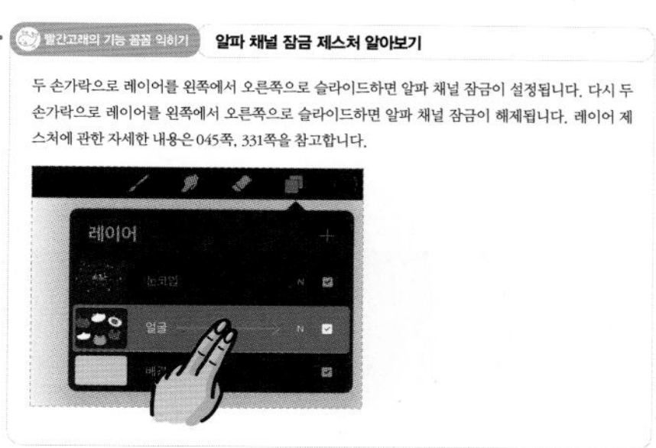

빨간고래의 기능 꼼꼼 익히기 **알파 채널 잠금 제스처 알아보기**

두 손가락으로 레이어를 왼쪽에서 오른쪽으로 슬라이드하면 알파 채널 잠금이 설정됩니다. 다시 두 손가락으로 레이어를 왼쪽에서 오른쪽으로 슬라이드하면 알파 채널 잠금이 해제됩니다. 레이어 제스처에 관한 자세한 내용은 045쪽, 331쪽을 참고합니다.

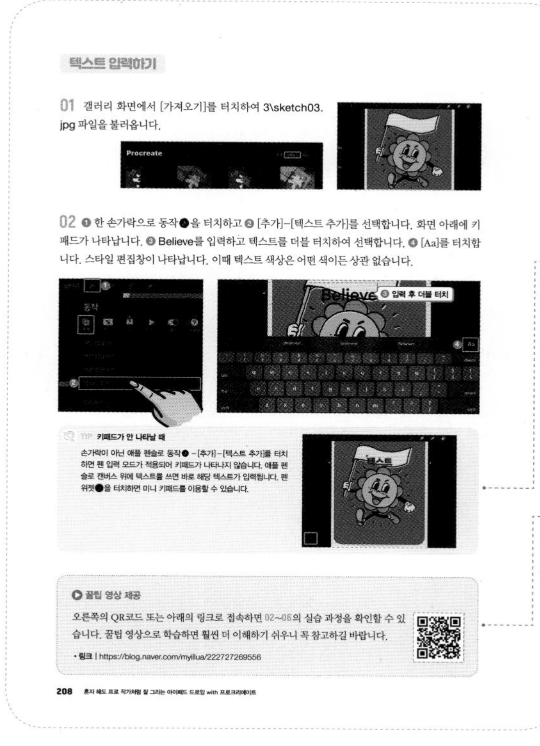

텍스트 입력하기

01 갤러리 화면에서 [가져오기]를 터치하여 3\sketch03.jpg 파일을 불러옵니다.

02 ❶ 한 손가락으로 동작●을 터치하고 ❷ [추가]–[텍스트 추가]를 선택합니다. 화면 아래에 키패드가 나타납니다. ❸ Believe를 입력하고 텍스트를 더블 터치하여 선택합니다. ❹ [Aa]를 터치합니다. 스타일 편집창이 나타납니다. 이때 텍스트 색상은 어떤 색이든 상관 없습니다.

TIP 키패드가 안 나타날 때

손가락이 아닌 애플 펜슬로 동작● – [추가]–[텍스트 추가]를 터치하면 펜 입력 모드가 적용되어 키패드가 나타나지 않습니다. 애플 펜슬로 캔버스 위에 텍스트를 쓰면 바로 해당 텍스트가 입력됩니다. 펜 위젯●을 터치하면 미니 키패드를 이용할 수 있습니다.

꿀팁 영상 제공

오른쪽의 QR코드 또는 아래의 링크로 접속하면 02~06의 실습 과정을 확인할 수 있습니다. 꿀팁 영상으로 학습하면 훨씬 더 이해하기 쉬우니 꼭 참고하길 바랍니다.

• 링크 | https://blog.naver.com/myillua/222727269556

208 혼자 해도 프로 작가처럼 잘 그리는 아이패드 드로잉 with 프로크리에이트

TIP

그림을 그리며 막히는 부분이 생긴다면 TIP을 확인해보세요. 빨간고래의 드로잉 노하우가 가득합니다.

꿀팁 영상

혼자 학습하기 어려운 실습 단계에서는 저자가 직접 촬영한 꿀팁 영상을 제공합니다. QR코드로 접속하거나 동영상 링크를 직접 입력해 실습 단계를 확인해보세요. 학습이 훨씬 쉬워집니다.

'따뜻한 색감의 이야기가 있는 그림'을 그리는 빨간고래의 아이패드 드로잉 강의!

깔끔한 라인 드로잉부터 진짜 종이에 그린 듯한 수작업 효과까지
차근차근 따라 하면 어느새 '혼자 해도 잘 그리는 모습'에 놀라게 될 것입니다.

It's My Day

our Sunset
our Sunset

She cat

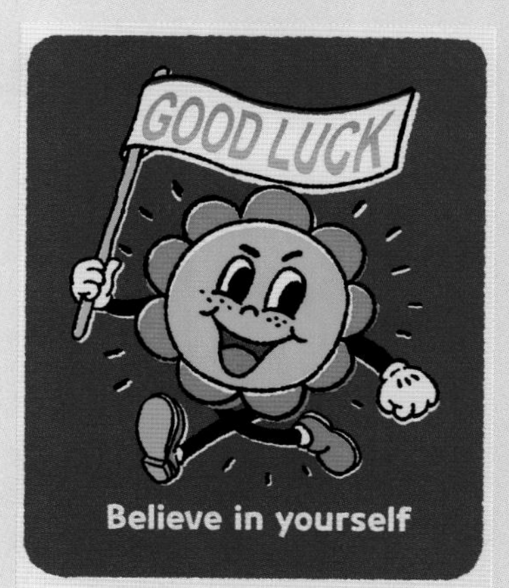
GOOD LUCK
Believe in yourself

C
CHCO
CHCO

Banana
Hanra bong
Apple
Fruits
Straw berry
Lemon
Grape

thank you

오늘도 일하기 싫다...
1/4

빵을 먹다가 문득
와구
와구
1
행복하다는 생각이
들었습니다.
2
3
내 손에는 크림빵이 있고
너무 달고 부드러워
4
내일도 행복할 예정입니다.
내일도
먹어야지!

신이시여, 열정을 주소서!
2/4

텅장 만한 것이 없지요~
BANK
툭
4/4

오늘의 일기
끝~

HELLO!

WELCOME

아웅~
COCO

LAST SUMMER

Good Morning

Tulip
FLOWER
Lavender
Daisy
Rose

<빨간고래의 드로잉> 채널

귀엽고 따뜻한 것들을 그리는 일러스트레이터 빨간고래의 드로잉 채널입니다. 재생목록에서 '프로크리에이트' 활용법을 익히거나 색연필 드로잉, 브이로그 등을 시청하며 더 좋은 그림을 그려보세요.

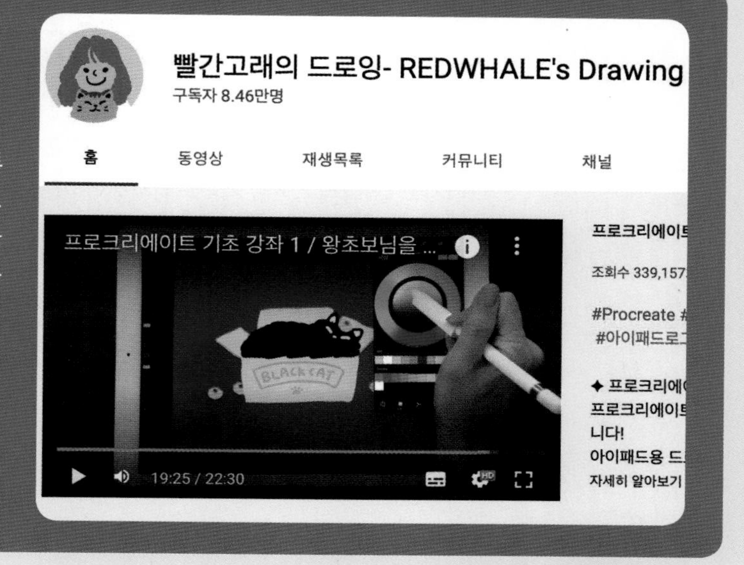

CONTENTS

INTRO 아이패드 드로잉 준비하기

CHAPTER 01. 그림 그리며 프로크리에이트 기초 익히기

CHAPTER 02. 감성적인 손 그림 그리기

CONTENTS

CONTENTS

INTRO

아이패드 드로잉
준비하기

01 LESSON 아이패드와 애플 펜슬, 액세서리 준비하기

아이패드 준비하기

아이패드는 드로잉 장비 중 가장 인기가 많은 도구입니다. 가격이 비싸다고 생각할 수도 있지만 성능과 휴대성을 고려하면 가성비가 무척 좋습니다. 드로잉뿐만 아니라 노트, 다이어리 대용으로 사용할 수 있고 영화나 인터넷 강의를 볼 수도 있으며 게임, 영상 편집도 가능합니다. 이렇게 활용도가 높다 보니 여러 가지 도구를 얇고 가벼운 태블릿 하나로 대체할 수 있어 전 세계의 많은 사람에게 사랑받고 있습니다.

▲ 아이패드 프로 5세대 12.9인치(256GB)

01 아이패드 모델 선택하기

먼저 아이패드 모델을 선택해야 합니다. 아이패드는 여러 모델이 있는데 프로크리에이트 앱과 애플 펜슬을 지원하는 모델은 다음과 같습니다(2024년 3월 기준).

프로크리에이트와 애플 펜슬을 모두 지원하는 아이패드 모델

- 아이패드 6세대 이상
- 아이패드 에어 3세대 이상
- 아이패드 미니 5세대
- 아이패드 프로 모든 모델

02 아이패드 크기 선택하기

아이패드 크기는 10.5인치 이상을 추천합니다. 제일 큰 크기는 A4 용지와 비슷한 크기인 12.9인치인데, 화면이 넓을수록 드로잉하기에 좀 더 편리합니다. 특히 한 화면에 여러 앱을 동시에 열어두고 사용할 예정이라면 조금이라도 큰 화면이 좋습니다. 다만 크기가 큰 아이패드는 휴대성이 떨어진다는 단점이 있습니다. 휴대성을 고려한다면 10.5인치를 추천합니다. 이모티콘처럼 심플한 그림을 주로 그린다면 이보다 더 작은 크기의 아이패드에서도 무난하게 사용할 수 있습니다. 참고로 이 책의 예제는 12.9인치는 물론, 10.5인치 이하의 아이패드에서도 그릴 수 있는 그림으로 구성했습니다.

▲ 12.9인치는 화면이 넓어서 여러 개의 앱을 동시에 열어두고 그리기에 좋음

03 아이패드 용량 선택하기

필자는 아이패드 프로 1세대 12.9인치(256GB)를 6년간 사용했고, 현재는 아이패드 프로 5세대 12.9인치(256GB)를 사용하고 있습니다. 드로잉이 목적이라면 128GB 이상을 추천하지만, 자주 백업하면 64GB도 사용하는 데 무리 없습니다. 그러나 고해상도의 인쇄 작업을 해야 한다면 M1 칩이 탑재된 아이패드 프로 256GB 이상을 추천합니다.

아이패드 용량이 적어서 파일을 따로 보관해야 한다면 아이클라우드(iCloud)를 활용할 수 있습니다. 아이클라우드 등록 시 기본 5GB의 저장 공간을 무료로 이용할 수 있고, 그 이상의 저장 공간은 유료 서비스로 제공하고 있습니다. 아이클라우드의 요금제 및 가격은 다음과 같습니다(2024년 3월 기준).

아이클라우드의 요금제 및 가격

- 아이클라우드 등록 시 5GB의 저장 공간 무료 제공
- 50GB의 저장 공간 제공, 월 1,100원
- 200GB의 저장 공간 제공, 월 3,300원
- 2TB의 저장 공간 제공, 월 11,100원

애플 펜슬 준비하기

아이패드로 드로잉을 하려면 애플 펜슬은 필수입니다. 애플 펜슬은 현재 1세대와 2세대가 출시되어 있습니다.

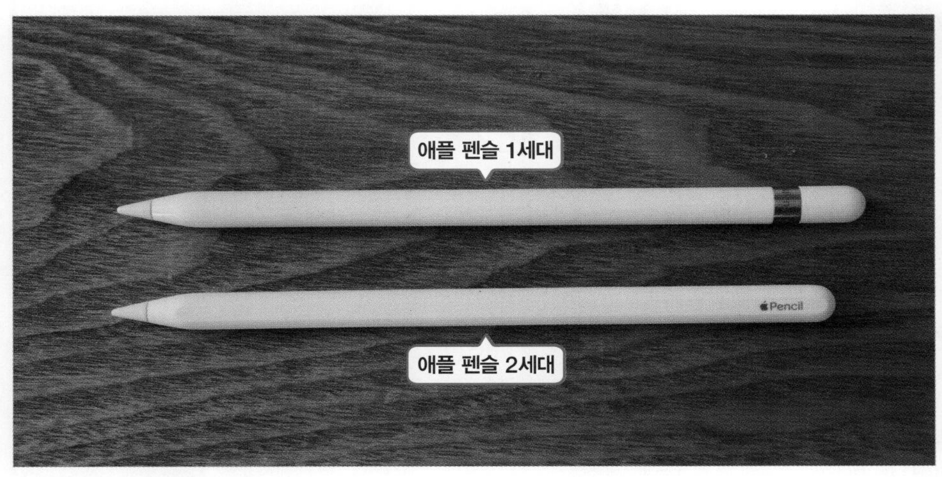

▲ 애플 펜슬 1세대와 2세대

애플 펜슬 1세대와 2세대는 호환되는 아이패드 모델이 다르므로 구매하기 전에 반드시 애플 공식 사이트(https://www.apple.com/kr/apple-pencil)에서 확인해야 합니다. 현재 애플 펜슬 1세대와 2세대를 지원하는 아이패드 모델은 다음과 같습니다(2024년 3월 기준).

애플 펜슬 1세대를 지원하는 아이패드 모델

- 아이패드 6~9세대
- 아이패드 에어 3세대
- 아이패드 미니 5세대
- 아이패드 프로 12.9인치 1~2세대
- 아이패드 프로 10.5인치
- 아이패드 프로 9.7인치

애플 펜슬 2세대를 지원하는 아이패드 모델

- 아이패드 미니 6세대
- 아이패드 프로 12.9인치 3~6세대
- 아이패드 프로 11인치 1~4세대
- 아이패드 에어 4세대, 5세대

유용한 액세서리 살펴보기

01 아이패드 화면 보호 필름

어떤 화면 보호 필름을 붙이는지 묻는 질문을 정말 많이 받습니다. 아이패드의 가장 큰 장점 중 하나는 뛰어난 선명도입니다. 아무것도 붙이지 않은 상태가 제일 선명합니다. 필자는 선명한 화면이 좋아서 처음 몇 년은 아무것도 붙이지 않은 상태로 사용했습니다. 애플 펜슬로 그림을 아무리 많이 그려도 화면에 스크래치가 나지 않았습니다. 그러나 화면이 유리처럼 미끄러워 필기감이 좋지 않고, 빛 반사가 꽤 심합니다. 게다가 손자국이 많이 남아 화면을 자주 닦아주어야 했습니다.

▲ 종이 질감 보호 필름을 붙이지 않은 왼쪽과 붙인 오른쪽

이러한 이유로 현재는 아이패드에 종이 질감 보호 필름을 붙여 사용하고 있습니다. 종이 질감 보호 필름을 붙이면 화면이 종이처럼 약간 거칠어져 애플 펜슬이 잘 미끄러지지 않고 마치 종이에 연필로 그리는 듯한 느낌을 줍니다. 또한 화면에 빛이 덜 반사되고 손자국이나 지문도 잘 남지 않아 관리가 편합니다. 다만 아무것도 붙이지 않은 상태보다는 화면이 약간 뿌옇게 보이고 애플 펜슬의 팁(화면에 닿는 펜촉 부분)도 더 빨리 마모되는 단점이 있습니다.

▲ 종이 질감 보호 필름을 붙이지 않은 왼쪽과 붙인 오른쪽

종이 질감 보호 필름은 힐링쉴드(Healing Shield), 스코코(SKOKO), 케이안(KAN)의 제품을 많이 사용합니다. 이 제품들의 경우 가격은 다르지만 투과율(선명하게 보이는 정도)은 거의 비슷합니다. 필자의 경험으로는 힐링쉴드의 제품이 애플 펜슬 팁의 마모가 덜한 편이지만, 다른 두 제품과 큰 차이는 없었습니다. 제품마다 모두 투과율이 뛰어나다는 점을 강조해 마케팅하지만, 종이 질감 보호 필름은 완벽하게 선명하지는 않다는 점을 참고하길 바랍니다.

02 아이패드 케이스

아이패드 케이스는 재질과 모양이 매우 다양해 일일이 소개하기가 어렵습니다. 필자의 경우 아이패드를 꾸미는 것을 좋아하지 않고 외부로 가지고 나갈 일도 거의 없어서 케이스를 잘 사용하지 않습니다. 가끔 테이블 위에 놓을 때 충격 방지를 위해 투명 범퍼형 젤리 케이스를 사용하고 있습니다. 온라인 쇼핑몰에서 약 10,000원 정도에 구매한 제품인데, 가격은 저렴해도 제 기능을 잘해 문제없이 잘 사용하고 있습니다. 다만 투명 범퍼형 젤리 케이스는 시간이 지나면 약간 누렇게 변한다는 단점이 있습니다.

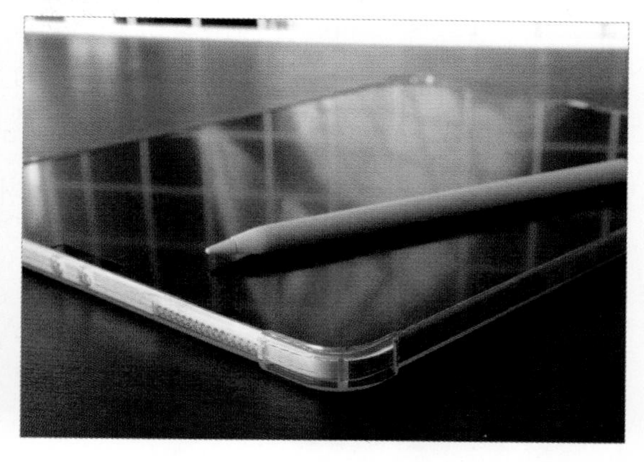

▲ 아이패드용 투명 범퍼형 젤리 케이스

마지막으로 애플 펜슬 2세대를 사용하고 있다면 아이패드 케이스를 구매할 때 애플 펜슬 충전 가능 여부도 꼭 확인해야 합니다.

03 애플 펜슬 팁

애플 펜슬의 팁은 끝부분의 펜촉을 말하는데, 오래 사용하면 팁이 마모되어 교체해주어야 합니다. 팁을 교체할 때는 반시계방향으로 돌려 분리합니다. 애플 펜슬 1세대는 구매 시 여분의 팁을 제공하고, 애플 펜슬 2세대는 여분의 팁을 제공하지 않습니다. 팁이 필요하다면 애플 공식 사이트에서 별도로 구매할 수 있으며, 네 개에 28,000원입니다(2024년 3월 기준).

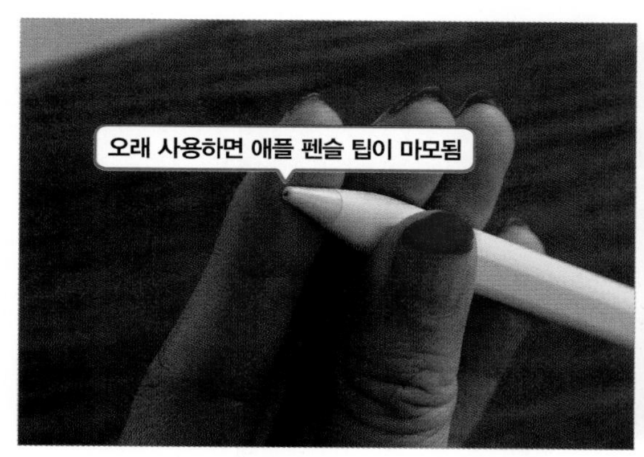

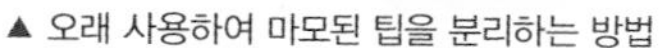
▲ 오래 사용하여 마모된 팁을 분리하는 방법

애플 펜슬 팁을 보호하는 팁 커버도 있습니다. 팁 커버를 씌우면 덜 미끄러워서 필기감이 좋고 팁도 덜 마모됩니다. 특히 아이패드 화면에 부딪히는 소리가 줄어들어서 독서실처럼 조용한 공간에서 사용하기에 좋습니다. 팁 커버는 고마찰, 저마찰로 분류되는데 마찰이 클수록 덜 미끄럽습니다. 종이 질감 보호 필름을 붙였다면 저마찰 팁 커버를 추천하고, 붙이지 않았다면 고마찰 팁 커버를 추천합니다.

▲ 팁을 보호하는 애플 펜슬 팁 커버

04 애플 펜슬 그립 홀더

애플 펜슬 그립 홀더(커버)는 인터넷 쇼핑몰에서 검색하면 다양한 제품을 찾아볼 수 있습니다. 애플 펜슬 1세대는 미끄러운 데다가 원기둥 모양이라 잘 굴러다닌다는 단점이 있어 그립 홀더 사용을 추천합니다.

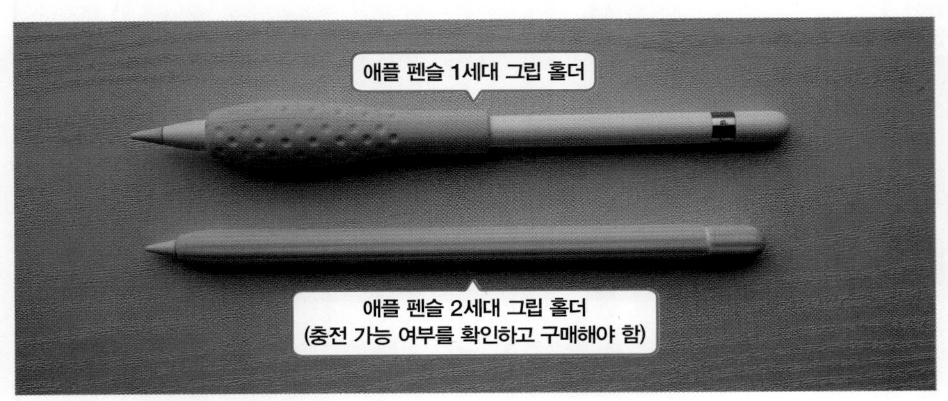

▲ 애플 펜슬 1세대와 2세대의 그립 홀더

애플 펜슬 2세대를 사용하고 있다면 애플 펜슬 그립 홀더 또한 구매할 때 충전 가능 여부를 반드시 확인해야 합니다. 그립 홀더 사용 시 충전이 불가능한 제품이 많기 때문입니다.

05 아이패드 거치대

아이패드 거치대(스탠드)도 종류가 매우 많습니다. 필자가 사용하고 있는 거치대는 '휴이온 접이식 스탠드 ST-300'인데 원래는 아이패드용 거치대가 아니라 액정 태블릿용 거치대입니다. 액정 태블릿용으로 출시된 제품이라 튼튼하다는 장점이 있고, 아이패드나 노트북, 키보드 등에 사용하기에도 편리합니다.

▲ 필자가 사용 중인 거치대 '휴이온 접이식 스탠드 ST-300'

각도를 26°에서 46°까지 6단계로 조절할 수 있고, 접어서 책꽂이나 가방에 넣을 수도 있어 편리합니다. 단점은 다른 아이패드용 거치대에 비해 가격이 다소 비싼 편입니다. 필자는 인터넷 쇼핑몰에서 약 45,000원에 구매했습니다.

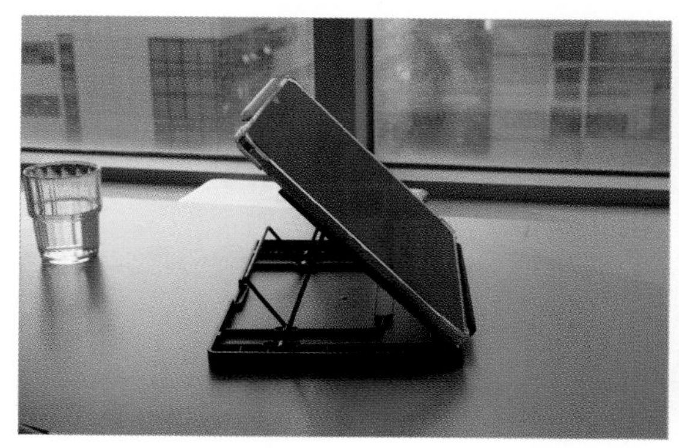

▲ 6단계로 각도를 조절할 수 있는 거치대

프로크리에이트 설치하고 예제 파일 준비하기

프로크리에이트 설치하기

프로크리에이트는 아이패드 드로잉 앱 중에서 가장 인기가 많습니다. 인터페이스가 직관적이어서 다루기가 쉽고, 실제 붓으로 그린 것처럼 리얼하게 그려집니다. 유료 앱이지만 다른 드로잉 앱에 비해 저렴하고, 처음 한 번만 20,000원을 지불하면 영구적으로 사용할 수 있습니다. 또한 프로크리에이트는 기기를 변경하거나 업데이트해도 추가 비용을 지불하지 않아도 됩니다. 기기를 변경했다면 기존에 사용하던 애플 아이디로 로그인해 별도의 비용 없이 설치할 수 있습니다.

01 아이패드에서 [App Store]를 터치해 실행합니다.

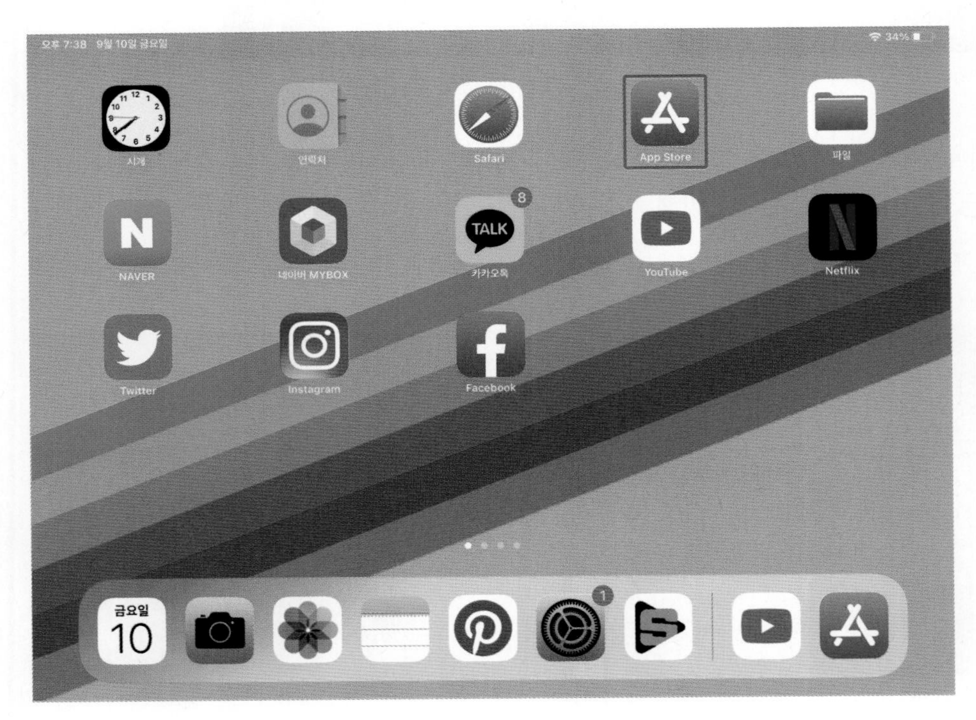

02 ❶ 검색란에 procreate 또는 **프로크리에이트**를 입력해 검색합니다. ❷ 가격 부분인 [₩20,000]을 터치해 설치합니다.

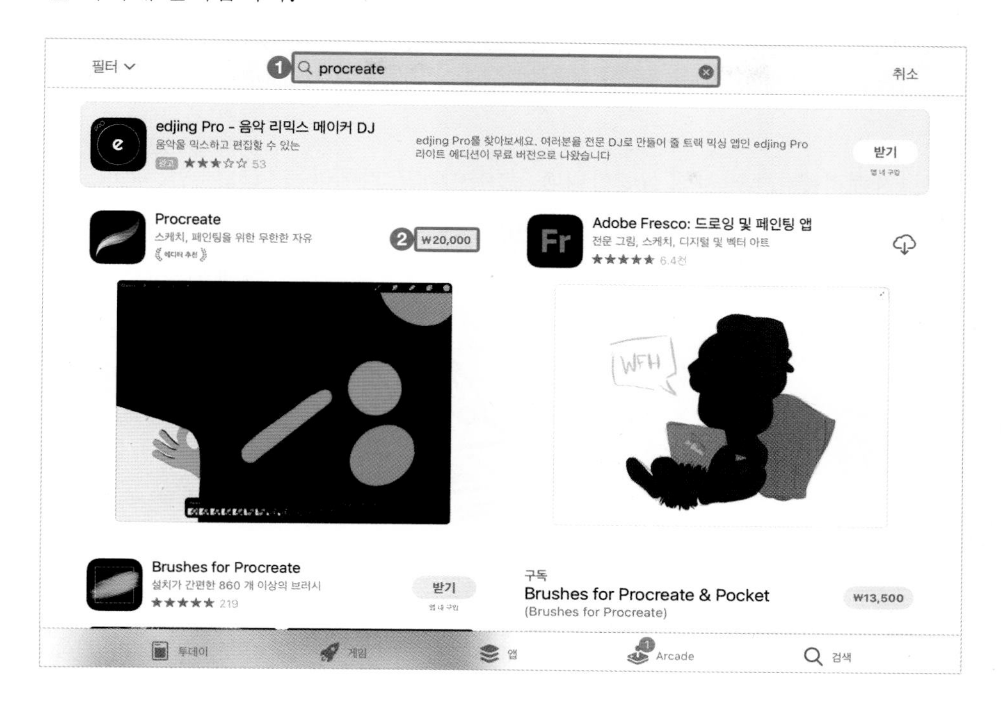

03 아이패드에 설치된 [Procreate]를 터치해 실행합니다.

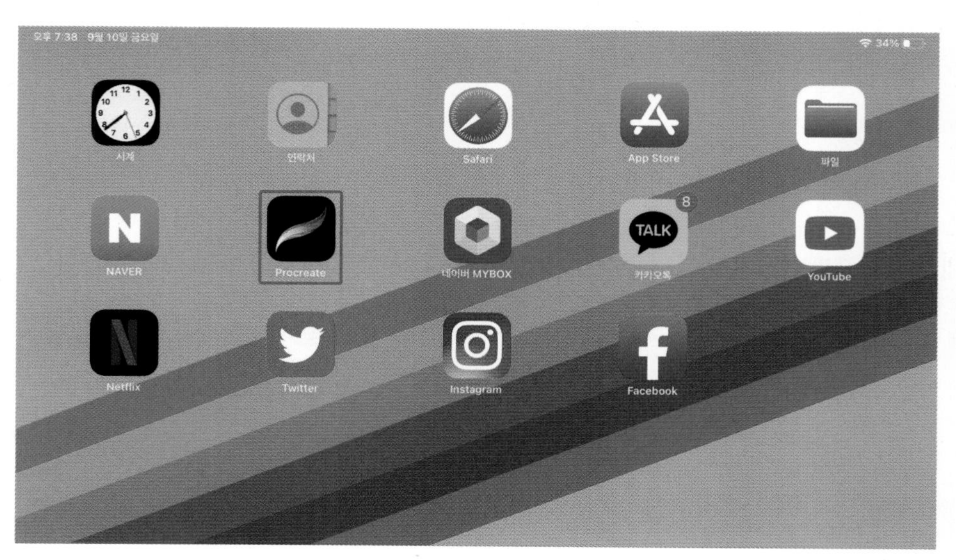

TIP 프로크리에이트의 몇몇 기능은 아이패드 프로 모델에서만 사용할 수 있는데, 부가 기능이어서 드로잉에 큰 영향을 주지는 않습니다.

예제 파일 다운로드하기

이 책에서 사용하는 모든 예제 파일과 브러시, 팔레트는 한빛출판네트워크 자료실에서 다운로드할 수 있습니다. 실습을 시작하기 전에 자신이 사용할 아이패드에 꼭 다운로드해둡니다.

01 ❶ 아이패드에서 [카메라]를 터치해 실행합니다. ❷ 아이패드 카메라를 아래에 있는 QR코드에 가져다 대면 자동으로 스캔되어 상단에 링크가 나타납니다. 링크를 터치해 《혼자 해도 프로 작가처럼 잘 그리는 아이패드 드로잉 with 프로크리에이트》의 예제 파일 다운로드 페이지에 접속합니다.

▶ 예제 파일 제공

오른쪽의 QR코드 또는 아래의 링크로 접속하면 예제 파일을 바로 다운로드할 수 있습니다. 링크를 입력해 접속하려면 [사파리]를 활용합니다. QR코드로 접속했다면 03부터 실습합니다.

- **링크** | www.hanbit.co.kr/src/11000

02 한빛출판네트워크 홈페이지가 나타나면 [다운로드]를 터치해 예제 파일을 다운로드합니다.

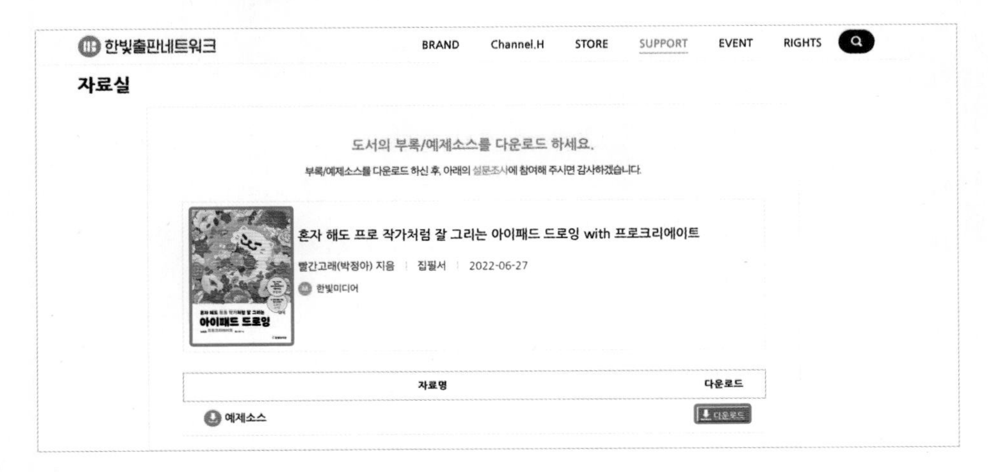

03 ❶ 다운로드 팝업창이 나타나면 [다운로드]를 터치합니다. ❷ 다운로드가 진행됩니다.

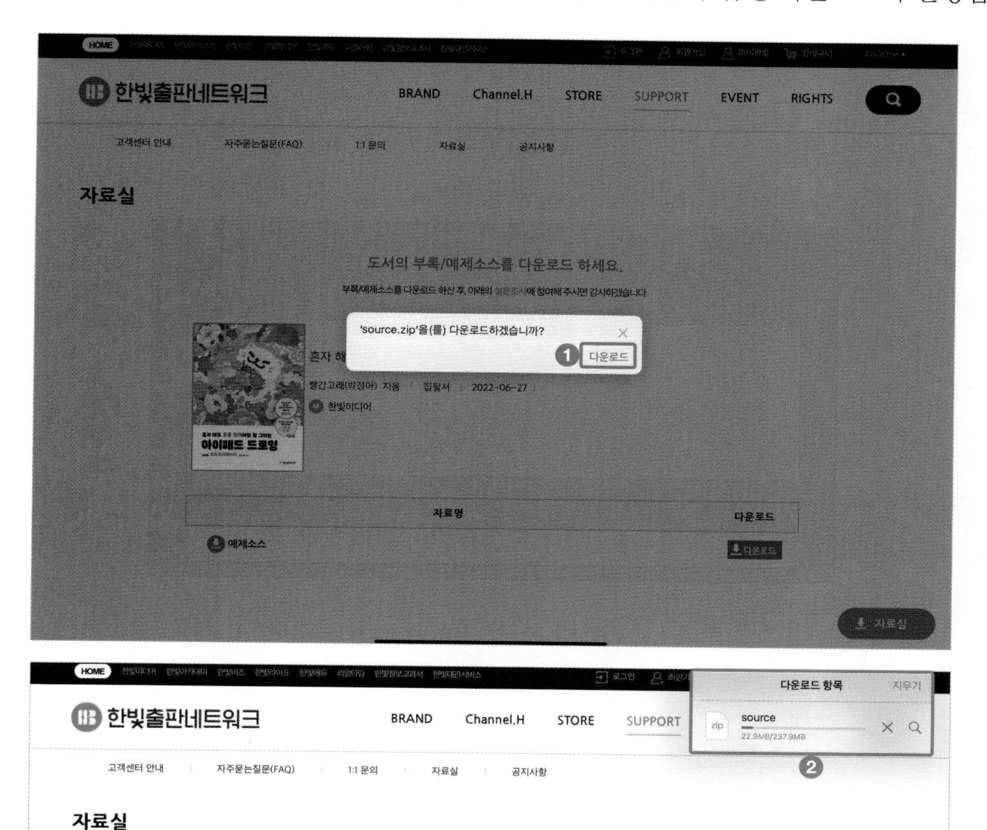

04 ❶ 아이패드 홈 화면에서 [파일]을 터치하고 ❷ 저장한 위치인 [다운로드]를 터치합니다. ❸ 다운로드한 source.zip 파일을 터치해 압축을 해제하면 ❹ [source] 폴더가 생성됩니다.

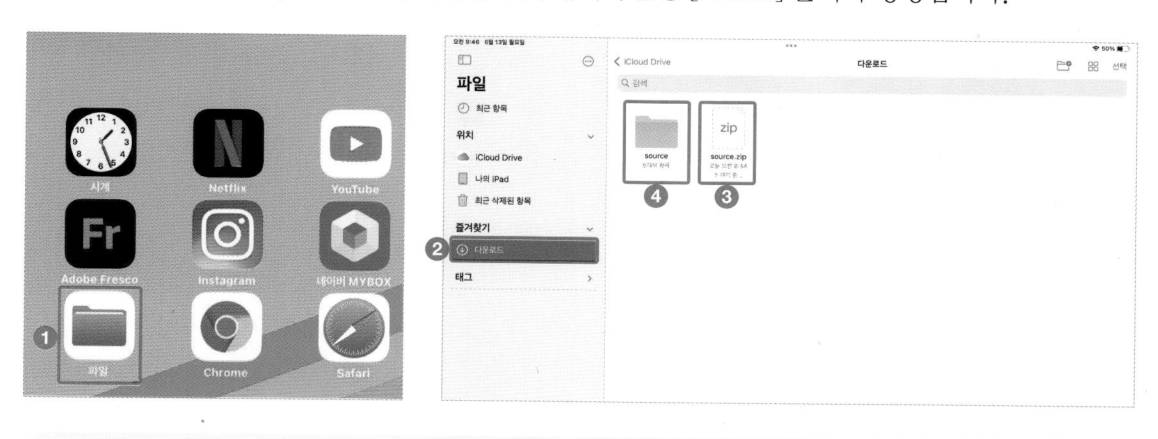

TIP 03에서 [다운로드 항목]의 [source]를 터치해도 [다운로드] 위치로 이동합니다.

커스텀 브러시와 팔레트 설치하기

01 다운로드한 예제 파일의 압축을 푼 다음 ❶ [source] 폴더를 터치하고 ❷ [brush_swatches] 폴더를 선택합니다. ❸ rw.brushset 파일을 터치하면 자동으로 프로크리에이트가 실행되면서 커스텀 브러시가 설치됩니다. ❹ 같은 방법으로 myday.swatches 파일을 터치하면 팔레트도 설치됩니다. 차례대로 다른 팔레트를 설치합니다.

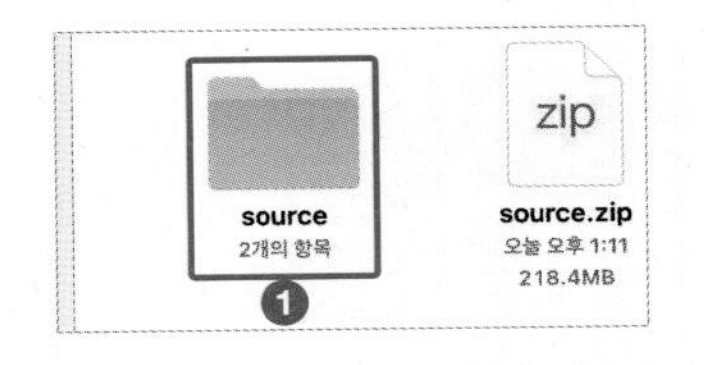

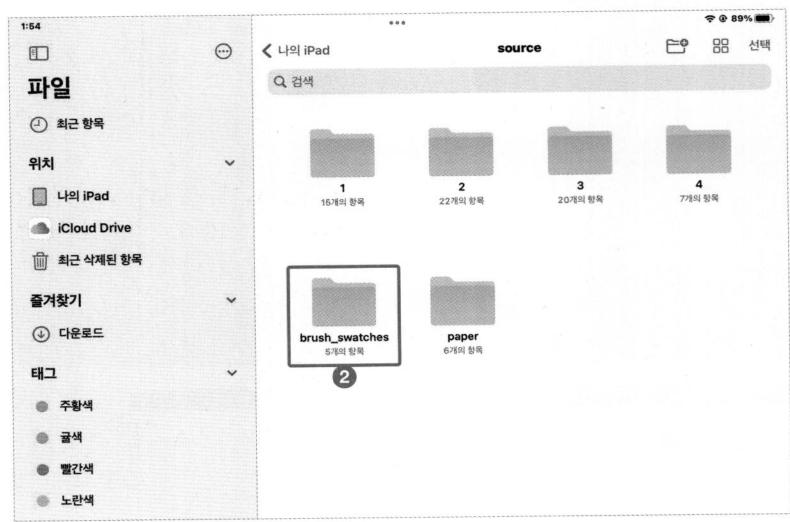

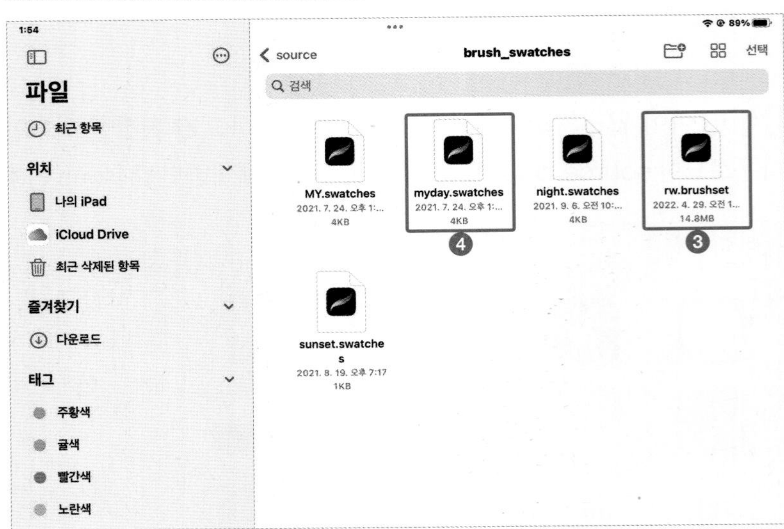

다운로드한 예제 파일 불러오기

01 다운로드한 예제 파일은 프로크리에이트에서 바로 불러올 수 있습니다. 프로크리에이트를 실행하고 갤러리 화면에서 [가져오기]를 터치해 원하는 파일을 선택합니다.

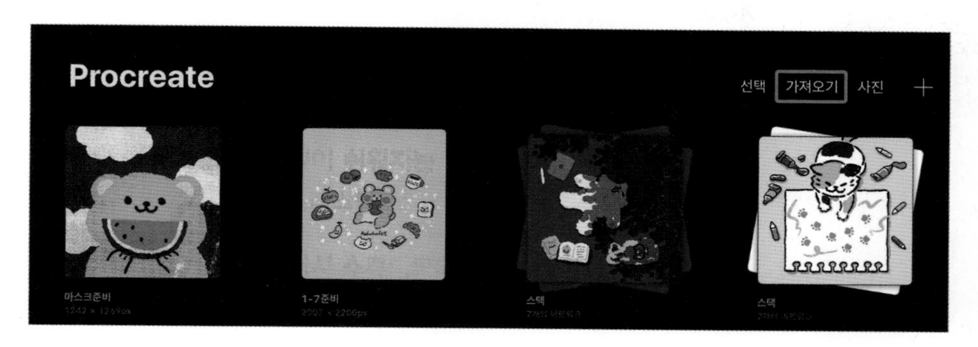

02 ❶ [파일]에서 [source] 폴더 안의 [1] 폴더를 터치합니다. ❷ 확장자가 .procreate인 파일을 터치합니다. 자동으로 프로크리에이트가 실행되면서 예제 파일이 열립니다.

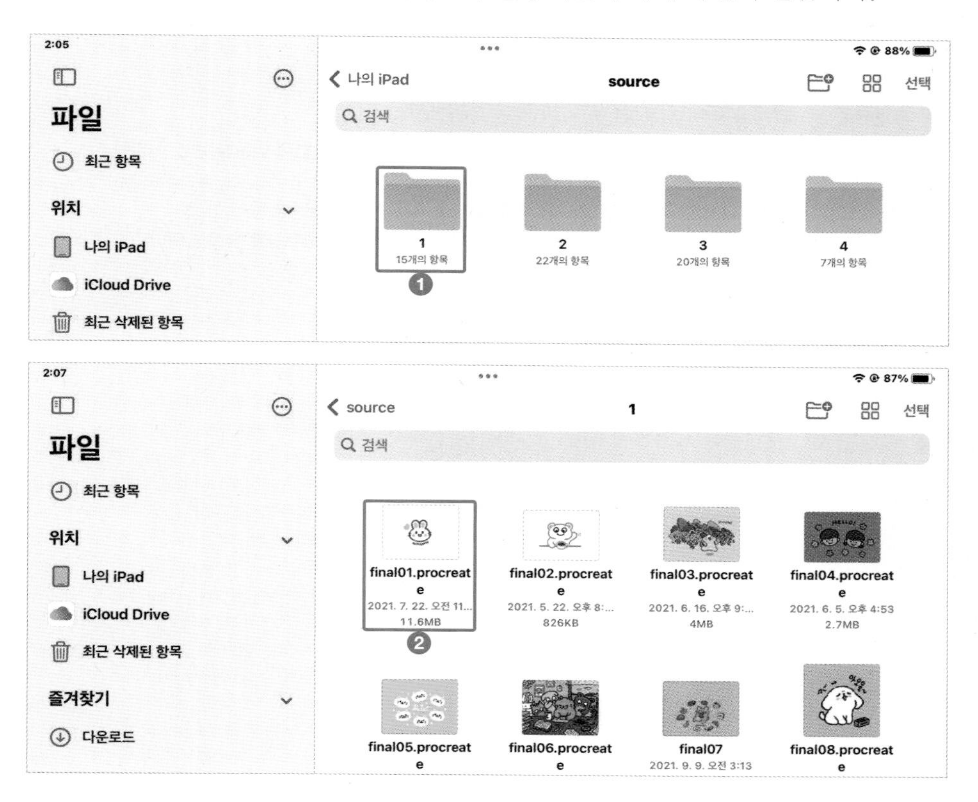

TIP 확장자가 procreate인 파일은 프로크리에이트에서만 열리는 전용 파일입니다.

TIP 프로크리에이트의 단점

프로크리에이트는 가성비가 좋은 드로잉 앱으로써 인기가 매우 높습니다. 그러나 프로크리에이트가 장점만 있는 것은 아닙니다. 필자가 아이패드로 프로크리에이트를 사용해보며 느낀 단점이 두 가지 있습니다.

첫 번째, 프로크리에이트를 사용하면 아이패드의 배터리가 빨리 소모됩니다. 필자의 아이패드인 경우 프로크리에이트를 사용하면 30분당 배터리가 10~13% 정도 줄어들며 아이패드마다 차이는 있습니다.

두 번째, 고해상도의 캔버스를 만들기 어렵습니다. 필자가 사용 중인 아이패드를 기준으로 보면 A2(420×590mm)/300DPI 사이즈의 캔버스를 생성할 때 [최대 레이어 개수]가 26개로 제한됩니다. 필자가 사용하는 아이패드는 M1칩이 탑재된 아이패드 프로 5 모델이며 그 이하의 모델에서는 레이어 수가 더 적게 생성될 것입니다. 그러나 레이어 수는 앞으로 보완될 가능성이 있으므로 업데이트를 기대해봅니다.

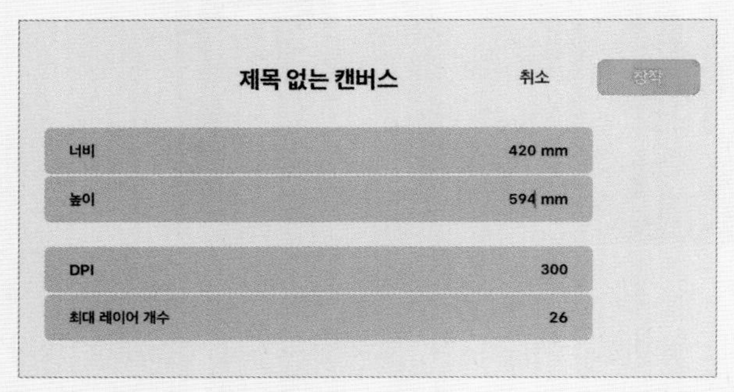

* 필자의 아이패드 : 아이패드 프로 5, 12.9인치, 256GB, OS15.4.1(사용기간 약 10개월)
* 설치된 프로크리에이트 버전 : 5.2.6

TIP 예제 파일의 사용 범위

- 다운로드한 [brush_swatches]와 [paper] 폴더에 있는 브러시, 팔레트, 종이질감 이미지는 상업적 이용을 위한 작업에 사용할 수 있습니다.
- [1~4] 폴더에 있는 예제 파일 이미지는 상업적 용도 또는 공모전, 학교 과제로 사용할 수 없습니다.
- 책을 보며 따라 그린 그림은 개인 SNS 또는 프로필 이미지와 같이 비상업적 용도로만 이용(업로드)할 수 있습니다.
- 다운로드한 모든 파일은 재배포 또는 판매할 수 없습니다.

03 LESSON 프로크리에이트 인터페이스 살펴보기

프로크리에이트 갤러리 살펴보기

프로크리에이트의 인터페이스를 살펴보겠습니다. 프로크리에이트의 인터페이스는 매우 직관적이고 쉬워서 예제를 실습하며 자연스럽게 익힐 수 있습니다. 여기서 소개하는 내용을 일일이 정독하거나 외울 필요는 없습니다. 가벼운 마음으로 훑어보면서 넘어가도 되고, 나중에 예제를 실습하거나 드로잉하다가 해당 옵션에 관해 자세히 알고 싶다면 이 부분을 참고합니다.

▲ 프로크리에이트의 시작 화면인 갤러리

프로크리에이트를 실행하면 제일 먼저 갤러리 화면이 나타납니다. 프로크리에이트에서 그림을 그리면 갤러리에 자동으로 저장되고, 마치 갤러리에 그림이 걸려 있는 것처럼 나열됩니다. 갤러리 화면에서 오른쪽 상단의 메뉴를 터치하면 새 캔버스를 만들거나 파일을 불러올 수 있습니다.

❶ 선택 | 갤러리 화면에 나열되어 있는 파일을 선택해 미리 보기, 공유, 복제, 삭제 작업을 할 수 있습니다. 파일을 두 개 이상 선택하면 스택으로 묶을 수 있습니다.

❷ **가져오기** | 파일을 불러올 수 있습니다.

❸ **사진** | 아이패드의 [사진]에 있는 이미지를 불러올 수 있습니다.

❹ **새로운 캔버스** | 새 캔버스를 만들 수 있습니다.

TIP 갤러리의 세부 기능에 관해서는 314쪽에서 더욱 자세히 설명합니다.

새로운 캔버스 만들기

갤러리에서 새로운 캔버스 를 터치하면 새 캔버스를 만들 수 있습니다.

▲ 프로크리에이트 갤러리에서 새로운 캔버스 만들기

❶ [스크린 크기]를 터치하면 아이패드 화면에 딱 맞는 크기의 캔버스를 만들 수 있고 ❷ 미리 지정되어 있는 크기를 선택하여 캔버스를 만들 수도 있습니다. 크기 메뉴를 왼쪽으로 드래그하면 편집 또는 삭제할 수 있습니다. ❸ 사용자지정 캔버스 를 터치하면 사용자가 직접 캔버스의 크기와 옵션

을 설정할 수 있습니다. [크기], [색상 프로필], [타임랩스 설정], [캔버스 속성]을 설정할 수 있습니다. 세부 항목을 살펴보겠습니다.

01 크기

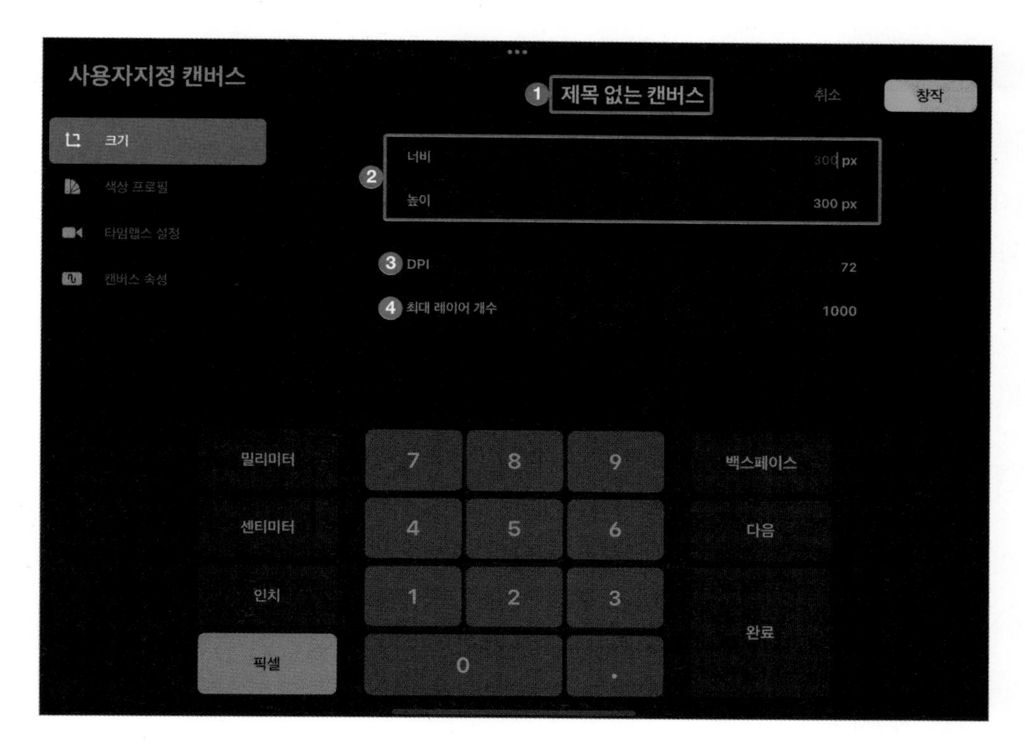

❶ **제목 없는 캔버스** | 터치하면 캔버스의 제목을 입력할 수 있습니다.

❷ **너비, 높이** | 캔버스의 가로세로 크기입니다. 하단에서 단위도 선택할 수 있습니다.

❸ **DPI** | 캔버스의 해상도를 말하며, 숫자가 높을수록 고해상도여서 선명하게 보입니다. 보통 웹용은 72, 인쇄용은 300 이상으로 설정합니다.

❹ **최대 레이어 개수** | 캔버스의 크기에 따라 사용할 수 있는 레이어의 최대 개수가 자동으로 계산되어 나타납니다. 사용자가 입력할 수는 없습니다.

02 색상 프로필

[색상 프로필]은 사용 목적에 따라 선택합니다. 디스플레이용은 [RGB], 인쇄용은 [CMYK]를 선택합니다. [가져오기]를 터치하면 커스터마이징한 [색상 프로필]을 불러올 수 있습니다.

❶ **RGB** | 디스플레이용 색상이며 아이패드, 스마트폰, TV, 모니터 등과 같이 전자 기기에서 작업할 때 선택합니다. [RGB]는 여러 가지 컬러 모드가 있는데 보통 [Display P3] 또는 [sRGB IEC61966-2.1]을 선택합니다. 대부분의 전자 기기는 [sRGB]이고, 아이패드와 아이폰은 [Display P3]입니다. [Display P3]는 애플 기기에서 사용되는 색상 체계로, 색상 범위가 넓어 색이 좀 더 풍부하고 붉게 표현됩니다. 구형 아이패드는 [Display P3]를 지원하지 않는 모델도 있으니 [Display P3]가 나타나지 않는다면 [sRGB IEC61966-2.1]을 선택합니다.

TIP 첫 번째 메뉴인 [Display P3]는 아이패드 iOS 버전에 따라 [Unnamed]로 표기되기도 합니다.

❷ **CMYK** | 인쇄용 색상이며 출판, 포스터, 명함, 카탈로그, 굿즈와 같이 잉크로 출력하는 작업일 때 선택합니다.

03 타임랩스 설정

프로크리에이트에서 그림을 그리면 그리는 과정이 빠른 배속의 동영상으로 자동 저장되는데, 이를 타임랩스 영상이라고 합니다. [타임랩스 설정]에서는 타임랩스 영상의 ❶ 용량과 ❷ 품질을 선택할 수 있습니다. ❸ [HEVC]는 고품질 저용량 코덱이지만, 아직까지는 호환이 안정적이지 않아 비활성화해두는 것을 추천합니다.

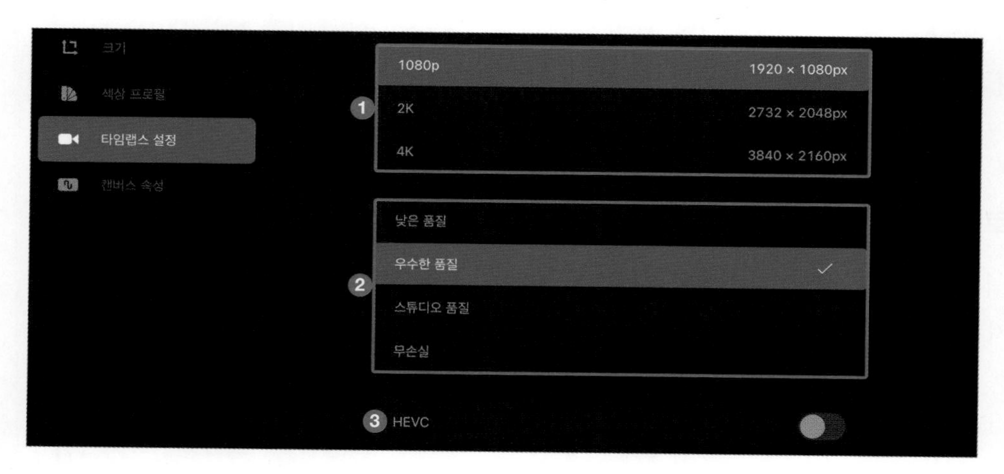

TIP 타임랩스의 세부 기능에 관해서는 341쪽에서 더욱 자세히 설명합니다.

04 캔버스 속성

[캔버스 속성]에서는 ❶ 캔버스의 배경색을 변경할 수 있고 ❷ 배경을 아예 삭제해 투명하게 할 수도 있습니다.

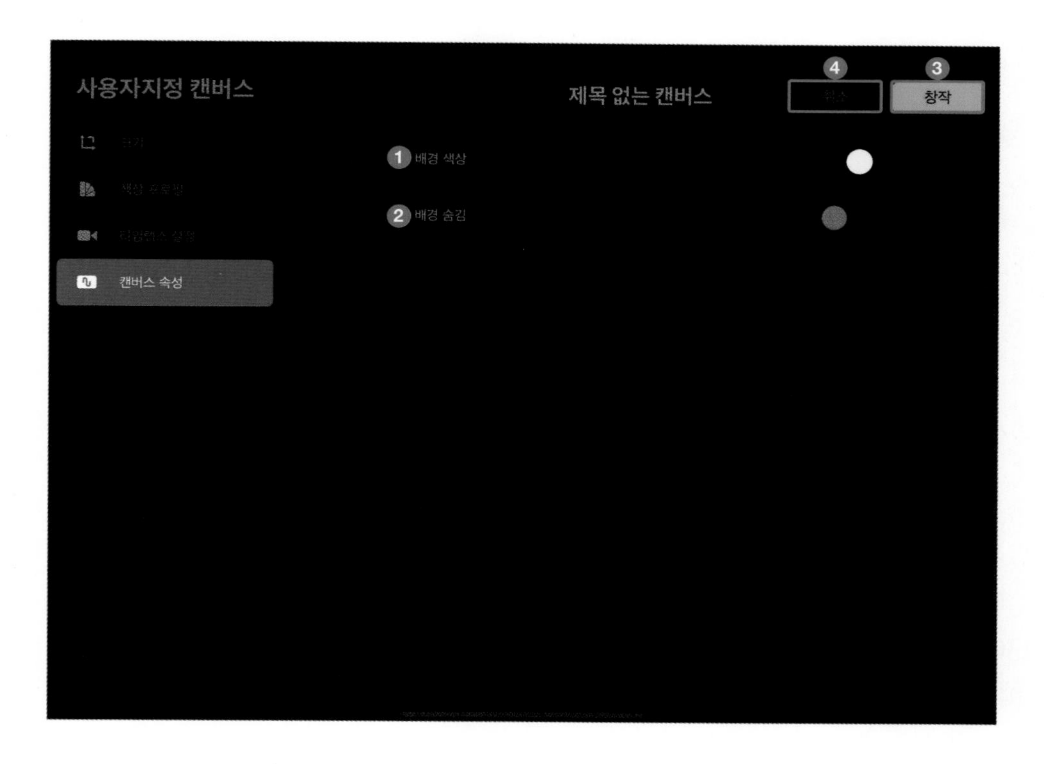

옵션을 모두 설정한 후 ❸ [창작]을 터치하면 새 캔버스가 만들어집니다. ❹ 캔버스 생성을 취소하려면 [취소]를 터치해 갤러리 화면으로 되돌아갑니다.

캔버스 인터페이스 살펴보기

새 캔버스를 만들면 다음과 같이 그림을 그릴 수 있는 작업 화면(캔버스)이 나타납니다. 각 메뉴를 하나씩 살펴보겠습니다.

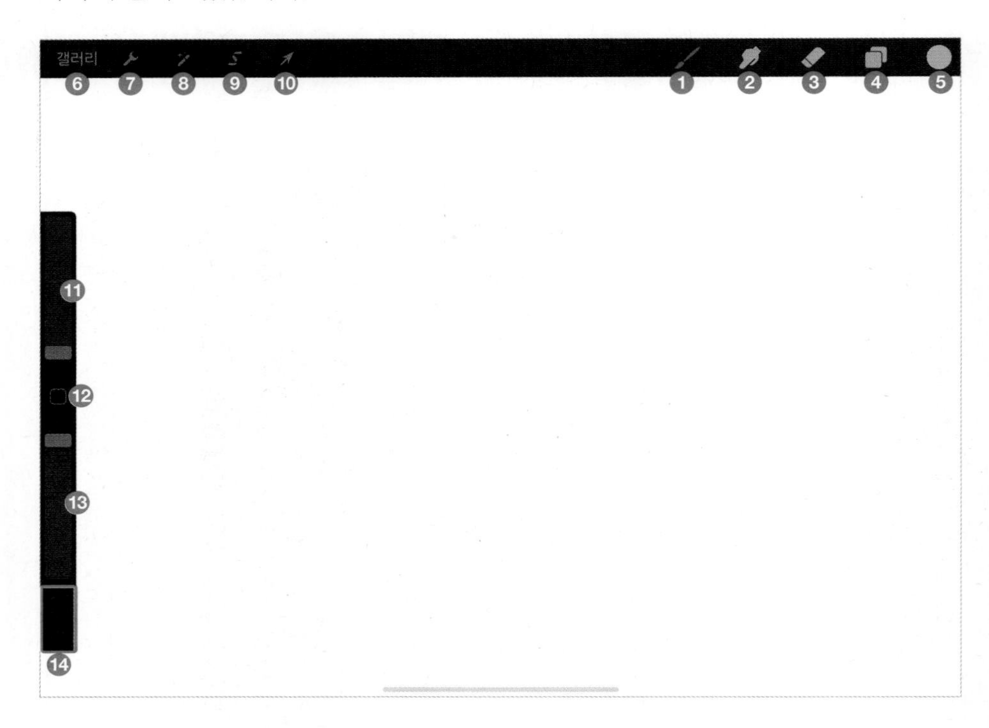

❶ **브러시** | 130여 개의 브러시를 선택할 수 있고, 사용자가 직접 만들거나 브러시를 설치하여 사용할 수도 있습니다. 브러시 다운로드 및 설치 방법은 030쪽을 참고합니다.

❷ **스머지** | 손가락으로 문지르거나 뭉갠 것처럼 표현할 수 있습니다. 색을 섞거나 번지게 할 때 주로 사용하며 브러시와 마찬가지로 여러 가지 모양을 선택할 수 있습니다.

❸ **지우개** | 브러시와 마찬가지로 다양한 모양으로 지울 수 있습니다.

❹ **레이어** | 프로크리에이트에서는 여러 레이어가 모여 하나의 이미지가 만들어집니다. 레이어(Layer)란 '층'이라는 뜻으로, 레이어를 활용하면 그림을 따로따로 수정할 수 있어서 편리합니다. 레이어에 관한 자세한 내용은 331쪽을 참고합니다.

❺ **색상** | 터치하면 [색상] 패널이 나타납니다. 다양한 색을 선택할 수 있고, 팔레트에 저장할 수도 있습니다. [색상] 패널에 관한 자세한 내용은 **LESSON 03. 꽃동산의 강아지 채색하기**(077쪽) 실습 과정을 참고합니다.

❻ **갤러리** | 프로크리에이트의 시작 화면인 갤러리로 되돌아갈 수 있습니다. 이때 작업 중이던 캔버스는 자동으로 저장됩니다.

⑦ **동작** | 이미지 삽입하기, 파일 내보내기, 캔버스 크기 변경 등 각종 설정에 관한 메뉴입니다.

⑧ **조정** | 색상 수정하기, 효과 적용하기 등 보정에 관한 메뉴입니다.

⑨ **선택** | 이미지의 전체 또는 일부분을 선택할 수 있습니다.

⑩ **변형** | 이미지의 크기, 각도, 위치 등을 수정할 수 있습니다.

⑪ **크기** | 브러시, 스머지, 지우개의 크기를 조절할 수 있습니다.

⑫ **스포이드** | 터치하면 캔버스에 색을 선택할 수 있는 원이 나타납니다. 이 원을 드래그해 색을 선택합니다.

⑬ **불투명도** | 브러시, 스머지, 지우개의 투명도를 조절할 수 있습니다.

⑭ **취소, 재실행** | 작업한 내역을 취소하거나 재실행할 수 있습니다.

TIP **사이드바 위치 바꾸기**

왼쪽 사이드바를 오른쪽으로 옮길 수 있습니다. 동작🔧을 터치하고 [설정]−[오른손잡이 인터페이스]를 터치해 활성화합니다.

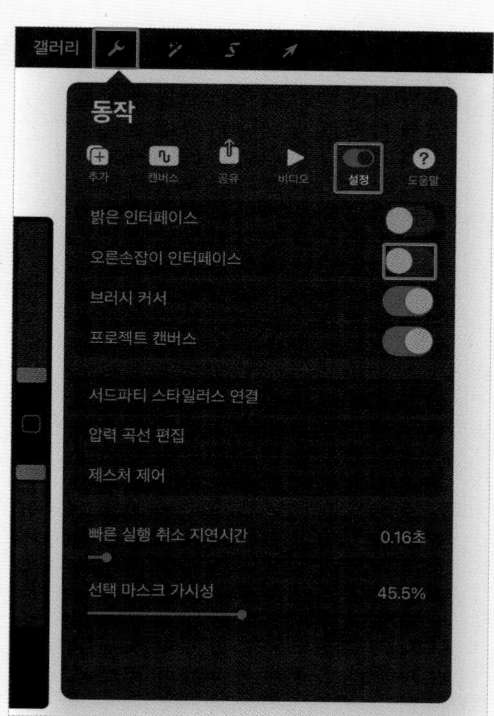

04 LESSON 프로크리에이트 제스처 익히기

필수 제스처 알아보기

프로크리에이트 제스처는 컴퓨터의 단축키와 같은 역할을 합니다. 애플 펜슬과 함께 제스처를 사용하면 더 쉽고 빠르게 드로잉할 수 있으니 반드시 활용해보는 것을 추천합니다.

01 손가락으로만 하는 제스처

❶ **취소하기** | 두 손가락으로 화면을 터치하면 이전 작업이 취소됩니다. 250개까지 취소할 수 있습니다.

❷ **재실행하기** | 세 손가락으로 화면을 터치하면 취소했던 작업이 재실행됩니다.

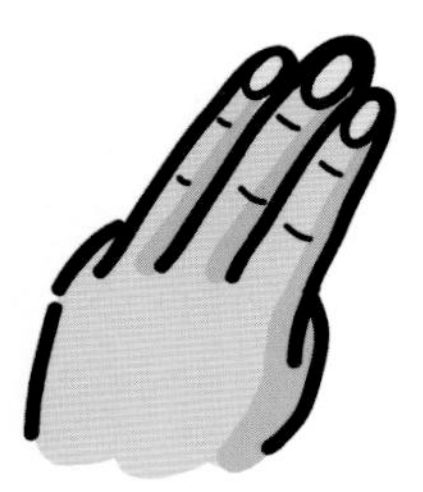

❸ **캔버스 축소, 확대, 회전하기** | 두 손가락으로 화면을 모으면 캔버스가 축소되고, 벌리면 확대됩니다. 두 손가락으로 화면을 돌리면 캔버스가 회전합니다.

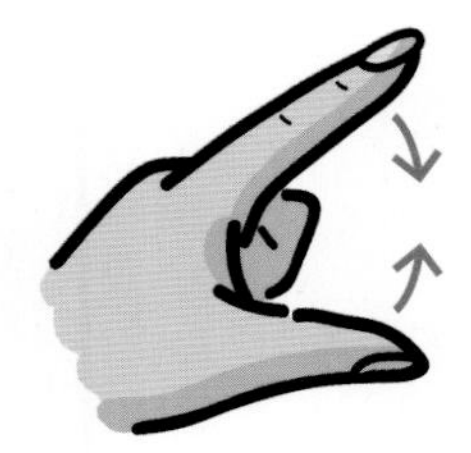

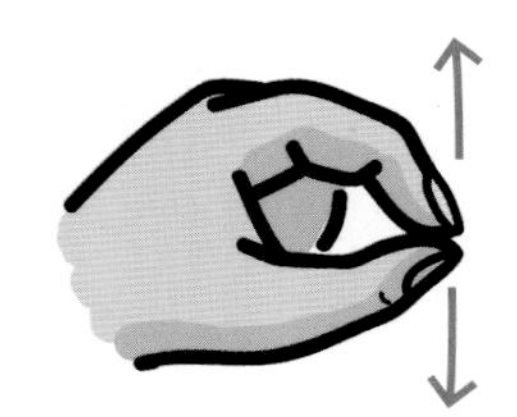

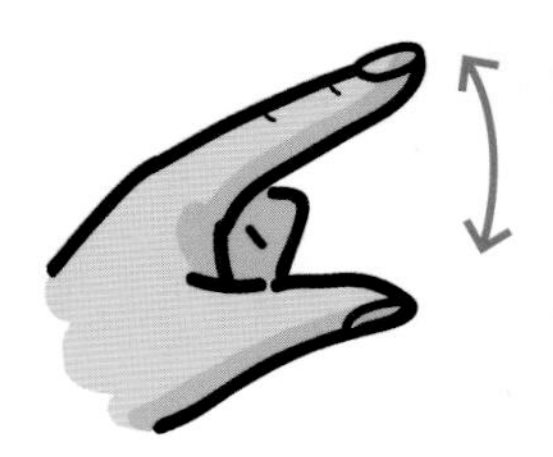

❹ **캔버스 정렬하기** | 두 손가락으로 화면을 꼬집는 것처럼 빠르게 모으면 캔버스가 아이패드 화면과 같은 크기가 되고, 각도도 원래대로 돌아옵니다.

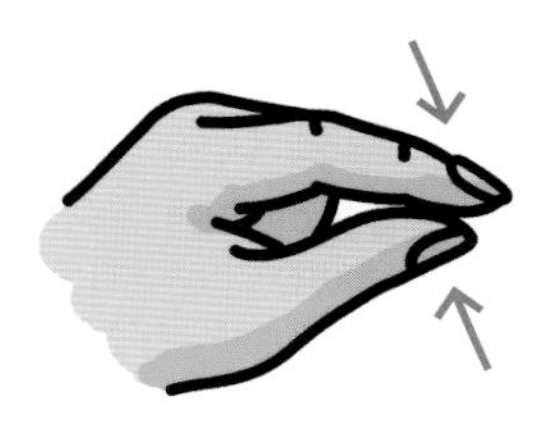

❺ **전체 삭제하기** | 세 손가락으로 캔버스를 닦는 것처럼 세 번 이상 문지르면 모든 작업이 삭제됩니다. 이때 반드시 화면을 세 번 이상 문질러야 모든 작업이 삭제됩니다.

❻ **메뉴 가리기** | 화면을 네 손가락으로 터치하면 메뉴바와 사이드바가 사라지고 캔버스만 남습니다. 다시 네 손가락으로 터치하면 메뉴바와 사이드바가 나타납니다.

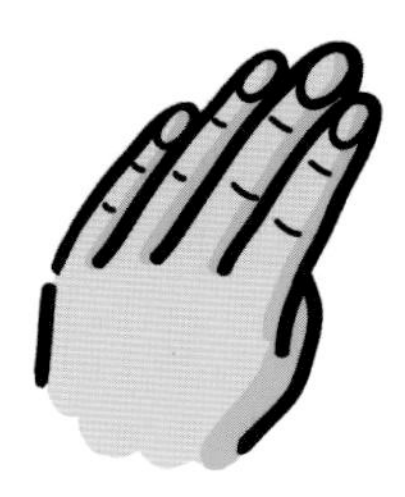

❼ **편집 메뉴 불러오기** | 세 손가락으로 화면을 아래로 쓸어내리듯이 슬라이드하면 [복사 및 붙여넣기] 패널이 나타납니다. 이 패널에서는 복사와 붙여넣기 작업을 할 수 있습니다.

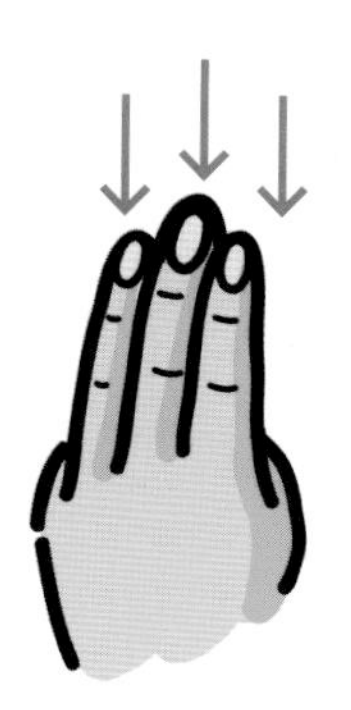

02 애플 펜슬과 함께하는 제스처

❶ 수평선, 수직선 그리기 | ⓐ 애플 펜슬로 선을 그리고 잠시 기다리면 반듯한 선이 됩니다. ⓑ 한 손가락을 화면에 함께 터치하면 수평선 또는 수직선으로 바뀝니다. ⓒ 이 상태에서 애플 펜슬을 다른 방향으로 이동하면 정확히 15°씩 기울어집니다.

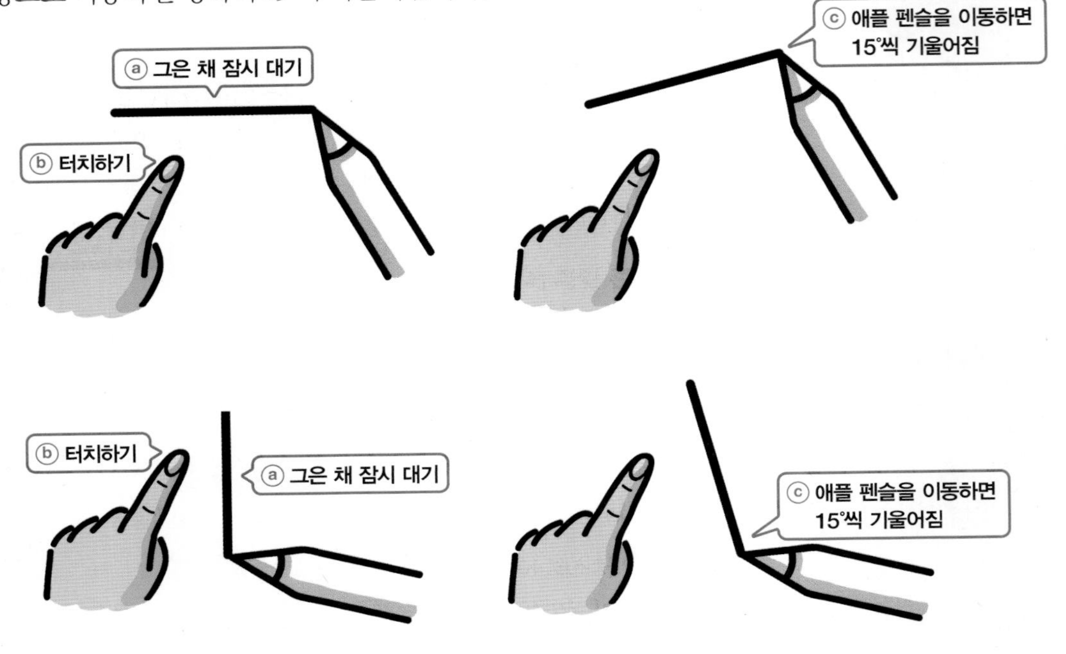

TIP 수평선, 수직선을 그리고 난 후 손가락보다 애플 펜슬을 먼저 화면에서 떼야만 그리기가 적용됩니다.

❷ 정원, 정사각형, 정삼각형 그리기 | ⓐ 도형을 그리고 잠시 기다리면 반듯한 모양이 됩니다. ⓑ 한 손가락을 화면에 함께 터치하면 타원은 정원, 직사각형은 정사각형, 삼각형은 정삼각형이 됩니다.

레이어 제스처 알아보기

레이어 를 터치하면 [레이어] 패널이 나타납니다. 손가락 제스처를 이용해 레이어를 쉽고 빠르게 조작할 수 있습니다. 레이어 제스처에 대해 알아보겠습니다.

❶ **레이어 합치기** | 합치고 싶은 레이어를 두 손가락으로 꼬집는 것처럼 모읍니다. 예를 들어 첫 번째 레이어에서 세 번째 레이어까지 꼬집듯이 손가락을 모으면 세 개의 레이어가 하나로 합쳐집니다. 합치려는 레이어의 개수는 상관없습니다.

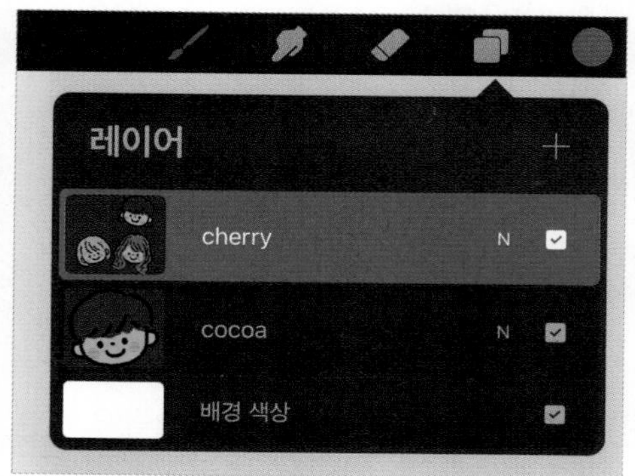

❷ **레이어 여러 개 선택하기** | 한 손가락으로 레이어 하나를 터치하여 선택한 후 다른 레이어를 왼쪽에서 오른쪽으로 슬라이드하면 함께 선택됩니다. 손가락이 아닌 애플 펜슬로 슬라이드해도 함께 선택됩니다.

❸ **레이어 내용 선택하기** | 두 손가락으로 레이어를 길게 터치하고 있으면 해당 레이어에 포함된 내용이 모두 선택됩니다.

❹ **레이어 불투명도 조절하기** | 레이어를 두 손가락으로 짧게 터치하면 캔버스 상단에 불투명도 조절바가 나타납니다. 한 손가락으로 화면을 좌우로 슬라이드하면 불투명도가 조절됩니다.

TIP 조정 을 터치하면 레이어 투명도 조절바가 사라집니다.

⑤ 알파 채널 잠금 | 레이어를 두 손가락으로 왼쪽에서 오른쪽으로 슬라이드하면 레이어 섬네일의 배경이 격자무늬로 변경됩니다. 이는 알파 채널 잠금이 적용되었다는 뜻입니다. 다시 오른쪽으로 슬라이드하면 알파 채널 잠금이 해제됩니다.

TIP 알파 채널 잠금에 관한 실습은 100쪽, 메뉴 설명은 333쪽을 참고합니다.

TIP 레이어 고급 제스처(레이어 복제하기, 레이어 하나만 보기)에 관한 자세한 내용은 331쪽을 참고합니다.

제스처 변경하기

동작🔧을 터치하고 [설정]-[제스처 제어]를 선택하면 제스처를 추가하거나 수정할 수 있습니다.

TIP 제스처의 고급 설정은 335쪽을 참고합니다.

05 LESSON 빨간고래의 커스텀 브러시 소개하기

커스텀 브러시별 특징 알아보기

프로크리에이트에 내장되어 있는 기본 브러시도 좋지만 원하는 그림을 표현하기에는 조금 부족함을 느낄 때도 있습니다. 이 책의 예제는 주로 빨간고래의 커스텀 브러시를 사용합니다. 빨간고래의 커스텀 브러시를 하나씩 소개해보겠습니다.

❶ **울퉁불퉁-강** | 선의 외곽이 울퉁불퉁한 모양입니다. 반듯한 선보다 조금 더 귀여운 느낌을 표현할 수 있습니다.

❷ **울퉁불퉁-약** | [울퉁불퉁-강] 브러시보다 울퉁불퉁한 정도가 덜한 브러시입니다.

❸ **울퉁불퉁-납작형** | 납작한 모양의 울퉁불퉁한 브러시입니다. 캘리그래피 작업에 활용하기가 좋습니다.

❹ **오일파스텔** | 거칠고 진하게 발색되는 오일 파스텔 느낌의 브러시입니다.

❺ **수채화-질감없음** | 붓으로 그린 것 같은 느낌을 주지만 질감은 뺀 브러시입니다.

❻ **수채화-물많음** | 수채화 특유의 물에 번진 듯한 느낌을 주는 브러시입니다.

❼ **수채화-물적음** | 붓이 머금은 물기를 없애고 물감을 많이 묻힌 듯한 느낌의 브러시입니다.

❽ **색연필** | 진한 발색의 색연필 브러시입니다.

❾ **색연필-불투명** | 필압에 따라 색연필의 불투명도가 조절되는 브러시입니다.

❿ **색연필-굵기일정** | 굵기가 일정한 색연필 브러시입니다.

빨간고래의 기능 꼼꼼 익히기

자주 쓰는 브러시를 쉽게 선택하기

[브러시 라이브러리]의 [최근 사용]을 터치하면 최근에 사용한 브러시가 자동으로 나타납니다. 작업할 때마다 자주 사용하는 브러시를 매번 찾지 않아도 되어 매우 편리합니다. [최근 사용] 그룹에 있는 브러시를 왼쪽으로 슬라이드하면 세 개의 버튼이 나타납니다.

❶ **찾기** | 해당 브러시의 원래 위치로 이동합니다.
❷ **핀고정** | [최근 사용] 그룹의 맨 위에 고정되며 별 표시가 붙습니다.
❸ **지우기** | [최근 사용] 그룹에서 제외합니다. 브러시 자체를 삭제하는 것은 아닙니다.

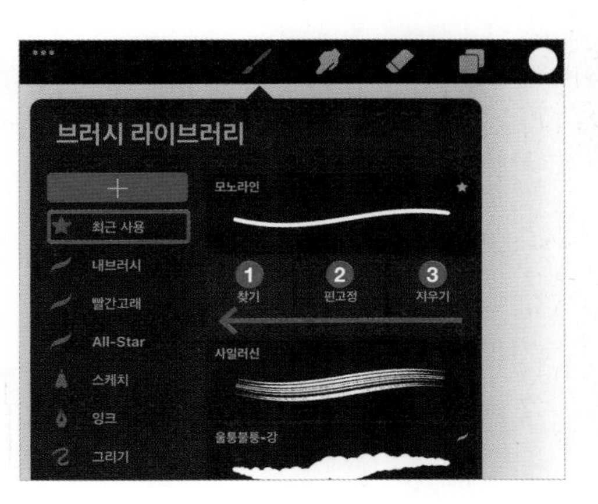

CHAPTER 01

그림 그리며 프로크리에이트 기초 익히기

LESSON 01.
간단한 토끼 얼굴 그리기

LESSON 02.
커피 마시는 곰돌이 그리기

LESSON 03.
꽃동산의 강아지 채색하기

LESSON 04.
귀여운 캐릭터 얼굴 그리기

LESSON 05.
다양한 고양이 얼굴 그리기

LESSON 06.
라인 드로잉 스케치에 채색하기

LESSON 07.
아이패드 배경화면 이미지 만들기

LESSON 08.
노래 부르는 말티즈 형태 수정하기

01 LESSON 간단한 토끼 얼굴 그리기

브러시로 자유롭게 그리기

준비 파일 | 없음 **완성 파일** | 1\final01.procreate

그림을 처음 배울 때는 연필로 선을 그리는 연습부터 시작합니다. 연필을 눕힌 채 세게 힘을 주어 그리면 굵은 선을 그릴 수 있고, 연필을 세운 채 약하게 힘을 주어 그리면 가늘고 섬세한 선을 그릴 수 있습니다. 이처럼 본격적으로 그림을 그리기 전에 도구의 사용법을 익히는 것이 중요하므로 프로크리에이트에서 선을 긋는 연습을 해본 후 토끼 캐릭터를 그려보겠습니다. 선 그리기 연습을 통해 프로크리에이트의 필수 기능도 함께 익혀보겠습니다.

꿀팁 영상 제공

오른쪽의 QR코드 또는 아래의 링크로 접속하면 **LESSON 01**의 전체 실습 과정을 확인할 수 있습니다. 꿀팁 영상으로 학습하면 훨씬 더 이해하기 쉬우니 꼭 참고하길 바랍니다.

- **링크** | https://blog.naver.com/myillua/222727208766

브러시로 선 그리고 지우기

01 프로크리에이트를 실행한 후 ❶ 갤러리 화면에서 새로운 캔버스[+]를 터치하고 ❷ [스크린 크기]를 선택합니다. 아이패드 화면 크기에 맞춰 새 캔버스가 생성됩니다.

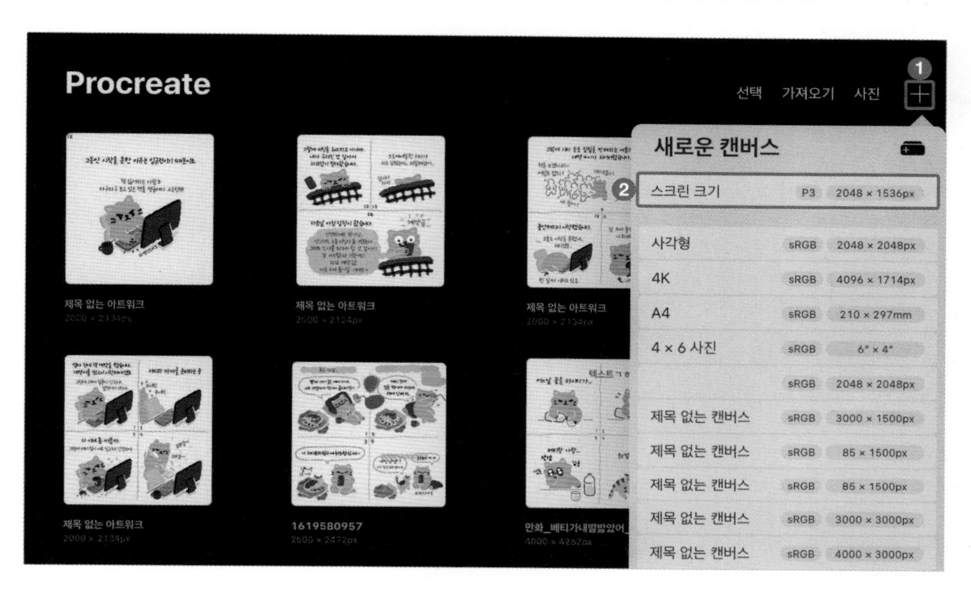

02 브러시[브러시 아이콘]가 파란색[파란색 브러시 아이콘]으로 표시되면 현재 브러시 도구가 선택되어 있다는 의미입니다. ❶ 브러시[브러시 아이콘]를 터치하고 ❷ [브러시 라이브러리] 패널에서 [서예]–[모노라인]을 선택합니다.

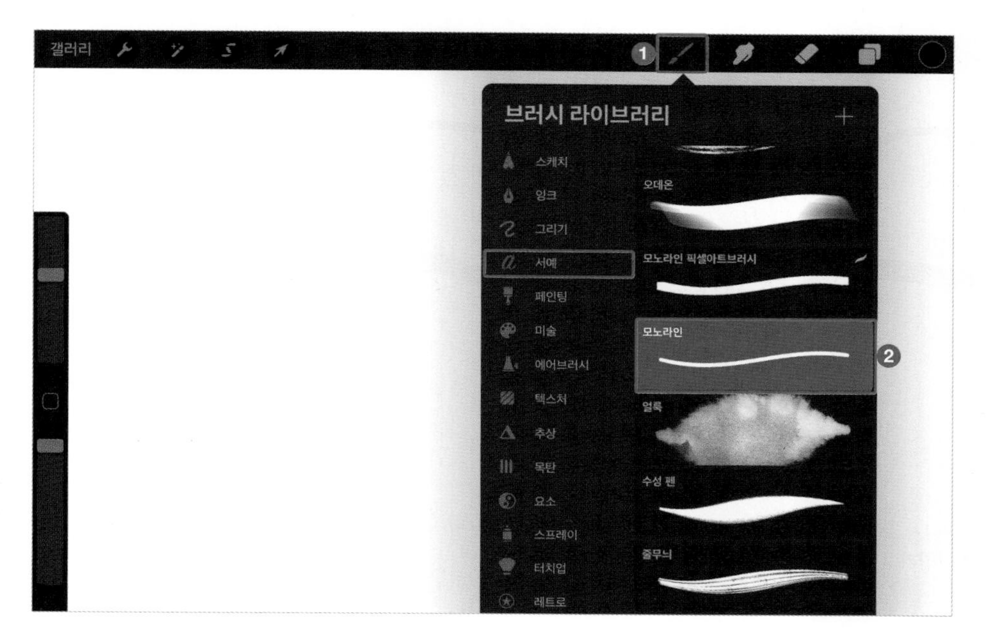

03 캔버스에 자유롭게 선을 하나 그려봅니다.

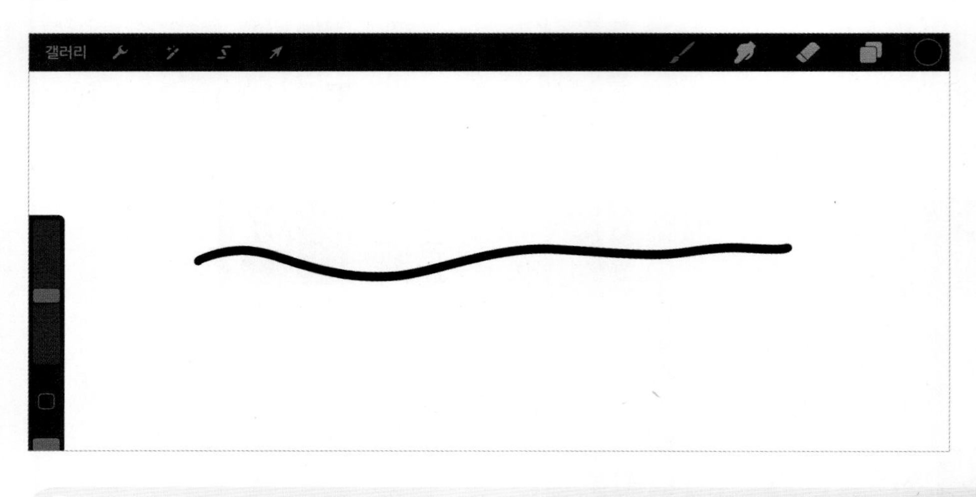

TIP 선이 그려지지 않는다면 브러시 가 파랗게 선택된 상태인지 확인합니다. 회색이라면 브러시 를 터치해 선택합니다.

04 ❶ 사이드바에서 위쪽 슬라이더를 위로 끝까지 올리고 ❷ 캔버스에 자유롭게 선을 하나 더 그려봅니다. 선의 굵기가 변경된 것을 확인할 수 있습니다.

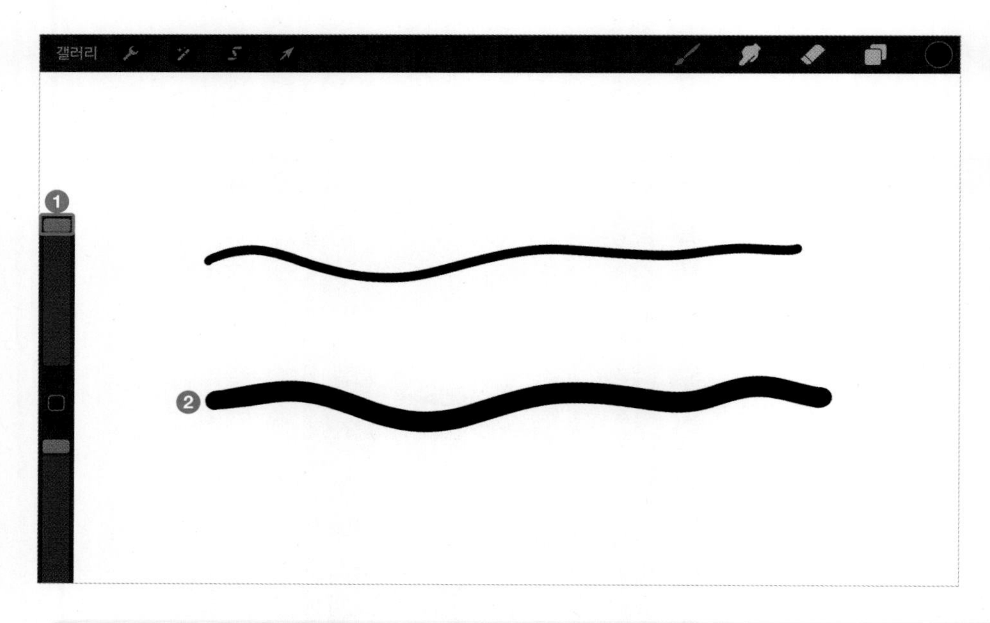

TIP 위쪽 슬라이더를 끝까지 올려 제일 굵게 설정한 것보다 더 굵은 브러시를 사용하고 싶다면 052쪽 꿀팁 영상의 04분 28초 지점을 참고하거나 363쪽을 참고해 선의 최대 크기를 설정합니다.

05 이번에는 불투명도를 조절해 선을 그려보겠습니다. ❶ 사이드바의 아래쪽 슬라이더를 아래로 내려 불투명도를 30%로 조정합니다. ❷ 캔버스에 선을 그리면 약간 투명한 선이 그어집니다.

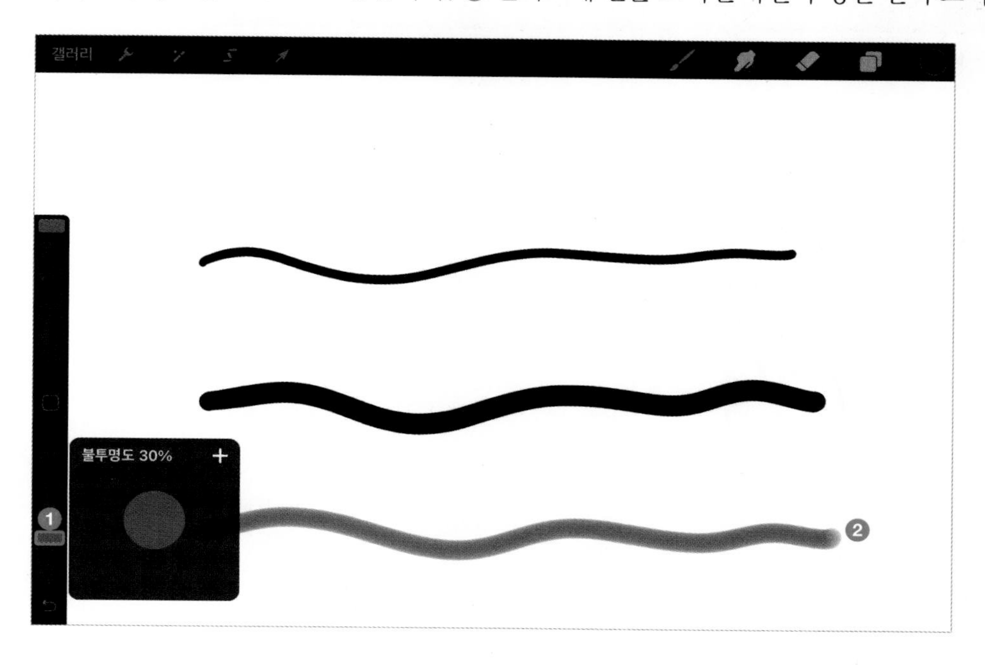

06 ❶ 지우개를 터치하고 ❷ 그려놓은 선을 지워봅니다.

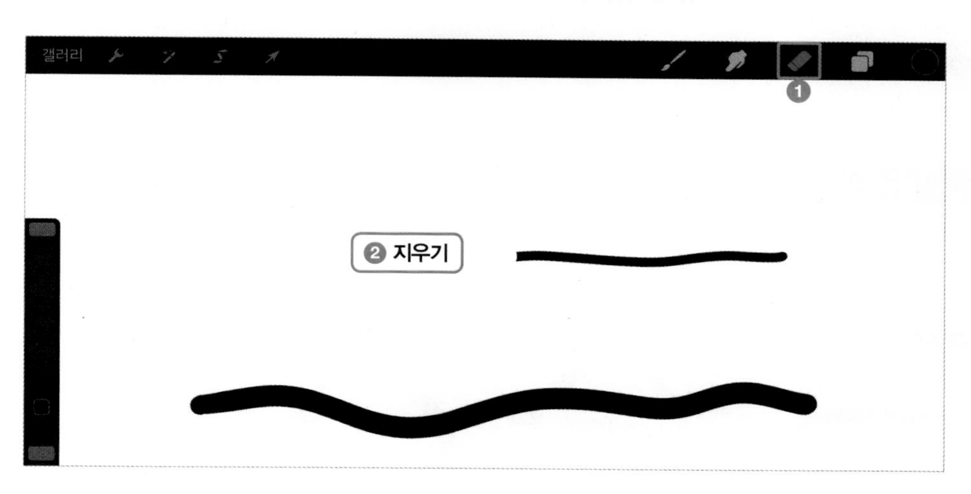

TIP 브러시와 마찬가지로 지우개가 파랗게 선택된 상태에서 터치하면 [브러시 라이브러리] 패널이 나타납니다. 브러시와 마찬가지로 여러 가지 모양 중 하나를 선택할 수 있고 사이드바에서는 지우개의 크기와 불투명도도 조절할 수 있습니다.

07 세 손가락으로 캔버스를 닦는 것처럼 세 번 이상 문지릅니다. 지금까지 그린 선이 모두 삭제됩니다.

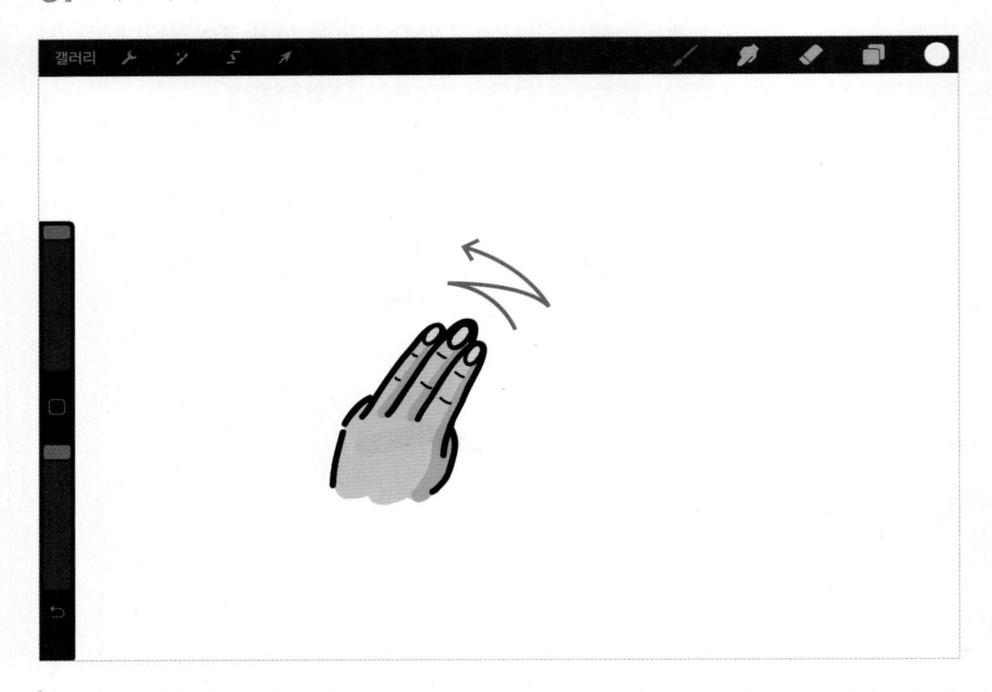

TIP 반드시 세 손가락으로 캔버스를 세 번 이상 문질러야 지워집니다. 두 번 이하로 문지르면 지워지지 않습니다.

08 다양한 선과 도형을 그려봅니다. 취소와 재실행 제스처를 활용해 그리면 훨씬 더 수월하게 그림을 그릴 수 있습니다.

취소와 재실행 제스처 알아보기

두 손가락으로 화면을 짧게 터치하면 이전 작업이 취소됩니다. 계속 터치하면 250개까지 취소할 수 있습니다. 세 손가락으로 화면을 짧게 터치하면 취소했던 작업이 재실행됩니다. 또는 사이드바의 취소, 재실행 버튼을 터치해도 됩니다. 제스처에 관한 자세한 내용은 042쪽, 335쪽을 참고합니다.

▲ 취소하기

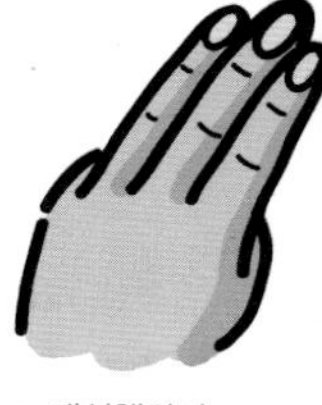

▲ 재실행하기

▲ 사이드바의 취소, 재실행 버튼

브러시로 토끼 얼굴 그리기

09 선과 도형 그리는 연습을 마쳤다면 토끼 얼굴을 그려보겠습니다. ❶ 브러시 가 파랗게 선택된 상태에서 한 번 더 터치하고 ❷ [브러시 라이브러리] 패널에서 [잉크]–[드라이 잉크]를 터치합니다. ❸ 색상●을 선택하고 ❹ [색상] 패널의 바깥쪽 원에서 보라색을 선택하고 ❺ 안쪽 원에서도 보라색을 선택합니다. ❻ 사이드바에서 브러시 크기를 25%로 조정합니다.

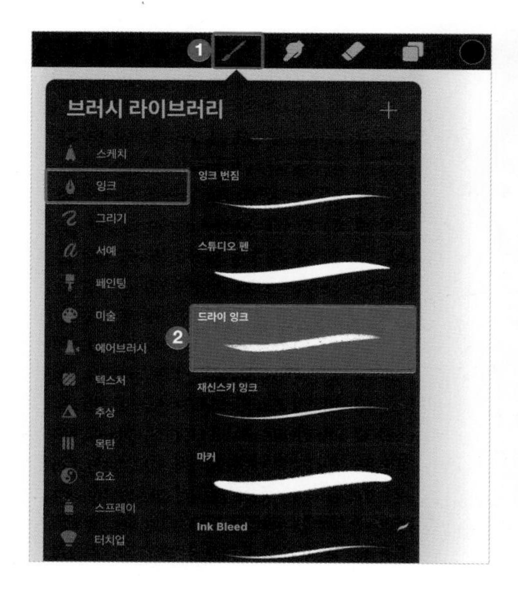

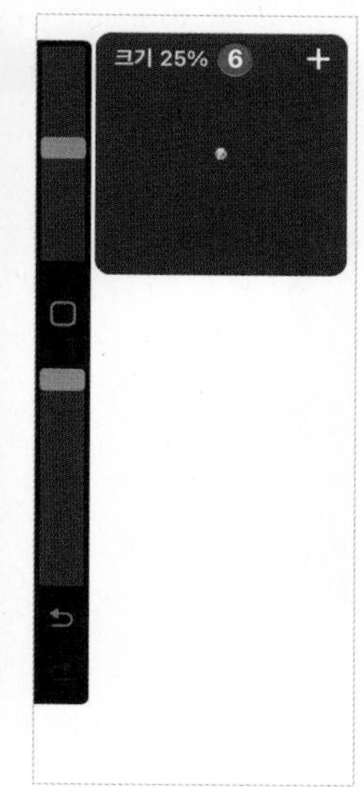

10 ❶❷ 먼저 토끼의 귀 두 개를 통통한 모양으로 그립니다. ❸ 귀 아래쪽에 타원을 그려 얼굴 형태도 그려줍니다.

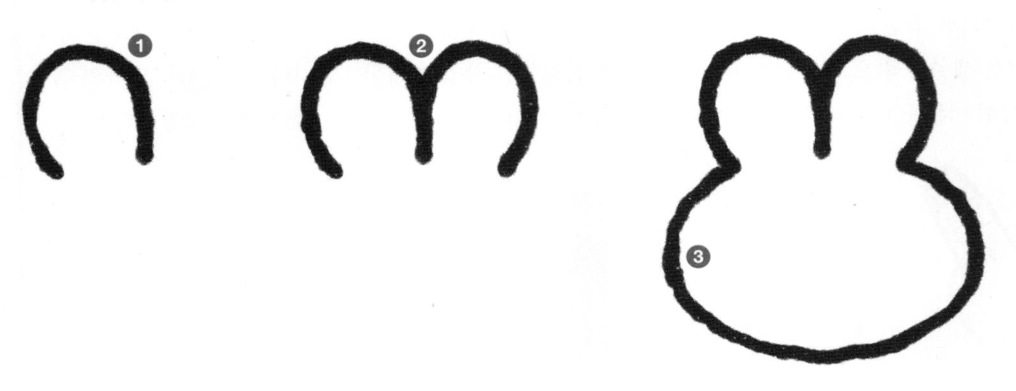

TIP 반듯하게 그리지 않아도 괜찮습니다. 구불구불한 선으로 자연스러운 느낌을 표현하는 것이 드로잉의 매력입니다. 잘 그려지지 않는다면 지우개로 지우거나 취소 또는 재실행 제스처를 활용해가며 편안한 마음으로 자유롭게 그려봅니다.

11 ❶ 사이드바에서 브러시 크기를 15%로 조정합니다. ❷ 토끼의 눈과 입을 그려주고 ❸ 양쪽 수염도 그려줍니다. ❹ 토끼 얼굴 아래에 WELCOME 글자도 써봅니다.

TIP 화면을 확대하거나 회전시키면서 그리면 더 편하게 그릴 수 있습니다. 손가락 제스처는 042쪽을 참고합니다.

브러시 크기 저장하기

사이드바의 크기 슬라이더를 움직이면 오른쪽에 브러시 크기 창이 나타납니다. ❶ ➕을 터치하면 해당 크기가 ❷ 슬라이더 위에 막대 표시로 저장됩니다. 막대를 터치하면 저장한 브러시 크기가 선택됩니다. 총 네 개까지 저장할 수 있으며 ❸ ➖을 터치하면 저장된 브러시 크기가 삭제됩니다.

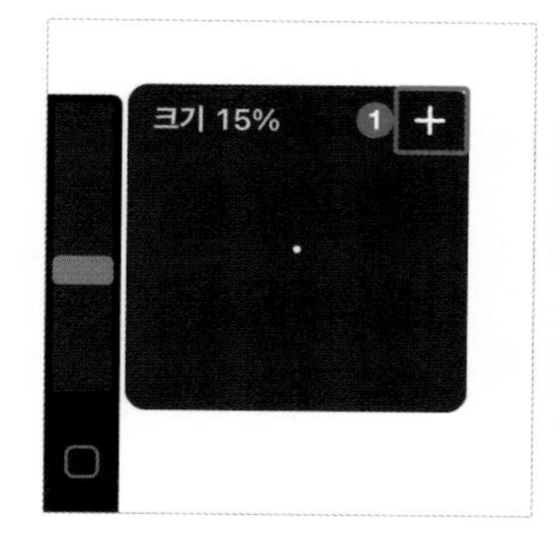

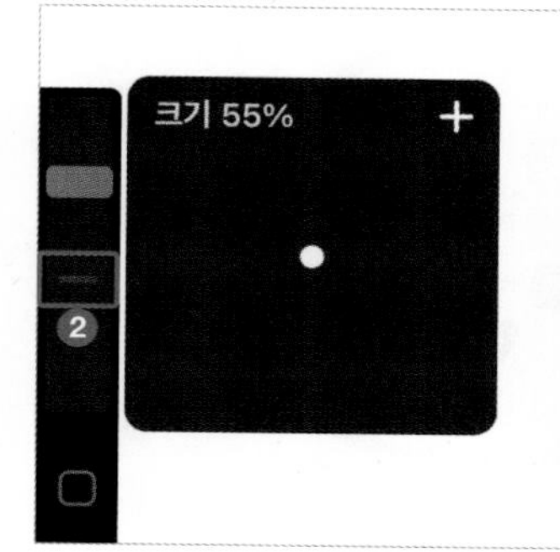

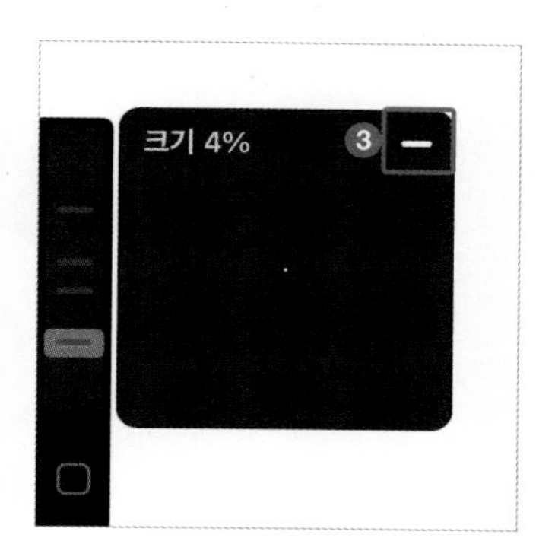

12 ❶ 색상●을 터치하고 ❷ 바깥쪽 원에서 빨간색을 선택합니다. ❸ 안쪽 원에서는 밝은 분홍색을 선택합니다. ❹ 브러시 크기를 50%로 조정한 후 애플 펜슬을 45° 정도 기울여 귀와 볼 부분을 연하게 그려줍니다. ❺ 다시 애플 펜슬을 세워서 하트도 그려줍니다.

13 ❶ 변형 을 터치하면 하단에 변형 옵션창이 나타납니다. ❷ 토끼를 캔버스 가운데로 옮기고 ❸ 파란색 조절점 을 드래그해 원하는 크기로 조절합니다. ❹ 연두색 조절점 을 드래그해 원하는 각도로 조절합니다. ❺ 수정을 마쳤다면 다시 변형 을 터치해 완성합니다.

TIP 정비례로 크기를 조절하려면 변형 옵션창에서 [균등]을 터치합니다. [자유형태]가 선택되어 있는 상태라면 비례와 상관없이 자유롭게 크기를 조절할 수 있습니다.

이미지 파일로 저장하기

14 그림을 이미지 파일로 저장해보겠습니다. ❶ 동작 을 터치하고 ❷ [공유]-[JPEG]를 선택합니다.

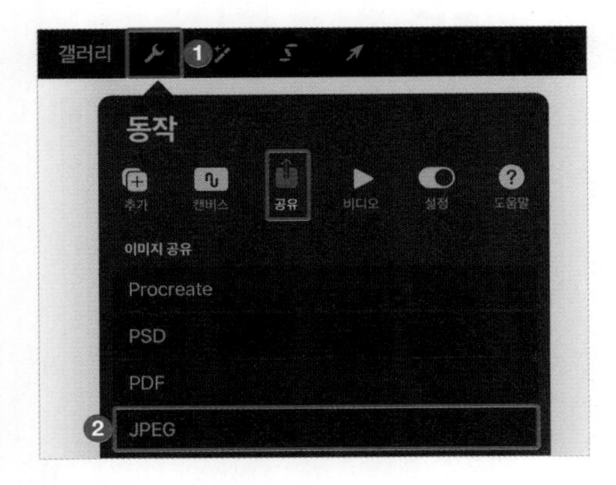

15 [이미지 저장]을 터치하면 그림이 아이패드 [사진 🌸]에 저장됩니다.

16 [갤러리]를 터치합니다. 방금 작업한 캔버스가 프로크리에이트에 자동으로 저장된 것을 확인할 수 있습니다.

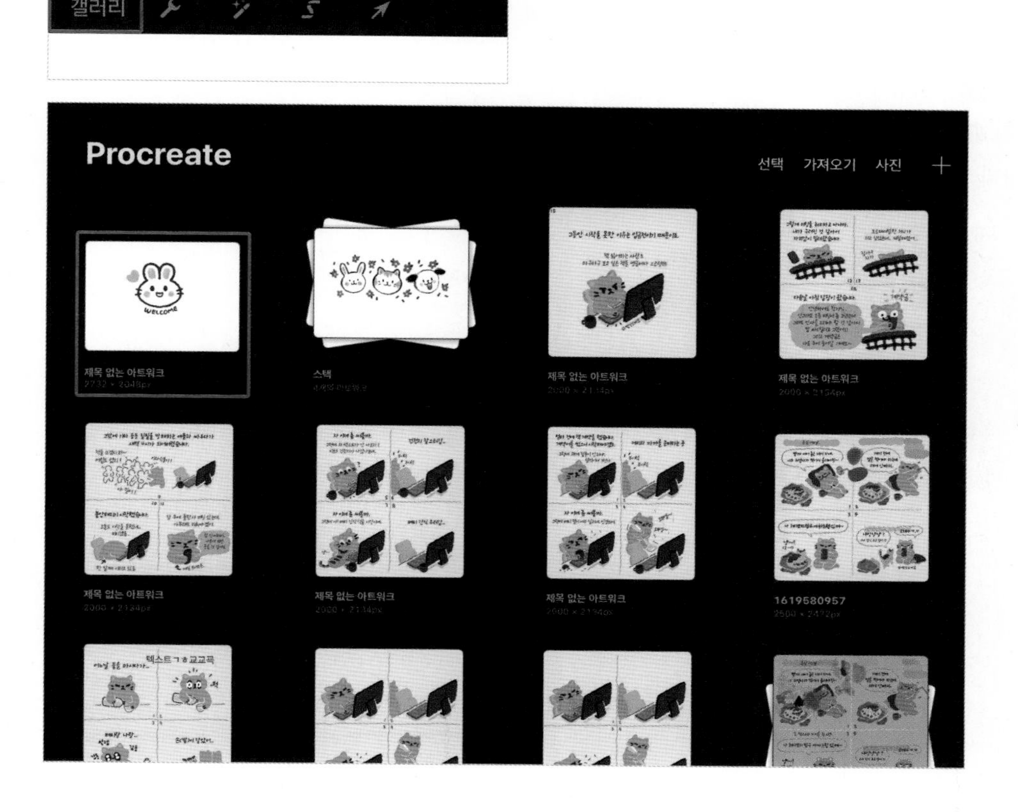

파일 용량 줄이기

타임랩스란 그림을 그리는 과정을 녹화한 영상 파일입니다. 프로크리에이트에서는 자동으로 타임랩스 녹화가 실행됩니다. 그러나 타임랩스 녹화가 실행되면 파일 용량이 늘어나므로 필요한 경우에만 활성화하는 것이 좋습니다.

타임랩스 녹화 비활성화하기

❶ 동작 을 터치하고 ❷ [비디오]를 선택합니다. ❸ [타임랩스 녹화]를 비활성화합니다. 다시 녹화하고 싶다면 [타임랩스 녹화]를 활성화합니다. 타임랩스에 대한 자세한 내용은 341쪽을 참고합니다.

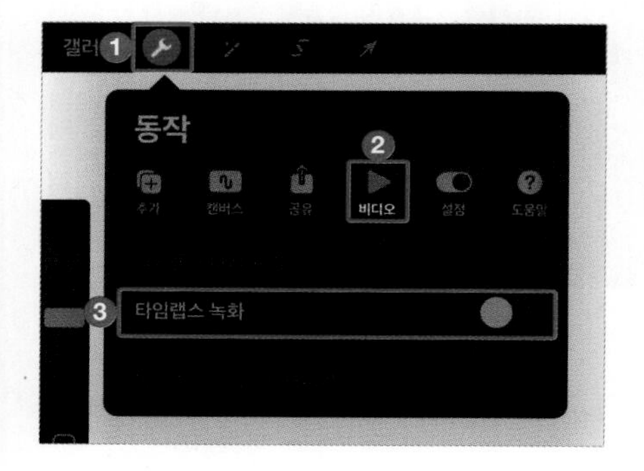

타임랩스 끄기

캔버스를 생성할 때마다 앞의 방법으로 타임랩스 녹화를 취소해야 한다면 매우 번거롭습니다. 아이패드의 [설정]에서 타임랩스를 끄면 새로 생성하는 캔버스에서도 타임랩스 녹화가 자동으로 비활성화됩니다. ❶ 아이패드의 [설정]을 터치하고 ❷ [Procreate]를 선택합니다. ❸ [타임랩스 끔]을 활성화합니다.

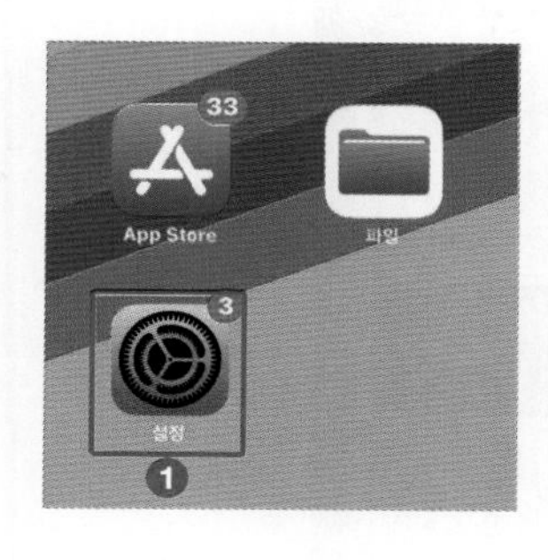

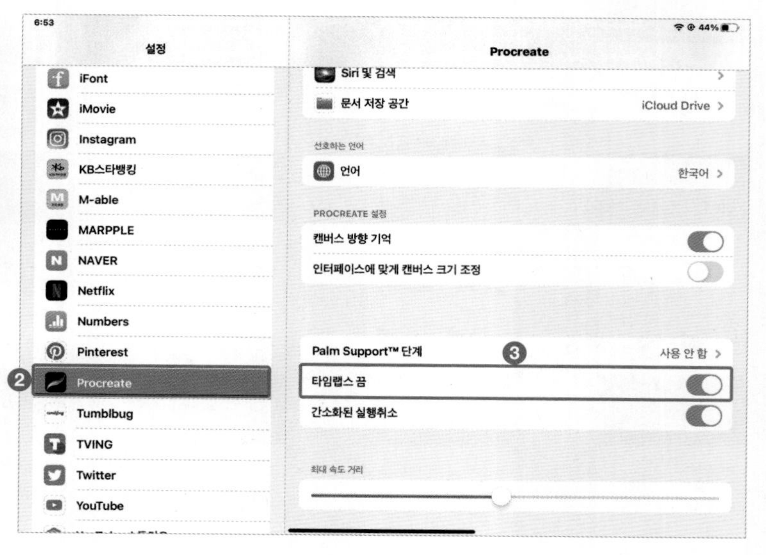

02 LESSON 커피 마시는 곰돌이 그리기

브러시와 퀵셰이프로 반듯하게 그리기

준비 파일 | 1\sketch02.png **완성 파일** | 1\final02.procreate

프로크리에이트에는 선을 반듯하게 그릴 수 있는 퀵셰이프(QuickShape) 기능이 있습니다. 이 기능을 활용하면 반듯한 직선이나 곡선은 물론이고 정원, 정삼각형, 정사각형 등의 도형도 쉽게 그릴 수 있습니다. 반듯한 선과 도형 그리기 연습을 먼저 해보고, 귀여운 곰돌이 캐릭터까지 그려보며 퀵셰이프 기능을 익혀보겠습니다.

꿀팁 영상 제공

오른쪽의 QR코드 또는 아래의 링크로 접속하면 **LESSON 02**의 전체 실습 과정을 확인할 수 있습니다. 꿀팁 영상으로 학습하면 훨씬 더 이해하기 쉬우니 꼭 참고하길 바랍니다.

- **링크** | https://blog.naver.com/myillua/222727209484

퀵셰이프로 반듯한 선 그리기

01 ❶ 스크린 크기의 캔버스를 만듭니다. ❷ 브러시를 터치하고 ❸ [브러시 라이브러리] 패널에서 [서예]–[모노라인]을 선택합니다.

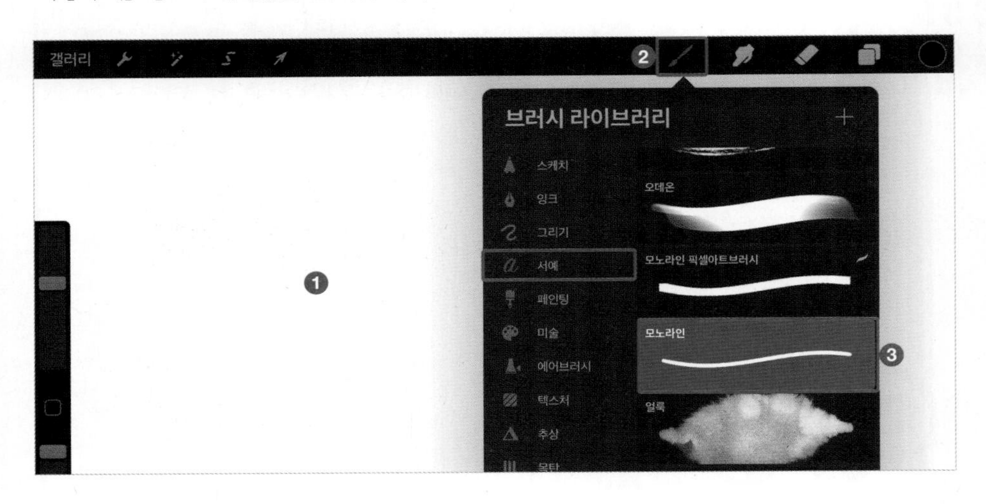

TIP 스크린 크기의 캔버스를 만드는 방법은 036쪽을 참고합니다.

02 퀵셰이프를 활용해 반듯한 선을 그려보겠습니다. ❶ 구불구불한 선을 그리고 화면에서 애플 펜슬을 떼지 않은 상태로 잠시 기다립니다. ❷ 반듯한 직선이 되면 화면에서 애플 펜슬을 뗍니다.

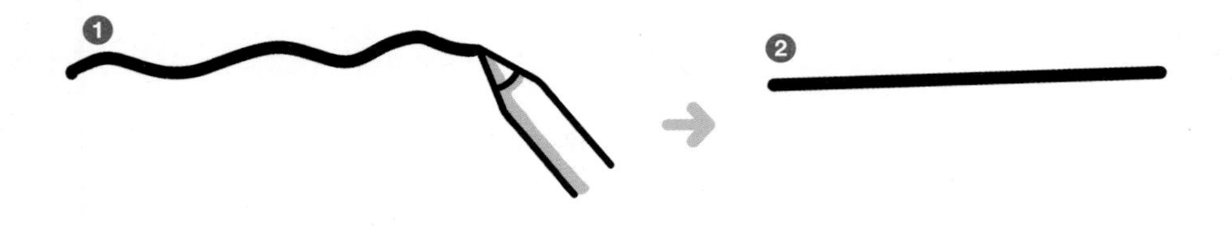

03 ❶ 다시 한 번 선을 그려 반듯한 직선이 된 상태에서 애플 펜슬을 떼지 않고 다른 방향으로 드래그합니다. ❷ 각도와 길이를 자유자재로 수정할 수 있습니다.

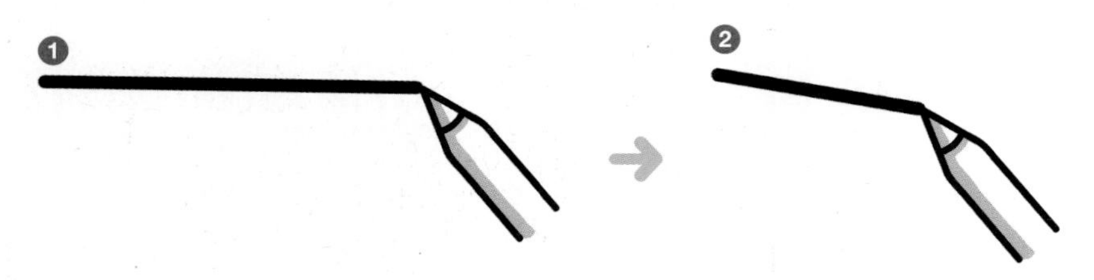

04 ❶ 직선과 마찬가지로 반곡선을 그리고 화면에서 애플 펜슬을 떼지 않은 상태로 잠시 기다립니다. ❷ 반듯한 반곡선으로 변경됩니다.

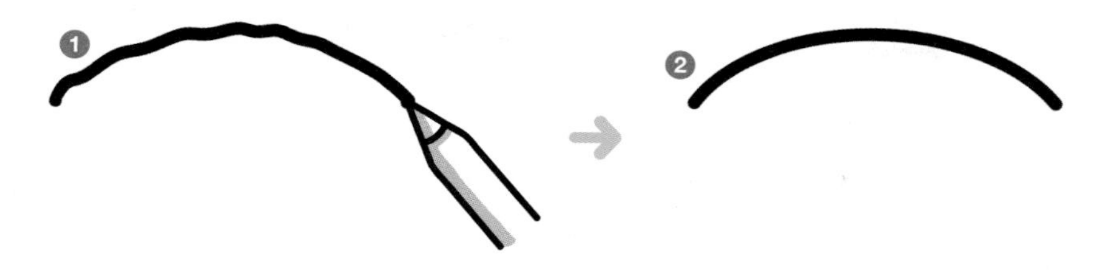

05 수평선을 그려보겠습니다. ❶ 가로선을 그리고 애플 펜슬을 떼지 않은 상태로 잠시 기다려 반듯한 선이 되면 ❷ 한 손가락으로 화면을 터치합니다. ❸ 수평선으로 변경됩니다. 그리기를 마무리하려면 애플 펜슬과 손가락을 화면에서 동시에 떼거나 애플 펜슬을 먼저 뗀 다음 손가락을 뗍니다.

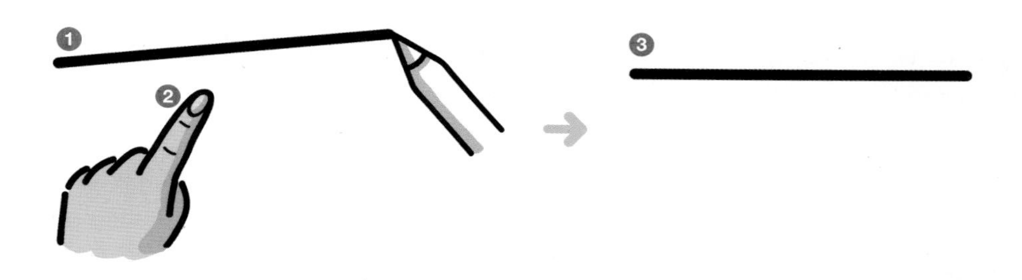

06 수직선을 그려보겠습니다. ❶ 세로선을 그리고 애플 펜슬을 떼지 않은 상태로 잠시 기다려 반듯한 선이 되면 ❷ 한 손가락으로 화면을 터치합니다. 수직선으로 변경됩니다.

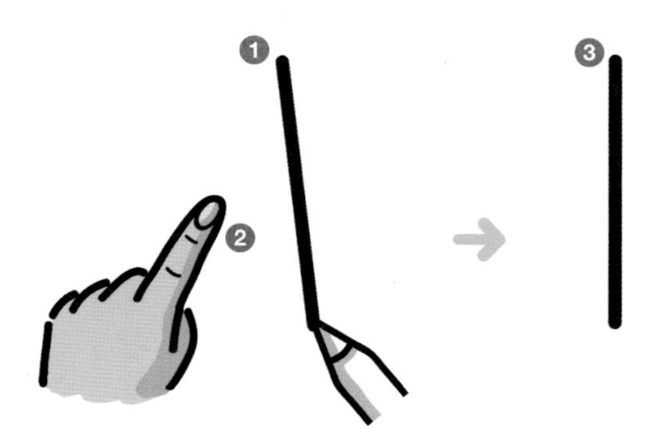

07 선의 각도를 수정하면서 그려보겠습니다. ❶ 가로선을 그리고 애플 펜슬을 떼지 않은 상태로 잠시 기다려 반듯한 선이 되면 ❷ 한 손가락을 화면에 터치한 채 ❸ 애플 펜슬을 다른 방향으로 드래그합니다. ❹ 가로선의 각도가 정확히 15°씩 변경되며 이동됩니다.

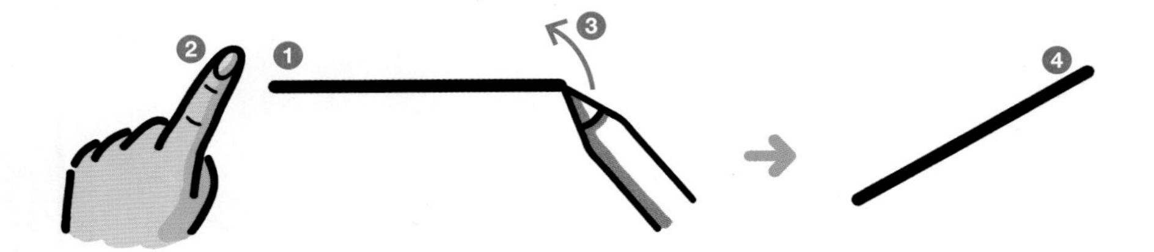

퀵셰이프로 반듯한 도형 그리기

08 이번에는 퀵셰이프를 활용해 반듯한 도형을 그려보겠습니다. ❶ 원을 그리고 애플 펜슬을 떼지 않은 상태로 잠시 기다리면 ❷ 반듯한 원이 됩니다. ❸ 이때 애플 펜슬을 떼지 않은 채 다른 방향으로 드래그하면 원의 크기와 각도를 조절할 수 있습니다.

09 정원, 정삼각형, 정사각형을 그려보겠습니다. ❶ 원을 그리고 애플 펜슬을 떼지 않은 상태로 잠시 기다려 반듯한 원이 되면 ❷ 한 손가락으로 화면을 함께 터치합니다. ❸ 정원으로 변경됩니다. 같은 방법으로 정삼각형과 정사각형도 그려봅니다.

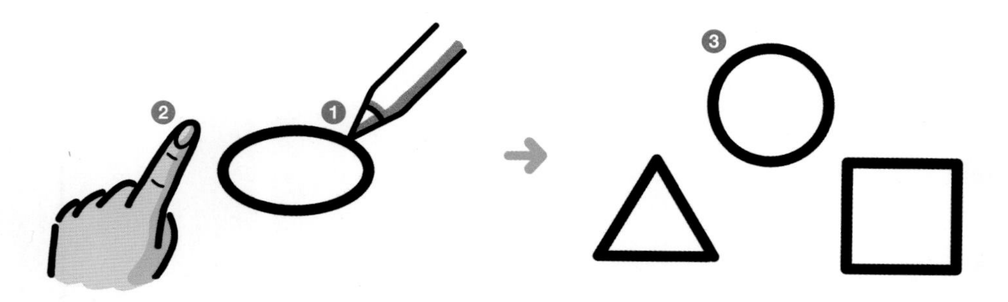

도형 이름으로 선과 도형 수정하기

10 ❶ 원을 그리고 애플 펜슬을 떼지 않은 상태로 1초 이상 길게 눌렀다 뗍니다. ❷ [도형 이름]을 터치합니다. ❸ 파란색 조절점 ● 을 드래그해 타원으로 수정합니다. ❹ 캔버스의 빈 곳을 터치하면 수정이 적용됩니다. 수정을 적용한 후 다시 모양 편집을 나타나게 할 수는 없으므로 신중하게 수정합니다.

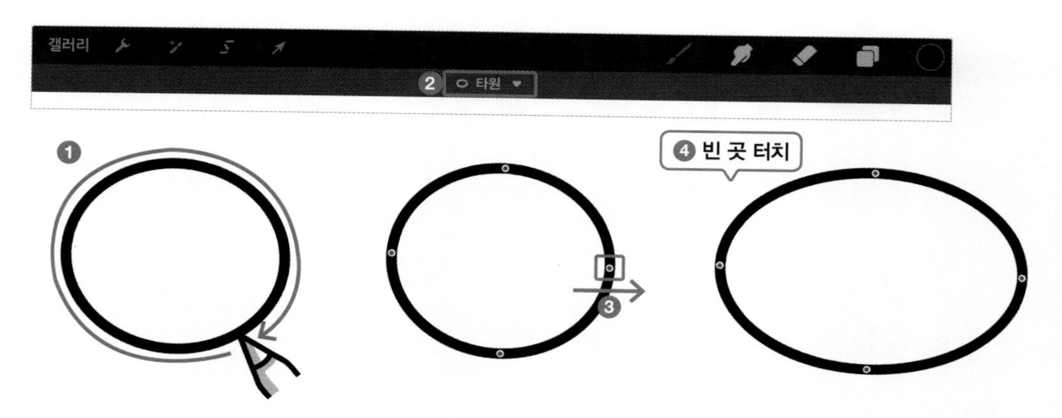

11 같은 방법으로 지그재그 선과 사각형 등을 그린 후 원하는 모양으로 수정해봅니다.

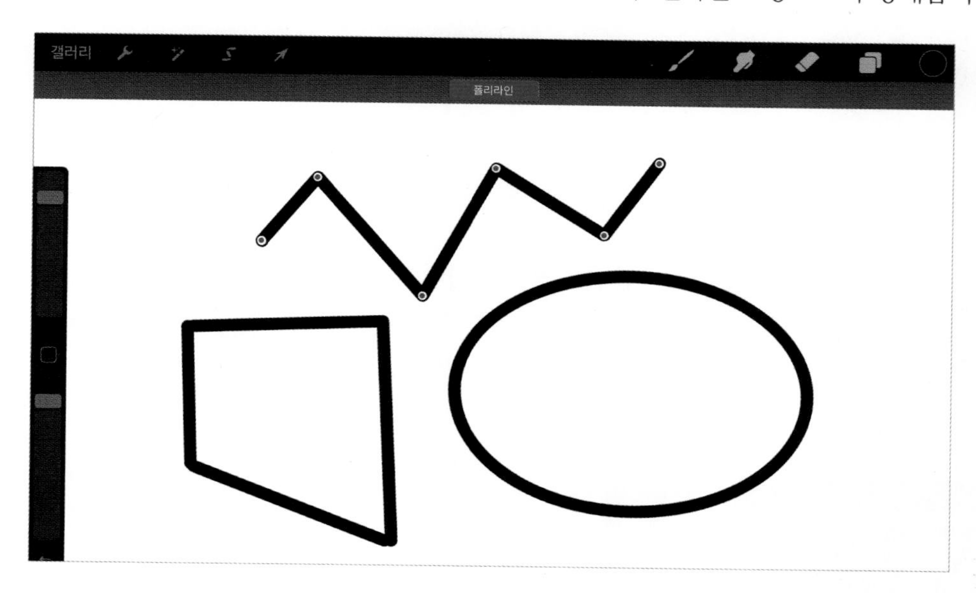

TIP 상단에서 [도형 이름]을 터치하면 여러 가지 도형을 선택할 수 있는 버튼이 나타나는데 원하는 도형을 터치해 바로 수정할 수도 있습니다.

퀵셰이프와 관련된 제스처 옵션 설정하기

동작 을 터치하고 [설정]-[제스처 제어]를 선택합니다. [제스처 제어]에서 왼쪽의 [QuickShape]를 터치하면 퀵셰이프와 관련된 제스처 옵션이 나타납니다. [□을 탭하세요], [터치], [세 손가락 쓸기], [네 손가락 탭], [Apple Pencil 이중-탭]은 모두 모양 편집을 불러오는 기능입니다. [그리기 후 유지]는 선을 그린 후 상단에 [도형 이름] 버튼이 나타나게 하는 설정으로, 반드시 파란색으로 활성화되어 있어야 합니다. [지연시간]에서는 애플 펜슬을 떼지 않고 기다리는 시간을 설정할 수 있습니다.

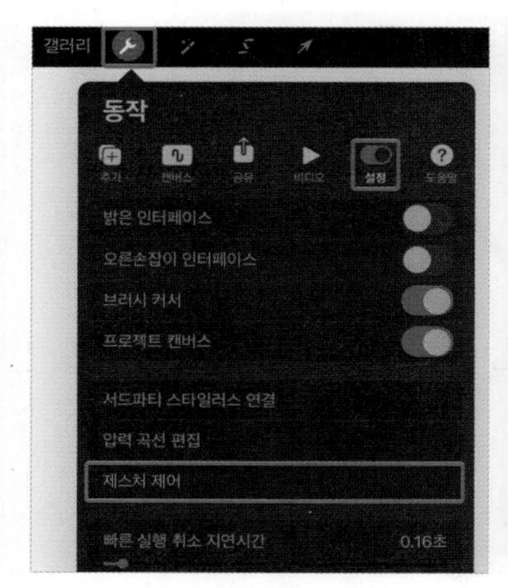

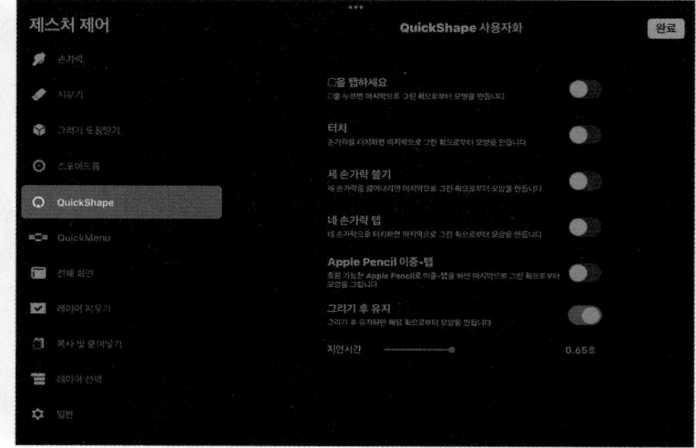

스케치 파일 불러오기

12 반듯한 선과 도형 그리기 연습을 마쳤다면 본격적으로 커피 마시는 곰돌이를 그려보겠습니다. 선과 도형은 세 손가락으로 캔버스를 닦듯이 세 번 이상 문질러 모두 삭제합니다. ❶ 동작 을 터치하고 ❷ [추가]-[파일 삽입하기]를 선택합니다. ❸ 다운로드한 예제 파일 폴더에서 1\Sketch02.png 파일을 선택합니다.

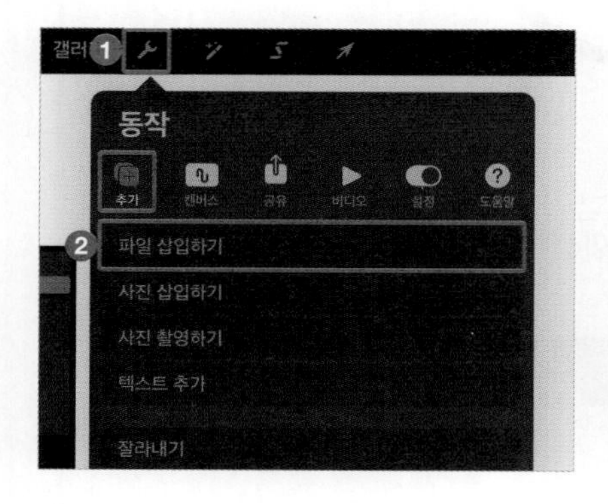

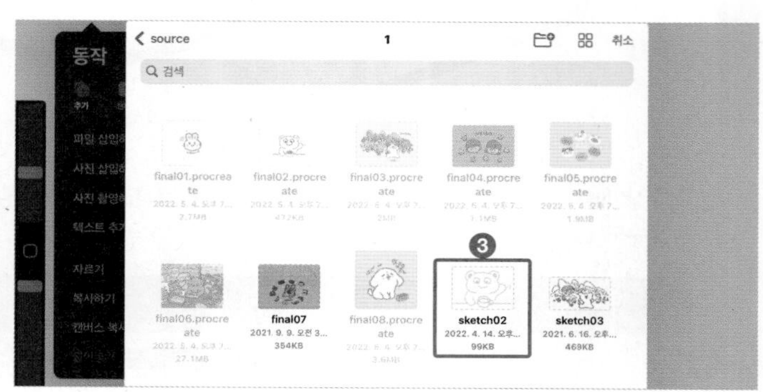

13 ❶ 불러온 스케치의 파란색 조절점 ●을 드래그해 원하는 크기로 조절한 후 ❷ 캔버스 가운데로 옮깁니다. ❸ 변형 을 터치해 선택을 해제합니다. ❹ 레이어 를 터치하고 ❺ 새로운 레이어 를 터치해 새 레이어를 만듭니다. 이제부터 새로 생성한 레이어에 그려보겠습니다.

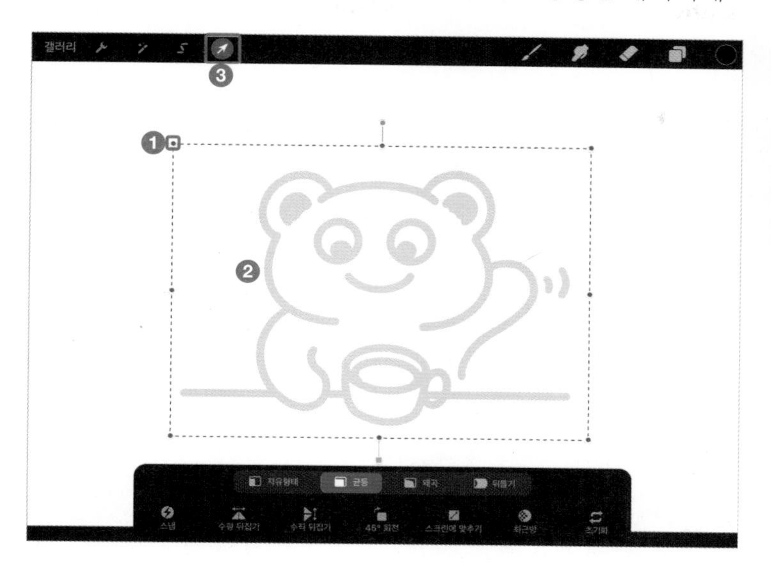

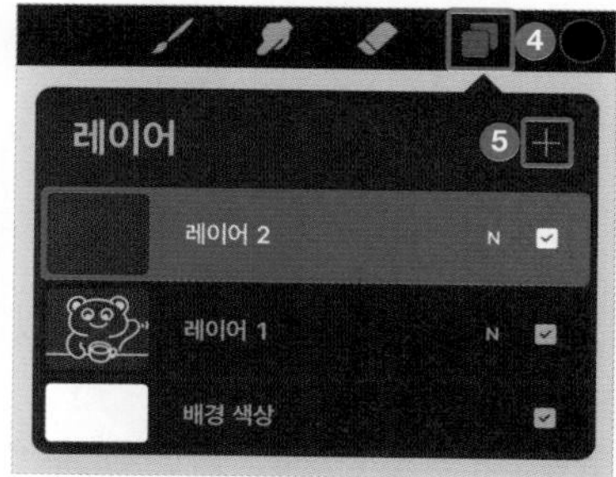

퀵셰이프로 선 수정하면서 그리기

14 ❶ 브러시 는 [서예]–[모노라인]으로 선택합니다. ❷ 브러시 크기는 45%로 조정하고 ❸ 색상 ●을 터치하고 ❹ 빨간색을 선택합니다.

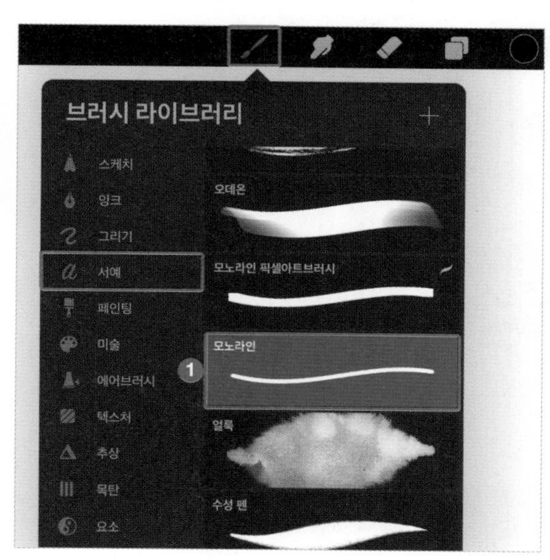

15 ❶ 곰돌이의 이마를 그리고 애플 펜슬을 떼지 않은 상태로 잠시 기다려 반듯한 반곡선을 만듭니다. ❷ 마찬가지로 곰돌이의 귀도 반듯한 반곡선으로 그립니다.

16 ❶ 곰돌이 왼쪽 얼굴 부분을 그리고 애플 펜슬을 떼지 않은 상태로 잠시 기다려 반듯한 반곡선을 만듭니다. ❷ [도형 이름]을 터치하고 ❸ 파란색 조절점 ● 을 드래그해 원하는 형태로 수정합니다. ❹ 캔버스의 빈 곳을 터치해 선택을 해제합니다. ❺ 같은 방법으로 오른쪽 얼굴 부분도 그립니다.

17 ❶ 이번에는 퀵셰이프를 활용하지 않고 곰돌이의 왼쪽 팔을 그립니다. ❷ 곰돌이의 오른쪽 팔도 그립니다.

TIP 곰돌이의 팔 부분과 같이 선이 복잡한 형태일 때 퀵셰이프를 활용하면 오른쪽 그림처럼 원하지 않은 형태로 변경됩니다. 퀵셰이프는 단순한 선 또는 도형에만 적용할 수 있으니 참고하여 드로잉합니다. 그림이 원하지 않은 형태로 그려졌다면 두 손가락으로 화면을 터치해 이전 작업을 취소합니다.

18 ❶ 색상●을 터치하고 ❷ 짙은 파란색을 선택합니다. ❸ 원을 그리고 애플 펜슬을 떼지 않은 상태로 잠시 기다려 반듯한 모양이 되면 ❹ 한 손가락으로 화면을 터치해 정원을 만듭니다. ❺ 곰돌이의 눈동자를 그리고 ❻ 입도 그립니다.

19 ❶ 노란색을 선택합니다. ❷ 컵 부분에 타원을 그리고 잠시 기다려 반듯한 타원을 만듭니다. ❸ [도형 이름]을 터치하고 ❹ 파란색 조절점 ●을 드래그해 원하는 모양으로 수정합니다. ❺ 캔버스의 빈 곳을 터치해 선택을 해제합니다. ❻ 컵의 나머지 부분도 반듯하게 그립니다.

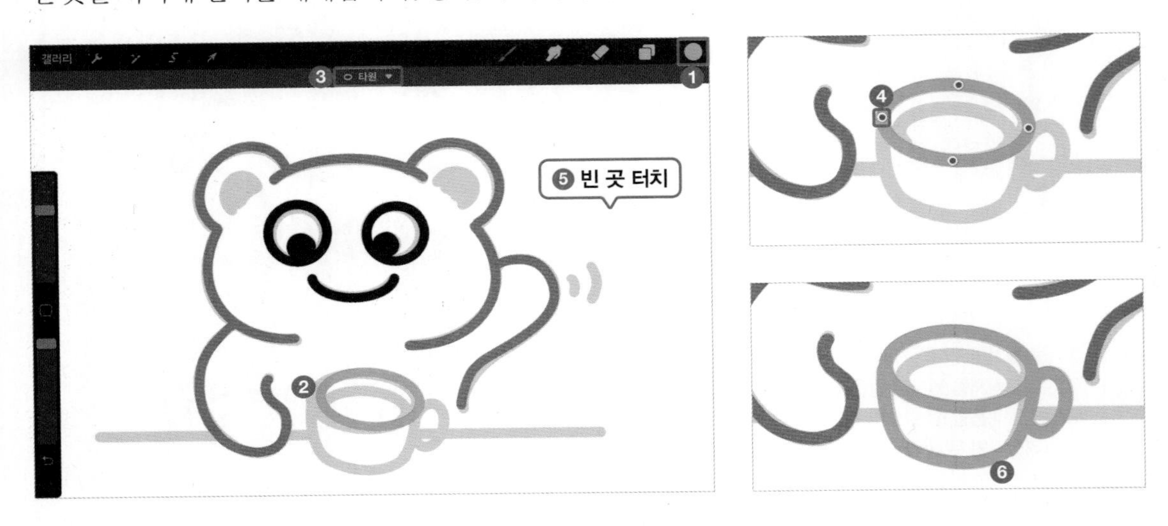

20 ❶ 곰돌이의 귀 안쪽을 자유롭게 채색하고 ❷ 곰돌이의 손 주변을 꾸며주는 선도 그려줍니다.

컬러 드롭으로 드래그해 색상 채우기

21 ❶ 레이어 를 터치하고 ❷ 새로운 레이어 를 터치해 새 레이어를 만듭니다. ❸ 갈색을 선택하고 ❹ 반듯한 타원을 그립니다. ❺ 색상●을 타원 안쪽으로 드래그합니다. 타원이 갈색으로 채워집니다.

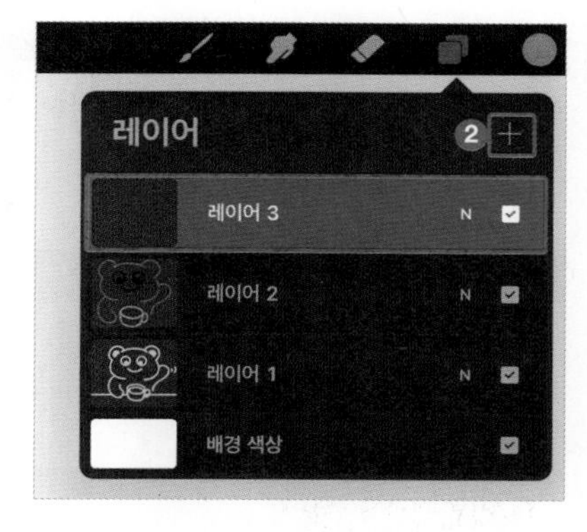

TIP 컬러 드롭으로 색상을 채울 때 주의할 점

색상●을 도형 안쪽으로 드래그하여 색을 채우는 방식을 컬러 드롭이라고 합니다. 이때 선이 끊어진 부분이 있으면 잉크가 새는 것처럼 캔버스 전체에 색이 채워집니다. 선이 끊어지지 않도록 주의합니다.

22 ❶ 레이어 를 터치합니다. ❷ 갈색 타원이 담긴 [레이어 3] 레이어를 약 2초 이상 길게 눌러 선택한 후 ❸ 곰 그림이 담긴 [레이어 2] 레이어의 아래쪽으로 드래그해 이동합니다. 갈색 타원이 노란색 컵 아래에 배치되면서 컵에 담긴 커피가 표현됩니다.

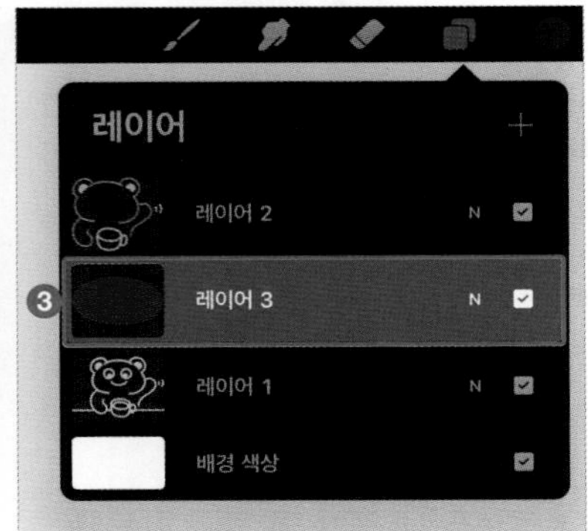

빨간고래의 기능 꼼꼼 익히기

레이어 순서 변경하기

레이어를 약 2초 이상 길게 누르고 있으면 레이어가 살짝 커지는 모션이 나타나며 레이어가 선택됩니다. 이렇게 레이어가 선택된 상태에서 위아래로 움직이면 레이어 순서를 변경할 수 있습니다.

반듯한 직선 그리고 레이어 정리하기

23 ❶ 새로운 레이어 를 터치해 새 레이어를 만듭니다. ❷ 초록색으로 하단에 가로선을 그리고 애플 펜슬을 떼지 않은 상태로 기다려 반듯한 선이 되면 ❸ 한 손가락으로 화면을 터치해 수평선으

로 만듭니다. ❹ 지우개 를 터치하고 ❺ 수평선의 불필요한 부분을 지웁니다.

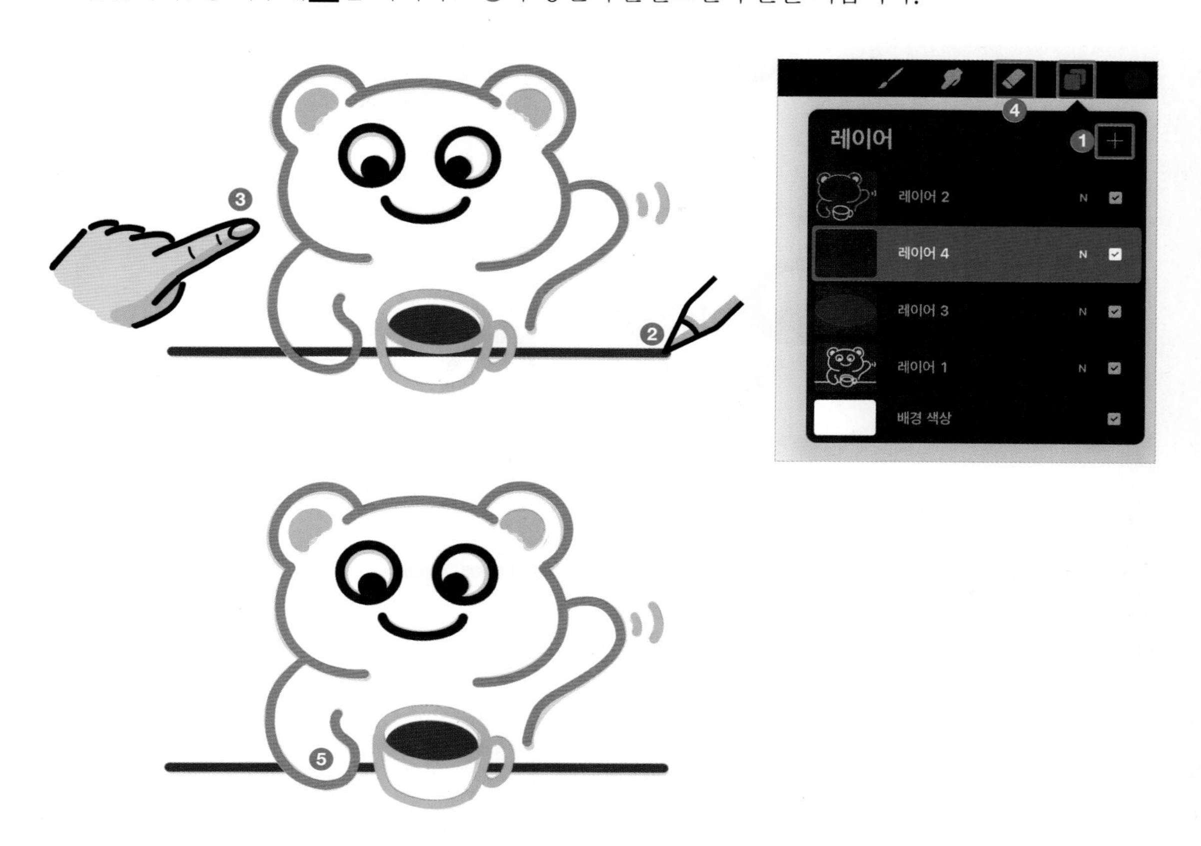

24 ❶ 레이어 를 터치합니다. ❷ 스케치가 담긴 [레이어 1] 레이어를 왼쪽으로 슬라이드하고 ❸ [삭제]를 터치합니다.

25 스케치가 삭제되고 커피 마시는 곰돌이 그림이 완성되었습니다.

빨간고래의 기능 꼼꼼 익히기

지우개 종류 쉽게 선택하기

브러시를 사용하다가 같은 모양의 지우개를 사용해야 할 때가 있습니다. 이때 지우개를 2초 이상 누르면 같은 브러시로 선택됩니다. 예를 들어 ❶ [스케치]–[6B연필] 브러시를 선택해서 그리다가 ❷ 지우개를 2초 이상 길게 누르면 [6B연필] 지우개로 선택됩니다. 굳이 [브러시 라이브러리] 패널에서 선택하지 않아도 됩니다.

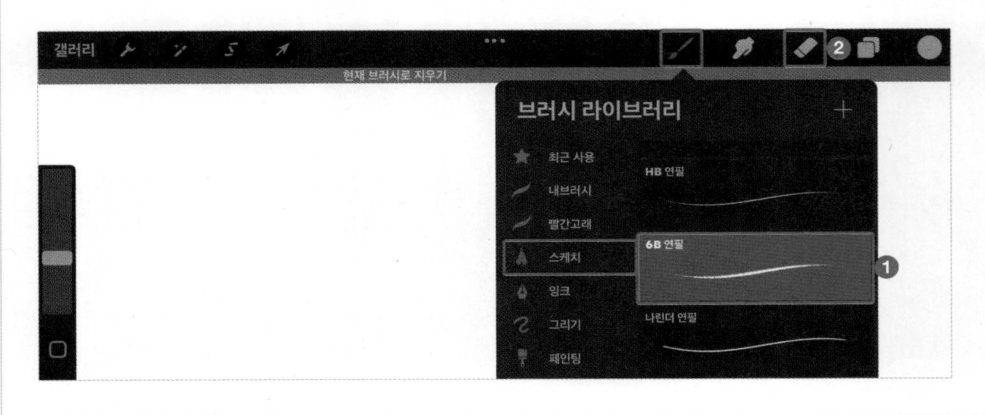

TIP 반대로 브러시를 2초 이상 누르면 지우개와 같은 브러시로 선택됩니다.

03 LESSON 꽃동산의 강아지 채색하기

다양한 방식으로 채색하기

준비 파일 | 1\sketch03.png **완성 파일** | 1\final03.procreate

프로크리에이트에서 색을 선택하는 방법은 여러가지입니다. 다양한 방법으로 채색을 해보면서 색을 선택하는 유용한 기능을 익혀보겠습니다. 내가 원하는 색을 빠르게 선택하면 작업 시간을 단축할 수 있어서 매우 효과적입니다.

스케치 파일 불러와 채색 준비하기

01 ❶ 스크린 크기의 캔버스를 만듭니다. ❷ 동작 을 터치하고 ❸ [추가]–[파일 삽입하기]를 선택하여 1\sketch03.png 파일을 불러옵니다. ❹ 불러온 스케치 파일을 캔버스 중앙에 위치시키고 ❺ 변형 을 터치해 선택을 해제합니다.

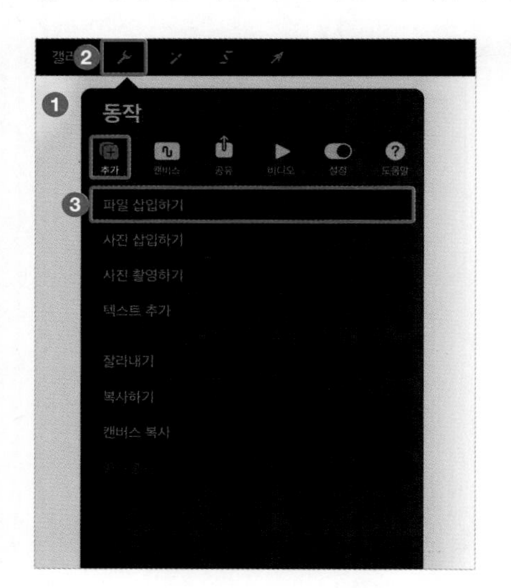

02 ❶ 레이어 를 터치합니다. ❷ 스케치가 담긴 [레이어 1]을 왼쪽으로 슬라이드해 [잠금]을 터치합니다. ❸ 새로운 레이어 를 터치하여 새 레이어를 만듭니다. ❹ 추가된 [레이어 2] 레이어를 길게 누른 채 아래로 드래그하여 옮깁니다. ❺ 브러시 를 터치하고 ❻ [빨간고래]–[울퉁불퉁–강]을 선택합니다.

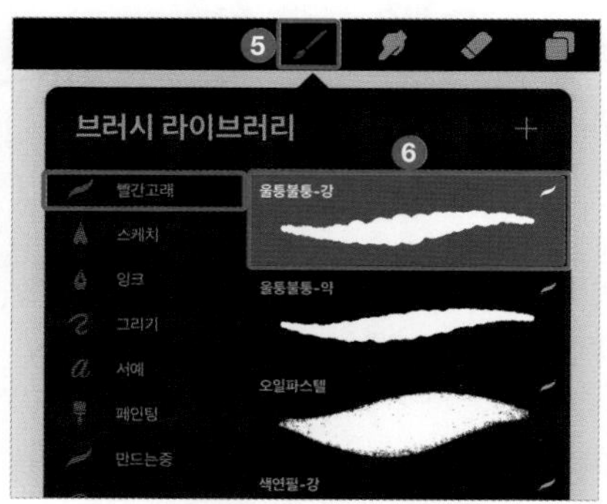

TIP 레이어를 왼쪽으로 슬라이드하고 [잠금]을 선택하면 레이어가 잠깁니다. 잠긴 레이어에서는 드로잉이 불가합니다.

TIP [빨간고래]–[울퉁불퉁–강] 브러시는 필자가 직접 만든 커스텀 브러시입니다. 브러시 다운로드 방법은 030쪽, 설치하는 방법은 031쪽을 참고합니다.

디스크 모드에서 색 선택하기

03 ❶ 색상●을 터치합니다. 디스크 모드가 기본으로 나타납니다. ❷ 색상 디스크의 바깥쪽 원에서 주황색을 선택하고 ❸ 안쪽 원에서는 마음에 드는 갈색을 선택합니다. ❹ 캔버스를 확대해서 귀를 그립니다. ❺ 색상●을 귀 안쪽으로 드래그합니다. 귀가 갈색으로 채워집니다. ❻ 같은 방법으로 반대쪽 귀도 칠합니다.

• 브러시 색상 | ● #aa4a0e • 브러시 크기 | 5%

검은색 쉽게 선택하기

04 ❶ 색상●을 터치하고 ❷ 색상 디스크 안쪽 원에서 6시 지점을 더블 터치합니다. 순수한 검은색(#000000)이 선택됩니다. ❸ 오른쪽 상단에 It's My Day를 씁니다.

TIP 색상 디스크의 안쪽 원에는 아홉 개의 포인트가 있습니다. 이 포인트는 많이 사용하는 기본 색상입니다. 포인트 주변을 더블 터치하면 포인트가 선택됩니다. 특히 순수한 검은색(#000000)과 흰색(#ffffff)을 매우 쉽게 선택할 수 있습니다.

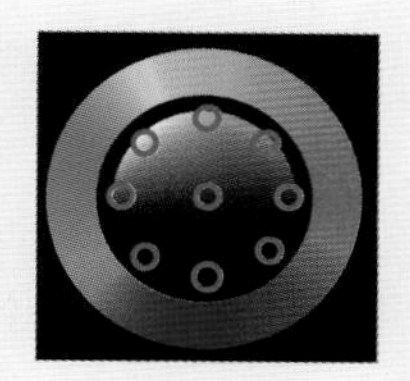

스포이드로 색 선택하기

05 ❶ 한 손가락으로 강아지의 갈색 귀를 2초 이상 길게 눌러 갈색을 선택합니다. ❷ 애플 펜슬로 강아지 팔에 점을 그립니다.

TIP 사이드바의 스포이드를 터치하면 캔버스에 원이 나타납니다. 이 원을 갈색 부분 위에 올리면 갈색을 선택할 수 있습니다. 그러나 선택하려는 색 부분을 손가락으로 2초 이상 길게 누르면 더 쉽고 빠르게 색을 선택할 수 있습니다.

클래식 모드에서 색 선택하기

06 ❶ 색상●을 터치하고 ❷ [클래식]을 터치해 클래식 모드로 변경합니다. ❸ 색상 슬라이더를 빨간색으로 드래그합니다. ❹ 컬러 피커 영역에서 연분홍색을 선택합니다. ❺ 강아지의 두 볼을 칠합니다.

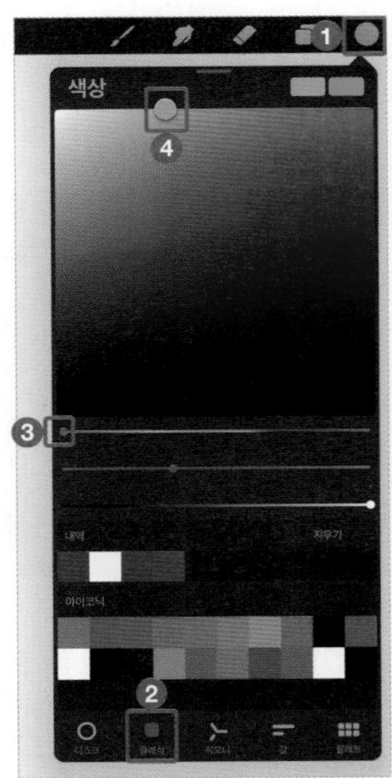

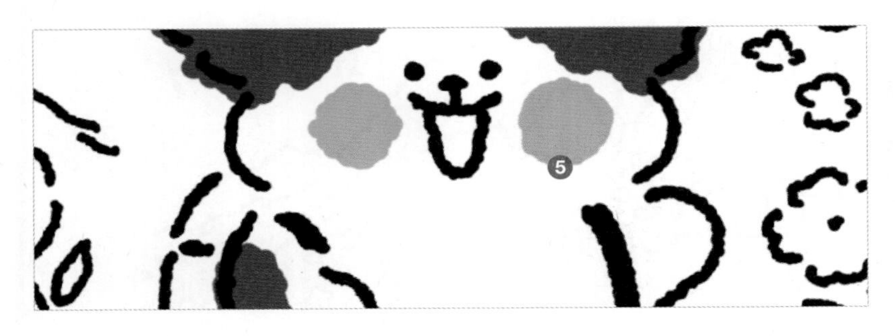

• 브러시 색상 | #ffa4a3

TIP 클래식 모드는 사각형으로 된 컬러 피커 영역이 크게 배치됩니다. 따라서 명암이나 채도를 섬세하게 선택하기에 편리합니다.

값 모드에서 색 선택하기

07 ❶ 색상●을 터치하고 ❷ [값]을 터치해 값 모드로 변경합니다. ❸ [16진값]에 **f25f7a**를 입력해 진한 분홍색을 선택합니다. ❹ 가방을 칠합니다.

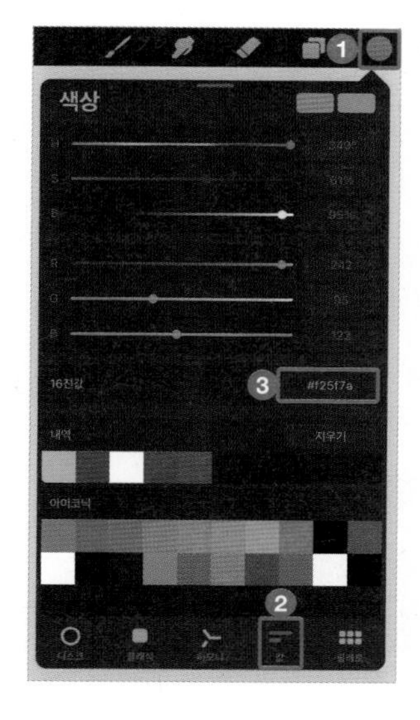

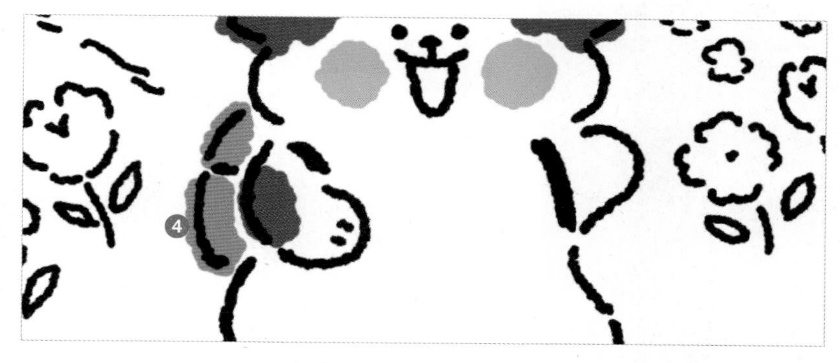

TIP 값 모드에서는 색상의 값을 입력하여 색을 선택합니다. 값을 직접 입력할 때는 #을 빼고 여섯 자리의 영문+숫자만 입력합니다. 입력하고 나면 #이 자동으로 붙습니다. 색상값을 알고 있으면 다른 사람에게 정확한 색을 알려줄 수 있어서 공동 작업 시 유용합니다.

팔레트 모드에서 색 선택하기

08 032쪽을 참고하여 myday.swatches 팔레트를 설치한 후 진행합니다. ❶ 색상●을 터치하고 ❷ [팔레트]를 터치해 팔레트 모드로 변경합니다. ❸ 팔레트 리스트에서 아래에 있는 [myday]의 첫 번째 분홍색을 터치하고 ❹ 지붕을 칠합니다.

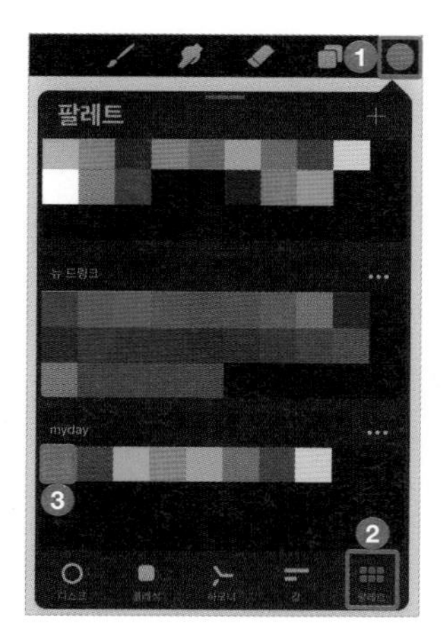

09 ❶ [myday] 팔레트에서 ☑ 표시를 확인합니다. 기본 팔레트로 선택된 것입니다. ❷ [디스크]를 터치하여 디스크 모드로 변경합니다. ❸ [myday]의 두 번째 갈색을 터치하고 문을 칠합니다. ❹ [myday] 팔레트에 있는 색을 활용하여 나머지 부분도 컬러링합니다. 책과 똑같이 칠하지 않아도 되므로 자유롭게 컬러링합니다.

TIP 팔레트 모드에서 ❶ 더 보기 ••• 를 터치하고 ❷ [기본값으로 설정]을 터치하면 해당 팔레트가 기본 팔레트로 설정됩니다. 기본 팔레트로 설정하면 팔레트 모드뿐 아니라 모든 모드에서 팔레트가 나타납니다.

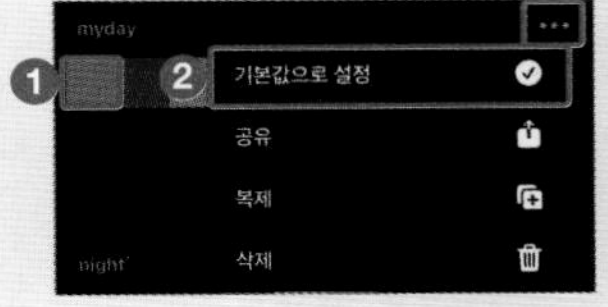

배경에 색 적용하기

10 ❶ 레이어를 터치하고 ❷ [배경 색상]을 선택합니다. ❸ 팔레트를 터치합니다. 마지막에 있는 ❹ 베이지색을 터치하고 ❺ [완료]를 터치합니다. 배경에 색이 적용됩니다.

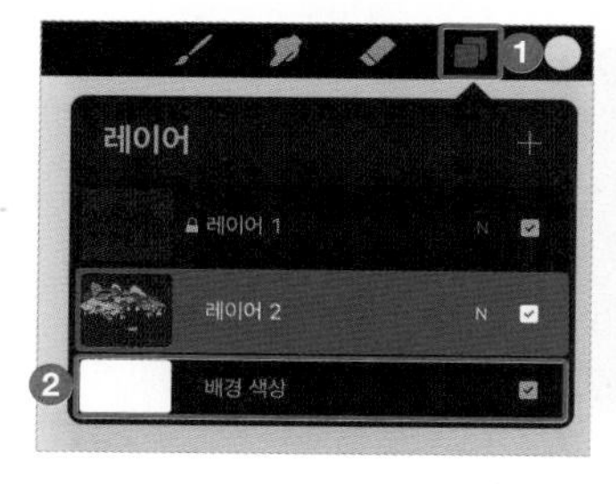

팔레트에 색 저장하기

11 ❶ 색상●을 터치하고 ❷ 디스크를 터치합니다. ❸ 색상 디스크의 안쪽 원에서 흰색 부분을 더블 터치합니다. 순수한 흰색(#ffffff)이 선택됩니다. ❹ [myday] 팔레트의 빈 곳을 터치하면 ❺ 흰색이 팔레트에 저장됩니다.

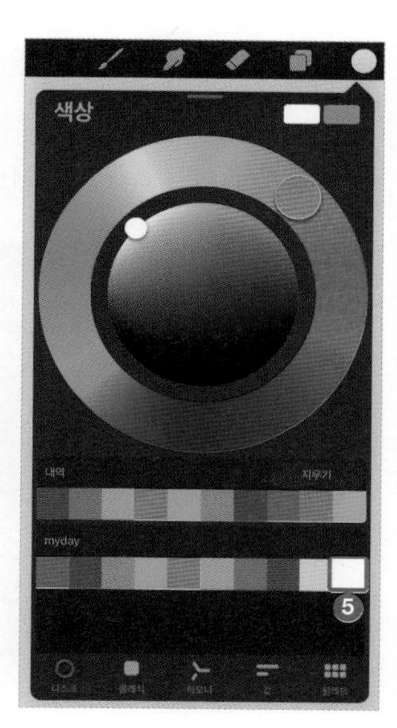

TIP 팔레트 활용하기

- **팔레트의 색 순서 바꾸기 :** 색을 2초 이상 누른 채 드래그하면 순서를 바꿀 수 있습니다.

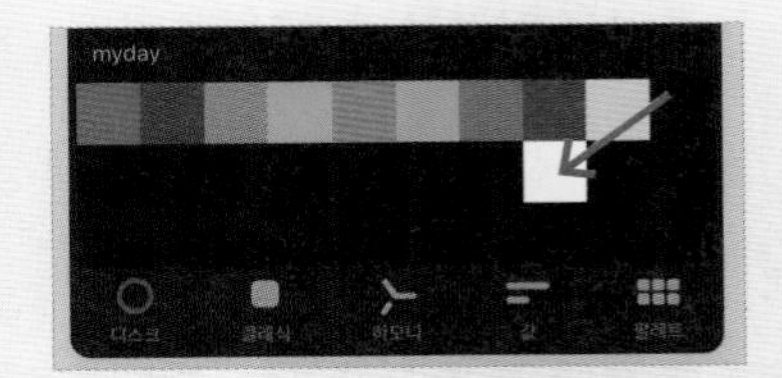

- **팔레트의 색 삭제하기 :** 색을 2초 이상 길게 눌렀다 떼면 [색상견본 삭제]가 나타납니다.

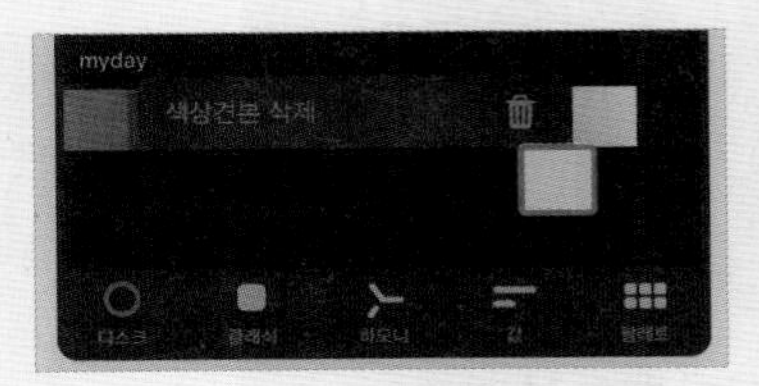

- **팔레트의 색 변경하기 :** 유채색을 2초 이상 길게 눌렀다 떼면 [현재 색상 설정]이 나타납니다. 길게 누른 색을 현재 선택된 색으로 바꿉니다. 무채색인 검은색, 흰색, 회색은 적용할 수 없습니다.

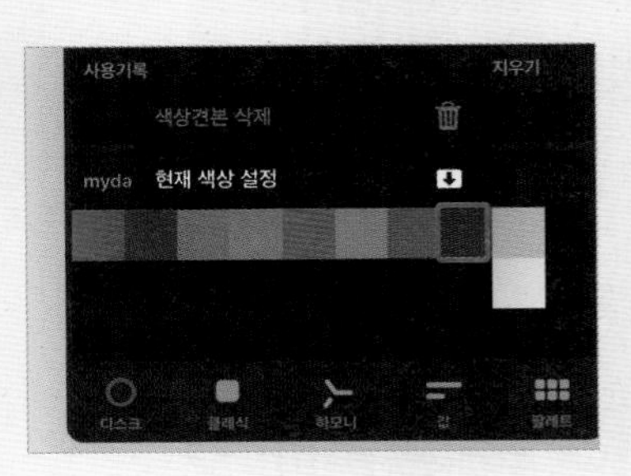

12 ❶ 레이어를 터치하고 ❷ 새로운 레이어를 터치해 새 레이어를 만듭니다. 레이어 위치는 [배경 색상] 위에 위치시킵니다. ❸ [myday] 팔레트에 저장된 **흰색(#ffffff)**이 선택된 상태에서 ❹ 강아지와 집을 칠해 완성합니다.

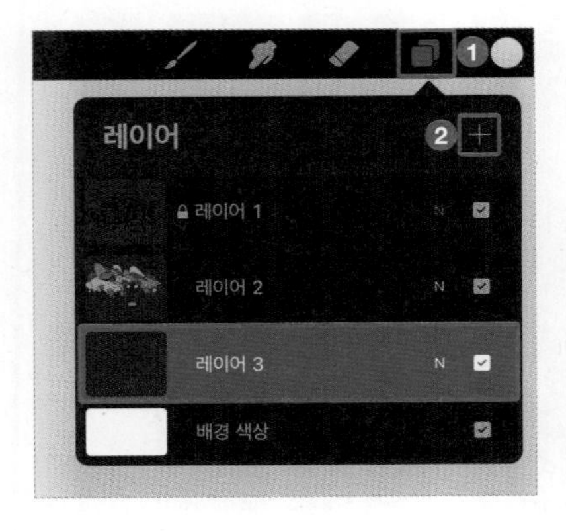

TIP 팔레트 색상 크게 보기

❶ [색상] 패널의 팔레트 모드에서 [카드]를 터치하면 색이 크게 보이고 색 이름이 나타납니다.
❷ 색 이름을 터치하면 색 이름을 수정할 수 있습니다.

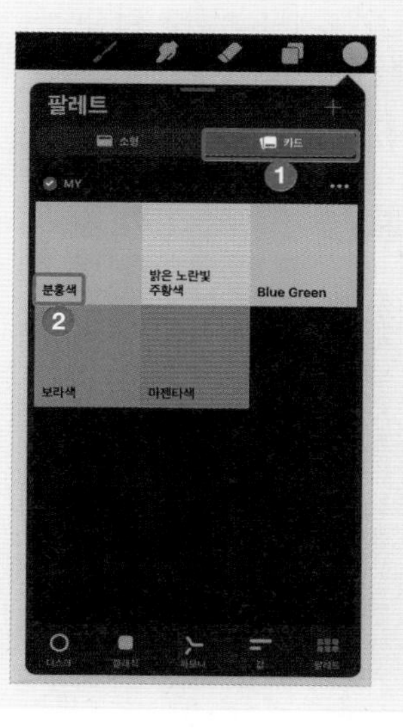

빨간고래의 기능 꼼꼼 익히기 팔레트 만들고 공유하기

프로크리에이트에서 팔레트를 만들면 여러 사람과 공유할 수 있고 프로크리에이트 앱이 아닌 곳에 백업하여 저장할 수도 있습니다.

01 ❶ 팔레트 모드에서 새로운 팔레트 ＋를 터치하고 ❷ [새로운 팔레트 생성]을 선택합니다. 맨 위에 새로운 팔레트가 만들어집니다. ❸ [제목 없음]을 터치하고 이름을 MY로 입력합니다.

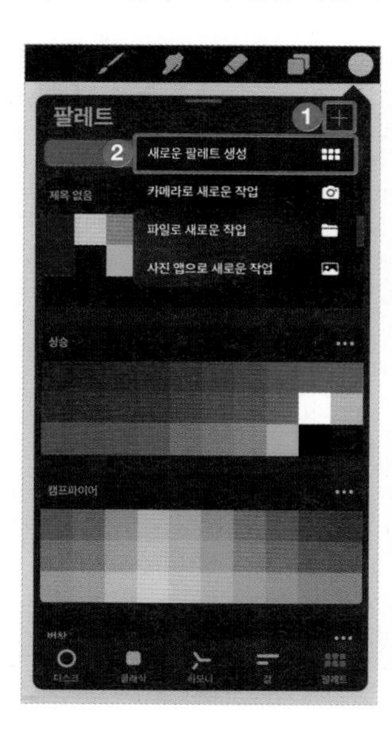

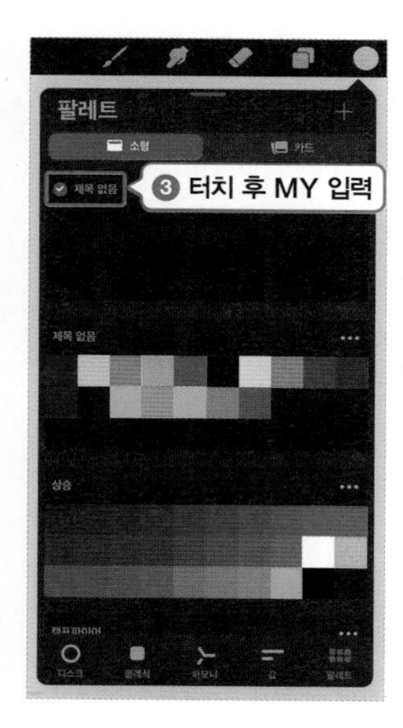

02 ❶ [디스크]를 터치하여 디스크 모드로 변경합니다. ❷ 디스크 색상 원에서 임의의 색을 선택하고 ❸ [MY] 팔레트의 빈 곳을 터치합니다. 팔레트에 색이 저장됩니다. ❹ 같은 방법으로 다양한 색을 선택하고 팔레트에 저장합니다.

03 ❶ [팔레트]를 터치하여 팔레트 모드로 변경합니다. ❷ [MY] 팔레트의 더 보기 ••• 를 터치하여 ❸ [공유]를 선택합니다. 공유창이 나타나고 AirDrop, 메시지 등의 앱을 이용해 팔레트를 공유할 수 있습니다. ❹ [파일에 저장]을 터치하고 ❺ [나의 iPad]에서 저장 위치를 선택합니다. ❻ [저장]을 터치합니다.

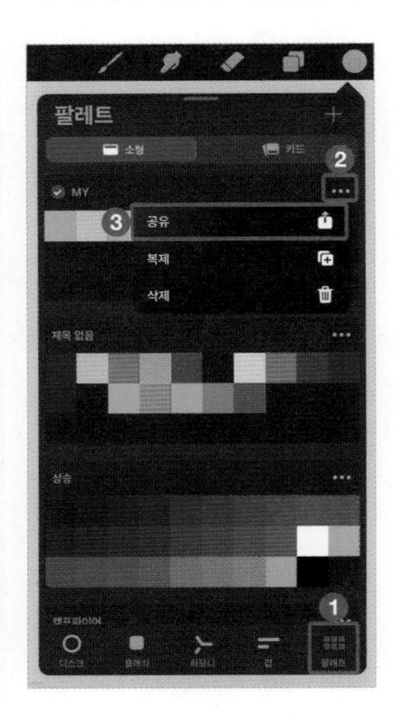

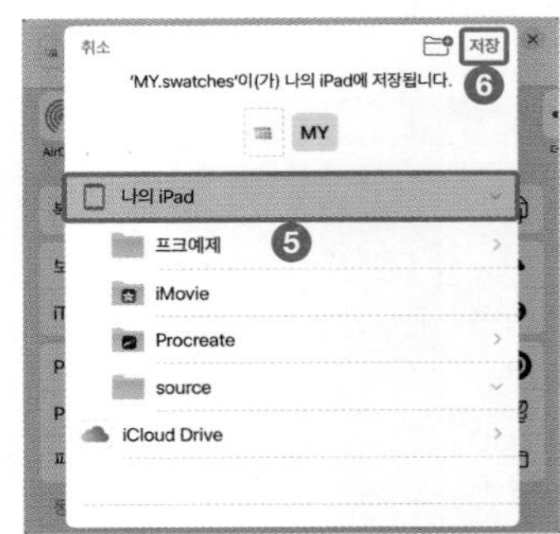

04 [파일■]에서 [MY] 팔레트가 스와치 파일로 저장된 것을 확인할 수 있습니다. 아이패드에서 프로크리에이트 앱을 삭제하더라도 파일로 저장한 팔레트는 삭제되지 않습니다.

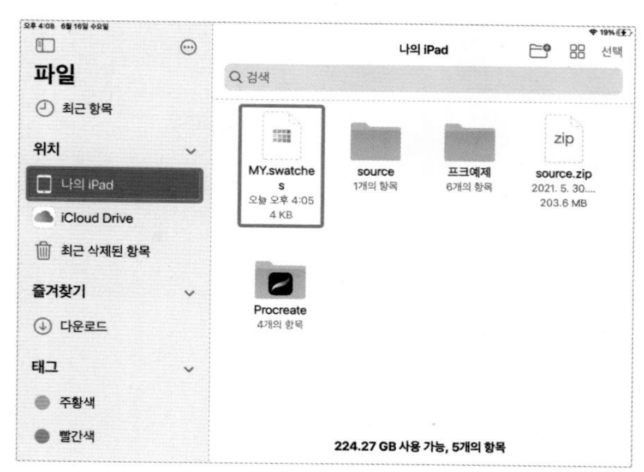

빨간고래의 기능 꼼꼼 익히기

무료 팔레트 다운로드하기

프로크리에이트의 공식 커뮤니티에서 무료 스와치 팔레트를 다운로드해보겠습니다.

❶ 아이패드에서 [카메라■]를 실행하고 아래 QR코드에 가져다 대거나 프로크리에이트 폴리오(https://folio.procreate.art/discussions/10) 웹사이트에 접속합니다. ❷ [Swatches]로 설정하고 ❸ [Highest Rated], ❹ [Beginning of Time]으로 선택합니다. ❺ 팔레트 리스트가 나타납니다. 마음에 드는 스와치 파일을 다운로드하여 내 아이패드에 설치합니다. 스와치 파일 설치 방법은 032쪽을 참고합니다.

프로크리에이트 폴리오 바로가기

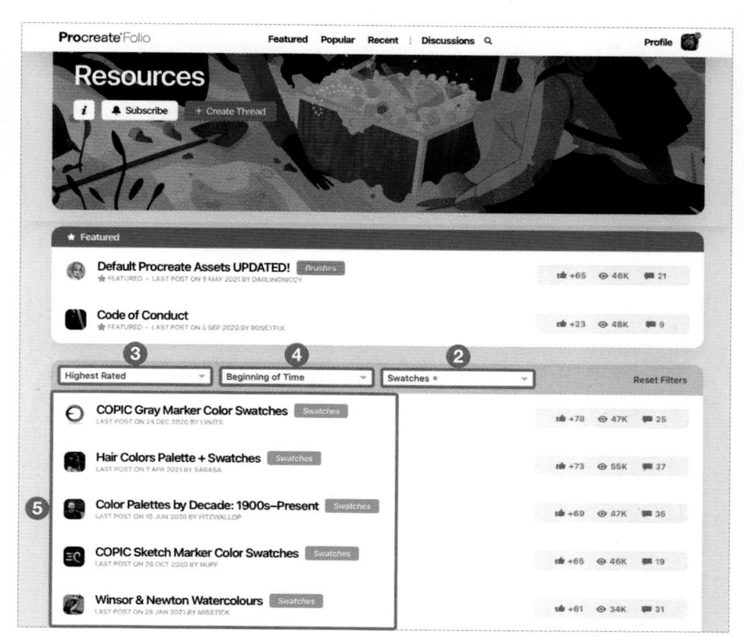

04 LESSON 귀여운 캐릭터 얼굴 그리기

레이어를 그룹으로 관리하기

준비 파일 | 1\sketch04.png **완성 파일** | 1\final04.procreate

레이어(Layer)는 '층'이라는 뜻으로, 그래픽 프로그램을 다룰 때 꼭 알아두어야 할 개념입니다. 예를 들어 꽃을 그릴 때 꽃잎, 수술, 줄기를 각 레이어로 나누어 그리면 수정이나 복사, 이동 등의 작업이 매우 편리해집니다. 그러나 레이어가 많아지면 관리가 힘듭니다. 이런 경우에는 그룹 기능을 이용하여 레이어를 관리하면 편리합니다. 이번에는 레이어와 그룹을 이용하여 귀여운 캐릭터 얼굴을 그려보겠습니다.

레이어를 분리해서 그리기

01 ❶ 스크린 크기의 새 캔버스를 만들고 캐릭터의 얼굴 윤곽을 그립니다. ❷ 눈, 코, 입을 그립니다.

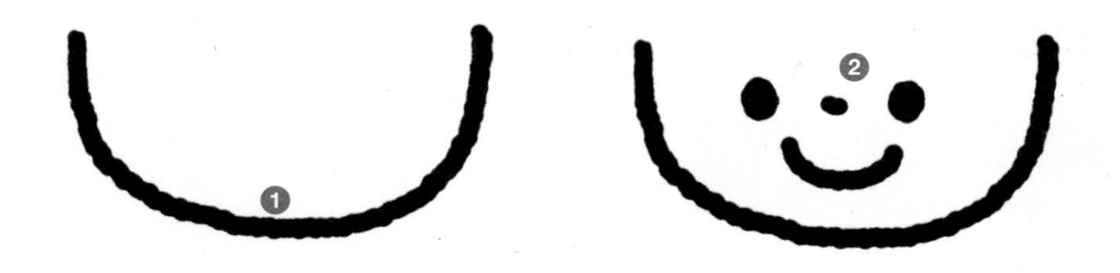

TIP 아무것도 없는 캔버스에 캐릭터를 그리는 것이 어려울 수 있습니다. 스케치 파일을 불러온 후 스케치 선을 따라 그려봅니다.

- **스케치 파일 불러오는 방법** : 068쪽
- **스케치 파일명** : 1\sketch04.png

- 브러시 종류 | [빨간고래] – [울퉁불퉁–약]
- 브러시 색상 | ● #000000

02 ❶ 레이어를 터치하고 ❷ 새로운 레이어를 터치해 새 레이어를 만듭니다. ❸ 왼쪽 귀를 그립니다.

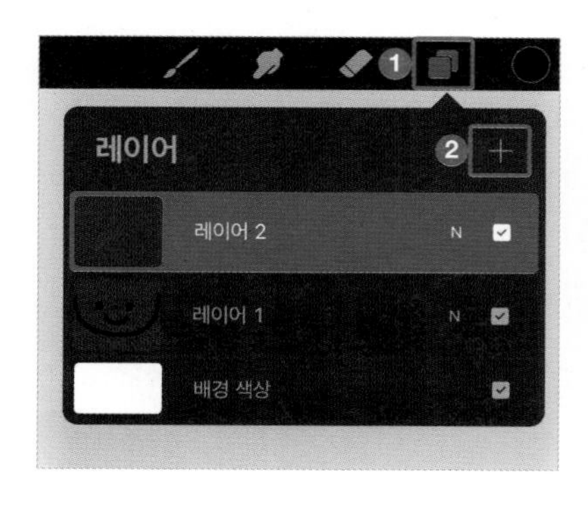

03 ❶ 세 손가락으로 화면을 쓸어내립니다. ❷ [복사 및 붙여넣기] 패널에서 [복제]를 터치합니다. ❸ 하단에 옵션창이 나타나면 [균등]–[수평 뒤집기]를 터치합니다. ❹ 복제된 귀를 오른쪽으로 드래그하여 옮깁니다. ❺ 변형 을 터치하여 선택을 해제합니다. ❻ 레이어 를 터치하면 [삽입한 이미지] 레이어가 추가된 것을 확인할 수 있습니다.

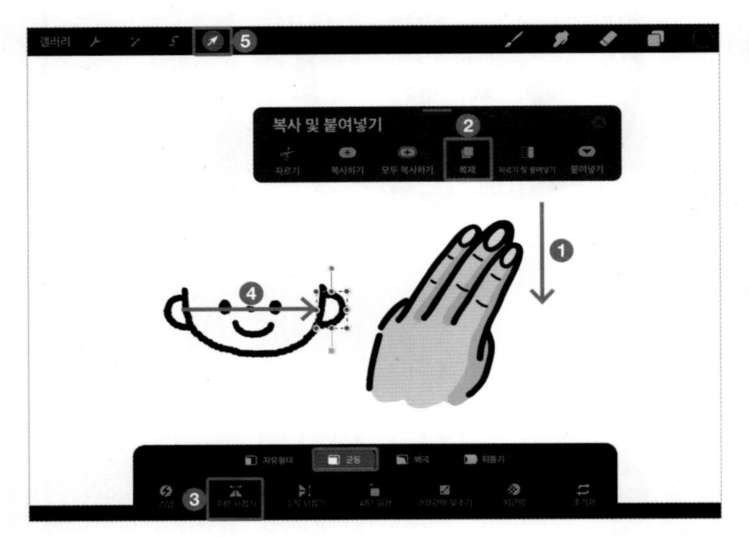

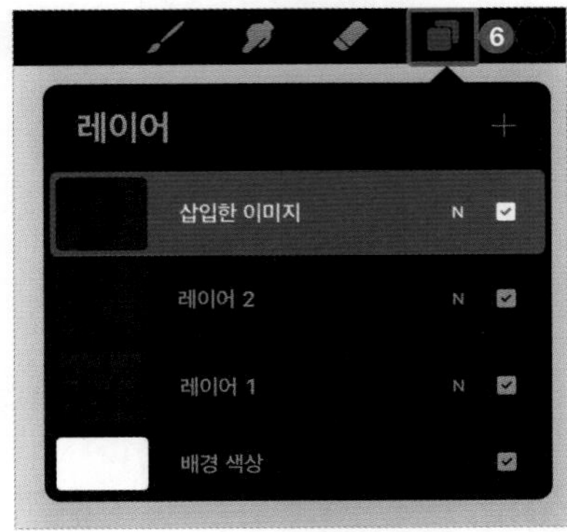

TIP **오브젝트를 옮기는 과정에서 크기, 각도가 변경될 때**

오브젝트의 정중앙, 또는 오브젝트에서 많이 떨어진 지점을 드래그해야 옮길 수 있습니다. 오브젝트 주변의 파란색 조절점, 연두색 조절점 주변을 드래그하면 크기나 각도가 수정됩니다.

꿀팁 영상 제공

오른쪽의 QR코드 또는 아래의 링크로 접속하면 03의 실습 과정을 확인할 수 있습니다. 꿀팁 영상으로 학습하면 훨씬 더 이해하기 쉬우니 꼭 참고하길 바랍니다.

• **링크** | https://blog.naver.com/myillua/222727209939

04 ❶ 새로운 레이어[+]를 터치해 새 레이어를 만듭니다. ❷ [레이어 4] 레이어에 캐릭터의 앞머리와 머리 윤곽을 그립니다.

TIP 그림을 그리면서 마음에 들지 않는 부분은 지우개[지우개]로 지우거나 변형[변형]을 터치하여 위치와 각도를 수정합니다. 레이어가 분리되어 있어서 머리를 마음껏 수정해도 얼굴과 귀에는 영향을 주지 않습니다.

레이어를 하나로 합치기

05 ❶ 네 개의 레이어를 꼬집습니다. ❷ 레이어가 하나로 합쳐집니다.

06 ❶ 새로운 레이어+를 터치해 새 레이어를 만듭니다. ❷ 새롭게 만들어진 [레이어 2] 레이어를 한 칸 아래로 옮깁니다. ❸ [레이어 2] 레이어에 얼굴과 두 볼을 칠합니다.

• 브러시 색상 | #f9aa8c
#fe8462

07 ❶ 새 레이어를 하나 더 만들어 ❷ 머리를 칠합니다.

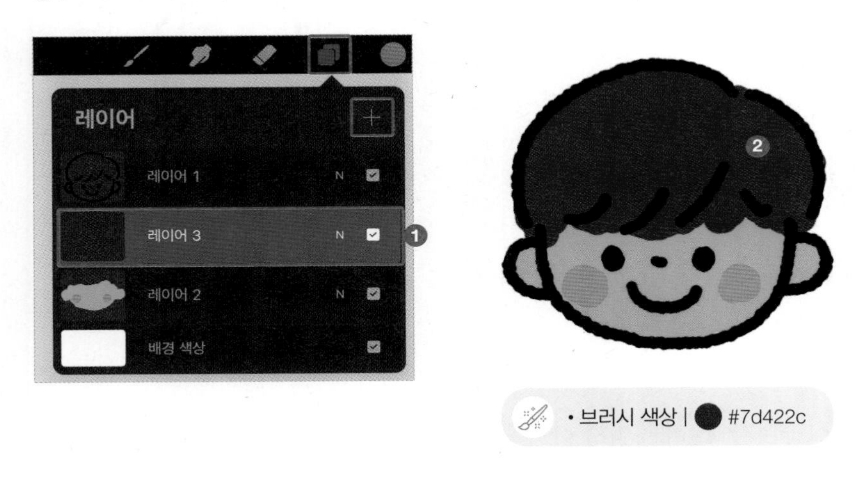

여러 개의 레이어를 함께 선택하기

08 ❶ [레이어] 패널에서 맨 위에 있는 레이어를 터치하여 선택합니다. ❷ 두 번째에 있는 레이어를 왼쪽에서 오른쪽으로 슬라이드하여 함께 선택합니다. ❸ 세 번째에 있는 레이어도 왼쪽에서 오른쪽으로 슬라이드하여 함께 선택합니다.

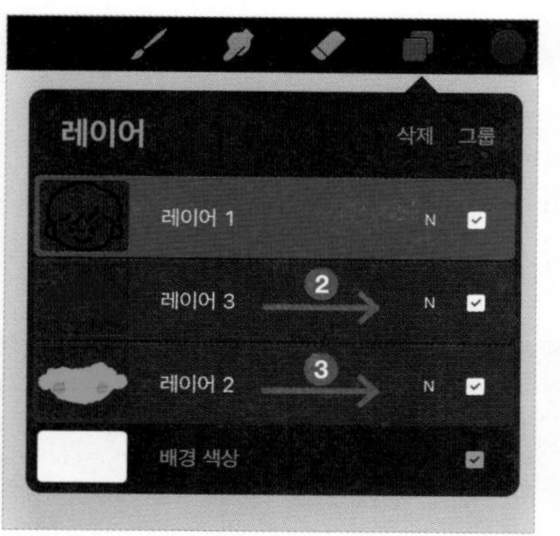

꿀팁 영상 제공

오른쪽의 QR코드 또는 아래의 링크로 접속하면 08~09의 실습 과정을 확인할 수 있습니다. 꿀팁 영상으로 학습하면 훨씬 더 이해하기 쉬우니 꼭 참고하길 바랍니다.

- **링크** | https://blog.naver.com/myillua/222727210829

09 ❶ 변형을 터치하고 ❷ 연두색 조절점을 왼쪽으로 드래그하여 각도를 수정합니다. 모든 레이어를 함께 선택한 상태이므로 모두 회전됩니다. ❸ 수정을 마쳤다면 변형을 터치해 선택을 해제합니다.

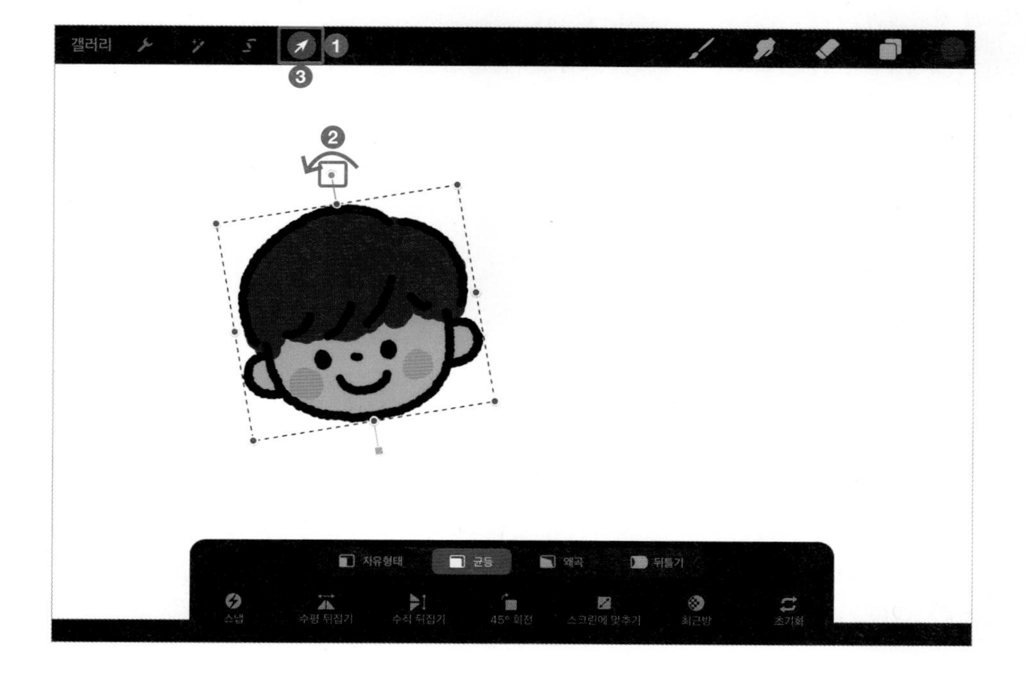

레이어를 그룹으로 묶기

10 ❶ 레이어를 터치합니다. 모든 레이어가 함께 선택된 상태에서 ❷ [그룹]을 터치합니다. 선택한 레이어가 그룹으로 묶입니다.

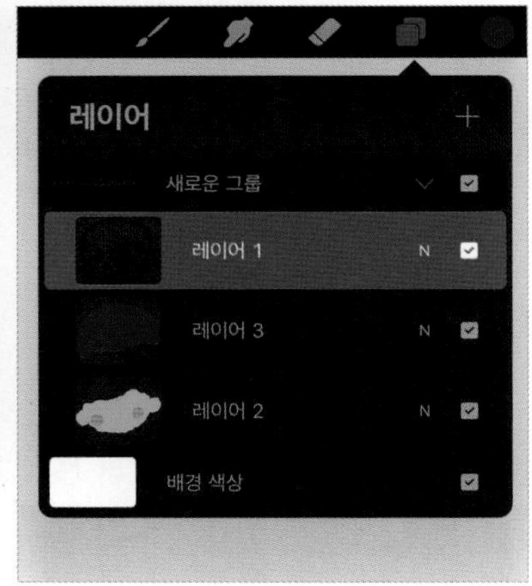

11 ❶ [새로운 그룹]을 두 번 터치하고 ❷ [이름변경]을 선택합니다. ❸ boy를 입력합니다. 그룹 이름이 boy로 변경됩니다.

빨간고래의 기능 꼼꼼 익히기 | **그룹 취소하기**

❶ 그룹 안의 레이어를 모두 선택하고 레이어를 2초 이상 길게 누른 채 그룹 밖으로 드래그합니다. 레이어들이 그룹 밖으로 이동됩니다. ❷ 비어 있는 그룹을 왼쪽으로 슬라이드한 후 ❸ [삭제]를 터치합니다. 그룹이 삭제됩니다.

그룹 복사하기

12 ❶ [boy] 그룹을 왼쪽으로 슬라이드하고 ❷ [복제]를 터치합니다. ❸ 복제된 [boy] 그룹을 두 번 터치하고 ❹ [이름변경]을 선택하여 ❺ girl로 수정합니다.

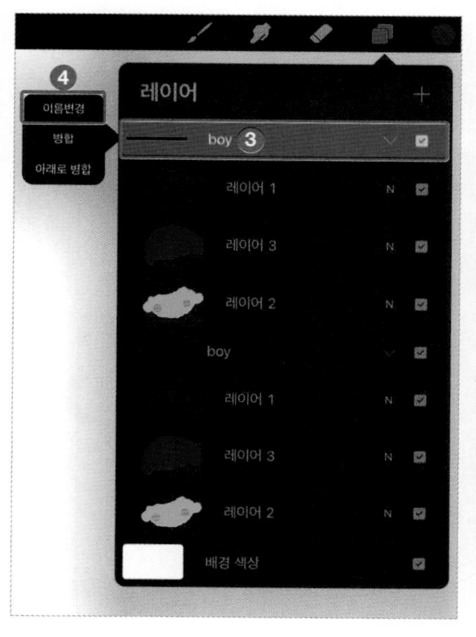

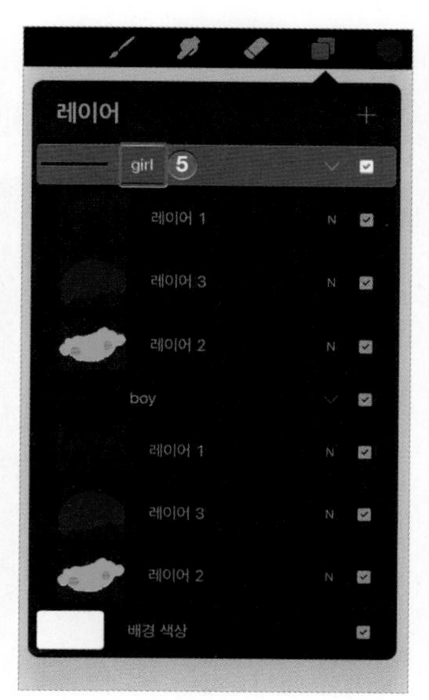

13 ❶ [girl] 그룹이 선택된 상태에서 ❷ 변형 을 터치합니다. ❸ 캐릭터를 오른쪽으로 드래그해 옮깁니다. ❹ 연두색 조절점 을 오른쪽으로 회전하여 각도를 수정합니다. ❺ 수정을 마쳤다면 변형 을 터치해 선택을 해제합니다.

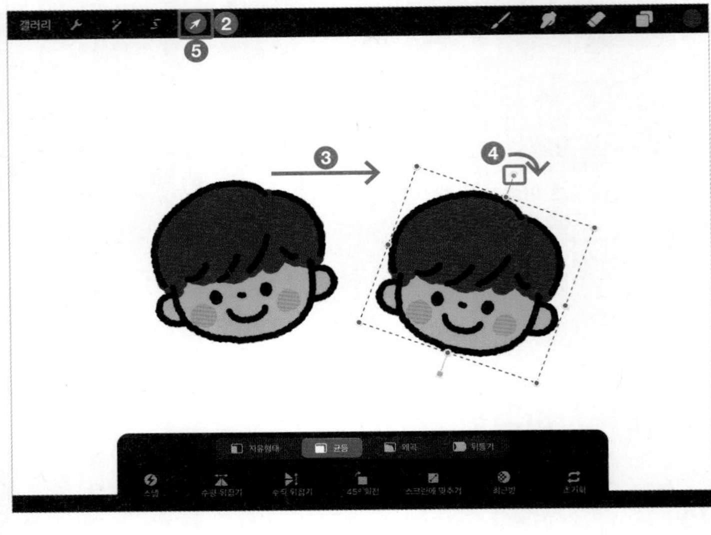

14 ❶ [girl] 그룹에서 얼굴 윤곽이 있는 [레이어 1]을 터치하여 선택합니다. ❷ 양쪽 머리를 그립니다.

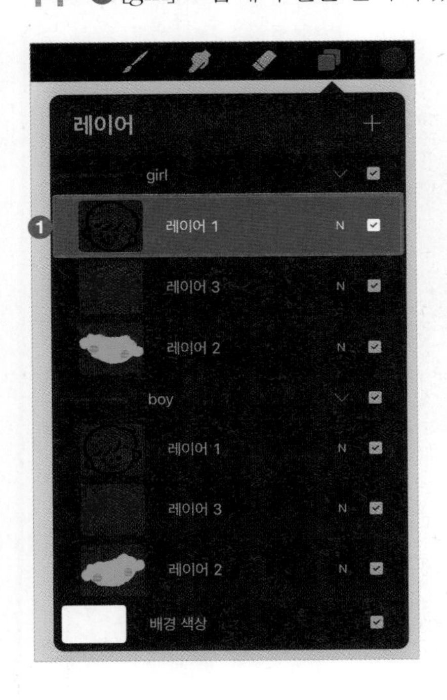

• 브러시 색상 | #000000

15 ❶ [girl] 그룹에서 머리가 있는 [레이어 3] 레이어를 터치하여 선택합니다. ❷ 한 손가락으로 갈색 머리를 2초 이상 눌러 갈색을 선택합니다. ❸ 양쪽 머리를 칠합니다.

• 브러시 색상 | #7d422c

TIP 캔버스에서 색이 있는 곳을 2초 이상 누르고 있으면 색이 자동으로 선택됩니다. 색을 선택하는 다양한 방법은 **LESSON 03. 꽃동산의 강아지 채색하기**(077쪽) 실습 과정을 참고합니다.

16 ❶ 레이어를 터치합니다. ❷ [girl] 그룹을 터치하고 ❸ 새로운 레이어를 터치합니다. [girl] 그룹 위에 새 레이어가 추가됩니다. ❹ HELLO!를 씁니다.

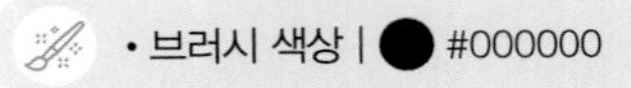

TIP 새 레이어는 항상 현재 선택한 레이어 위에 추가됩니다. [girl] 그룹 안에 있는 레이어를 선택한 상태에서 새로운 레이어➕를 터치하면 그룹 안에 새 레이어가 추가됩니다.

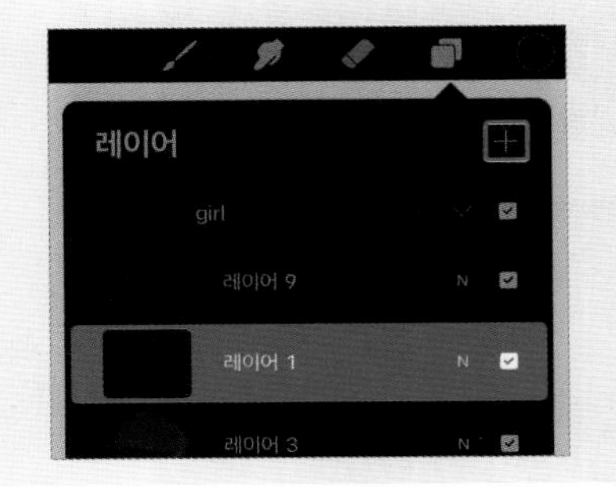

그룹 레이어 닫고 [레이어] 패널 정리하기

17 ❶❷ 그룹 레이어의 ✓을 터치하여 그룹을 닫습니다. ❸ [레이어] 패널이 짧게 정리되어 보기 편리해집니다.

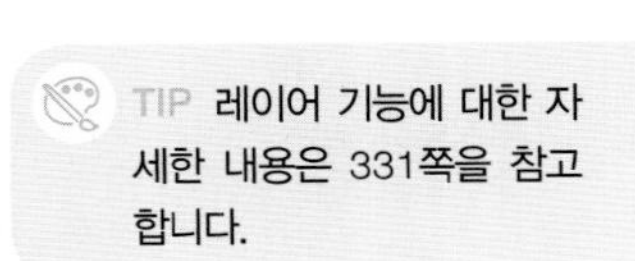
TIP 레이어 기능에 대한 자세한 내용은 331쪽을 참고합니다.

18 ❶ 새 레이어를 추가하고 ❷ 캐릭터 주변에 꽃을 그립니다. ❸ [배경 색상] 레이어를 터치하고 ❹ 하늘색을 적용해 배경을 완성합니다.

- 브러시 색상 | #7d422c #000000 #fa5626 #ffa300
- 배경 색상 | #7096c4

TIP 배경에 장식이나 타이틀을 넣으면 시선을 집중시켜 완성도가 높아집니다. 그림을 다 그렸는데 허전하다면 장식이나 타이틀을 넣어봅니다.

꿀팁 영상 제공

레이어가 많을 때는 레이어 패널에서 원하는 레이어를 찾기 어렵습니다. 오른쪽 QR 코드 또는 아래 링크로 접속하면 레이어를 쉽게 찾는 방법을 확인할 수 있습니다.

- **링크** | https://blog.naver.com/myillua/222727211213

다양한 고양이 얼굴 그리기

알파 채널 잠금 기능으로 영역 안에서 채색하기

준비 파일 | 1\sketch05.procreate **완성 파일** | 1\final05.procreate

알파 채널 잠금 기능을 사용하면 그려놓은 영역 안쪽에서만 드로잉을 할 수 있습니다. 브러시가 영역 바깥쪽으로 빠져나가지 않게 드로잉할 수 있어서 무늬나 질감을 표현할 때 무척 유용합니다. 이번에는 고양이 얼굴에 다양한 무늬를 그려보겠습니다.

알파 채널 잠금 설정하기

01 ❶ 갤러리 화면에서 [가져오기]를 터치하고 ❷ 1\sketch05.procreate 파일을 불러옵니다.

02 ❶ 레이어를 터치하고 ❷ [얼굴] 레이어를 선택합니다. ❸ 한 번 더 터치하여 ❹ [알파 채널 잠금]을 선택합니다. [얼굴] 레이어의 섬네일 배경이 격자무늬로 변경되면 알파 채널 잠금 상태가 된 것입니다.

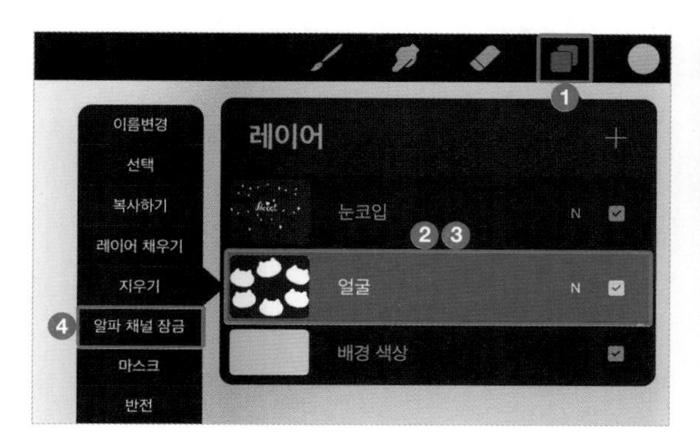

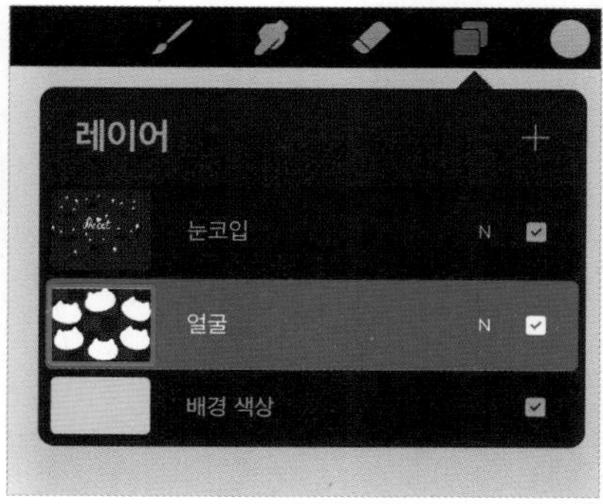

특정 영역 안쪽에만 채색하기

03 ❶ 브러시 종류와 크기, 색상을 설정한 후 제일 위쪽에 있는 고양이의 왼쪽 귀에 노란색 점무늬를 그려줍니다. 고양이 얼굴 영역 바깥쪽까지 그려도 얼굴 영역 안쪽만 채색됩니다. ❷ 같은 방법으로 고양이의 오른쪽 귀에 갈색 점무늬도 그려줍니다.

- 브러시 종류 | [스케치] – [6B 연필]
- 브러시 색상 | #ff9400 #733006
- 브러시 크기 | 100%

04 다른 고양이의 얼굴도 다른 색상으로 채색합니다. 마찬가지로 고양이 얼굴 영역 바깥쪽까지 그려도 얼굴 영역 안쪽만 채색됩니다.

- 브러시 색상 | #aa8f88

05 같은 방법으로 다른 고양이의 얼굴을 자유롭게 채색합니다. 꼭 책과 똑같이 따라 하지 않아도 되니 자유롭게 칠해봅니다.

알파 채널 잠금 해제하기

06 채색을 마쳤다면 알파 채널 잠금을 해제해보겠습니다. ❶ 레이어를 터치하고 ❷ [얼굴] 레이어가 선택된 상태에서 ❸ 한 번 더 터치하여 ❹ [알파 채널 잠금]을 선택합니다. [얼굴] 레이어의 섬네일 배경에 격자무늬가 사라지면서 알파 채널 잠금도 해제됩니다. 이제부터 그리거나 채색하면 고양이 얼굴 영역 바깥쪽에도 그려집니다.

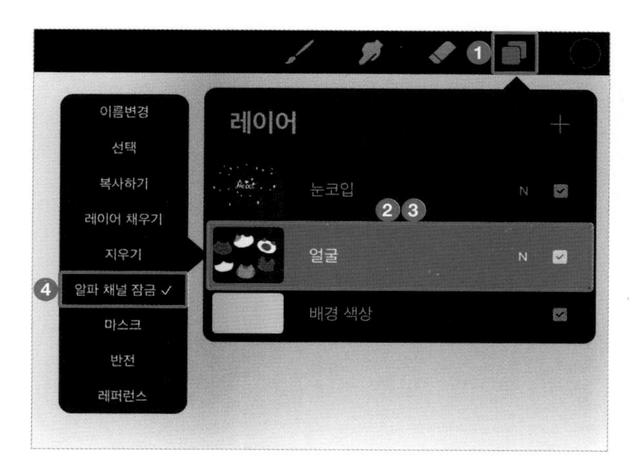

알파 채널 잠금 제스처 알아보기

두 손가락으로 레이어를 왼쪽에서 오른쪽으로 슬라이드하면 알파 채널 잠금이 설정됩니다. 다시 두 손가락으로 레이어를 왼쪽에서 오른쪽으로 슬라이드하면 알파 채널 잠금이 해제됩니다. 레이어 제스처에 관한 자세한 내용은 045쪽, 331쪽을 참고합니다.

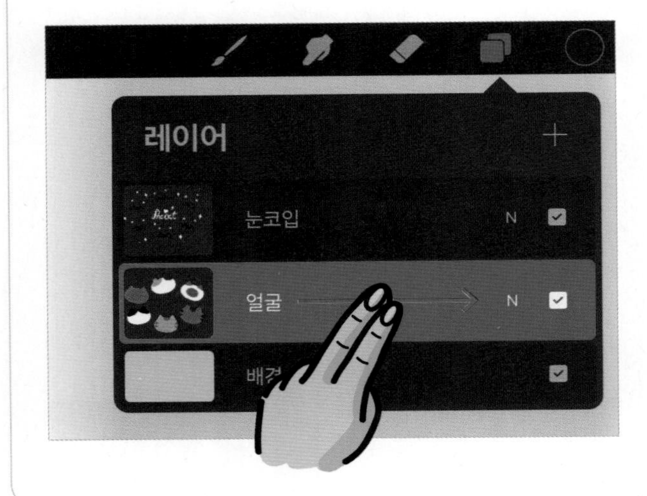

LESSON 06 라인 드로잉 스케치에 채색하기

레퍼런스 기능으로 손쉽게 채색하기

준비 파일 | 1\sketch06.png **완성 파일** | 1\final06.procreate

레이어의 레퍼런스 기능을 활용하면 채색하기가 매우 편리합니다. 일일이 채색하지 않고 자동으로 색을 채워주므로 쉽고 빠르게 컬러링할 수 있습니다. 깔끔한 라인으로 귀여운 캐릭터를 그려보고 즐겁게 채색해보겠습니다.

스케치 파일 불러와 라인 드로잉하기

01 ❶ 스크린 크기의 캔버스를 만듭니다. ❷ 동작을 터치하고 ❸ [추가]-[파일 삽입하기]를 선택하여 ❹ 1\sketch06.png 파일을 불러옵니다. ❺ 레이어를 터치하고 ❻ 스케치가 있는 레이어를 왼쪽으로 슬라이드해 [잠금]을 터치합니다. ❼ 새로운 레이어를 터치해 새 레이어를 만듭니다.

02 회색 스케치 선을 따라서 가운데 선부터 그립니다.

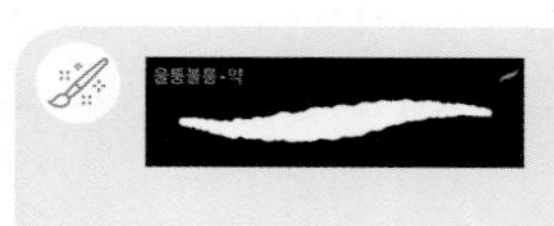

- 브러시 종류 | [빨간고래] – [울퉁불퉁–약]
- 브러시 색상 | ● #000000
- 브러시 크기 | 5~10%

03 아래의 회색 라인을 따라서 라인 드로잉을 완성합니다.

TIP 라인 드로잉 후 채색할 예정이므로 선과 선 사이가 떨어지지 않도록 주의합니다.

04 두 손가락으로 화면을 오므려서 축소합니다. 가장자리는 패널에 가려져 있어서 보이지 않을 수도 있습니다. 캔버스 가장자리까지 선을 그립니다.

05 ❶ 레이어 를 터치하고 ❷ 스케치가 있는 레이어를 왼쪽으로 슬라이드해 [잠금 해제]를 터치합니다. ❸ 한 번 더 왼쪽으로 슬라이드하고 ❹ [삭제]를 터치해 레이어를 완전히 삭제합니다.

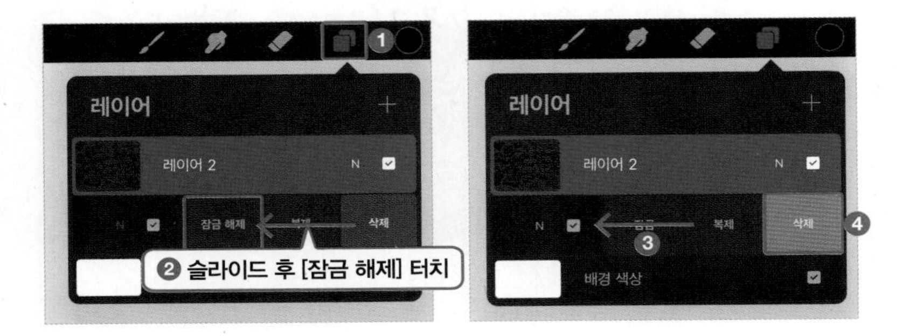

06 ❶ 라인을 그린 레이어가 파랗게 선택된 상태에서 한 번 더 터치합니다. ❷ 메뉴에서 [레퍼런스]를 선택합니다. ❸ 레퍼런스가 적용된 레이어에는 '레퍼런스'라는 글자가 표시됩니다.

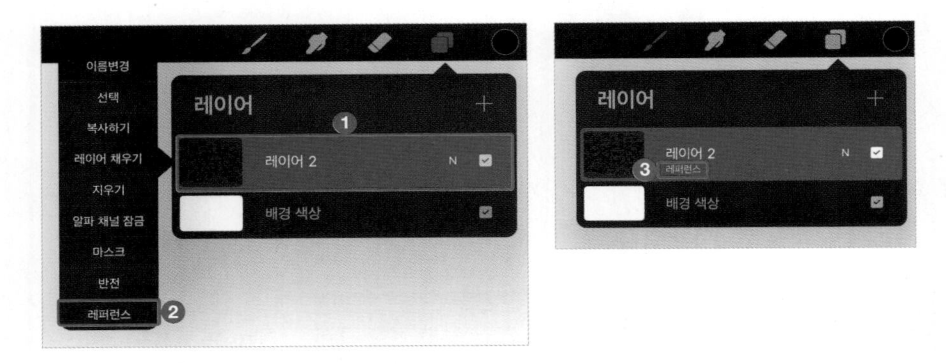

07 ❶ 새로운 레이어 를 터치해 새 레이어를 추가하고 ❷ 레퍼런스가 적용된 레이어 아래쪽으로 옮깁니다.

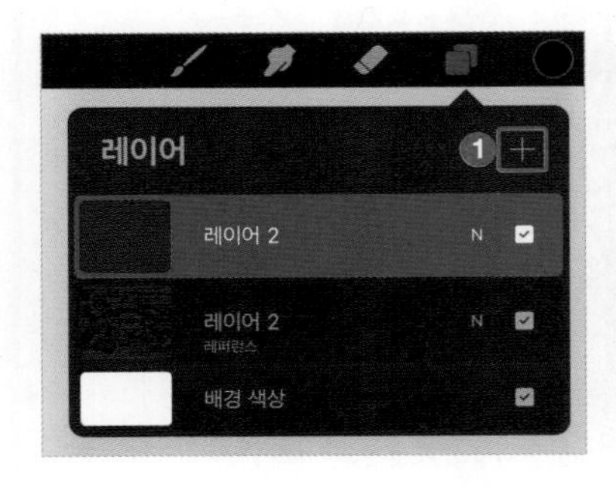

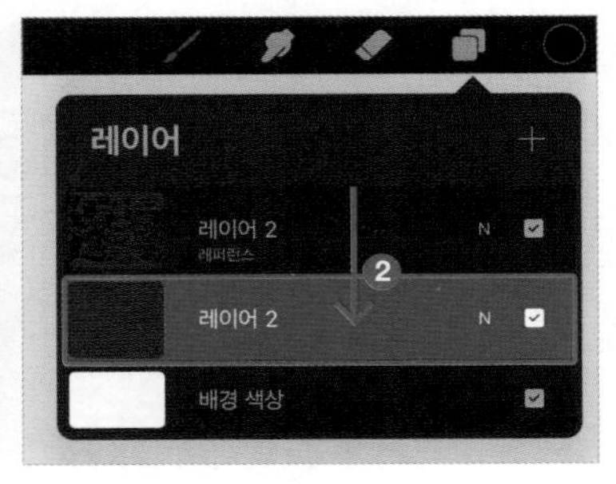

08 ❶ 색상●을 터치하고 ❷ 분홍색을 선택한 후 ❸ 가운데에 있는 고양이 영역 안쪽으로 드래그합니다. 색상이 자동으로 채워집니다. 같은 방법으로 자유롭게 동물 캐릭터들을 채색합니다.

TIP 색이 마음에 들지 않는다면 색을 변경하고 컬러 드롭 방식을 활용해 다시 채색합니다.

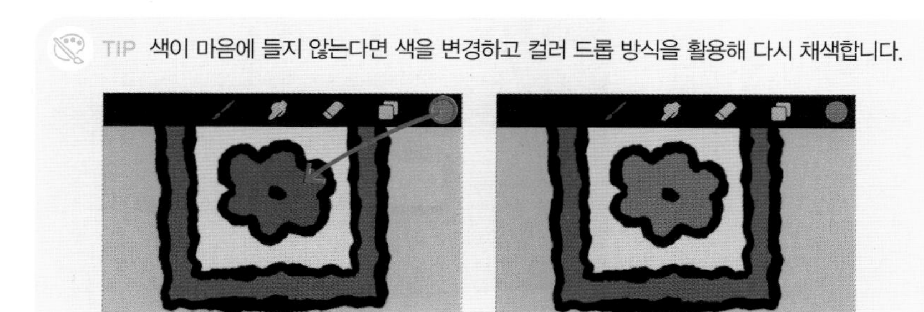

TIP ❶ 선과 선 사이가 떨어져 있거나 패널에 가려진 외곽 부분까지 선이 이어지지 않았다면 ❷ 잉크가 새는 것처럼 원하지 않는 곳까지 색이 채워집니다. ❸ 이때는 레퍼런스가 적용된 레이어를 터치하고 ❹ 검은색 선을 끝까지 그려준 후 다시 채색할 레이어를 선택해 채색합니다.

09 같은 방법으로 빈 영역을 모두 채워나갑니다. 색상은 자유롭게 선택합니다.

10 ❶ 채색을 마쳤다면 레퍼런스가 적용된 [레이어 2] 레이어를 터치하여 선택한 다음 ❷ 한 번 더 터치합니다. ❸ 왼쪽 메뉴에서 [레퍼런스]를 선택해 적용된 레퍼런스를 해제합니다. 그림이 완성되었습니다.

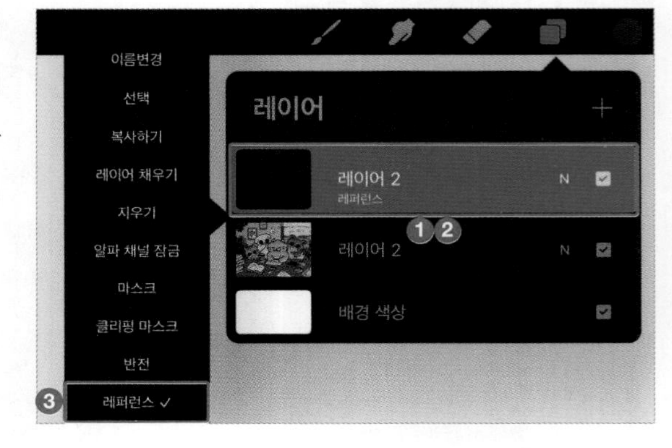

 TIP **레퍼런스가 적용된 레이어에 채색할 때 주의할 점**

레이어를 여러 개 추가하여 채색해도 괜찮습니다. 모든 레이어는 레퍼런스가 적용된 레이어를 기준으로 채색됩니다.

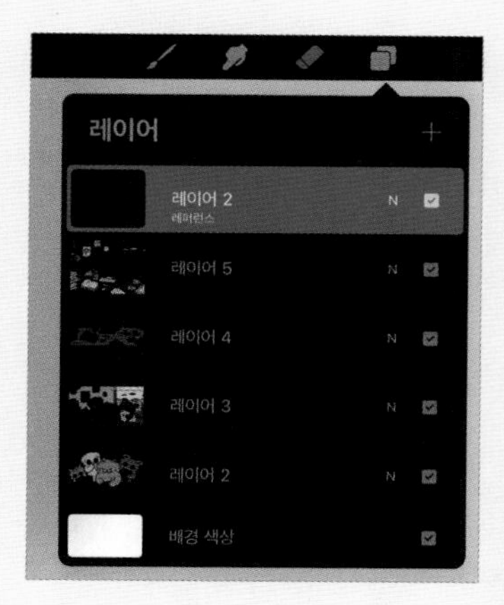

또한 레퍼런스 레이어 위에 레이어를 추가해 채색해도 색이 적용되기는 합니다. 하지만 이 경우에는 외곽선이 지글지글거리며 깔끔하지 않게 보입니다.

▲ 레퍼런스 레이어가 아래쪽에 있는 경우(외곽선이 지글지글거려 깔끔하지 않음)

▲ 레퍼런스 레이어가 위쪽에 있는 경우

07 LESSON 아이패드 배경화면 이미지 만들기

캔버스 크기 조절하고 아이패드 배경화면으로 설정하기

준비 파일 | 1\sketch07.procreate **완성 파일** | 1\final07.jpg

그림을 그리다 보면 캔버스 크기를 재설정해야 하는 일이 자주 발생합니다. 캔버스를 처음 만들 때 크기를 정하지만 작업 도중 언제든지 크기를 수정할 수 있습니다. 캔버스 크기를 수정해 아이패드 배경화면을 만들어보겠습니다.

캔버스 크기 재설정하기

01 ❶ 갤러리 화면에서 [가져오기]를 터치하여 ❷ 1\sketch07.procreate 파일을 불러옵니다. ❸ 동작 을 터치하고 ❹ [캔버스]-[잘라내기 및 크기변경]을 선택합니다.

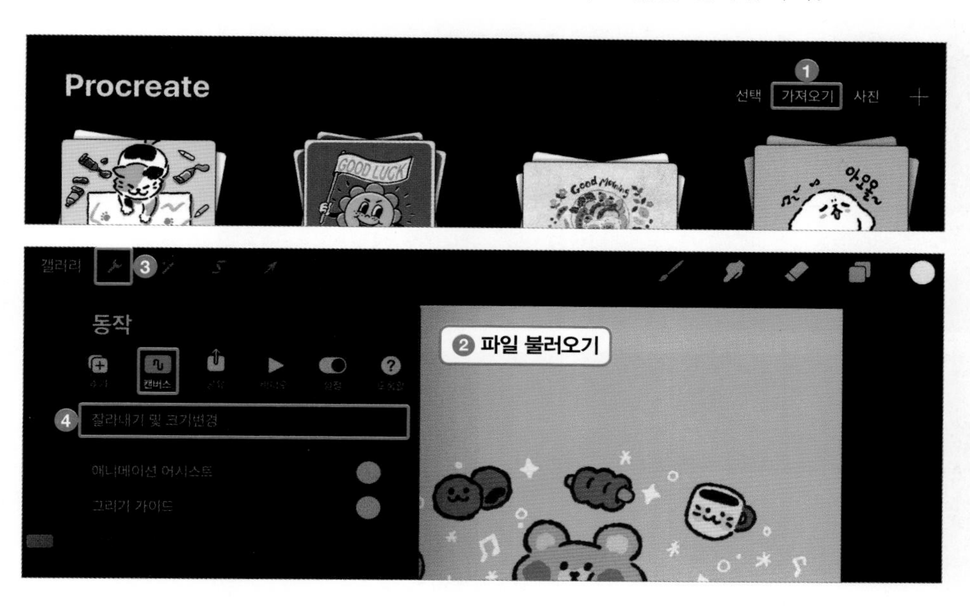

02 ❶ 캔버스 모서리를 드래그하여 가로가 긴 형태의 캔버스로 만듭니다. ❷ 캔버스 가운데를 드래그해 그림을 중앙에 배치합니다. ❸ [완료]를 터치하면 캔버스 크기가 수정됩니다.

03 이번에는 숫자를 입력하여 정확한 크기로 수정해보겠습니다. ❶ 동작🔧을 터치하고 ❷ [캔버스]–[잘라내기 및 크기변경]을 선택합니다. ❸ [설정]을 터치하고, ❹ 첫 번째 칸에 **2730**을 입력하고 두 번째 칸에 **2048**을 입력합니다. ❺ 키패드의 [완료]를 터치합니다. 참고로 2730×2048px은 제일 큰 아이패드인 12.9인치의 화면 크기입니다.

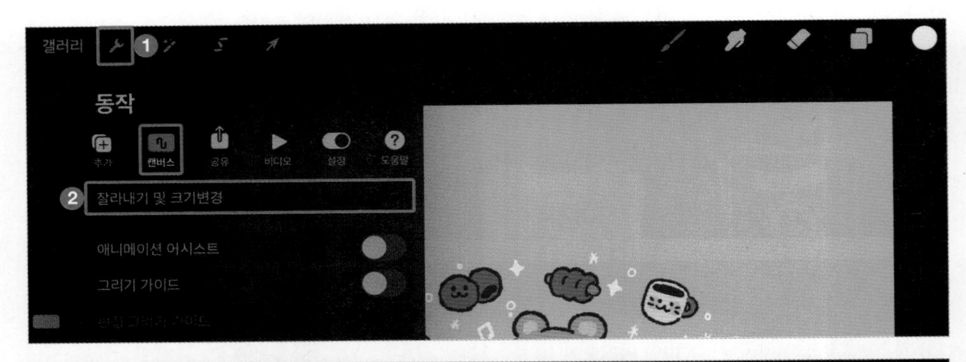

TIP 캔버스에 관한 정보 확인하기

동작🔧을 터치하고 [캔버스]–[캔버스 정보]를 선택하면 현재 캔버스의 모든 정보가 나타납니다. 크기는 물론이고 색상 프로필, 레이어 등 모든 것을 확인할 수 있습니다. 단, 수정할 수는 없고 확인할 수만 있습니다. 캔버스 설정에 관한 더 자세한 내용은 036쪽을 참고합니다.

04 ❶ 빈 곳을 한 번 터치합니다. [설정] 패널이 닫힙니다. ❷ 캔버스 가운데를 드래그해 그림 위에 여백이 있도록 중앙에 배치합니다. ❸ [완료]를 터치합니다.

이미지 저장하고 배경화면으로 설정하기

05 ❶ 동작을 터치하고 ❷ [공유]–[JPEG]를 선택합니다. ❸ [이미지 저장]을 터치하면 아이패드의 [사진]에 저장됩니다.

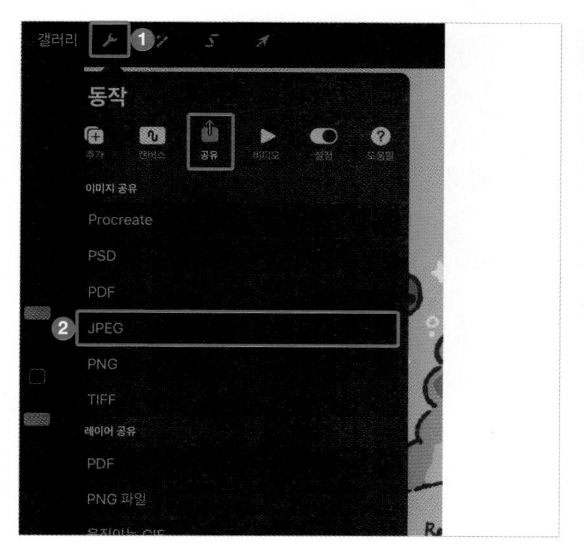

06 아이패드의 [설정]에서 방금 저장한 이미지를 선택해 배경화면으로 등록합니다.

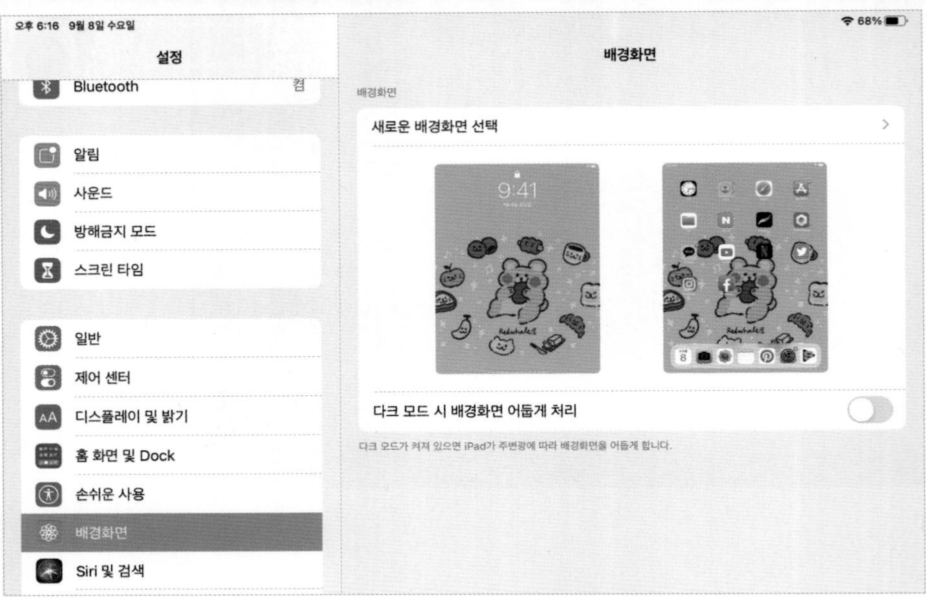

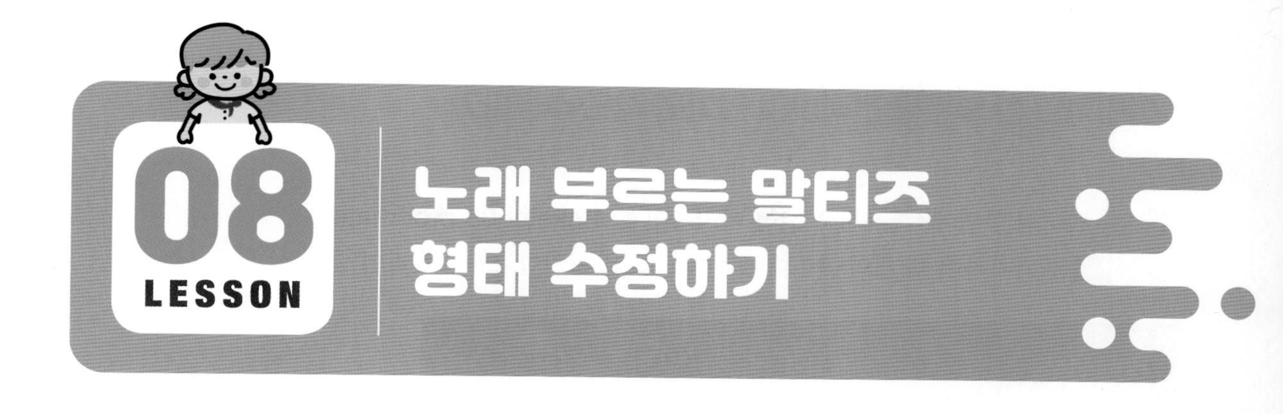

08 LESSON 노래 부르는 말티즈 형태 수정하기

형태를 선택하고 다양하게 변형하기

준비 파일 | 1\sketch08.procreate **완성 파일** | 1\final08.procreate

디지털 드로잉의 가장 큰 장점은 수정이 쉽다는 점입니다. 그림을 그리다 보면 어느 한 부분을 선택하고 변형하는 수정 작업을 거치게 됩니다. 이번에는 귀여운 말티즈를 여러 가지 방법으로 변형해보겠습니다. 형태를 선택하고 수정하는 기능은 프로크리에이트의 필수 기능이므로 꼭 이해하도록 합니다.

이미지의 한 부분을 선택하여 크기와 각도 수정하기

01 ❶ 갤러리 화면에서 [가져오기]를 터치하여 ❷ 1\sketch08.procreate 파일을 불러옵니다. ❸ 레이어를 터치하여 세 개의 레이어로 분리된 것을 확인합니다. ❹ [라인] 레이어를 선택합니다.

02 ❶ 선택을 터치합니다. ❷ 옵션창에서 [올가미]를 선택하고 ❸ 음표 세 개가 포함되도록 드래그합니다. ❹ 드래그를 시작한 지점과 가까워지면 회색 포인트 ● 를 터치합니다. ❺ 음표 외의 영역이 빗금 처리됩니다. 빗금 처리되지 않은 음표만 선택되었다는 표시입니다.

꿀팁 영상 제공

오른쪽의 QR코드 또는 아래의 링크로 접속하면 02~03의 실습 과정을 확인할 수 있습니다. 꿀팁 영상으로 학습하면 훨씬 더 이해하기 쉬우니 꼭 참고하길 바랍니다.

• **링크** | https://blog.naver.com/myillua/222727211585

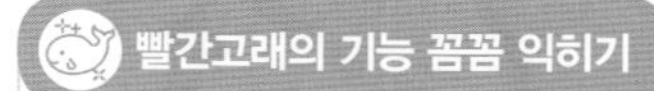

선택 취소하기

드래그하다가 영역을 잘못 선택할 수도 있습니다. 이때 옵션창의 [지우기]를 터치하면 선택 영역을 취소할 수 있습니다. 또는 두 손가락으로 화면을 터치하여 뒤로가기를 실행해도 됩니다.

원래 화면으로 나가기 : 선택 ⓢ을 터치하면 선택 상태가 취소되고 옵션창도 사라져 원래 화면으로 돌아갑니다.

03 ❶ 변형 ➚을 터치하고 ❷ 옵션창에서 [균등]을 선택합니다. ❸ 파란색 조절점 ●을 안쪽으로 드래그하여 크기를 줄입니다. ❹ 연두색 조절점 ⚲을 오른쪽으로 돌려 각도를 수정합니다. 음표를 원하는 위치로 옮기고 ❺ 변형 ➚을 터치해 음표 수정을 마무리합니다.

오브젝트 수정하기

제스처로 수정하기 : 두 손가락으로 변형 상자 안쪽을 오므리거나 벌리면 크기를 조절할 수 있습니다. 변형 상자를 오른쪽이나 왼쪽으로 돌리면 회전할 수 있습니다.

정확한 수치로 수정하기 : 파란색 조절점 이나 연두색 조절점 을 터치하면 숫자 패드가 나타납니다. 정확한 수치를 입력해 크기와 각도를 조절할 수 있습니다.

미세하게 위치 수정하기

04 ❶ 캔버스를 확대하고 선택 을 터치합니다. ❷ 음표 하나만 드래그하고 ❸ 회색 포인트 를 터치합니다. ❹ 변형 을 터치합니다.

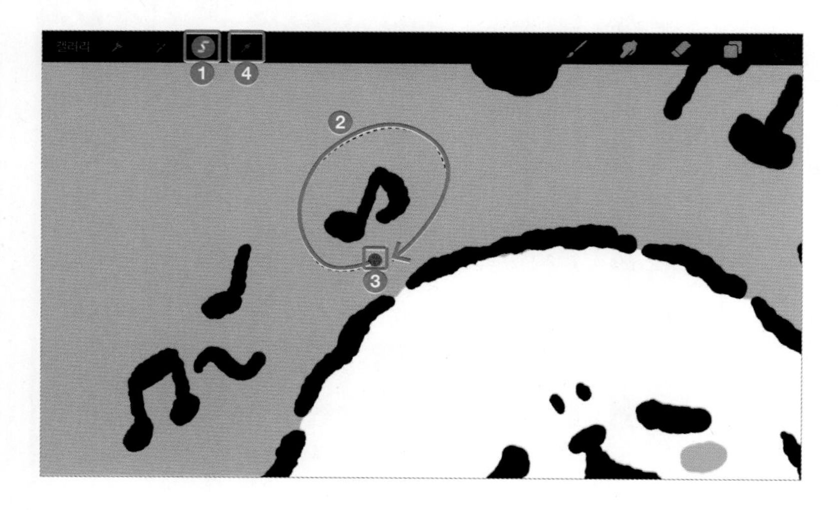

05 ❶ 음표 오른쪽 여백을 여러 번(톡톡톡) 터치합니다. 터치하는 만큼 미세하게 오른쪽으로 이동합니다. ❷ 변형 을 터치하여 수정을 완료합니다.

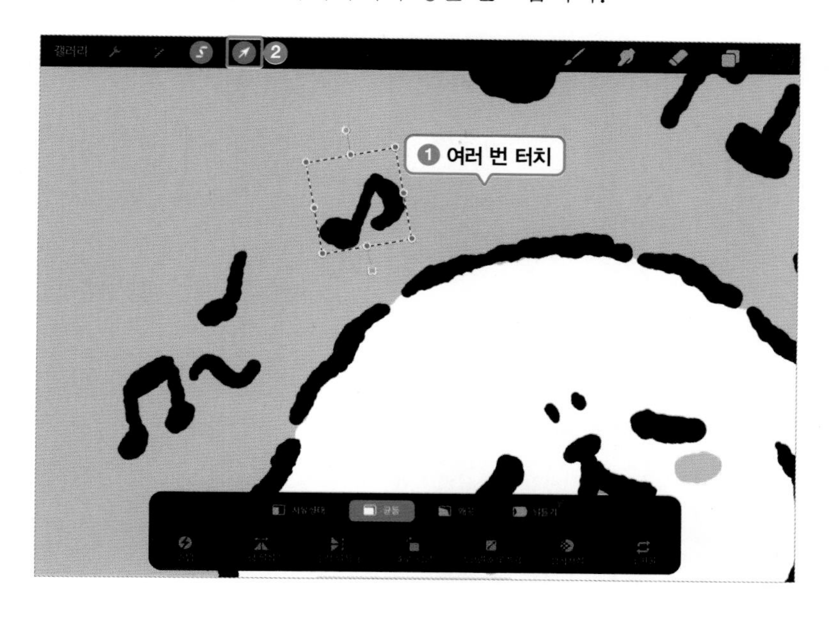

TIP 파란색 조절점 과 가까운 지점을 터치하면 숫자 패드가 나타납니다. 조절점에서 떨어진 지점을 여러 번(톡톡톡) 터치합니다.

선택 영역 추가하고 제거하기

06 ❶ 선택 을 터치하고 ❷ 옵션창에서 [직사각형]을 선택합니다. ❸ 하트 주변을 크게 드래그합니다. ❹ 옵션창에서 [추가]가 선택되어 있는지 확인하고 ❺ 다른 하트도 드래그합니다. 선택 영역이 추가됩니다.

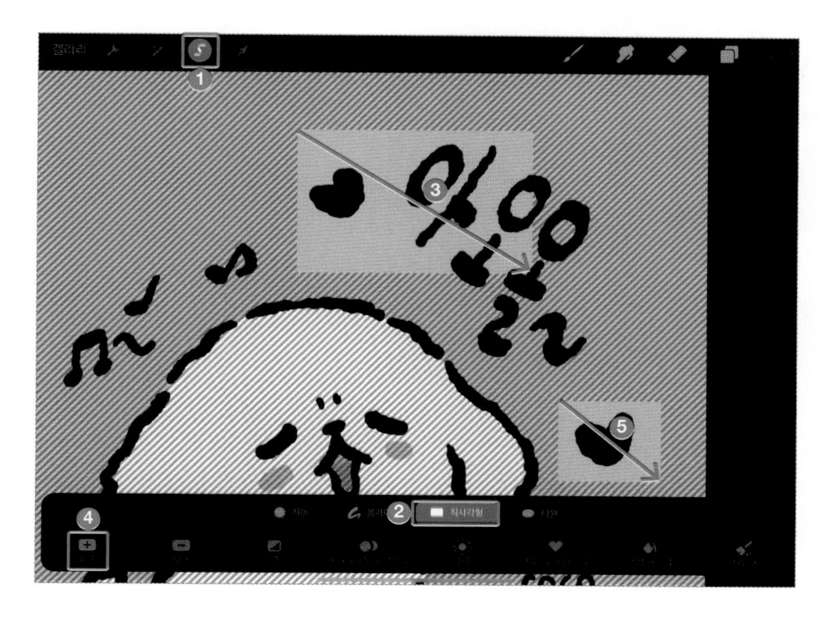

07 ❶ 옵션창에서 [제거]를 터치하고 ❷ 하트 옆에 함께 선택된 글자를 드래그합니다. ❸ 드래그한 부분은 선택 영역에서 제거됩니다.

08 ❶ 변형 을 터치하고 ❷ 세 손가락으로 화면을 쓸어내립니다. ❸ [복사 및 붙여넣기] 패널에서 [자르기]를 터치합니다. ❹ 하트가 삭제됩니다.

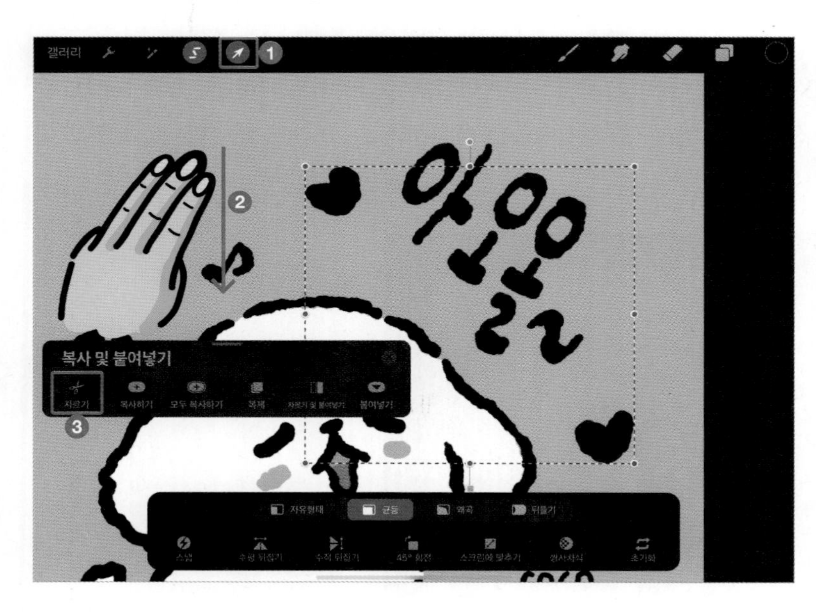

변형 상자 회전하기

09 ❶ 선택 을 터치하고 ❷ 옵션창에서 [올가미]를 선택합니다. ❸ '아오올~' 부분을 드래그하고 ❹ 회색 포인트 를 터치합니다.

10 ❶ 변형 을 터치하여 ❷ 노란색 조절점 을 왼쪽으로 −40° 정도 돌립니다. 변형 상자만 회전합니다.

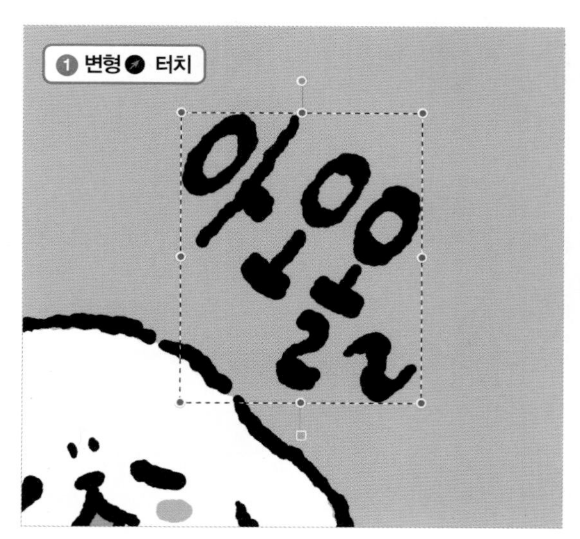

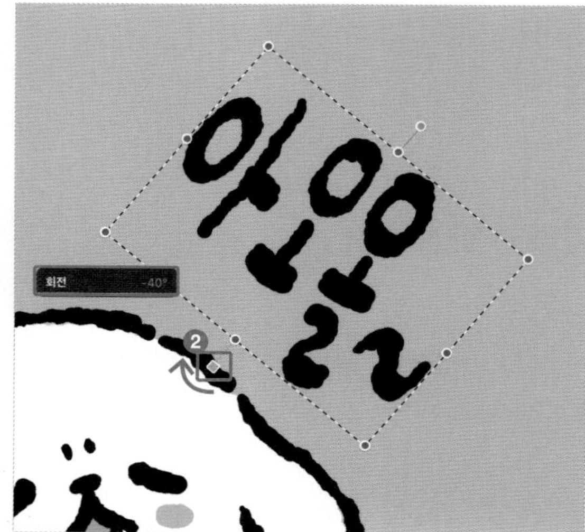

변형 상자 크기 줄이기

11 ❶ 옵션창에서 [자유형태]를 터치하고 ❷ 파란색 조절점 ● 을 드래그하여 ❸ 글자의 높이를 줄입니다. ❹ 변형 을 터치해 적용을 완료합니다.

TIP 변형 상자를 회전하지 않고 글자의 높이를 줄이면 글자가 사선으로 찌그러집니다.

여러 개의 레이어를 한번에 수정하기

12 ❶ 레이어 를 터치하고 ❷ [라인] 레이어를 선택합니다. ❸ [칼라] 레이어를 오른쪽으로 슬라이드해 함께 선택합니다.

13 ❶ 선택 을 터치합니다. ❷ [올가미]가 선택된 상태로 눈, 코, 입만 드래그하여 선택합니다.

14 ❶ 변형 을 터치합니다. ❷ 선택한 눈, 코, 입을 위로 드래그하여 위치를 옮깁니다. 두 개의 레이어가 동시에 수정됩니다.

TIP 눈, 코, 입을 제대로 옮겼다면 변형 을 터치하여 수정을 마무리합니다.

왜곡하기

15 ❶ [라인] 레이어를 선택한 상태에서 캔버스를 확대합니다. ❷ 선택 을 터치하고 ❸ 옵션창에서 [직사각형]을 선택합니다. ❹ 'coco'를 드래그해 선택합니다.

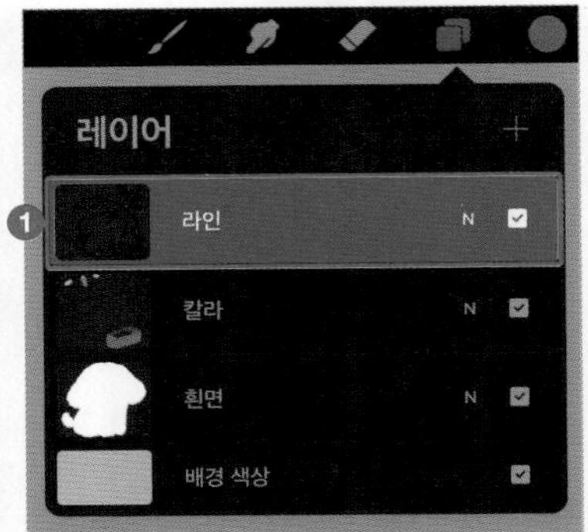

16 ❶ 변형 을 터치하고 ❷ 글자를 밥그릇으로 옮깁니다. ❸ 옵션창에서 [왜곡]을 터치하고 ❹ 파란색 조절점 과 연두색 조절점 을 드래그해 옆면에 알맞게 조정합니다. ❺ 변형 을 터치해 마무리합니다.

▶ 꿀팁 영상 제공

오른쪽의 QR코드 또는 아래의 링크로 접속하면 15~16의 실습 과정을 확인할 수 있습니다. 꿀팁 영상으로 학습하면 훨씬 더 이해하기 쉬우니 꼭 참고하길 바랍니다.

• **링크** | https://blog.naver.com/myillua/222727211966

TIP 이미지를 확대하면 뿌옇게 변하는 외곽

프로크리에이트에서 이미지 크기를 줄이는 것은 괜찮습니다. 그러나 작업 중 이미지를 크게 늘리면 이미지가 손실되어 지글거리거나 외곽이 뿌옇게 되기 때문에 캔버스를 크게 만들어서 시작하는 것이 좋습니다. 그러나 작업을 하다 보면 이미지 손실이 있더라도 이미지를 늘려야 하는 경우가 있습니다. 이때는 이미지 손실을 최소화하여 수정해야 합니다. 변형 을 터치하면 옵션창에 [쌍선형식]이 나타납니다. [쌍선형식]을 터치하면 여러 가지 방식으로 이미지의 손실을 방지할 수 있습니다. 330쪽을 참고하여 수정합니다.

TIP 선택에 대한 더 많은 기능을 알고 싶다면 322쪽을 참고하고 변형에 대한 더 많은 기능을 알고 싶다면 327쪽을 참고합니다.

CHAPTER 02

감성적인 손 그림 그리기

LESSON 01.
오일 파스텔 브러시로 과일 그리기

LESSON 02.
수채화 꽃 그리기

LESSON 03.
색연필로 브런치 음식 그리기

LESSON 04.
고양이가 찍은 손도장 표현하기

LESSON 05.
폴라로이드처럼 테두리 만들기

LESSON 06.
잔디 위의 곰돌이 그리기

01 LESSON 오일 파스텔 브러시로 과일 그리기

오일 파스텔 브러시 활용하기

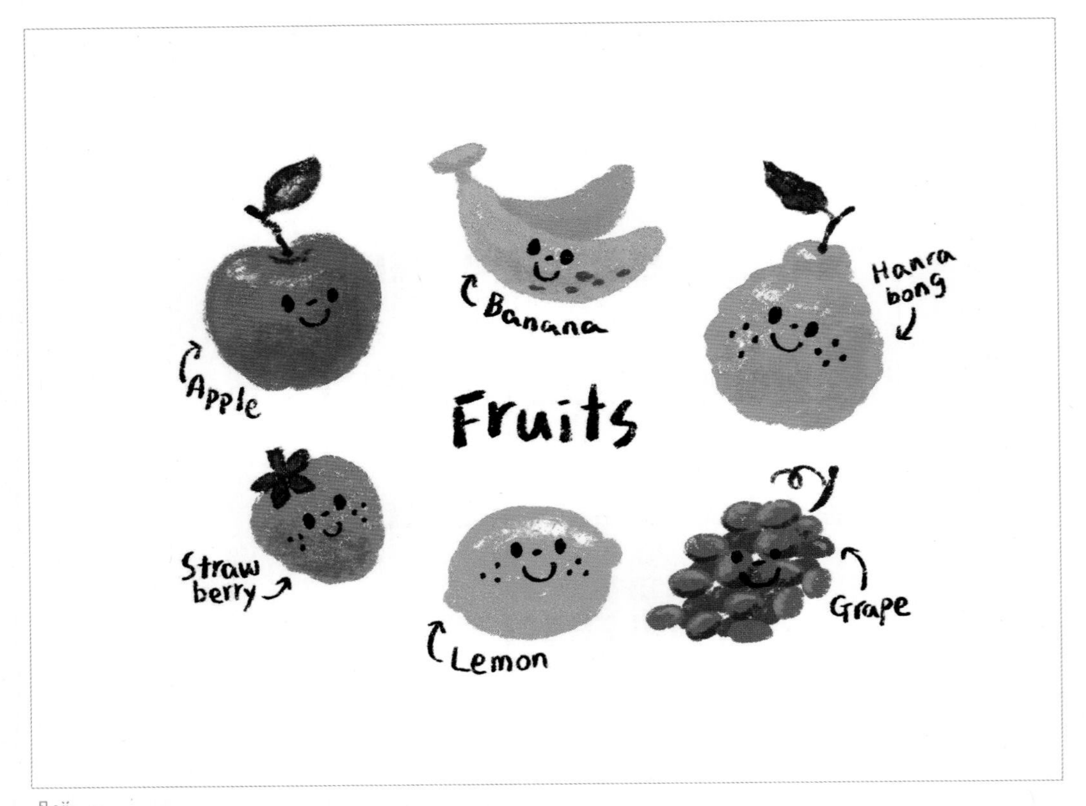

준비 파일 | 2\sketch01.png **완성 파일** | 2\final01.procreate

과일은 주변에서 흔히 볼 수 있는 친숙한 그림 소재입니다. 과일이 주는 싱그러움은 보는 이로 하여금 기분을 좋게 하며 형태와 색상도 다채로워서 그림 연습을 하기에도 매우 좋습니다. 이번에는 오일 파스텔 브러시로 알록달록한 과일을 그려보겠습니다. 주변에 있는 과일을 관찰하여 그린다면 더욱 좋습니다.

캔버스 준비하기

01 ❶ 스크린 크기의 캔버스를 만들고 2\sketch01.png 파일을 불러옵니다. ❷ 스케치가 있는 레이어를 잠그고 ❸ 새 레이어를 추가합니다.

사과 그리기

02 빨간색으로 윗부분이 움푹 들어간 원을 그립니다. 손에 힘을 세게 주면 질감이 사라집니다. 손에 힘을 빼고 동글동글 돌려가며 칠해주세요.

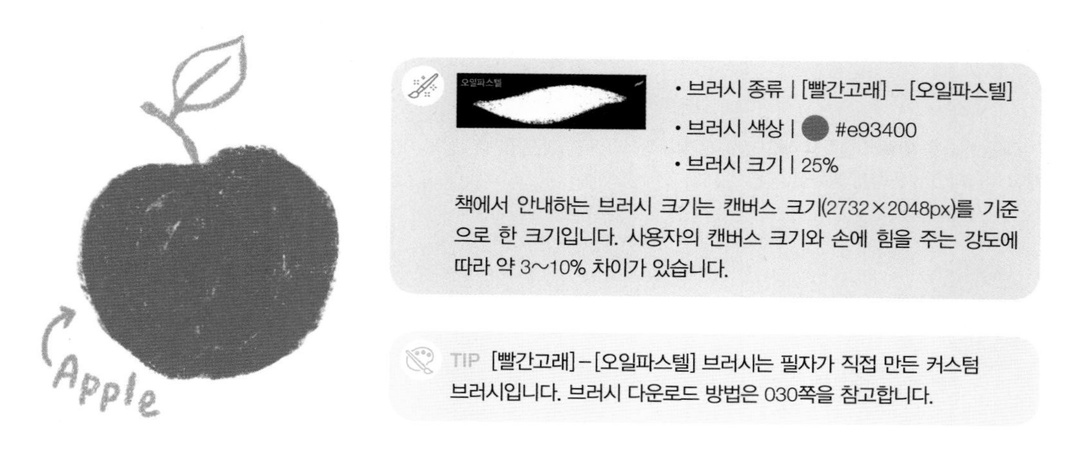

- 브러시 종류 | [빨간고래] – [오일파스텔]
- 브러시 색상 | #e93400
- 브러시 크기 | 25%

책에서 안내하는 브러시 크기는 캔버스 크기(2732×2048px)를 기준으로 한 크기입니다. 사용자의 캔버스 크기와 손에 힘을 주는 강도에 따라 약 3~10% 차이가 있습니다.

TIP [빨간고래] – [오일파스텔] 브러시는 필자가 직접 만든 커스텀 브러시입니다. 브러시 다운로드 방법은 030쪽을 참고합니다.

TIP 컬러 가이드 활용하기

CHAPTER 02부터는 준비 파일(스케치 파일)에 컬러 가이드를 삽입해두었습니다. 한 손가락으로 원하는 색을 2초 이상 길게 누르면 색이 선택됩니다. 컬러 가이드를 활용하면 [색상] 패널을 사용하지 않아도 색을 빠르게 선택할 수 있습니다. 모든 과일 스케치 옆에 컬러 가이드가 있으니 활용해보도록 합니다. 쉽고 빠른 색 선택을 위해 구성한 것이므로 컬러 가이드와 같은 색으로 컬러링하지 않아도 됩니다. 자유롭게 칠해도 좋습니다.

03 ❶ 주황색으로 사과의 밝은 부분을 칠합니다. 이때 애플 펜슬을 45° 기울이고 손에 힘을 뺀 다음 동글동글 돌려가면서 원을 그려준다는 생각으로 칠합니다. ❷ 어두운 빨간색으로 어두운 부분을 칠합니다.

- 브러시 색상 | #ea6400
- 브러시 크기 | 50%

- 브러시 색상 | #d02400
- 브러시 크기 | 50%

TIP 이번 예제에서 사용한 브러시는 모두 [빨간고래]–[오일파스텔]입니다. 다음 단계부터 브러시 종류 안내는 생략하겠습니다.

오일파스텔

TIP 애플 펜슬을 세워서 칠하면 색이 진하게 칠해집니다. 애플 펜슬을 45° 정도 기울이고 손에 힘을 빼서 살살 칠하면 거친 질감이 나타나면서 연하게 칠해집니다.

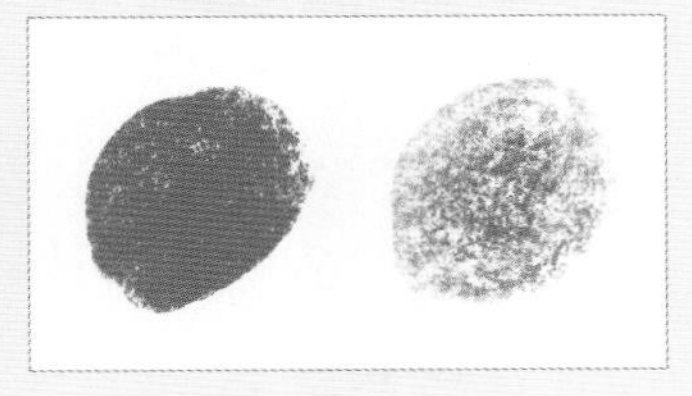

04 ❶ 새 레이어를 추가하고 ❷ 갈색으로 꼭지를 그립니다. ❸ 녹색으로 잎을 칠하고 ❹ 연두색으로 덧칠하여 색 변화를 표현합니다. ❺ 흰색으로 반짝이는 부분을 칠합니다.

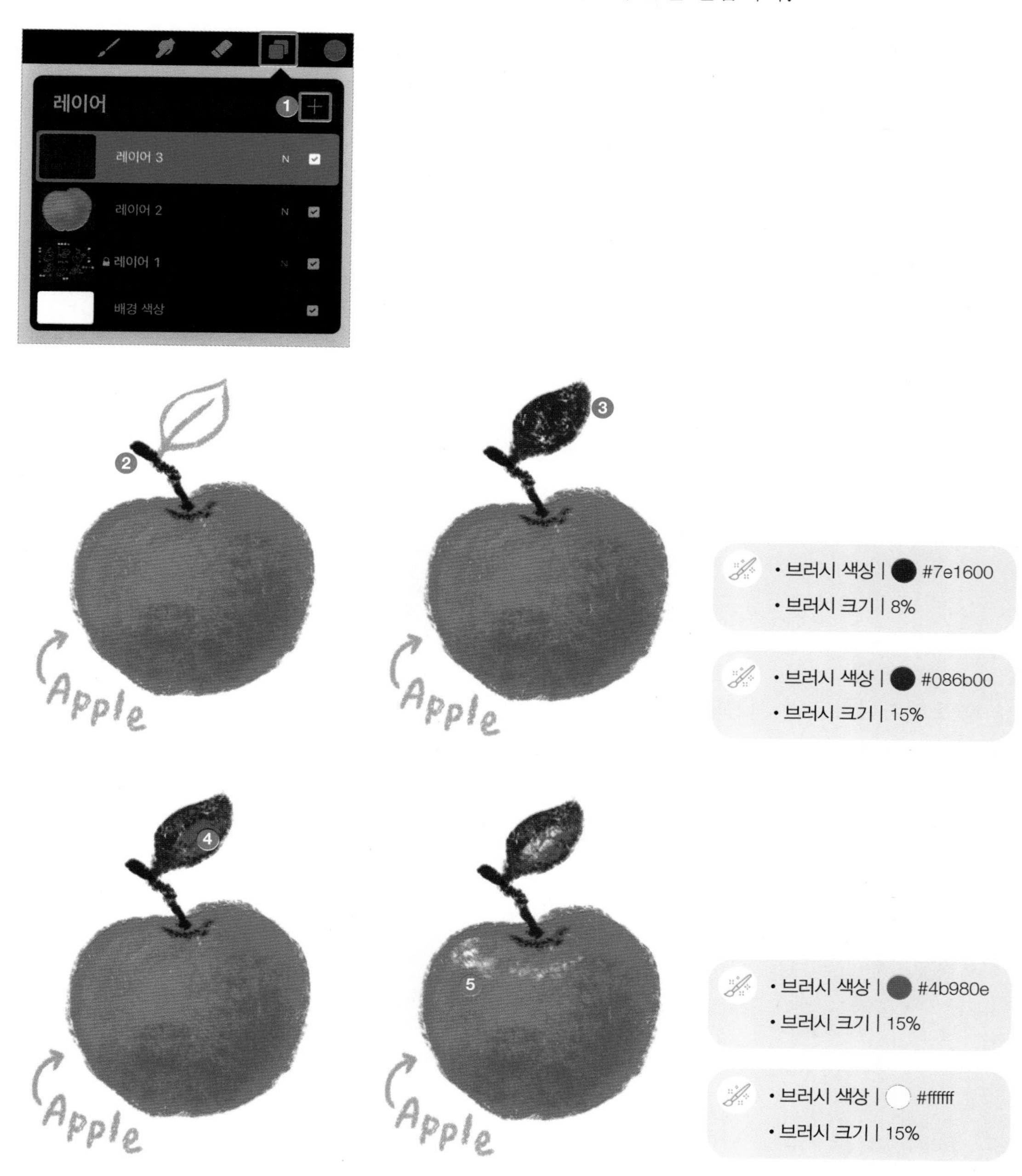

바나나 그리기

05 ❶ 노란색으로 초승달을 그립니다. ❷ 'T' 모양의 꼭지를 그립니다. ❸ 약간 어두운 노란색으로 뒤에 있는 바나나도 그립니다.

TIP 과일을 새로 그리거나 다른 색의 브러시를 사용할 때는 새 레이어를 추가한 후 그립니다. 새 레이어를 추가하는 방법은 332쪽을 참고합니다.

- 브러시 색상 | #ffac00
- 브러시 크기 | 10~20%

- 브러시 색상 | #79b00
- 브러시 크기 | 10~20%

06 ❶ 오렌지색으로 바나나의 어두운 아랫면을 칠합니다. ❷ 흰색 빗금을 살짝 넣어줍니다. 잘 익은 바나나는 갈색 반점이 있습니다. ❸ 갈색으로 반점을 칠합니다.

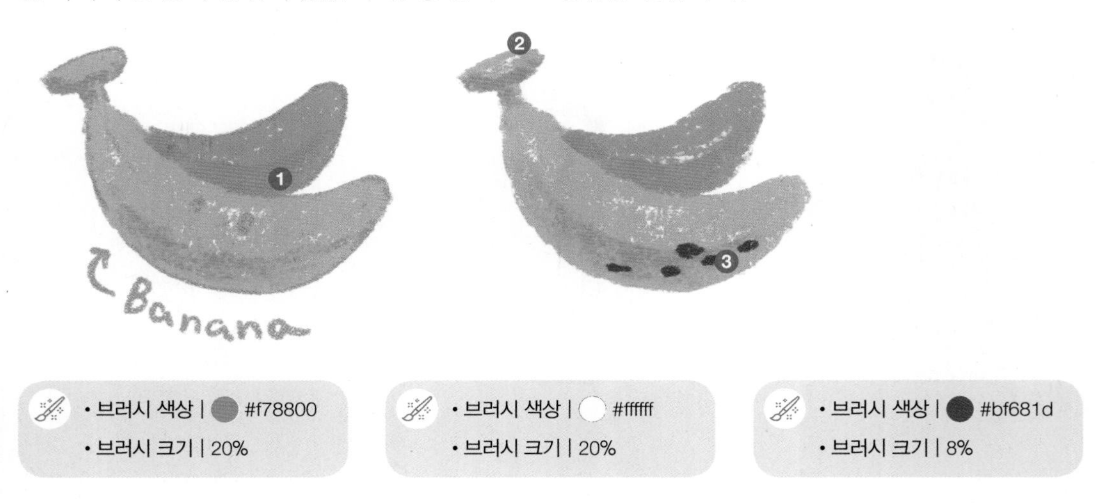

- 브러시 색상 | #f78800
- 브러시 크기 | 20%

- 브러시 색상 | #ffffff
- 브러시 크기 | 20%

- 브러시 색상 | #bf681d
- 브러시 크기 | 8%

한라봉 그리기

07 ❶ 주황색으로 울퉁불퉁한 원을 그리고 ❷ 원 안을 채웁니다. ❸ 작은 반원을 그립니다. 한라봉의 특징은 윗부분이 툭 튀어나와 있고 울퉁불퉁하다는 점입니다. 외곽을 울퉁불퉁하게 그리지 않고 매끈하게 그리면 서양 배와 비슷해지니 유의해야 합니다. ❹ 꼭지와 잎을 칠합니다. ❺ 애플 펜슬을 45° 정도 기울여서 어두운 면을 칠합니다. ❻ 흰색으로 밝은 면을 칠해줍니다.

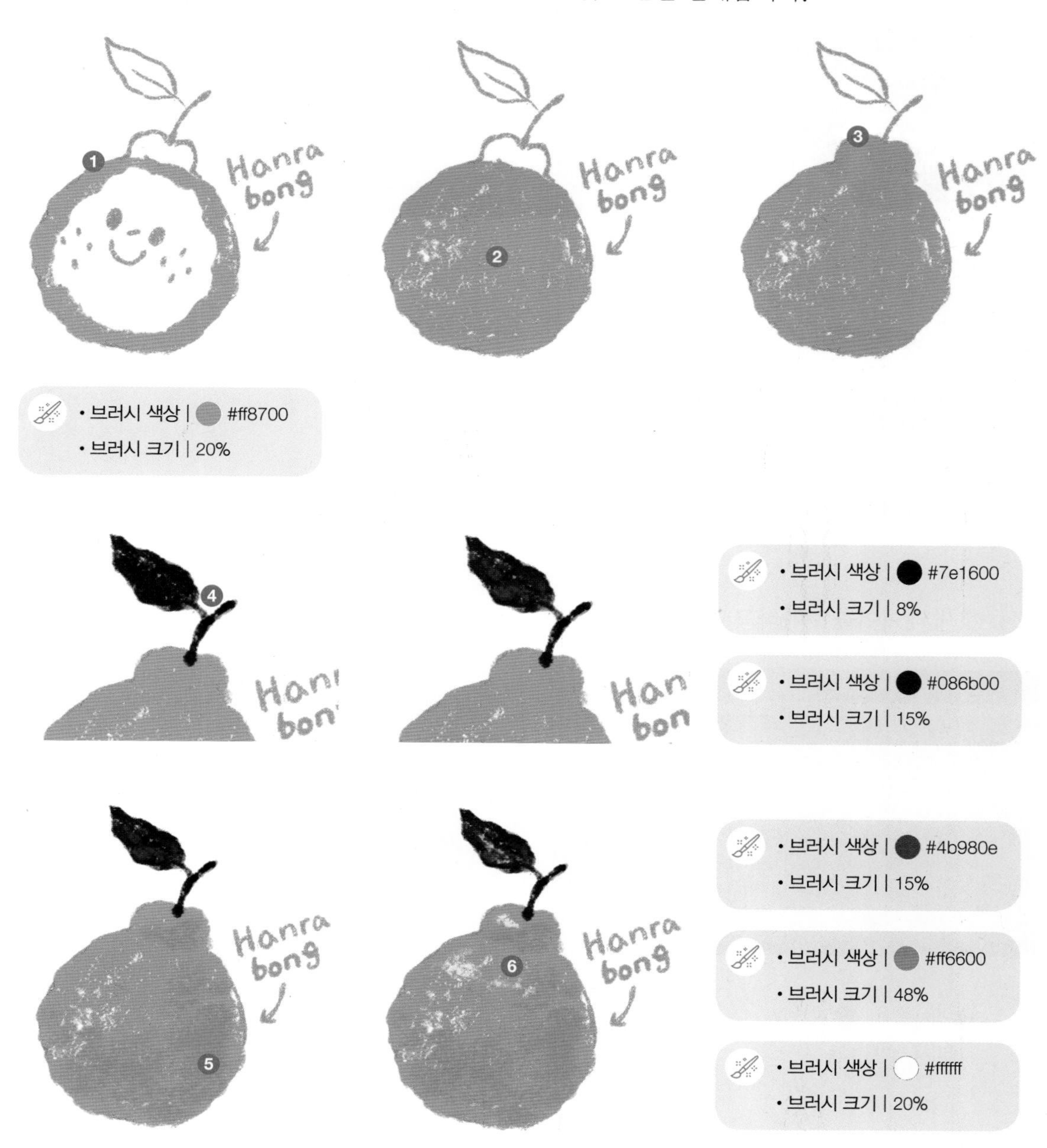

포도 그리기

08 ❶ 녹색으로 포도알을 듬성듬성 칠합니다. ❷ 새 레이어를 추가하고 포도알을 그린 레이어 아래로 옮깁니다. ❸ 어두운 녹색으로 남은 포도알을 칠합니다.

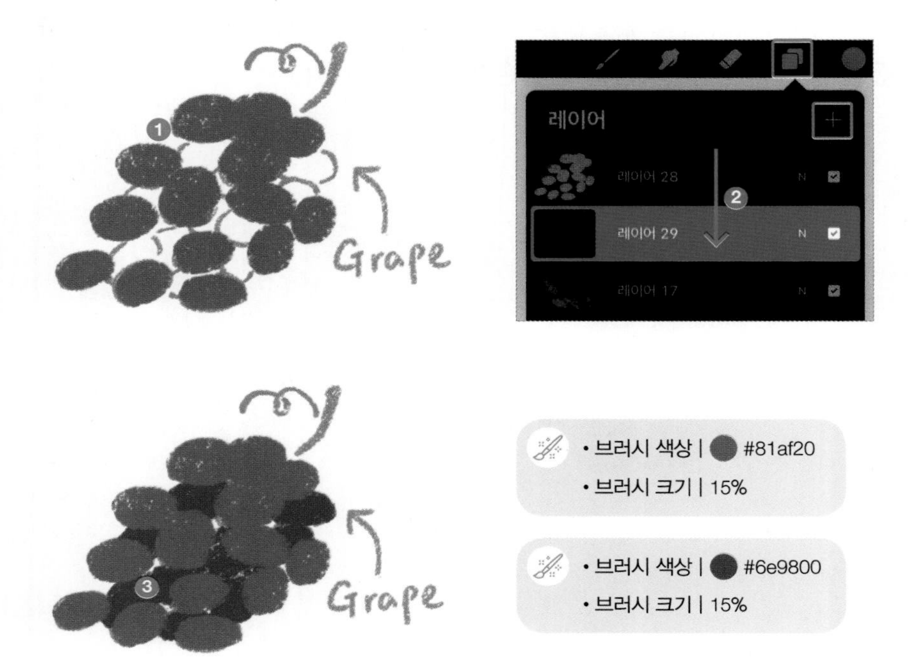

09 ❶ 새 레이어를 추가하고 맨 위에 위치시킵니다. ❷ 포도 중 몇 알만 어두운 라인을 그립니다.

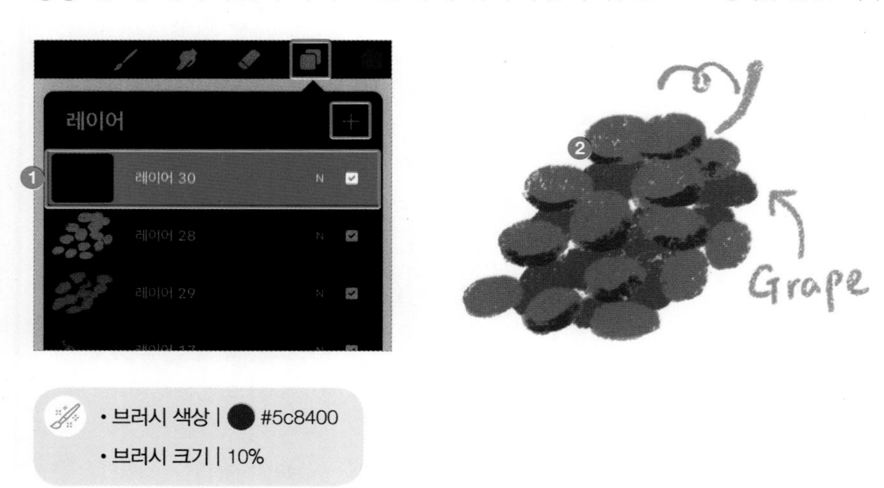

10 ❶ 몇 알은 밝은 라인을 그립니다. ❷ 꼭지와 줄기를 그려줍니다.

레몬 그리기

11 ❶ 노란색으로 타원을 그립니다. ❷ 양쪽으로 톡 튀어나온 반원을 그립다. ❸ 어두운 면을 칠하고 ❹ 흰색으로 밝은 면을 칠합니다.

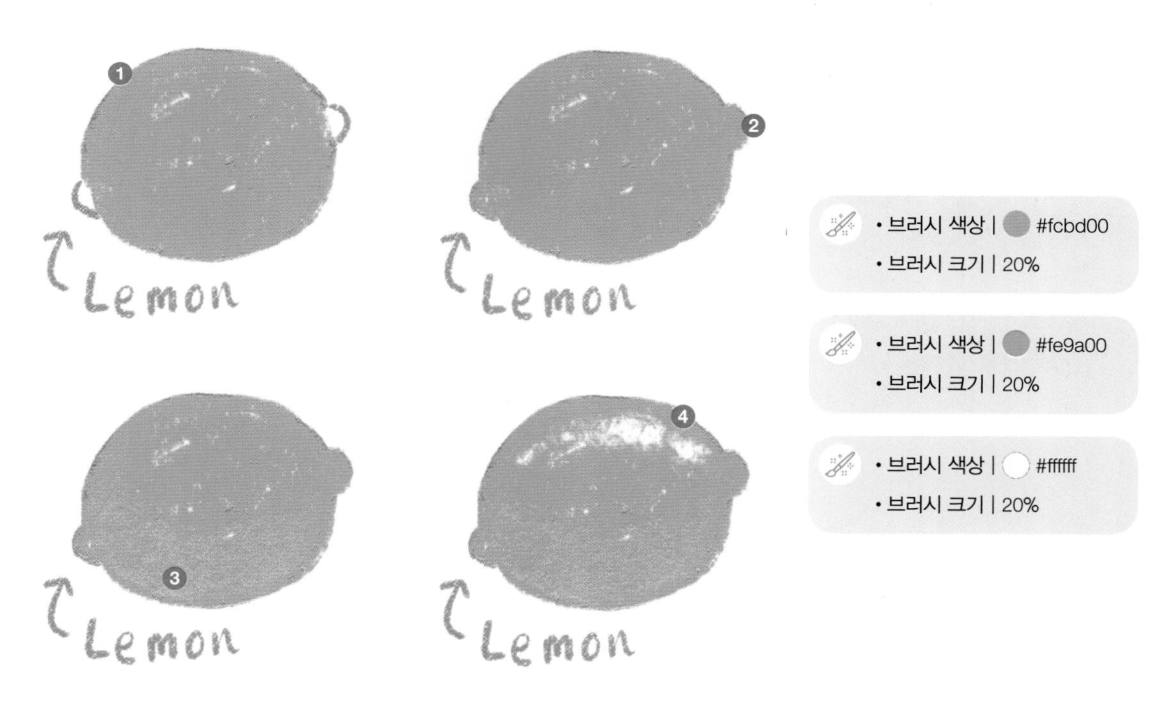

딸기 그리기

12 ❶ 빨간색으로 모서리가 둥근 삼각형을 그리고 ❷ 손에 힘을 뺀 채로 밝은 부분을 채색합니다. ❸ 손에 힘을 빼고 어두운 부분도 칠합니다. ❹ 초록색 꼭지를 그리고 ❺ 연두색으로 덧칠해서 색 변화를 줍니다. 딸기에는 눈, 코, 입을 그려줄 것이므로 딸기씨는 생략합니다.

• 브러시 색상 | #086b00
• 브러시 크기 | 10%

• 브러시 색상 | #4b980e
• 브러시 크기 | 10%

타이틀 그려 완성하기

13 ❶ 짙은 갈색으로 과일의 눈, 코, 입을 그리고 ❷ 과일 이름을 씁니다. ❸ 캔버스 가운데에 Fruits를 쓰고 ❹ [레이어] 패널의 맨 아래에 있는 스케치가 있는 레이어를 삭제하여 완성합니다.

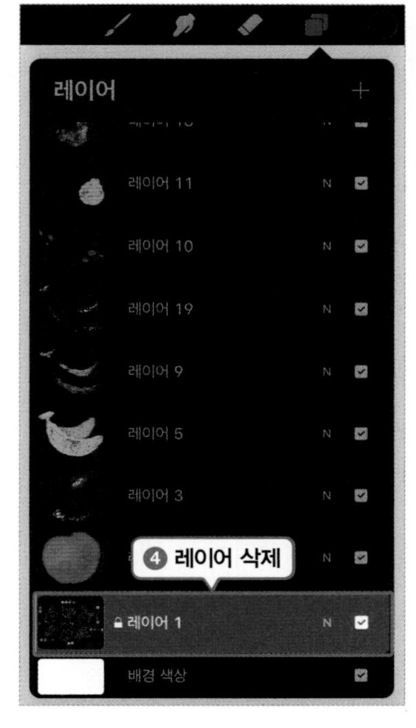

TIP 잠긴 레이어를 삭제하려면 레이어를 왼쪽으로 밀고 [잠금 해제]를 터치한 후 한 번 더 레이어를 왼쪽으로 밀어 [삭제]를 터치합니다.

02 LESSON 수채화 꽃 그리기

수채화 브러시 활용하기

준비 파일 | 2\sketch02.png **완성 파일** | 2\final02.procreate

수채화는 물감과 물이 섞여 번진 듯한 느낌이 매력입니다. 커스텀 수채화 브러시로 농도가 연하고 물을 머금은 듯한 느낌이 나는 여러 가지 꽃을 그려보겠습니다. 프로크리에이트에도 수채화 브러시가 기본적으로 내장되어 있지만 물이 번지는 느낌이 많이 표현되지는 않습니다. 반드시 빨간고래의 커스텀 브러시를 설치하여 실습하기를 바랍니다.

캔버스 준비하기

01 ❶ 스크린 크기의 새 캔버스를 만들고 2\sketch02.png 파일을 불러옵니다. ❷ 스케치가 있는 레이어를 잠그고 ❸ 새 레이어를 추가합니다.

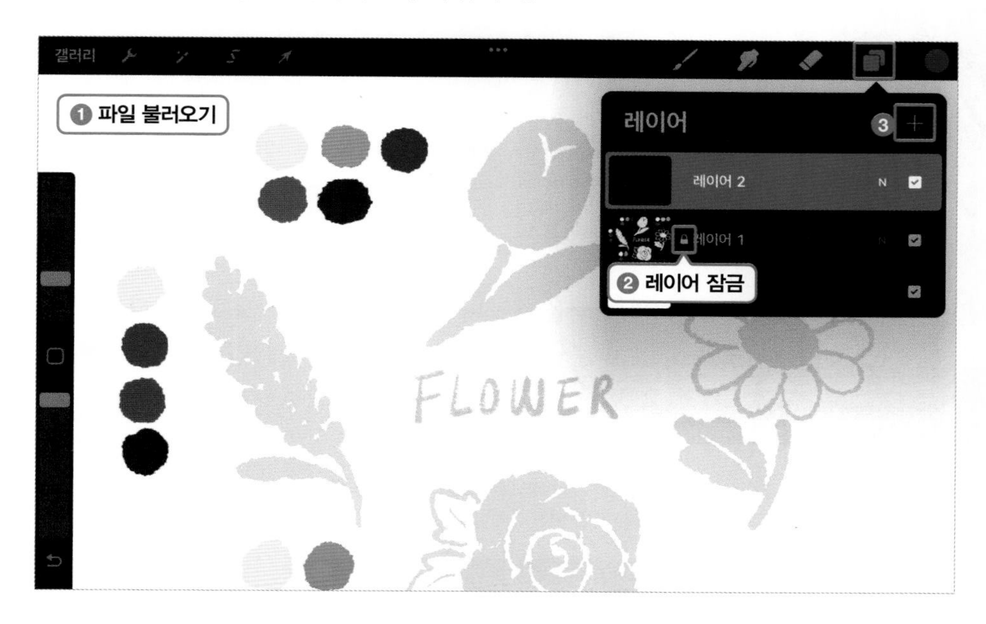

튤립 그리기

02 ❶ 캔버스를 확대해 아래가 통통한 타원을 그립니다. ❷ 줄기를 그리고 ❸ 잎을 그립니다.

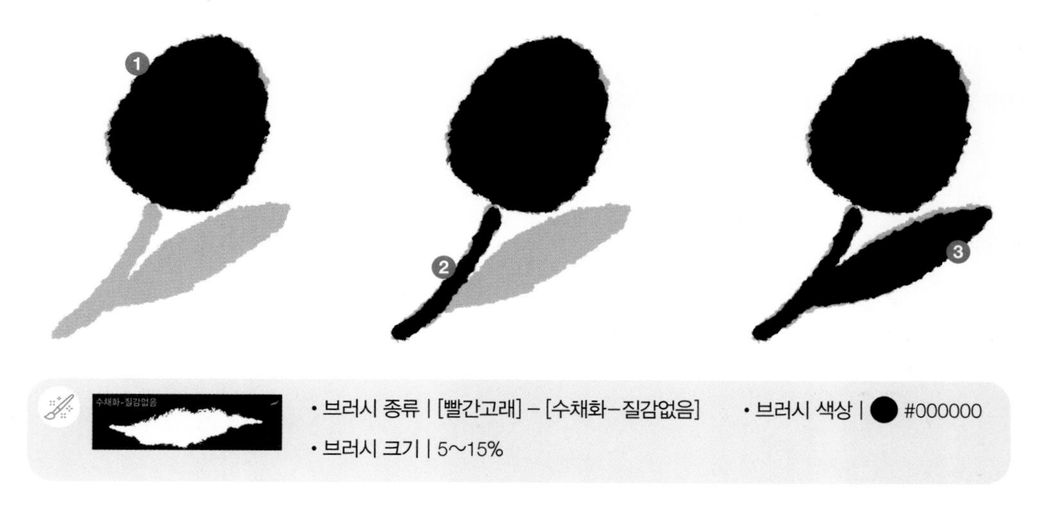

수채화-질감없음

• 브러시 종류 | [빨간고래] – [수채화–질감없음]
• 브러시 크기 | 5~15%
• 브러시 색상 | ● #000000

03 두 손가락으로 튤립을 그린 레이어를 왼쪽에서 오른쪽으로 슬라이드합니다. 알파 채널 잠금으로 설정됩니다.

TIP 알파 채널에 대한 자세한 내용은 047쪽, **LEESSON 05. 다양한 고양이 얼굴 그리기**(100쪽) 실습 과정을 참고합니다.

04 ❶ 크림색을 선택하고 ❷ 꽃으로 드래그하여 색을 채웁니다. ❸ 줄기에도 색을 채웁니다.

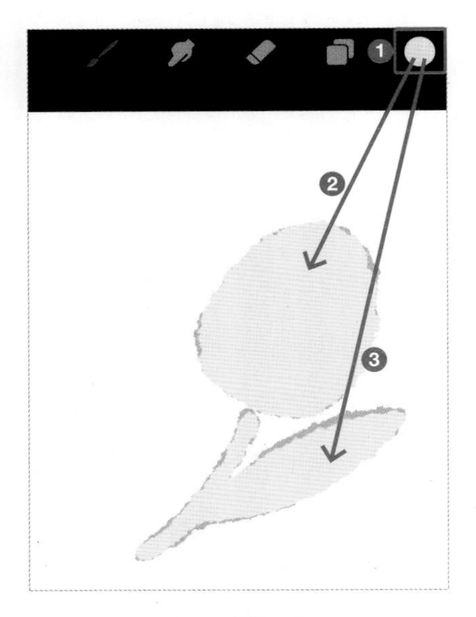

• 브러시 색상 | #fff1dc

TIP 컬러 가이드에서 원하는 색을 한 손가락으로 2초 이상 길게 눌렀다가 떼면 색이 선택됩니다.

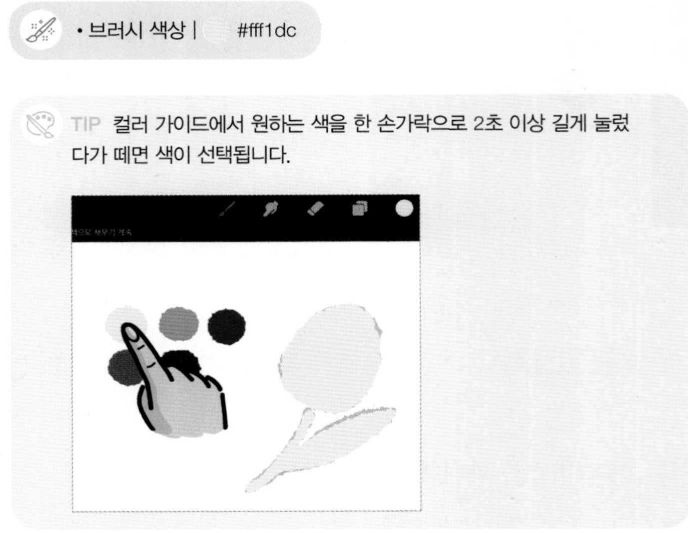

TIP 외곽에 검은색이 남아 있지 않도록 크림색으로 깔끔하게 채색합니다.

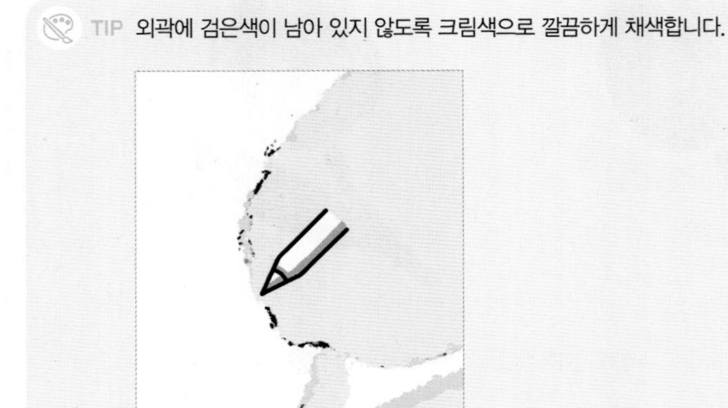

05 ❶ 애플 펜슬을 동글동글 굴리면서 힘을 세게 주었다가 덜 주면서 꽃봉오리를 칠합니다. ❷ 가운데 부분만 한 번 더 칠합니다.

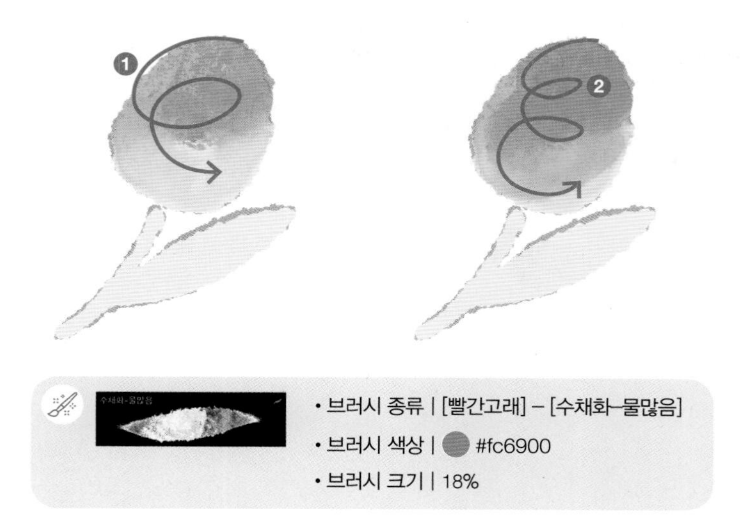

▶ 꿀팁 영상 제공

오른쪽의 QR코드 또는 아래의 링크로 접속하면 05~07의 실습 과정을 확인할 수 있습니다. 꿀팁 영상으로 학습하면 훨씬 더 이해하기 쉬우니 꼭 참고하길 바랍니다.

• **링크** | https://blog.naver.com/myillua/222727236981

06 ❶ 동글동글 굴려가며 줄기를 칠합니다. 이번에도 마찬가지로 힘을 세게 주었다가 덜 주면서 칠합니다. ❷ 잎을 칠하고 ❸ 어두운 부분만 다시 덧칠합니다.

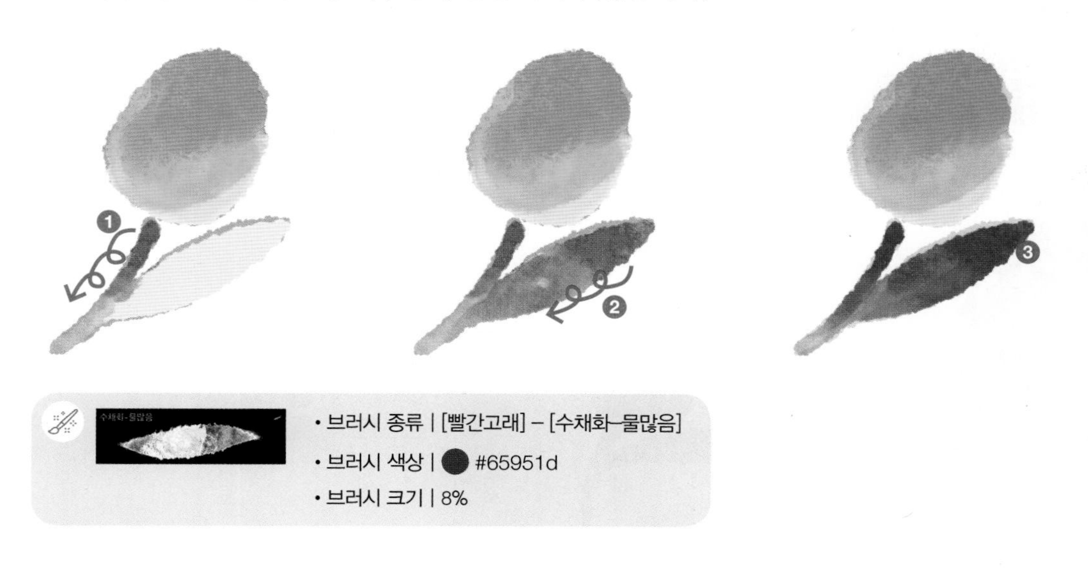

07 ❶ 새 레이어를 하나 추가합니다. ❷ 버건디 색상으로 꽃봉오리 라인을 그리고 ❸ 짙은 녹색으로 줄기 라인을 그립니다.

라벤더 그리기

08 ❶ 새 레이어를 하나 추가합니다. ❷ 작은 타원을 옹기종기 이어서 그립니다. ❸ 줄기와 잎도 그립니다.

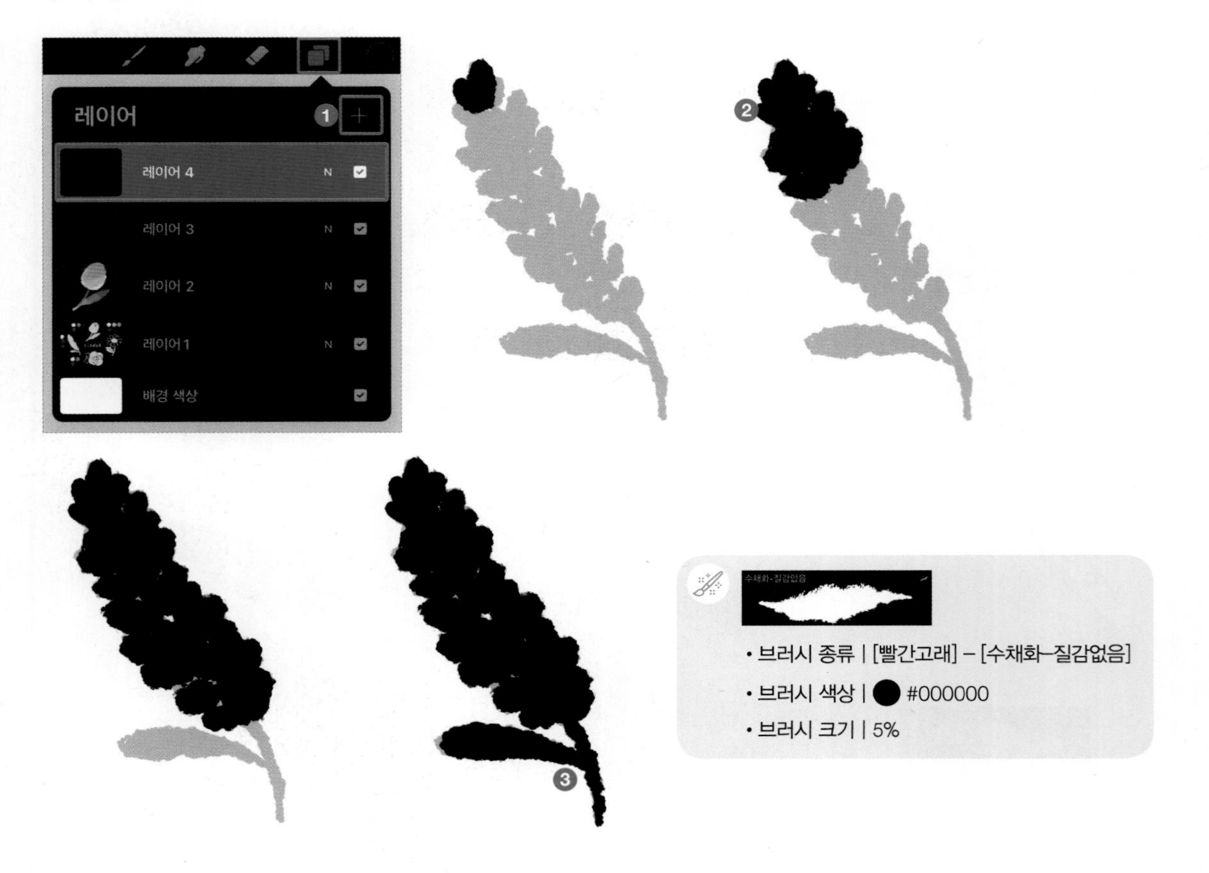

09 ❶ 두 손가락으로 라벤더가 있는 레이어를 왼쪽에서 오른쪽으로 슬라이드해 알파 채널 잠금으로 설정합니다. ❷ 연분홍색을 선택하고 ❸ 꽃으로 드래그해 색을 채웁니다.

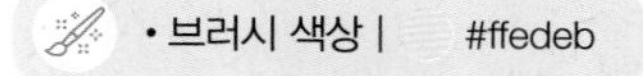

10 작은 타원을 옹기종기 이어서 그립니다. 꼭 책과 똑같이 그리지 않아도 됩니다. 줄기와 잎도 칠합니다. 튤립과 마찬가지로 진하게 칠하고 싶은 부분은 덧칠합니다.

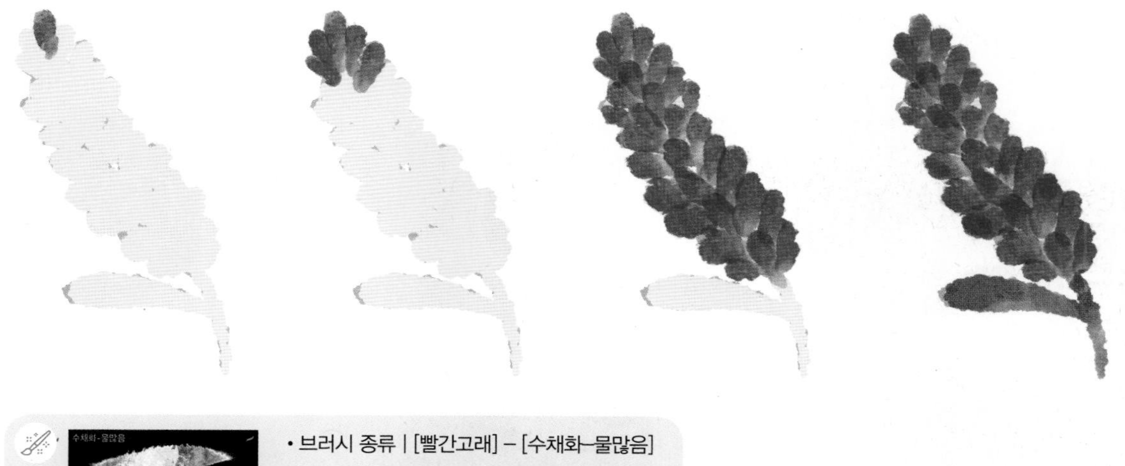

• 브러시 종류 | [빨간고래] – [수채화–물많음]
• 브러시 색상 | #60008b #688700
• 브러시 크기 | 4~6%

▶ 꿀팁 영상 제공

오른쪽의 QR코드 또는 아래의 링크로 접속하면 10의 실습 과정을 확인할 수 있습니다. 꿀팁 영상으로 학습하면 훨씬 더 이해하기 쉬우니 꼭 참고하길 바랍니다.

• **링크** | https://blog.naver.com/myillua/222727239998

11 ❶ 새 레이어를 추가하고 ❷ 잎에 라인을 그립니다.

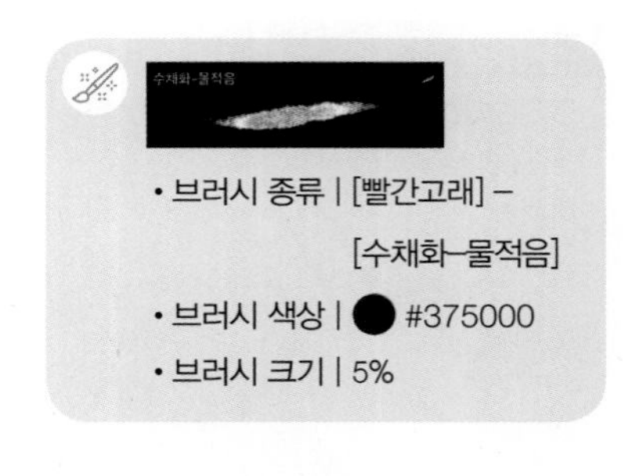

장미 그리기

12 ❶ 새 레이어를 추가하고 초승달 모양을 두 개 그립니다. ❷ 브러시 크기를 키워서 좀 더 큰 초승달을 그립니다. ❸ 점점 더 큰 초승달로 감싸듯이 그립니다. ❹ 잎을 그립니다.

▶ 꿀팁 영상 제공

오른쪽의 QR코드 또는 아래의 링크로 접속하면 12~16의 실습 과정을 확인할 수 있습니다. 꿀팁 영상으로 학습하면 훨씬 더 이해하기 쉬우니 꼭 참고하길 바랍니다.

• **링크** | https://blog.naver.com/myillua/222727241229

13 ❶ 두 손가락으로 장미가 있는 레이어를 왼쪽에서 오른쪽으로 슬라이드해 알파 채널 잠금으로 설정합니다. ❷ 연분홍색을 선택하고 ❸ 꽃으로 드래그해 색을 채웁니다.

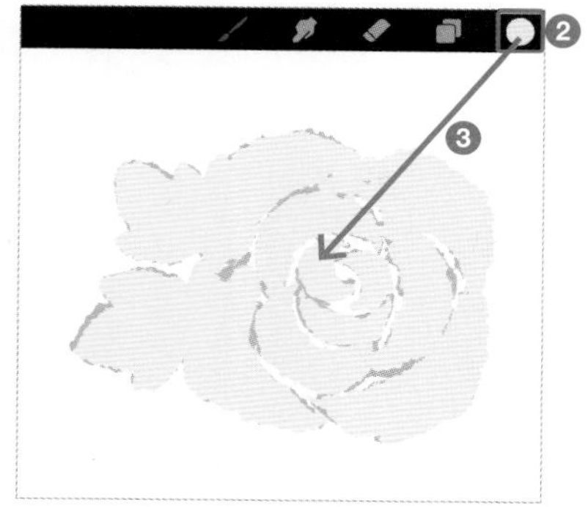

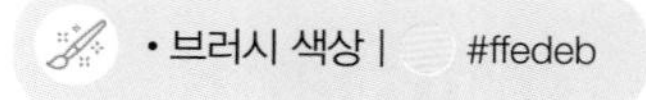

14 ❶ 브러시를 동글동글 굴려가면서 가운데를 진하게 칠하고 외곽으로 갈수록 연하게 칠합니다. ❷ 가운데 부분만 덧칠해서 진하게 표현합니다.

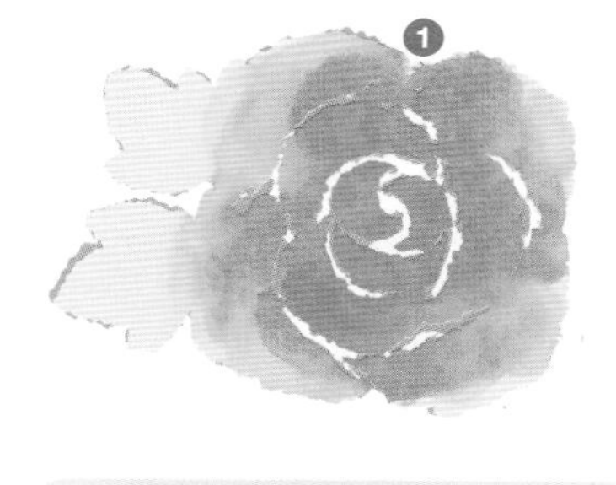

• 브러시 종류 | [빨간고래] – [수채화–물많음]
• 브러시 색상 | #f25057
• 브러시 크기 | 12%

15 ❶ 잎을 칠합니다. 외곽은 진하게, 중심으로 갈수록 연하게 칠합니다. ❷ 끝부분만 덧칠하여 진하게 표현합니다.

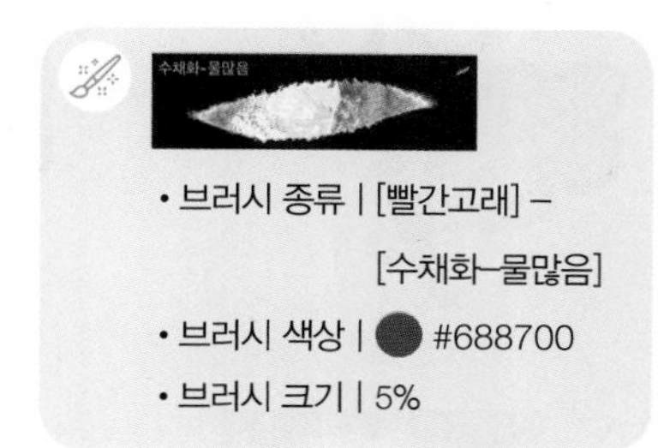

16 잎에 라인을 그립니다.

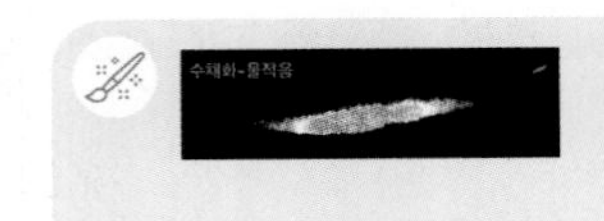

- 브러시 종류 | [빨간고래] – [수채화–물적음]
- 브러시 색상 | ● #375000
- 브러시 크기 | 5%

데이지 그리기

17 ❶ 새 레이어를 추가하고 작은 타원을 그립니다. ❷ 꽃잎을 그리고 ❸ 줄기와 잎을 그립니다. ❹ 전체적으로 면을 모두 채웁니다.

- 브러시 종류 | [빨간고래] – [수채화–질감없음]
- 브러시 색상 | ● #000000
- 브러시 크기 | 5%

18 ❶ 두 손가락으로 데이지가 있는 레이어를 왼쪽에서 오른쪽으로 슬라이드해 알파 채널 잠금으로 설정합니다. ❷ 크림색을 선택하고 ❸ 꽃으로 드래그해 색을 채웁니다.

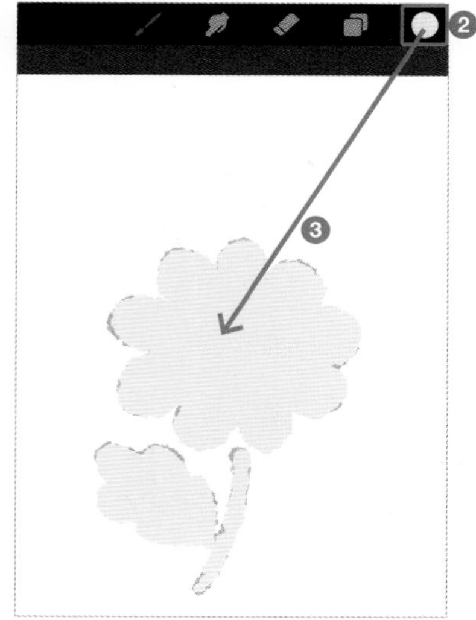

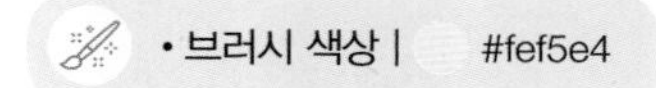

• 브러시 색상 | #fef5e4

19 애플 펜슬을 동글동글 굴려가면서 외곽은 진하게 칠하고 중심으로 갈수록 연하게 칠합니다. 모든 꽃잎을 칠합니다. 줄기와 잎도 칠합니다.

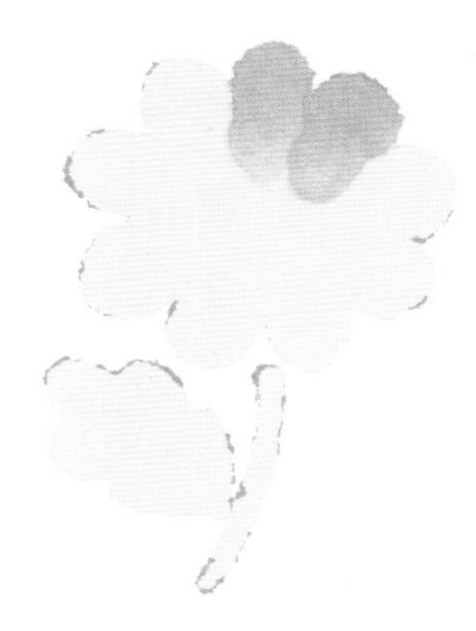

• 브러시 종류 | [빨간고래] – [수채화–물많음]
• 브러시 색상 | #ffc000 #688700
• 브러시 크기 | 10%

20 ❶ 새 레이어를 추가하고 ❷ 잎에 라인을 그립니다. ❸ 가운데 수술도 그립니다.

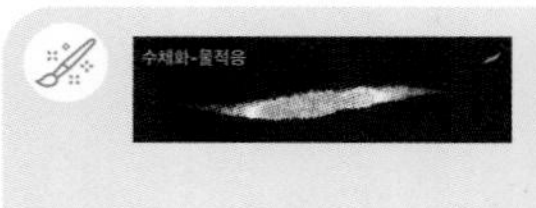

- 브러시 종류 | [빨간고래] – [수채화–물적음]
- 브러시 색상 | #375000 #ff9500
- 브러시 크기 | 5~8%

▶ 꿀팁 영상 제공

오른쪽의 QR코드 또는 아래의 링크로 접속하면 19~20의 실습 과정을 확인할 수 있습니다. 꿀팁 영상으로 학습하면 훨씬 더 이해하기 쉬우니 꼭 참고하길 바랍니다.

- **링크** | https://blog.naver.com/myillua/222727242132

21 스케치가 있는 레이어를 삭제하고 새 레이어를 만들어 타이틀과 꽃의 이름을 적습니다. 물감이 흩뿌려진 것처럼 꽃 주변에 작은 점들도 그립니다. 율동감이 생기면서 마치 꽃이 흔들리고 향기가 나는 듯한 느낌이 생깁니다. 완성입니다.

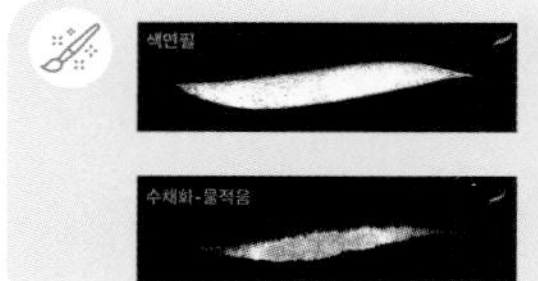

- 브러시 종류 | [빨간고래] – [색연필], [빨간고래] – [수채화-물적음]
- 브러시 색상 | ● #000000, 자유
- 브러시 크기 | 5~8%, 자유

03 LESSON 색연필로 브런치 음식 그리기

색연필 브러시 활용하기

준비 파일 | 2\sketch03.png, reference03.jpg, paper\paper1.jpg **완성 파일** | 2\final03.procreate

색연필 브러시로 알록달록한 브런치를 그려보겠습니다. 좋아하는 음식을 그리는 일은 매우 즐겁습니다. 음식을 그리면서 형태를 다듬는 방법도 함께 배워보고 종이 질감을 더하여 손 그림 느낌이 물씬 나도록 표현해보겠습니다.

픽셀 유동화로 형태 수정하기

01 ❶ 스크린 크기의 캔버스를 만들고 2\sketch03.png 파일을 불러옵니다. ❷ 파일이 캔버스에 꽉 차게 크기를 조절하고 ❸ 변형 을 터치합니다.

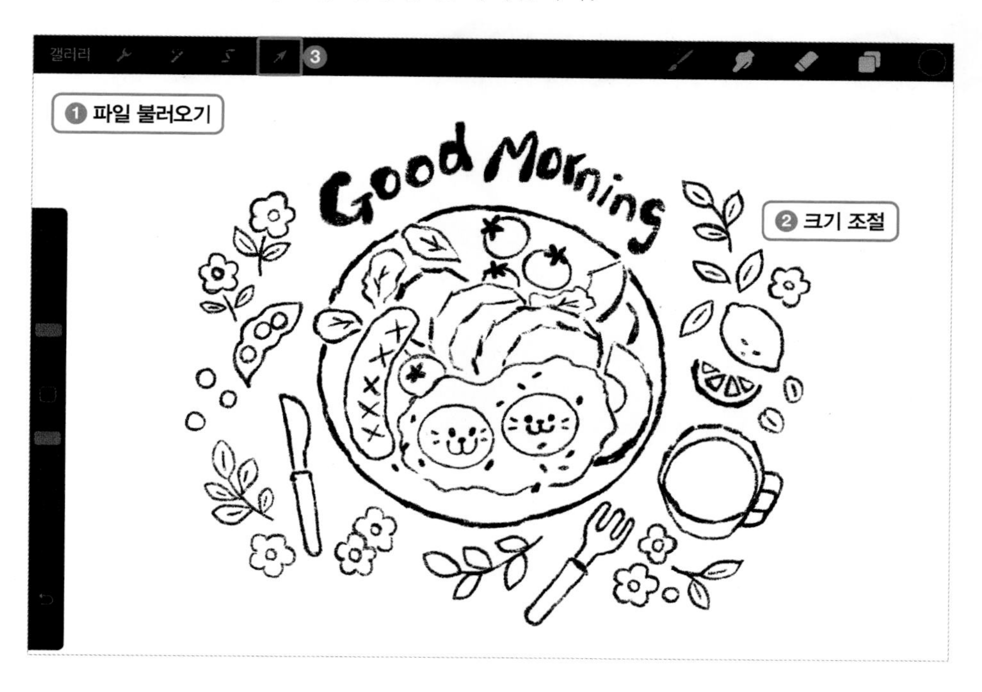

02 ❶ 두 손가락으로 화면을 벌려서 얼굴이 있는 부분을 확대합니다. 왼쪽 얼굴의 인중을 좁혀보겠습니다. ❷ 조정 을 터치하고 ❸ [픽셀 유동화]를 선택합니다.

03 ❶ 옵션창에서 [밀기]를 터치합니다. ❷ [크기]는 20%, ❸ [압력]은 [최대]로 설정합니다. ❹ 입 주변을 위로 여러 번 드래그합니다. 드래그한 부분이 위로 밀리면서 인중이 좁아집니다.

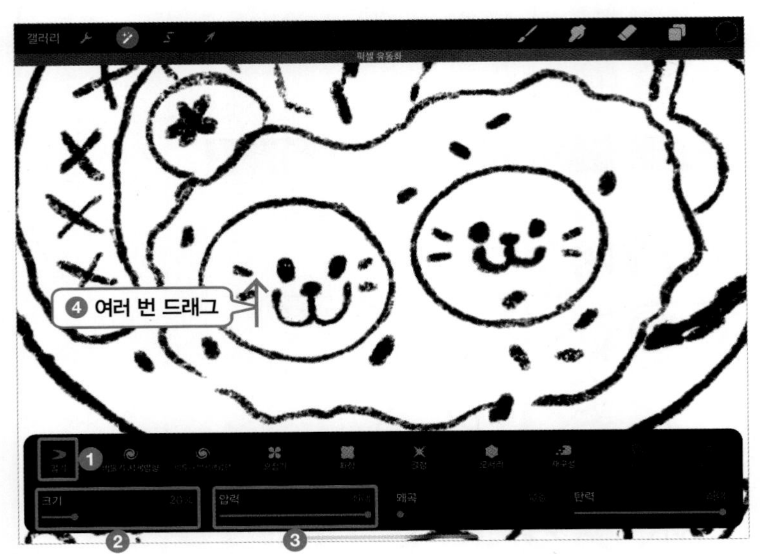

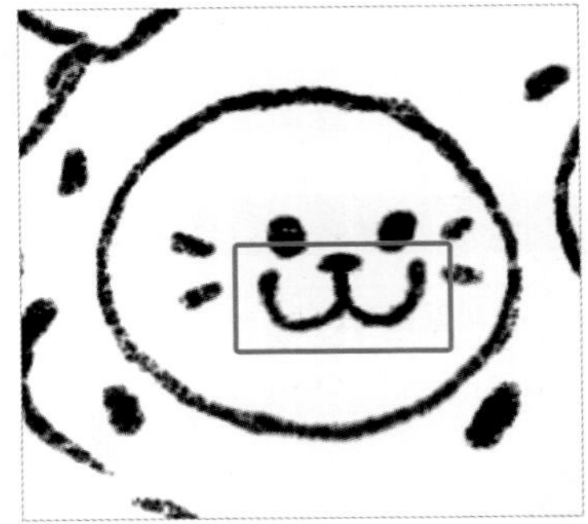

꿀팁 영상 제공

오른쪽의 QR코드 또는 아래의 링크로 접속하면 03~04의 실습 과정을 확인할 수 있습니다. 꿀팁 영상으로 학습하면 훨씬 더 이해하기 쉬우니 꼭 참고하길 바랍니다.

- **링크** | https://blog.naver.com/myillua/222727243725

04 나이프를 더 길게 표현해보겠습니다. 칼날 중간 부분부터 위로 여러 번 드래그하여 칼을 늘립니다.

TIP 픽셀 유동화에 대한 자세한 내용은 374쪽을 참고합니다.

05 ❶ 새 레이어를 추가하고 ❷ 노란색으로 달걀 노른자를 칠합니다.

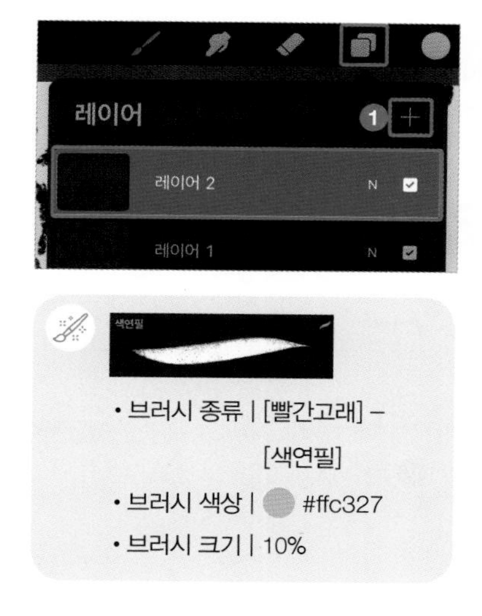

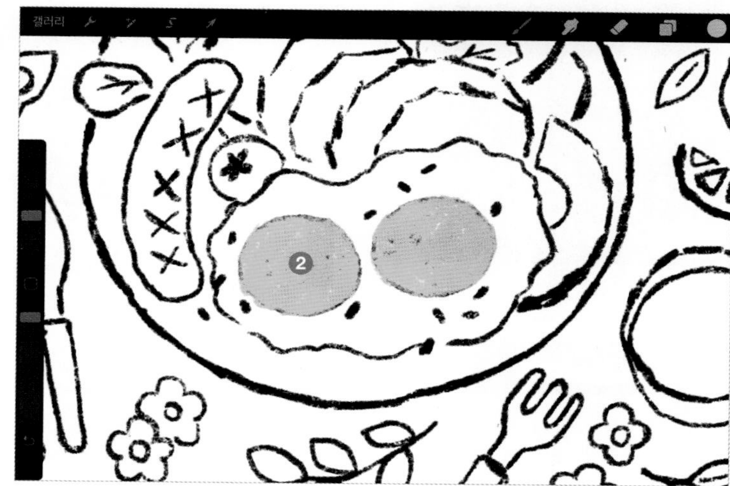

06 ❶ [레이어 1] 레이어를 맨 위로 옮깁니다. ❷ 두 손가락으로 [레이어 1] 레이어를 터치하고 ❸ 캔버스를 왼쪽으로 드래그하여 [불투명도]를 10%로 조정합니다. ❹ [레이어 1] 레이어를 잠급니다.

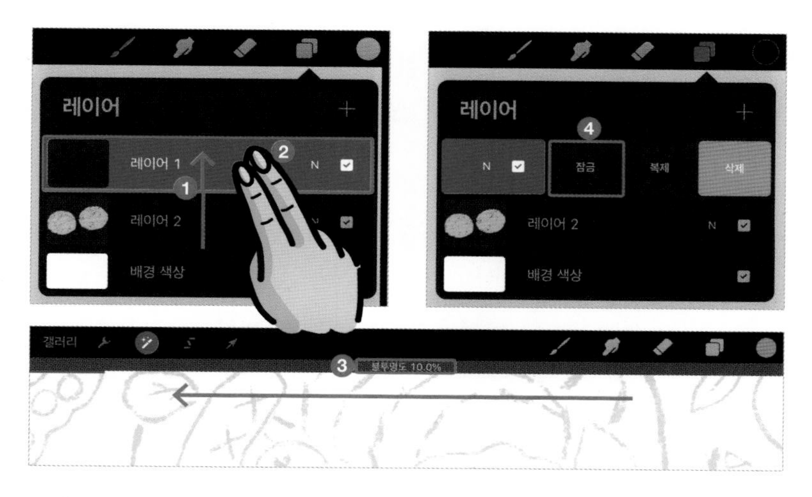

▶ 꿀팁 영상 제공

오른쪽의 QR코드 또는 아래의 링크로 접속하면 06의 실습 과정을 확인할 수 있습니다. 꿀팁 영상으로 학습하면 훨씬 더 이해하기 쉬우니 꼭 참고하길 바랍니다.

• **링크** | https://blog.naver.com/myillua/222727244692

07 ❶ 새 레이어를 추가하고 ❷ 눈, 코, 입을 그립니다. ❸ 달걀프라이 외곽을 그립니다. ❹ 빨간색과 초록색 점을 찍어 장식합니다.

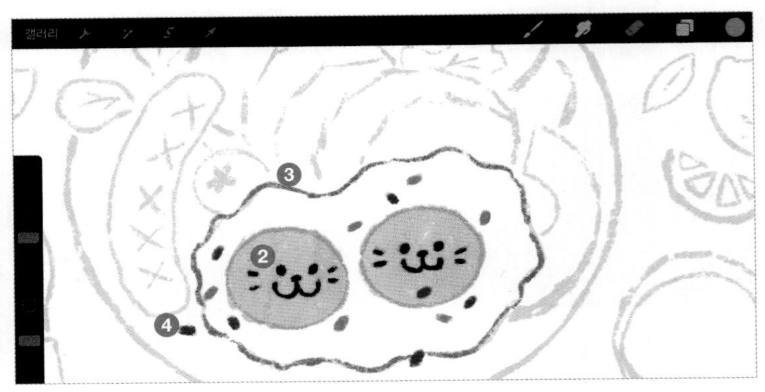

- 브러시 종류 | [빨간고래] – [색연필]
- 브러시 색상 | #000000 #a6977e #f52d05 #177d05
- 브러시 크기 | 2~3%

레퍼런스를 드로잉에 참고하기

08 ❶ 아이패드 홈 화면에서 [파일]을 실행하고 ❷ 다운로드한 예제 파일 폴더([source]–[2])에서 reference03.jpg 파일을 터치합니다. ❸ 공유를 터치하고 ❹ [이미지 저장]을 선택합니다. 해당 이미지가 ❺ [사진]에 저장됩니다.

TIP 예제 파일을 다운로드하는 방법은 030쪽을 참고합니다. 레퍼런스로 이미지를 불러오려면 이미지가 [사진]에 있어야 합니다.

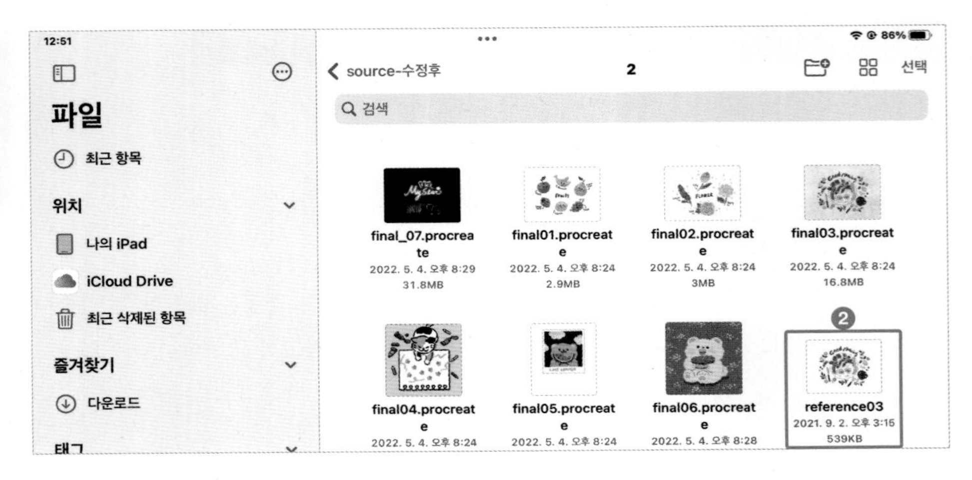

꿀팁 영상 제공

오른쪽의 QR코드 또는 아래의 링크로 접속하면 08~12의 실습 과정을 확인할 수 있습니다. 꿀팁 영상으로 학습하면 훨씬 더 이해하기 쉬우니 꼭 참고하길 바랍니다.

• **링크** | https://blog.naver.com/myillua/222727247811

09 ❶ 동작을 터치하고 ❷ [캔버스]–[레퍼런스]를 활성화합니다. ❸ [레퍼런스] 패널의 [이미지]를 터치하고 ❹ [이미지 불러오기]를 터치합니다. ❺ [사진]에 있는 reference 03.jpg 파일을 불러옵니다.

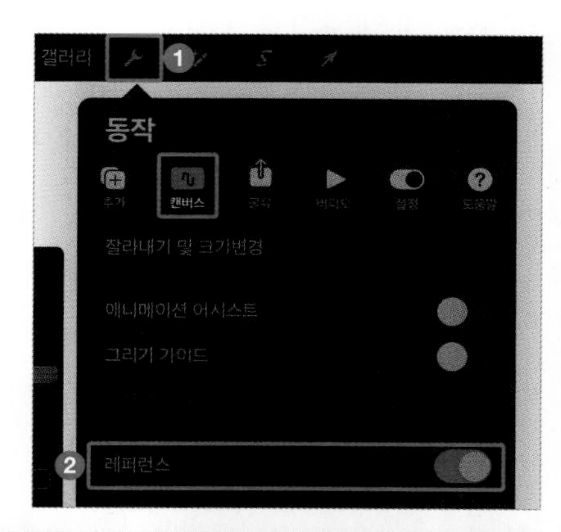

10 ❶ 상단의 바를 누른 채 드래그하여 캔버스 왼쪽으로 옮깁니다. ❷ [레퍼런스] 패널의 모서리를 드래그하여 창 크기를 조절하고 ❸ 두 손가락으로 소시지 부분을 확대합니다.

11 ❶ 새 레이어를 추가한 후 스케치가 있는 레이어 아래에 배치합니다. ❷ 한 손가락으로 [레퍼런스] 패널의 소시지를 2초 이상 길게 누릅니다. 소시지 색이 선택됩니다. ❸ 레퍼런스 이미지를 참고하여 캔버스의 소시지를 칠합니다. ❹ 칼집도 그립니다.

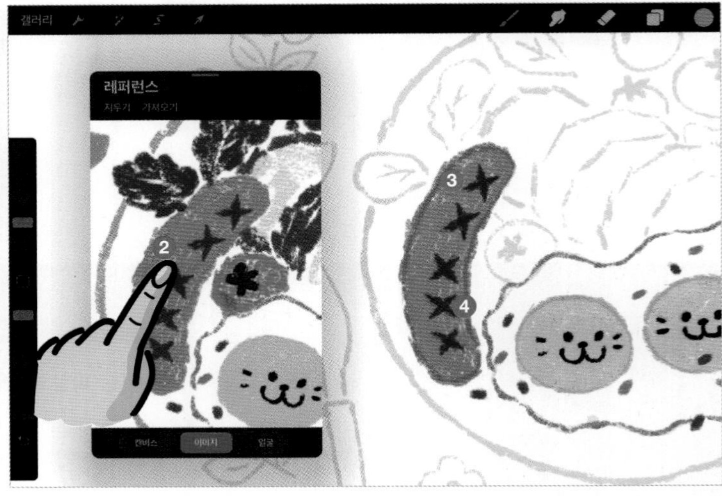

- 브러시 종류 | [빨간고래] – [색연필]
- 브러시 색상 | #d95f2b #892d13
- 브러시 크기 | 3~6%

12 ❶ 새 레이어를 추가하고 ❷ [레퍼런스] 패널에서 빵 부분을 확대합니다. ❸ 한 손가락으로 빵의 겉을 2초 이상 길게 눌러 색을 선택합니다. ❹ 캔버스의 빵을 칠합니다. ❺ 같은 방법으로 빵 속도 칠합니다.

- 브러시 종류 | [빨간고래] – [색연필]
- 브러시 색상 | #954506 #f3dcc0
- 브러시 크기 | 3~9%

TIP 105쪽의 레퍼런스와 지금 사용한 레퍼런스는 이름은 같지만 전혀 다른 기능입니다.

13 ❶ 같은 방법으로 나머지 오브젝트도 칠합니다. ❷ 컬러링이 완성되면 [레퍼런스] 패널의 닫기 ⊗를 터치합니다. ❸ 스케치가 있는 레이어를 삭제합니다.

TIP 06에서 스케치가 있는 레이어를 잠갔습니다. 레이어를 삭제하려면 잠금 해제한 후 삭제합니다.

종이 질감 표현하기

14 종이 질감을 적용하여 손 그림 느낌을 더해보겠습니다. ❶ 동작 을 터치하고 [추가]–[파일 삽입하기]를 터치해 paper\paper1.jpg 파일을 불러옵니다. ❷ 종이 질감 이미지를 [레이어] 패널의 맨 위로 옮깁니다.

15 ❶ 종이 질감 레이어의 [N]을 터치합니다. ❷ 세부 메뉴가 나타나면 아래로 슬라이드해 [곱하기]를 선택합니다. ❸ [불투명도]를 75%로 조정하여 완성합니다.

TIP 예제 파일로 총 여섯 장의 종이 질감(paper) 소스를 제공합니다. 다른 종이 질감 소스를 불러와 자유롭게 사용해봅니다.

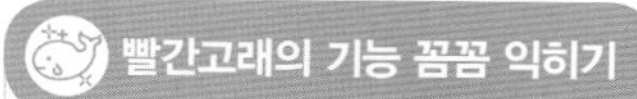

브러시로 종이 질감 표현하기

프로크리에이트에 내장되어 있는 브러시로도 충분히 종이 질감을 표현할 수 있습니다.

❶ 브러시 를 터치하고 [텍스처]-[타르카인]을 선택합니다. ❷ 새 레이어를 추가하고 ❸ 베이지색으로 캔버스 전체를 드래그하여 칠합니다. ❹ 레이어의 [N]을 터치하고 [곱하기]를 선택합니다. 종이 질감이 표현됩니다.

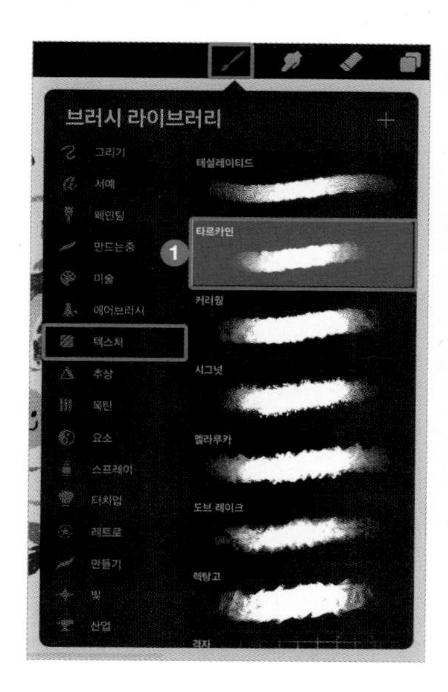

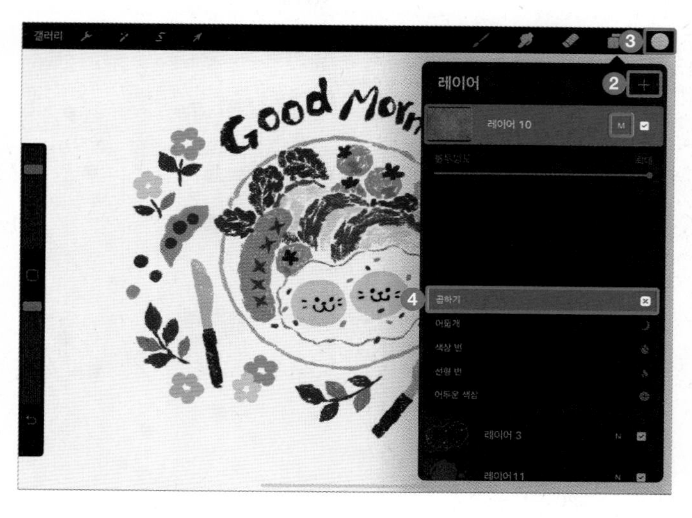

TIP 같은 방법으로 [텍스처]-[시그넷], [텍스처]-[멜라루카]와 같은 브러시로도 종이 질감을 표현할 수 있습니다.

빨간고래의 기능 꼼꼼 익히기

종이 질감 다운로드하기

프로크리에이트의 공식 커뮤니티에서 종이 질감 소스를 다운로드해보겠습니다.

❶ 아이패드에서 [카메라]를 실행하고 아래 QR코드에 가져다 대거나 프로크리에이트 폴리오(https://folio.procreate.art/discussions/10) 웹사이트에 접속합니다. ❷ [Templates]로 설정하고 ❸ [Highest Rated], ❹ [Beginning of Time]으로 선택합니다. ❺ 템플릿 리스트가 나타납니다. 마음에 드는 종이 질감 파일을 다운로드하여 내 아이패드에 설치합니다.

프로크리에이트
폴리오 바로가기

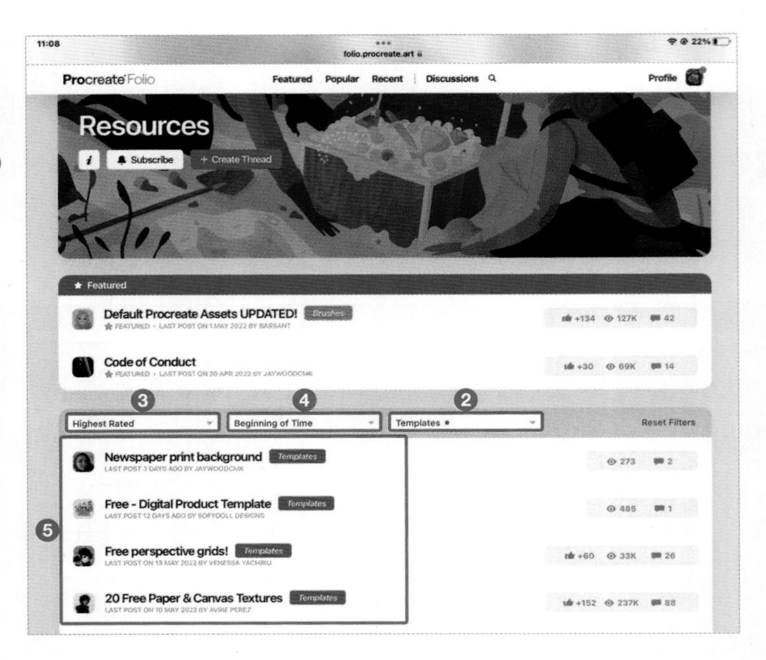

04 LESSON 고양이가 찍은 손도장 표현하기

커스텀 브러시 만들기

준비 파일 | 2\sketch04.procreate **완성 파일** | 2\final04.procreate

프로크리에이트에서 기본으로 제공하는 브러시는 퀄리티가 매우 높습니다. 그러나 막상 사용하려면 내 취향에 딱 맞는 브러시를 찾기가 어렵습니다. 이럴 때에는 브러시의 옵션을 수정하거나 브러시를 새로 만들어야 합니다. 예제 파일로 제공하는 빨간고래 커스텀 브러시 또한 이러한 이유로 만들어진 브러시입니다. 이번에는 브러시를 직접 만들어 등록해보고 더 나아가 프로크리에이트 앱 내에 있는 소스를 활용한 브러시도 만들어보겠습니다.

고양이 손도장 그리기

01 고양이 손바닥 모양을 그려서 브러시로 등록해보겠습니다. ❶ 400×400px, 72DPI 크기의 새 캔버스를 만들고 ❷ 고양이 손바닥을 그립니다.

- 브러시 종류 | [서예] – [모노라인]
- 브러시 색상 | ● #000000
- 브러시 크기 | 25%

빨간고래의 기능 꼼꼼 익히기 **고양이 손바닥 그리기**

고양이 손바닥을 쉽게 그리는 방법을 알아보겠습니다.

❶ 타원을 비스듬하게 그립니다. ❷ 오른쪽에 비스듬한 타원을 하나 더 그립니다. ❸ 작은 원 네 개를 그려 손바닥을 완성합니다.

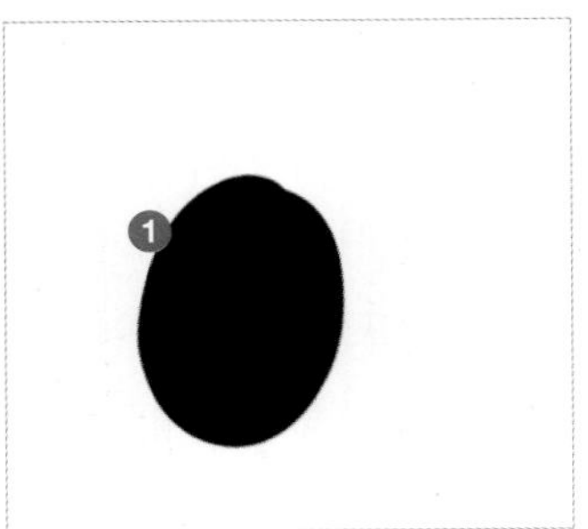

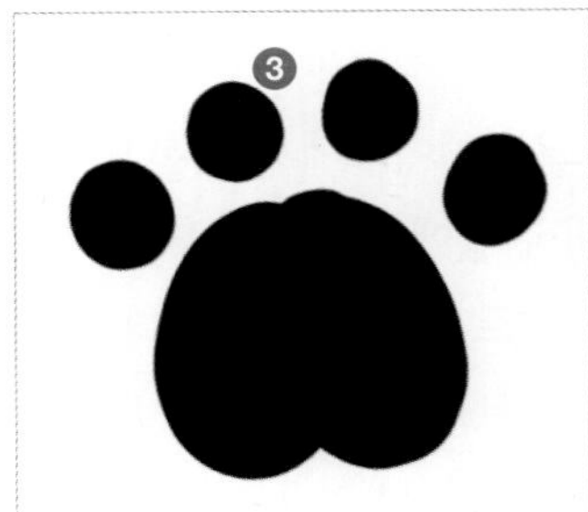

02 ❶ 동작🔧을 터치하고 ❷ [캔버스]-[잘라내기 및 크기변경]을 선택합니다. ❸ [설정]을 터치하고 ❹ 링크🔗를 터치합니다. ❺ 캔버스의 모서리를 안쪽으로 드래그하여 손바닥이 가운데에 오도록 크기를 조절합니다. ❻ [완료]를 터치합니다.

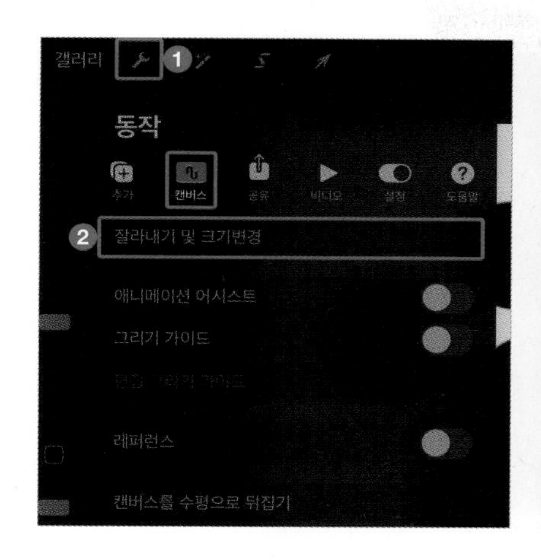

TIP 캔버스에 여백이 많지 않아야 합니다.

03 ❶ 동작🔧을 터치하고 ❷ [공유]-[JPEG]를 선택합니다. ❸ [이미지 저장]을 터치하면 [사진🌸]에 저장됩니다.

커스텀 브러시 등록하기

04 ❶ 갤러리 화면에서 [가져오기]를 터치하고 ❷ 2\sketch04.procreate 파일을 불러옵니다. ❸ 새 레이어를 추가하여 커스텀 브러시를 만들어보겠습니다.

05 ❶ 브러시를 터치하고 ❷ 브러시 그룹을 아래로 밀어 + 를 터치합니다. ❸ [제목 없는 세트]가 생성됩니다. ❹ **내브러시**로 이름을 수정합니다. ❺ 키패드를 닫고 ❻ 새로운 브러시 + 를 터치합니다.

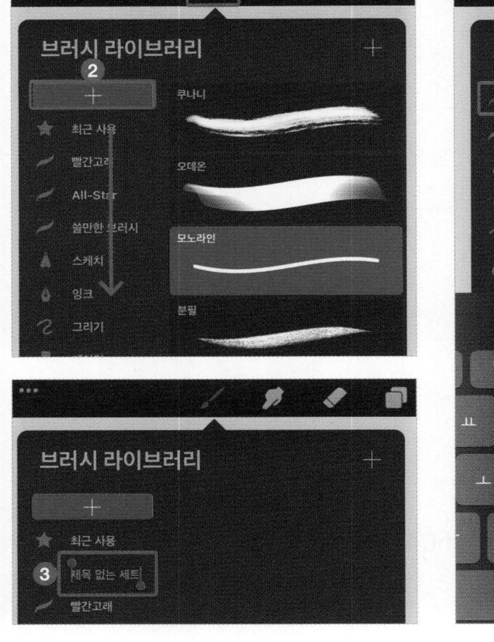

06 ❶ [획 경로]의 [획 속성]–[간격]을 80%로 설정합니다. ❷ [Apple Pencil]의 [압력]–[불투명도]의 슬라이더를 왼쪽으로 드래그하여 [없음]으로 설정합니다.

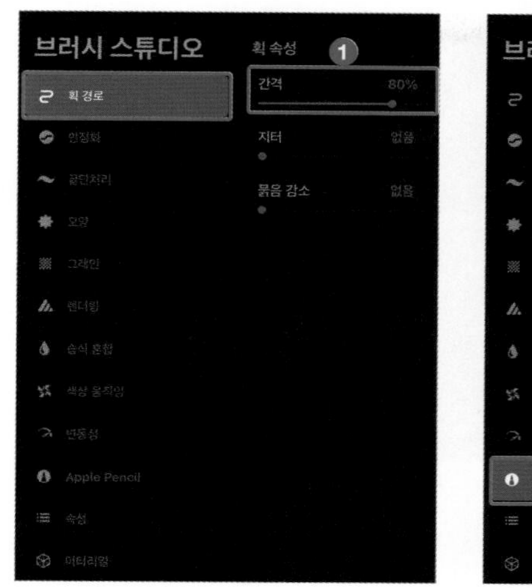

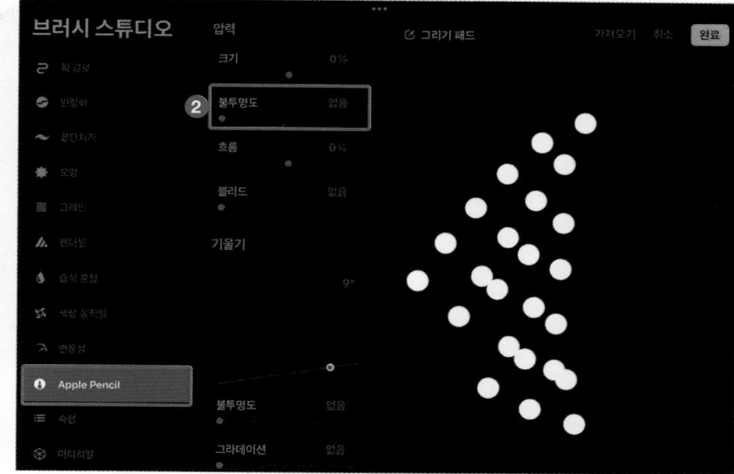

07 ❶ [모양]의 [모양 소스]–[편집]을 터치합니다. ❷ [가져오기]–[사진 가져오기]를 선택하여 ❸ 03에서 저장한 손바닥 이미지를 불러옵니다. ❹ 애플 펜슬로 화면의 빈 곳을 터치하고 ❺ 두 손가락으로 손바닥 이미지를 톡 하고 터치합니다. 색이 반전됩니다. ❻ [완료]를 터치합니다.

08 ❶ [모양 특성]–[회전]의 슬라이더를 오른쪽 끝까지 드래그해 [뒤따르는획]으로 설정합니다. ❷ [무작위]를 활성화합니다.

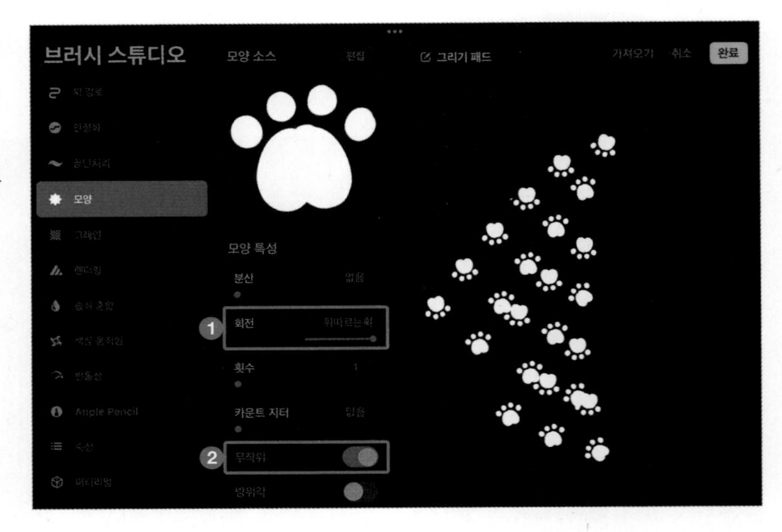

09 ❶ [이 브러시에 관하여]를 터치합니다. ❷ [제목 없는 브러시]를 터치하고 **손바닥**을 입력합니다. ❸ 자신의 프로필 사진을 넣고 ❹ 이름을 입력한 후 사인을 합니다. ❺ [새로운 초기화 포인트 생성]을 터치하여 저장합니다. ❻ 오른쪽 그리기 패드에 드래그해 테스트해봅니다. ❼ [완료]를 터치하면 손바닥 브러시가 등록됩니다.

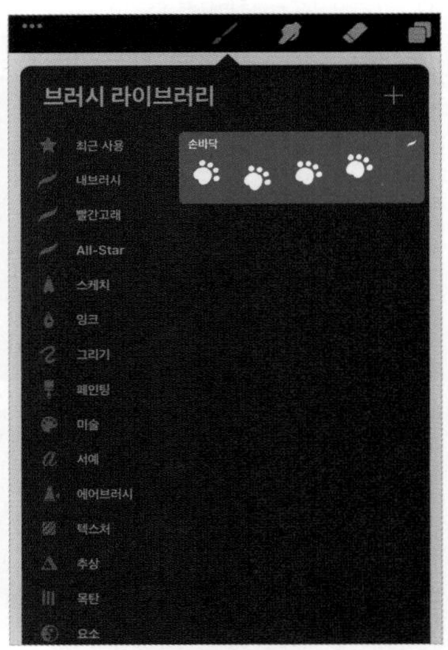

TIP 사용자가 직접 만든 브러시에는 깃털 모양의 표식이 붙습니다. 커스텀 브러시라는 뜻입니다.

TIP 그리기 패드에 선을 너무 많이 그어서 지우고 싶다면 [그리기 패드]–[그리기 패드 초기화]를 터치합니다.

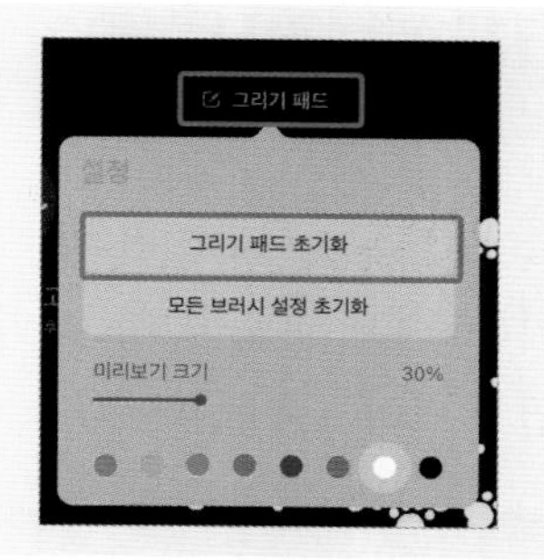

10 원하는 색으로 캔버스를 드래그하거나 톡톡 터치해봅니다.

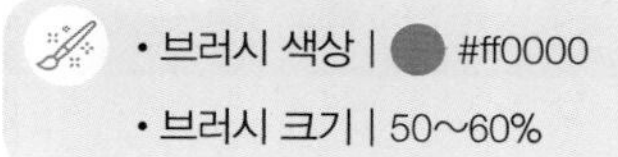

빨간고래의 기능 꼼꼼 익히기 | 커스텀 브러시 수정하기

브러시의 옵션을 수정하고 싶으면 브러시가 파랗게 선택된 상태에서 한 번 더 터치합니다. [브러시 스튜디오]에서 옵션을 수정할 수 있습니다.

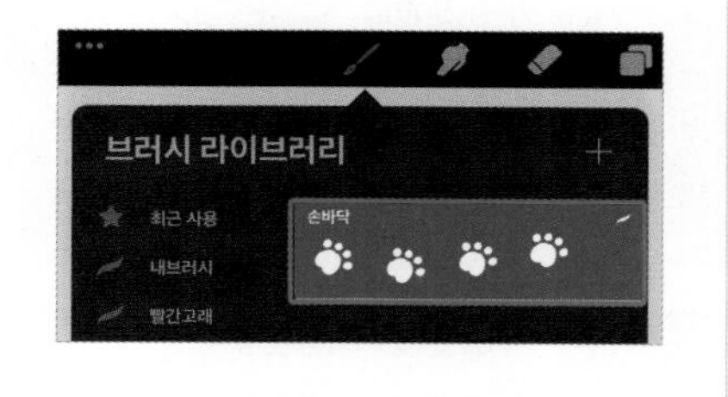

수정하다가 브러시를 원래대로 되돌릴 수도 있습니다. [브러시 라이브러리]에서 [이 브러시에 관하여]–[브러시 초기화]를 터치합니다. 브러시에 대한 자세한 내용은 351쪽을 참고합니다.

크레용 브러시 만들기

11 이번에는 프로크리에이트에 있는 소스를 활용해 브러시를 만들어보겠습니다. ❶ 브러시를 터치하고 ❷ [서예]–[모노라인]을 왼쪽으로 슬라이드한 후 ❸ [복제]를 터치합니다. ❹ 복제된 [모노라인 1] 브러시를 선택합니다.

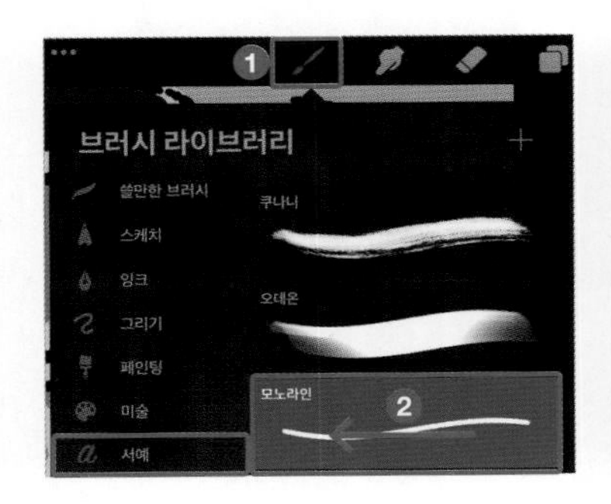

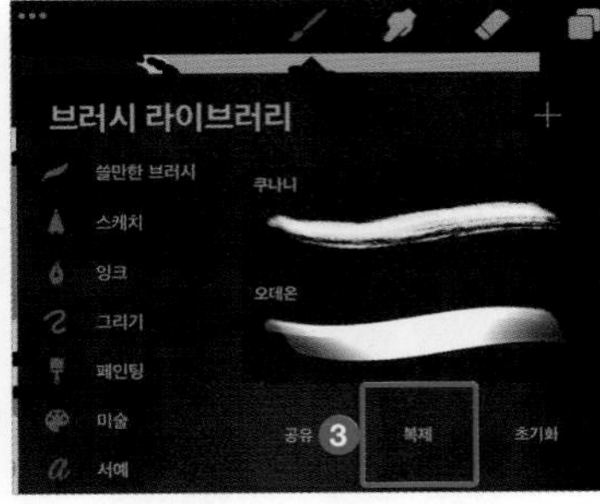

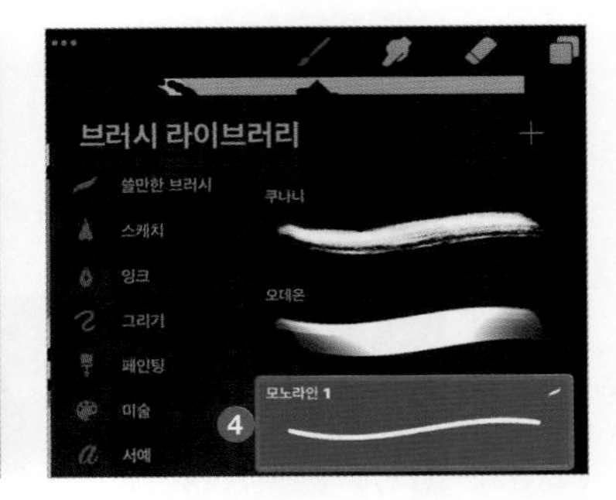

12 ❶ [모양]의 [모양 소스]–[편집]을 터치합니다. ❷ [가져오기]–[소스 라이브러리]를 터치합니다.

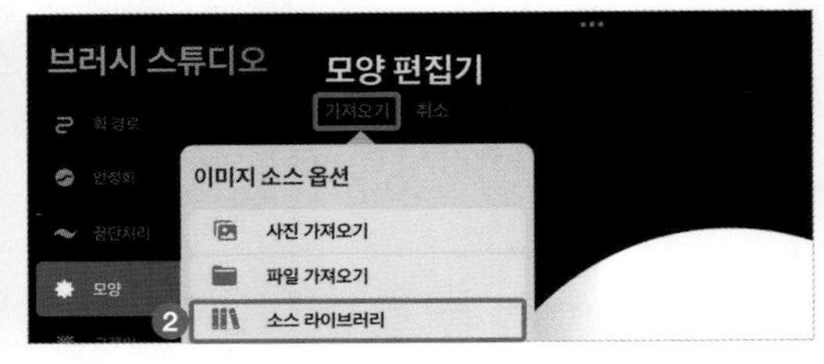

13 ❶ [Chinese Ink]를 터치합니다. ❷ 화면의 빈 곳을 터치하고 ❸ [완료]를 터치합니다.

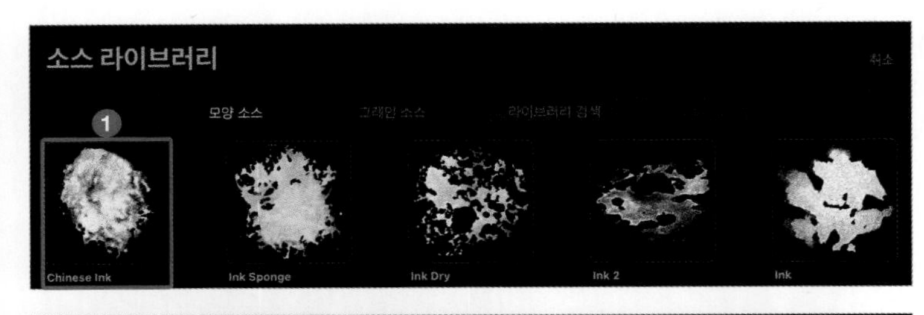

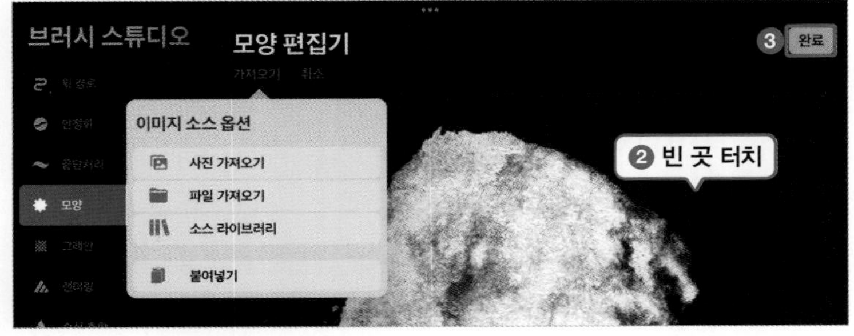

14 ❶ [그레인]의 [그레인 소스]–[편집]을 터치합니다. ❷ [가져오기]–[소스 라이브러리]를 터치하고, ❸ [Paper Mush]를 선택합니다. ❹ 화면의 빈 곳을 터치하고 ❺ [완료]를 터치합니다.

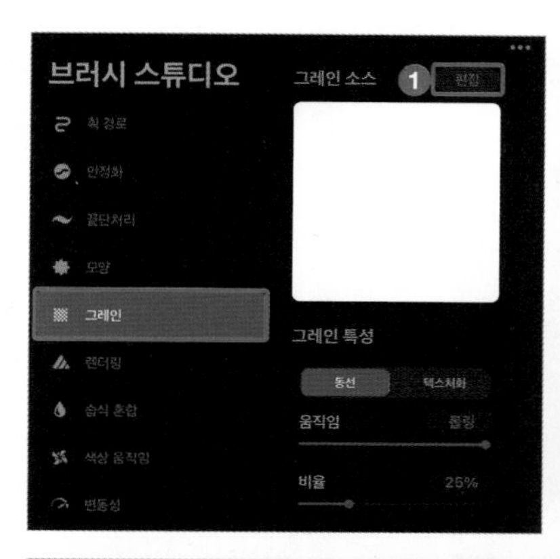

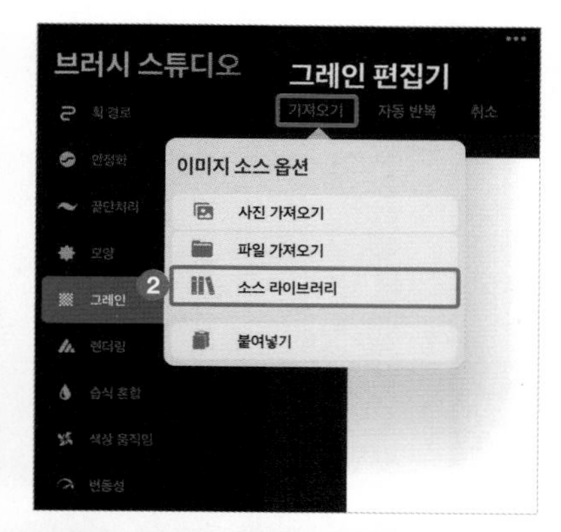

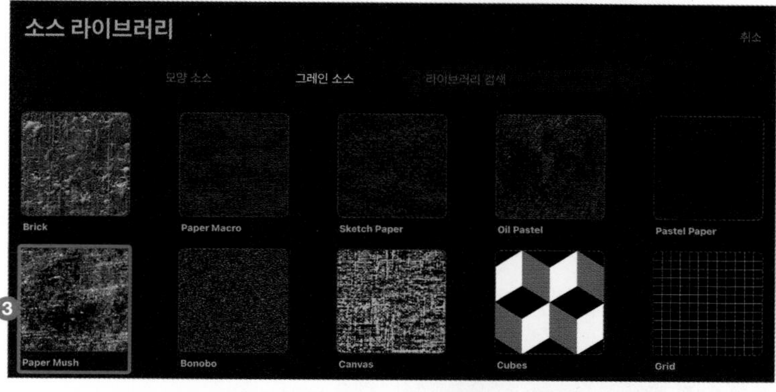

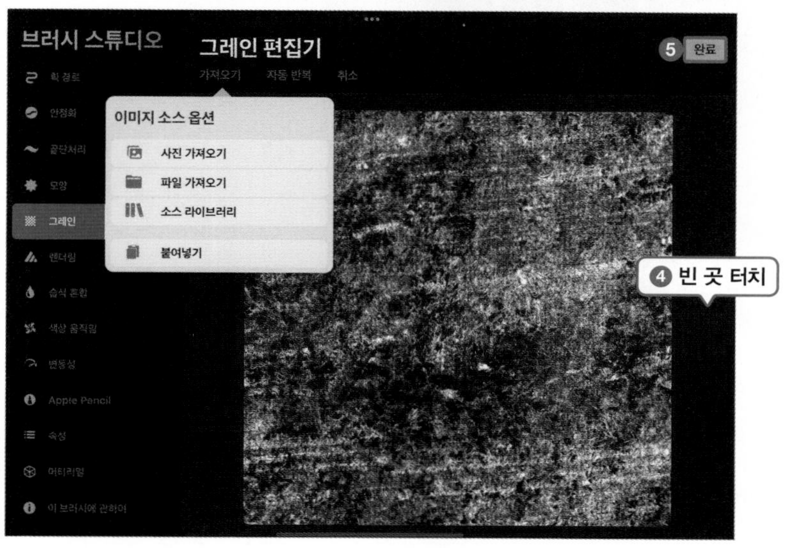

15 ❶ [Apple Pencil]의 [압력]-[크기]를 [최대]로 설정합니다. 필압에 따라 브러시 굵기가 조절됩니다. ❷ [안정화]의 [StreamLine]-[양]을 **10%**로 조정합니다. ❸ [이 브러시에 관하여]에서 브러시 이름을 **크레용**으로 입력합니다. ❹ 09에서 입력한 것처럼 브러시의 정보를 입력하고 ❺ [완료]를 터치합니다.

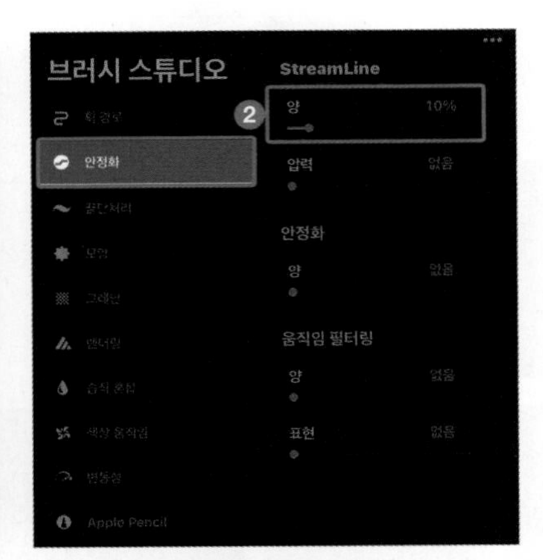

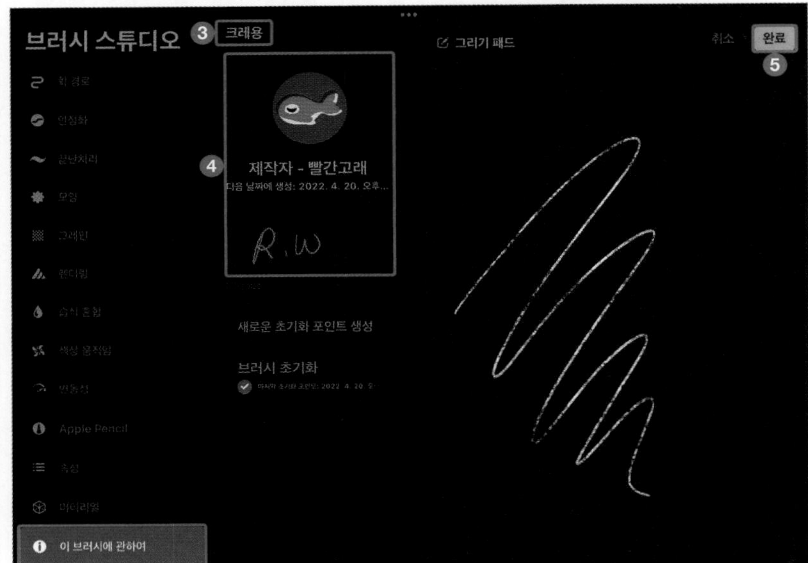

TIP [StreamLine] 설정하기

[안정화]의 [StreamLine]을 조절하면 손떨림 보정이 적용되어 반듯한 선을 그을 수 있습니다. 필자는 [StreamLine]을 10% 내외로 설정하는 것을 선호하지만 손떨림 보정을 더 원한다면 40% 내외로 설정하는 것을 추천합니다. 더 자세한 내용은 353쪽을 참고합니다.

16 ❶ [크레용] 브러시를 2초 이상 길게 누른 채 [내브러시] 위로 끌어다놓고 잠시 기다립니다. ❷ [내브러시]가 선택되면 오른쪽으로 끌어다 넣습니다. ❸ [내브러시]에 두 개의 브러시가 등록되었습니다.

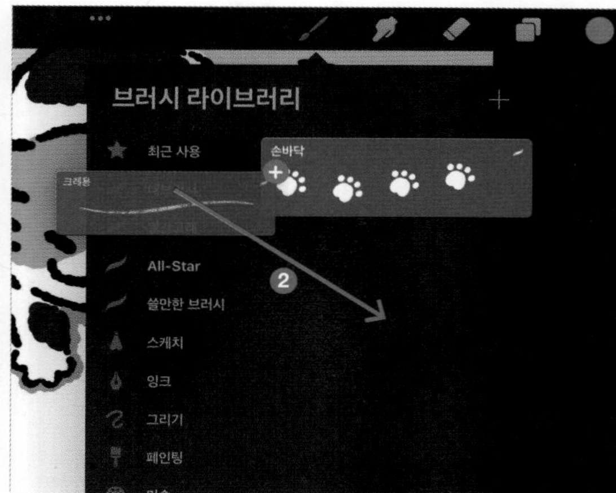

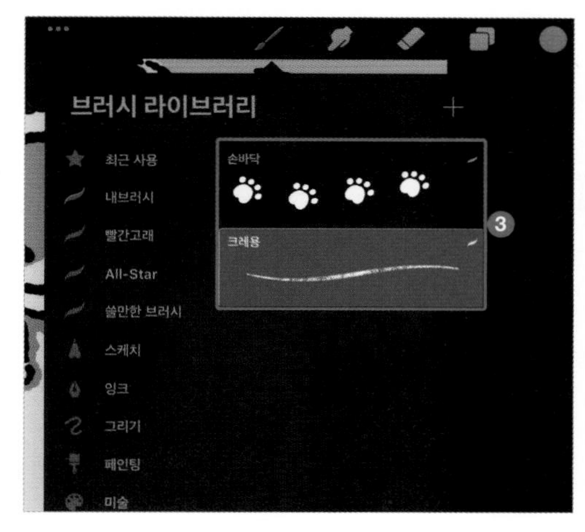

▶ 꿀팁 영상 제공

오른쪽의 QR코드 또는 아래의 링크로 접속하면 16의 실습 과정을 확인할 수 있습니다. 꿀팁 영상으로 학습하면 훨씬 더 이해하기 쉬우니 꼭 참고하길 바랍니다.

- **링크** | https://blog.naver.com/myillua/222727252481

17 좋아하는 색으로 캔버스에 자유롭게 드래그해봅니다.

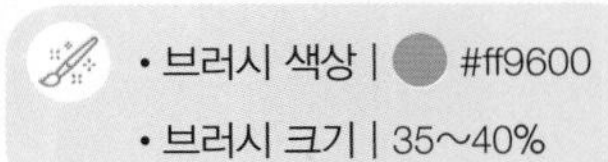

TIP 브러시 그룹 다루기

❶ 브러시 그룹의 이름을 터치하면 이름을 변경하거나 삭제/공유/복제할 수 있습니다.
❷ 브러시를 왼쪽으로 슬라이드하면 삭제/공유/복제할 수 있습니다.

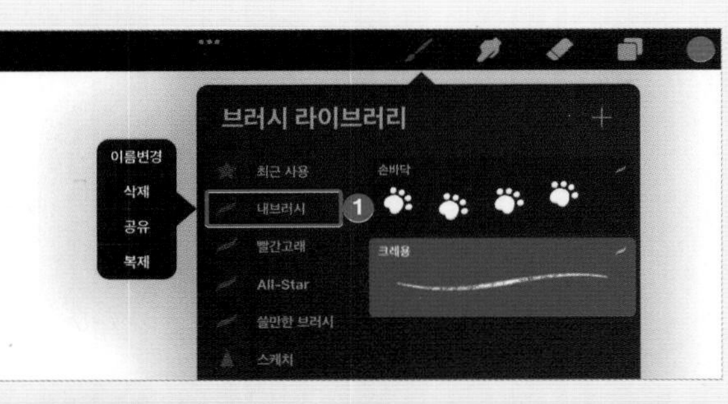

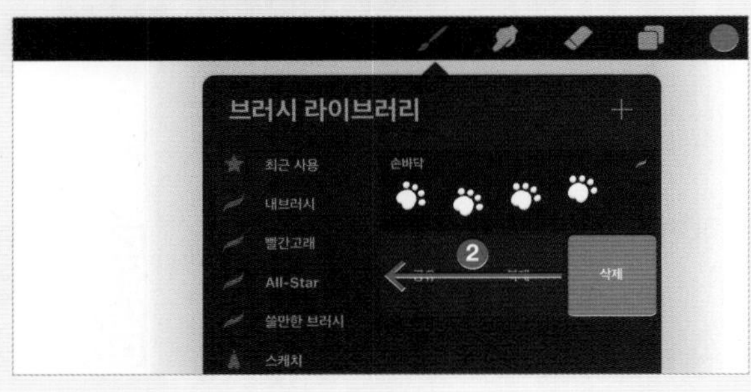

05 LESSON 폴라로이드처럼 테두리 만들기

마스크로 외곽 정리하기

 **준비 파일** | 2\sketch05.procreate, paper\oldpaper.png **완성 파일** | 2\final05.procreate

마스크란 입과 코를 가리는 천 조각으로, 얼굴의 일부분을 가려주는 역할을 합니다. 프로크리에이트에서 마스크도 그림의 일부분을 가려줍니다. 마스크 기능을 활용하면 오브젝트의 형태를 수정하거나 질감을 적용하는 데 매우 효과적입니다. 활용도가 높고 현업에서 많이 사용하는 기능이므로 익혀두는 것이 좋습니다.

마스크를 적용할 영역 그리기

01 ❶ 갤러리 화면에서 [가져오기]를 터치하여 2\sketch05.procreate 파일을 불러옵니다. ❷ 새 레이어를 추가하고 ❸ 정사각형을 그립니다. ❹ 색상●을 사각형 안쪽으로 드래그하여 색을 채웁니다.

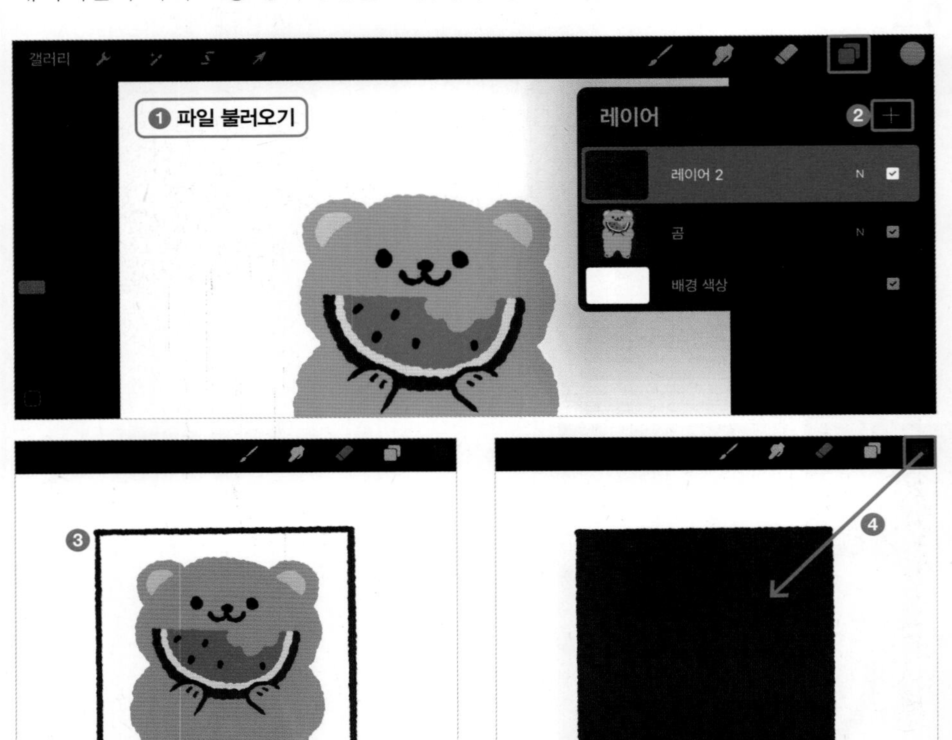

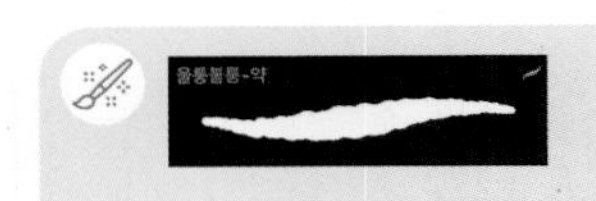

• 브러시 종류 | [빨간고래] – [울퉁불퉁–약]
• 브러시 색상 | ● #034c5f
• 브러시 크기 | 10%

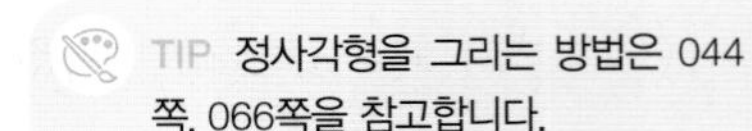

TIP 정사각형을 그리는 방법은 044쪽, 066쪽을 참고합니다.

▶ 꿀팁 영상 제공

오른쪽의 QR코드 또는 아래의 링크로 접속하면 01의 실습 과정을 확인할 수 있습니다. 꿀팁 영상으로 학습하면 훨씬 더 이해하기 쉬우니 꼭 참고하길 바랍니다.

• **링크** | https://blog.naver.com/myillua/222727255013

클리핑 마스크 적용해 외곽 정리하기

02 ❶ 사각형이 있는 레이어를 [곰] 레이어 아래로 옮깁니다. ❷ [곰] 레이어를 터치하여 선택한 다음 ❸ 한 번 더 터치하면 왼쪽에 메뉴가 나타납니다. ❹ [클리핑 마스크]를 터치합니다. 곰이 사각형 영역 안에서만 보입니다.

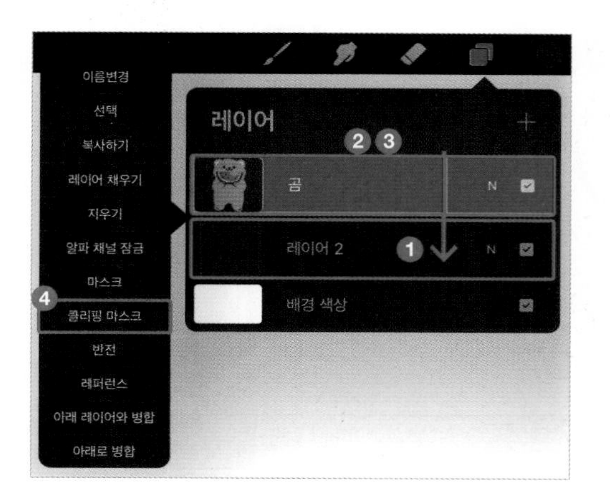

03 ❶ [곰] 레이어가 선택된 상태에서 변형 을 터치합니다. ❷ 곰돌이의 상반신만 나오도록 옮깁니다. ❸ 변형 을 터치해 적용합니다.

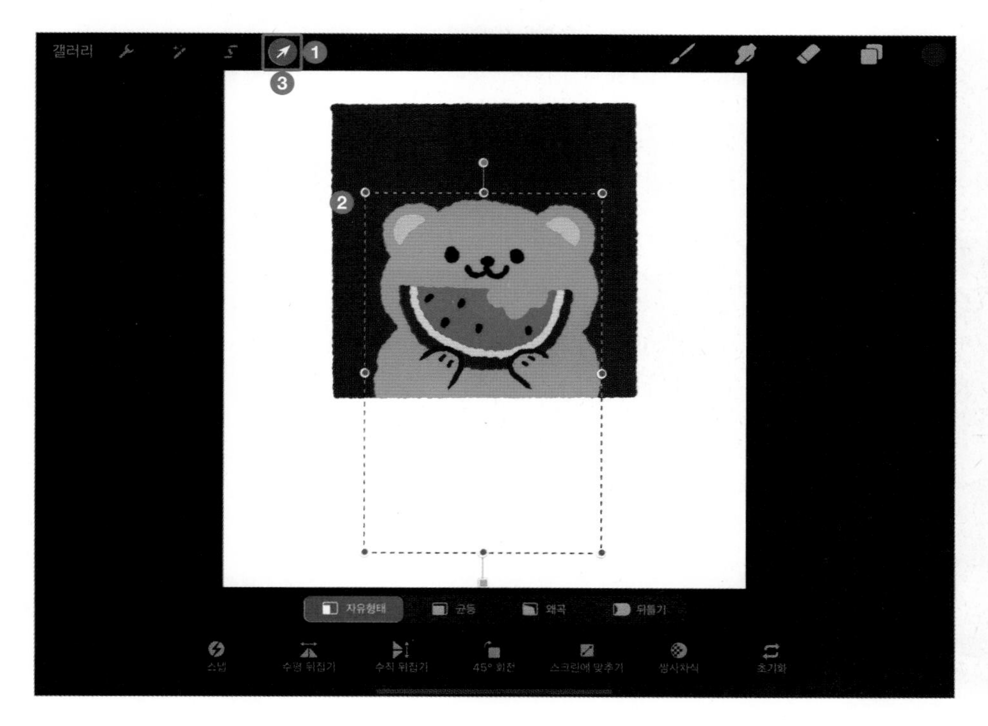

빨간고래의 기능 꼼꼼 익히기

클리핑 마스크 기능 알아보기

클리핑 마스크가 적용된 곰을 이리저리 옮겨보면 사각형 레이어 안에서만 보이는 것을 확인할 수 있습니다. 즉, 클리핑 마스크란 어느 한 부분만 보이게끔 하는 기능입니다. 아래와 같이 사각형이 아닌 다른 모양이라면 재미있는 외곽 형태가 될 수도 있습니다.

클리핑 마스크 취소하기

❶ 클리핑 마스크가 적용된 레이어를 터치하고 ❷ [클리핑 마스크]를 선택합니다. 체크가 해제되면 클리핑 마스크도 취소됩니다.

04 ❶ 새 레이어를 추가하고 ❷ 구름을 그립니다.

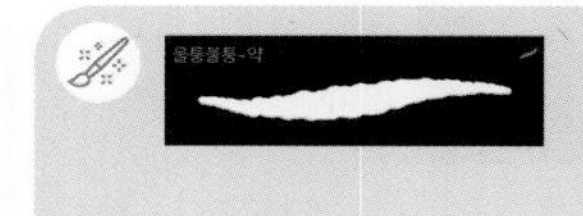

- 브러시 종류 | [빨간고래] – [울퉁불퉁–약]
- 브러시 색상 | #fde7d5
- 브러시 크기 | 10%

05 ❶ 구름이 있는 레이어를 [곰] 레이어 아래로 옮깁니다. 자동으로 클리핑 마스크가 적용됩니다. ❷ 변형 을 터치하고 구름을 옮깁니다.

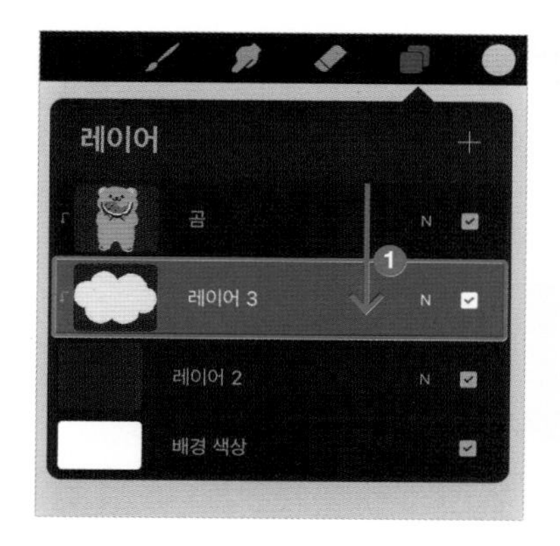

TIP 구름을 다 옮긴 후에는 다시 변형 을 터치하여 선택을 해제합니다.

06 ❶ 구름을 그린 레이어를 왼쪽으로 슬라이드하여 복제합니다. ❷ 변형 을 터치해 ❸ 적당한 위치로 옮깁니다. ❹ 같은 방법으로 구름을 한 번 더 복제하고 적당한 위치로 옮깁니다.

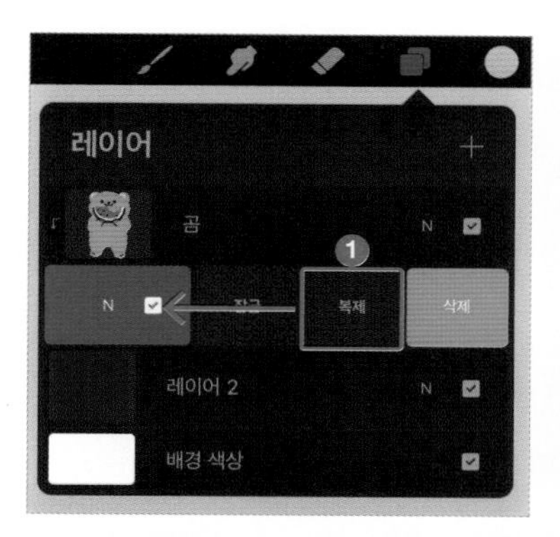

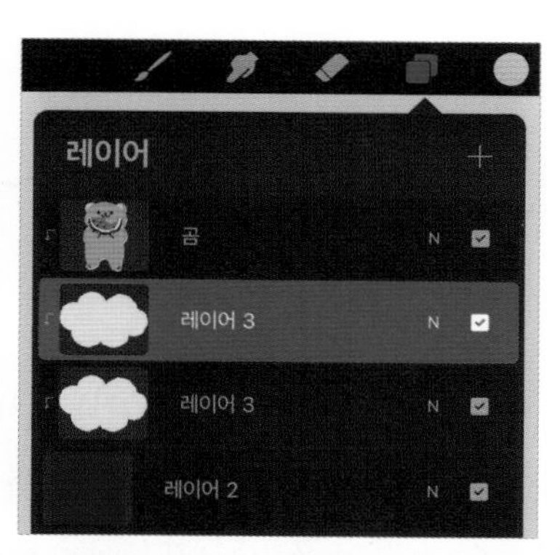

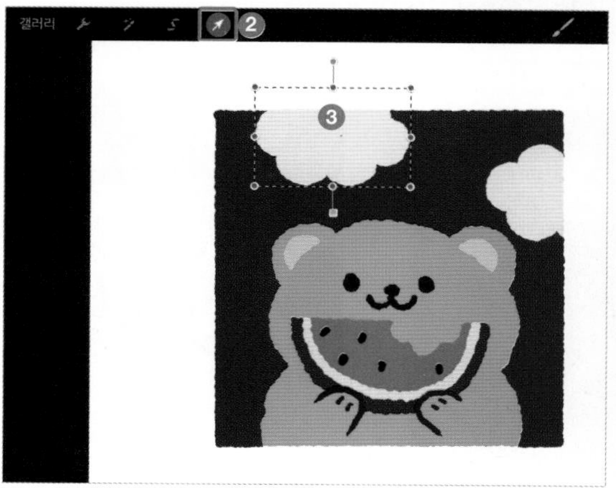

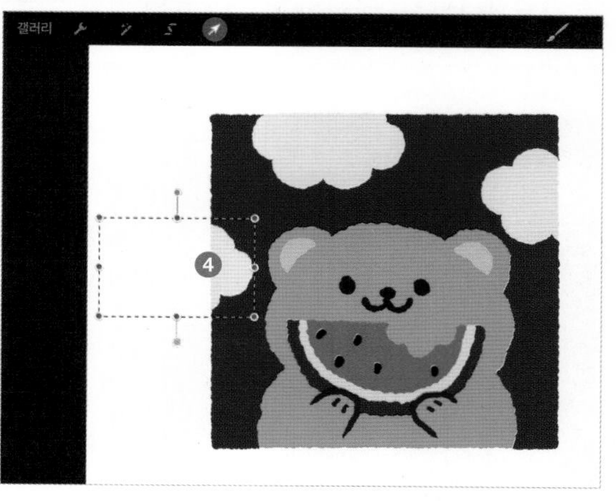

빈티지한 종이 질감 표현하기

07 ❶ [곰] 레이어를 터치하여 선택합니다. ❷ 새 레이어를 추가해 [레이어] 패널 맨 위에 배치하고 ❸ 캔버스에 군데군데 칠합니다.

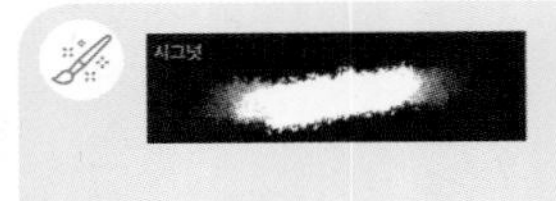

- 브러시 종류 | [텍스처] – [시그넛]
- 브러시 색상 | #ee9938
- 브러시 크기 | 20~25%

08 ❶ 07에서 추가한 레이어의 [N]을 터치하고 ❷ [곱하기]를 선택합니다. ❸ [불투명도]는 65%로 설정합니다. ❹ 레이어를 터치하여 메뉴를 닫습니다. ❺ 레이어를 다시 터치하고 ❻ [클리핑 마스크]를 선택합니다. 오래되어 얼룩진 종이 질감이 표현됩니다.

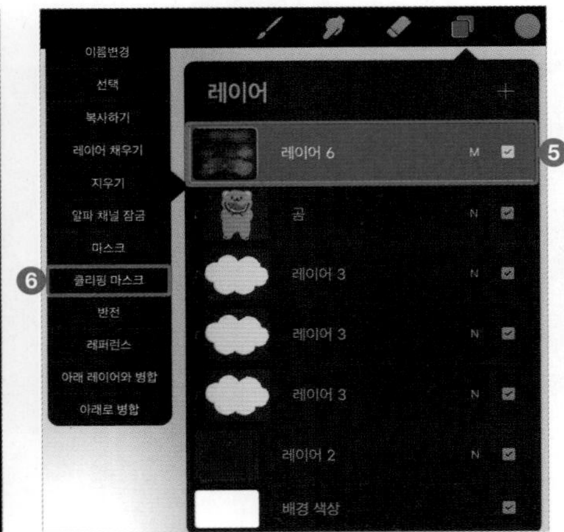

09 ❶ paper\oldpaper.png 파일을 불러와 적당한 곳에 배치합니다. ❷ [삽입한 이미지] 레이어를 터치하고 ❸ [클리핑 마스크]를 선택합니다. 스크래치가 추가된 낡은 느낌이 더해졌습니다.

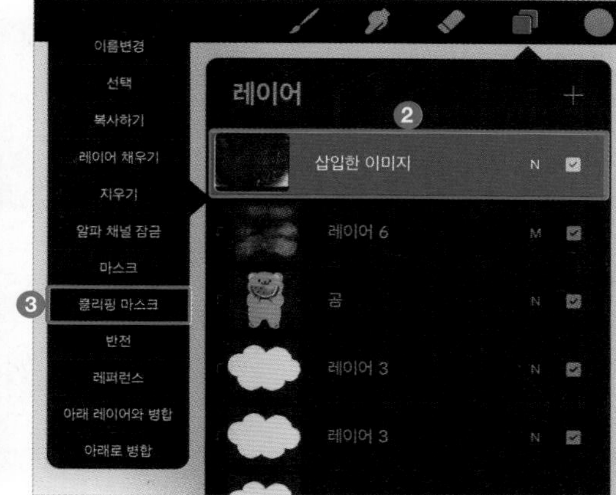

폴라로이드 모양 만들기

10 ❶ 새 레이어를 추가하고 ❷ 직사각형을 그립니다. ❸ 새 레이어를 하나 더 추가하여 타이틀을 적습니다. 여기서는 LAST SUMMER를 적었습니다. 폴라로이드 사진 모양이 되어 아날로그적인 느낌이 더해졌습니다.

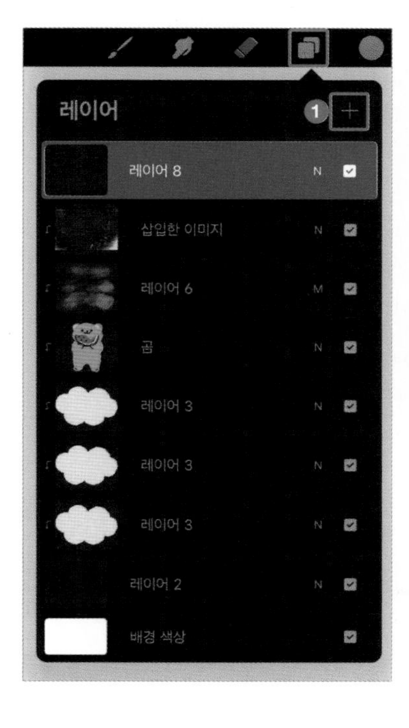

- 브러시 종류 | [빨간고래] – [울퉁불퉁–약]
- 브러시 색상 | #d5b7a2 #fe7822
- 브러시 크기 | 4%, 10%

06 LESSON 잔디 위의 곰돌이 그리기

색상, 채도, 밝기를 한번에 수정하기

준비 파일 | 2\sketch06.procreate **완성 파일** | 2\final06.procreate

색감은 그림의 분위기를 결정하는 가장 큰 요소로, 색감 조절은 그림 작업에 있어 절대 쉽게 여길 수 없습니다. 칠해놓은 색을 수정하는 일은 굉장히 빈번합니다. 이번에는 색상, 채도, 밝기를 쉽게 수정하는 방법을 알아보겠습니다.

배경 적용하기

01 ❶ 갤러리 화면에서 [가져오기]를 터치하여 2\sketch06.procreate 파일을 불러옵니다. ❷ 새 레이어를 추가하고 맨 아래에 배치합니다.

02 배경을 칠합니다.

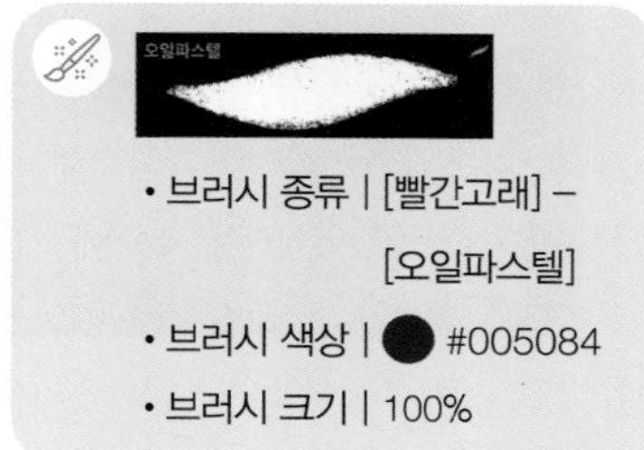

- 브러시 종류 | [빨간고래] – [오일파스텔]
- 브러시 색상 | ● #005084
- 브러시 크기 | 100%

03 ❶ 조정 을 터치하고 ❷ [색조, 채도, 밝기]를 선택합니다. ❸ 조정 모드의 옵션창에서 [색조]는 13%, [채도]는 60%, [밝기]는 65%로 설정합니다. ❹ 조정 을 터치해 적용합니다.

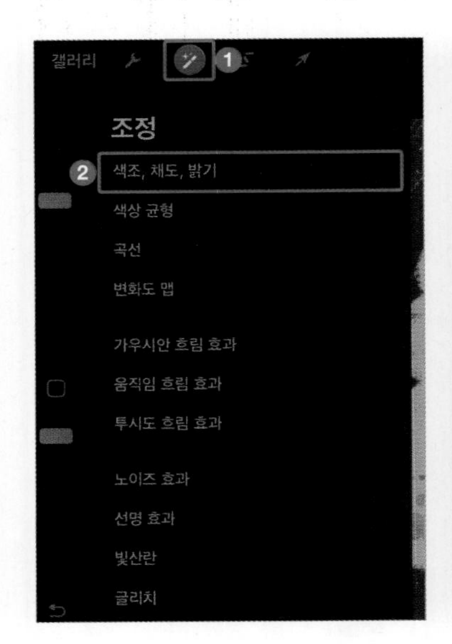

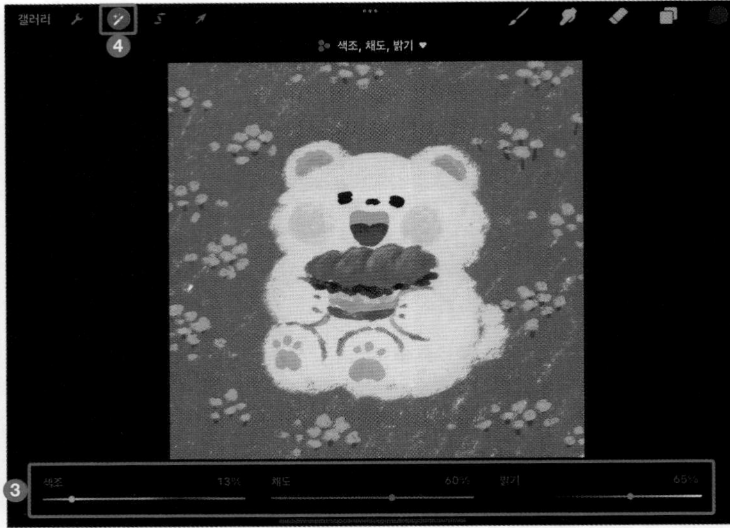

빨간고래의 기능 꼼꼼 익히기

퀵메뉴 알아보기

조정 모드에서 한 손가락으로 캔버스를 터치하면 퀵메뉴가 나타납니다. 작업을 취소하거나 초기화하려면 퀵메뉴를 이용하는 것이 좋습니다. 퀵메뉴가 보이는 상태에서 캔버스를 다시 터치하면 퀵메뉴가 사라집니다.

❶ **적용** | 수정을 적용하고 퀵메뉴가 사라집니다.

❷ **실행취소** | 뒤로가기가 됩니다. 두 손가락으로 캔버스를 터치하는 것과 같은 결과입니다.
❸ **초기화** | 처음 상태로 돌아갑니다.
❹ **취소** | 수정을 취소하고 조정 모드에서 나가게 됩니다.
❺ **미리보기** | [미리보기]를 누르고 있는 동안은 처음 상태의 모습을 확인할 수 있습니다.

04 이번에는 세부 영역을 수정해보겠습니다. ❶ 조정 을 터치하고 ❷ [색조, 채도, 밝기]를 선택합니다. ❸ 화면 상단의 [색조, 채도, 밝기]를 터치하고 ❹ [Pencil]을 선택합니다. ❺ 곰돌이의 그림자를 그립니다. 보색으로 그려집니다.

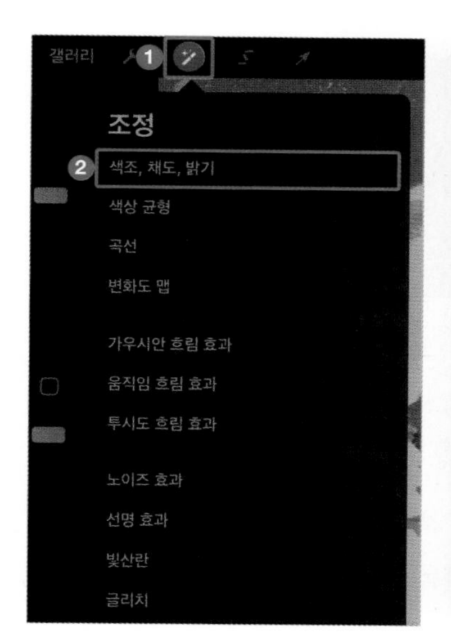

TIP 02에서 설정한 브러시를 그대로 사용합니다. 그리다가 수정하고 싶은 부분이 있으면 지우개 를 터치하고 지웁니다.

05 ❶ 조정 모드의 옵션창에서 [색조]는 52%, [채도]는 50%, [밝기]는 42%로 설정합니다. ❷ 조정 을 터치해 적용합니다.

일부분만 선택해서 수정하기

06 혓바닥만 선택해보겠습니다. ❶ 혓바닥이 있는 [face] 레이어를 터치하고 ❷ 선택 을 터치합니다.

07 두 손가락으로 화면을 확대하고 ❶ 옵션창에서 [자동]을 터치합니다. ❷ 애플 펜슬을 혓바닥에 대고 좌우로 드래그하여 파란색의 영역이 혓바닥에만 있게 합니다.

TIP 애플 펜슬을 ⓐ왼쪽으로 드래그하면 파란색 영역이 축소되고 ⓑ오른쪽으로 드래그하면 확장됩니다. 좌우로 드래그하여 혓바닥만 선택되도록 합니다. 그러나 아무리 좌우로 드래그해도 혓바닥만 선택되지 않는다면 꿀팁 영상을 참고합니다.

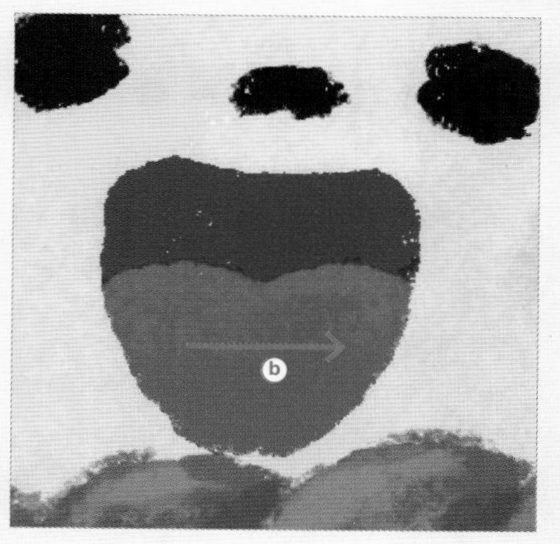

▶ 꿀팁 영상 제공

오른쪽의 QR코드 또는 아래의 링크로 접속하면 07~08의 실습 과정을 확인할 수 있습니다. 꿀팁 영상으로 학습하면 훨씬 더 이해하기 쉬우니 꼭 참고하길 바랍니다.

• **링크** | https://blog.naver.com/myillua/222727259571

08 ❶ 조정 을 터치하고 ❷ [색조, 채도, 밝기]를 선택합니다. ❸ 옵션창에서 [채도]는 55%, [밝기]는 56%로 설정하고 ❹ 선택 을 터치합니다. 곰돌이 혓바닥 색감이 조절됩니다. 완성입니다.

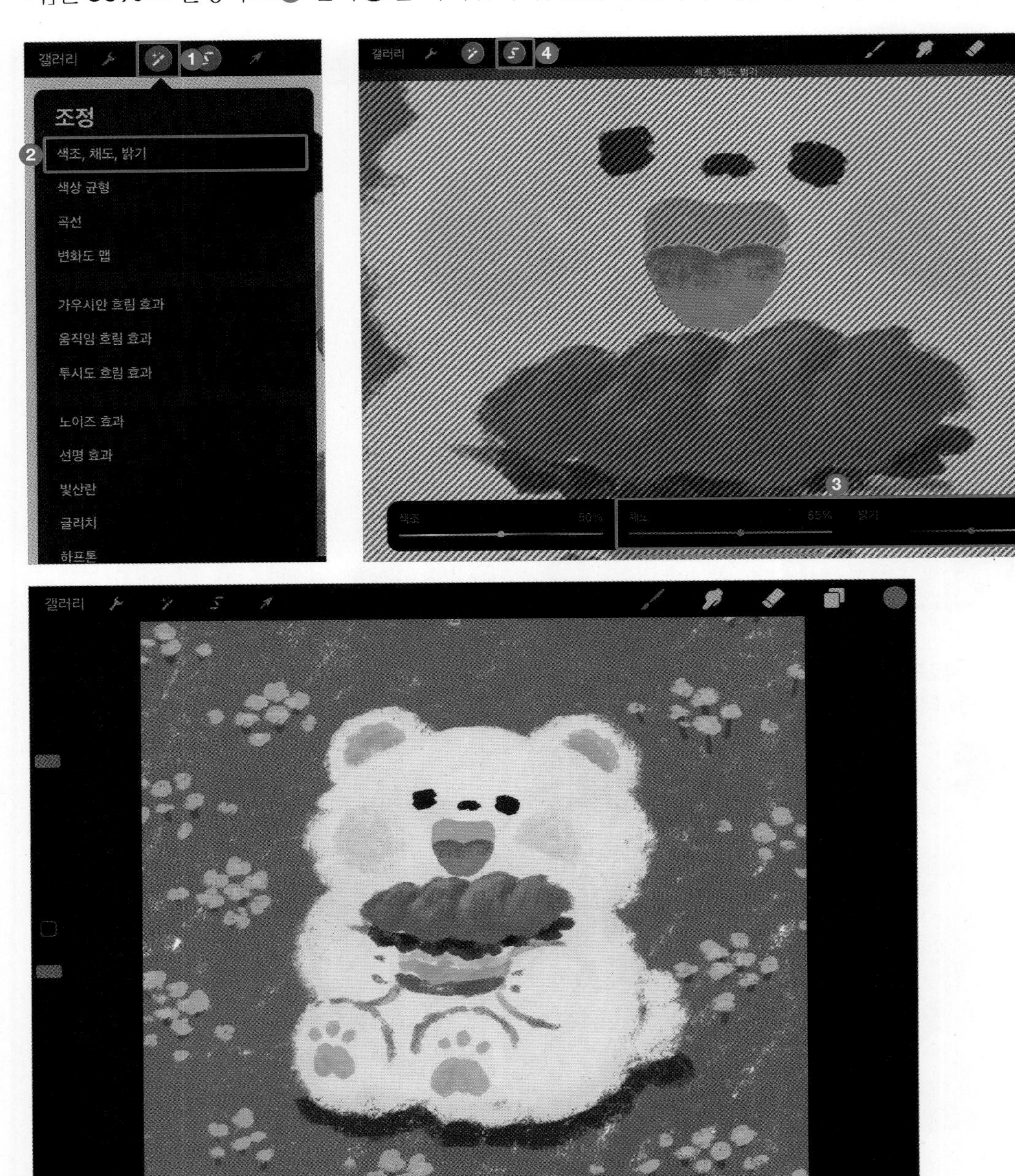

빨간고래의 특별한 드로잉

감성적인 밤하늘 만들기

- **준비 파일** | 2\title_07.png, sketch_07.procreate
- **완성 파일** | 2\final_07.procreate

프로크리에이트에는 빛이 나는 듯한 표현을 할 수 있는 반짝이 브러시들이 있습니다. 어두운 배경 위에 사용하면 반짝거리며 신비로운 느낌을 표현할 수 있습니다. '빨간고래의 특별한 드로잉'에서는 별이 빛나는 아름다운 밤하늘을 빛 브러시로 쉽게 그려보겠습니다. 꿀팁 영상을 참고하면 혼자서도 어렵지 않게 감성적인 그림을 그릴 수 있습니다.

- **성운 브러시로 밤하늘 그리기**
- **글리머 브러시로 별 그리기**
- **라이트 펜 브러시로 네온 느낌의 타이틀 넣기**

오른쪽의 QR코드 또는 아래의 링크로 접속하면 동영상 강의를 확인할 수 있습니다.

- **링크** | https://blog.naver.com/myillua/222727263857

CHAPTER 03

드로잉 테크닉으로 실력 업그레이드하기

LESSON 01.
환상적인 노을 칠하기

LESSON 02.
자연스러운 빛과 그림자 만들기

LESSON 03.
텍스트를 넣은 포스터 만들기

LESSON 04.
사랑스러운 꽃병 그리기

LESSON 05.
네 컷 인스타툰 그려 SNS에 업로드하기

LESSON 06.
알록달록 리스 그리기

LESSON 07.
사과 상자 안에 들어간 고양이 그리기

LESSON 08.
움직이는 이모티콘 만들기

LESSON 09.
여러 장의 페이지로 된 PDF를 만들고 불러오기

01 LESSON 환상적인 노을 칠하기

그러데이션 표현하기

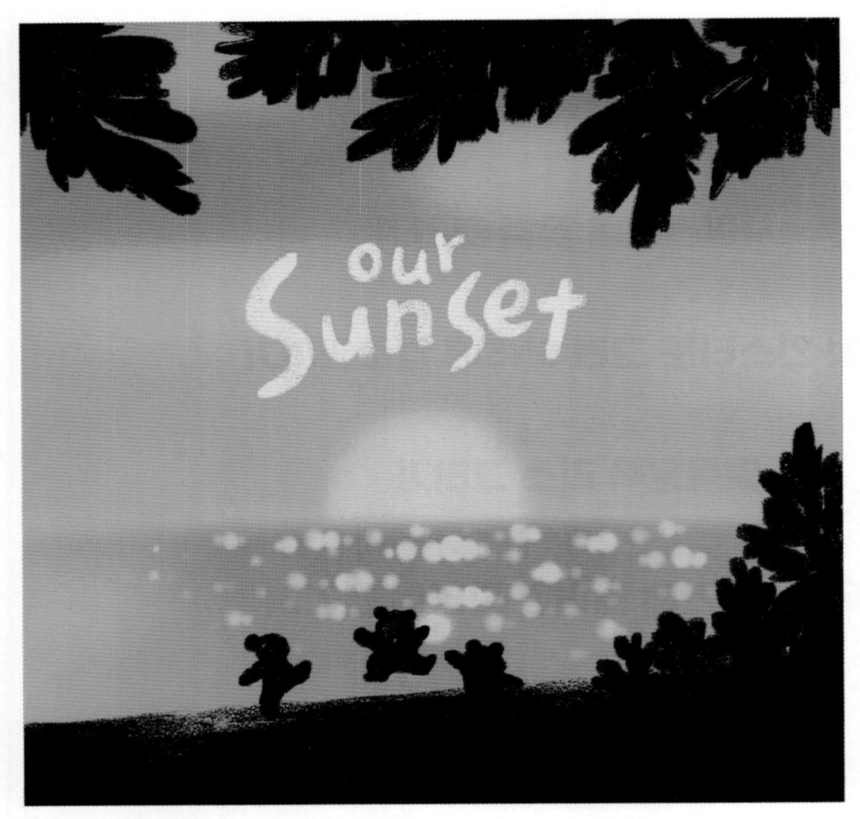

준비 파일 | 3\sketch01.png **완성 파일** | 3\final01.procreate

그러데이션(Gradation)이란 두 가지 이상의 색을 섞는 효과를 말합니다. 프로크리에이트에서는 가우시안 흐림 효과와 에어브러시로 그러데이션을 표현할 수 있습니다. 이번에는 여러 가지 색을 섞어 아름다운 해변의 노을을 그려보겠습니다.

RGB 색상의 캔버스 만들기

01 ❶ 갤러리 화면에서 새로운 캔버스를 터치하고 ❷ 2000×2000px 사이즈의 캔버스를 만듭니다. ❸ [색상 프로필]을 터치하고 ❹ [RGB] 탭의 [sRGB IEC61966-2.1]을 선택합니다. ❺ [창작]을 터치해 새 캔버스를 만듭니다.

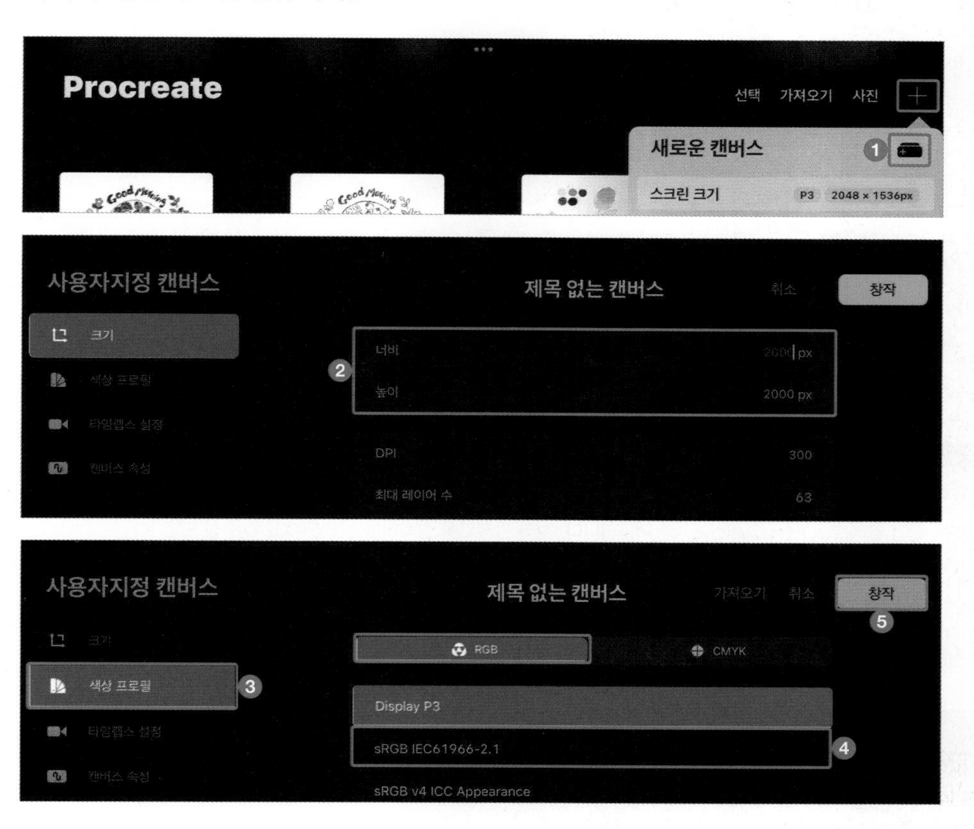

빨간고래의 기능 꼼꼼 익히기 [sRGB IEC61966-2.1]을 선택하는 이유

프로크리에이트에서 새로운 캔버스를 만들때 색상 프로필을 따로 선택하지 않으면 자동으로 [Display P3]가 됩니다. [Display P3]는 일반적인 'sRGB'보다 더 많은 색상 수를 지원하는 컬러 체계입니다. 'P3'는 주로 아이폰, 아이패드에서 지원하는데, 아이패드에서 [Display P3]로 설정하고 그린 그림을 PC로 옮겨서 보면 색이 칙칙해 보이는 경우가 있습니다. 즉, 'P3'를 지원하지 않는 화면에서는 해당 파일의 채도가 낮아 보이거나 약간 푸르스름해 보입니다. 아이패드 외의 다른 기기에서 자주 보게 되는 이미지라면 [sRGB IEC61966-2.1]을 사용하는 것을 추천합니다. 참고로 [Display P3]는 버전이 낮은 아이패드에서는 지원되지 않으며 아이패드 iOS 버전에 따라 [Unnamed]로 표기되기도 합니다.

가우시안 흐림 효과로 그러데이션 만들기

02 캔버스를 대략 삼등분하여 가운데 부분을 칠합니다.

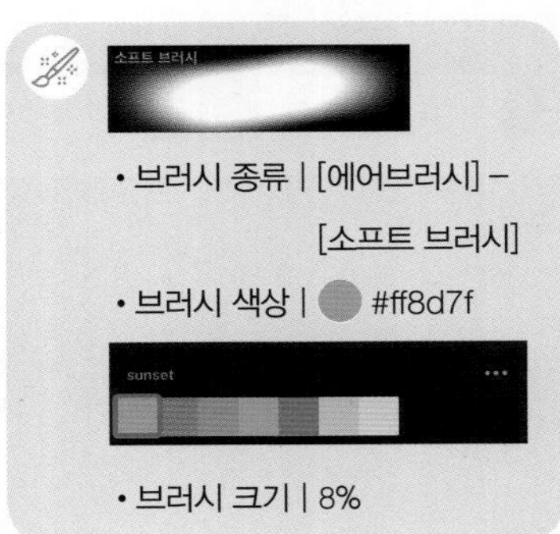

- 브러시 종류 | [에어브러시] – [소프트 브러시]
- 브러시 색상 | #ff8d7f

- 브러시 크기 | 8%

TIP 이번 예제는 컬러 팔레트(sunset.swatches)를 제공합니다. 컬러 팔레트를 설치하는 방법은 032쪽을 참고합니다.

03 윗부분을 연한 자주색으로 칠합니다.

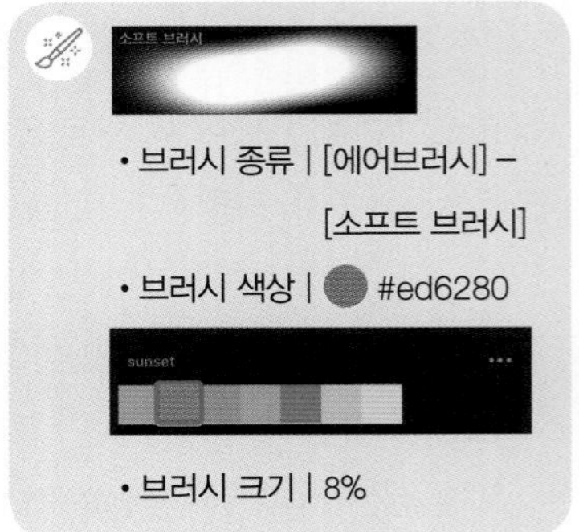

- 브러시 종류 | [에어브러시] – [소프트 브러시]
- 브러시 색상 | #ed6280

- 브러시 크기 | 8%

04 ❶ 조정 을 터치하고 ❷ [가우시안 흐림 효과]를 선택합니다. ❸ 애플 펜슬로 화면을 오른쪽으로 드래그하여 [가우시안 흐림 효과]를 30%로 설정합니다. ❹ 조정 을 터치하면 그러데이션이 완성됩니다.

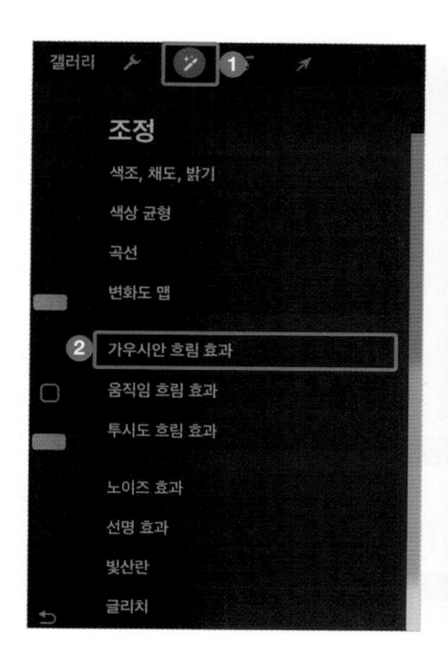

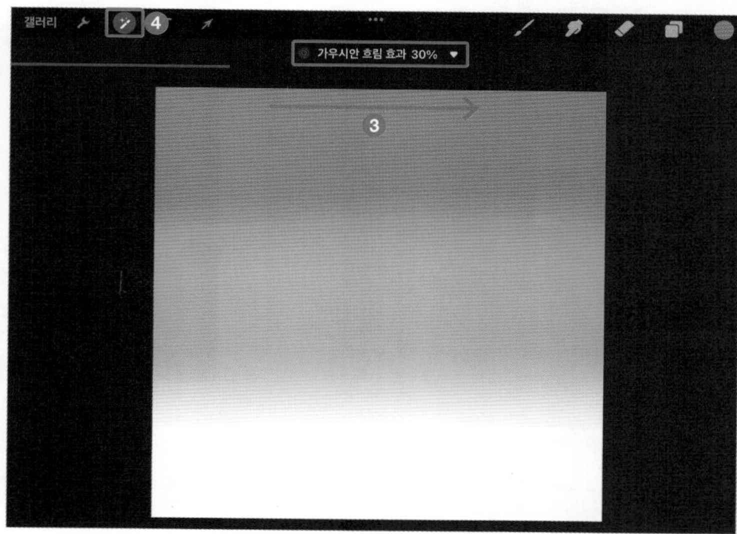

에어브러시로 그러데이션 만들기

05 ❶ 새 레이어를 추가하고 ❷ 아랫부분을 칠합니다.

- 브러시 종류 | [에어브러시] – [소프트 브러시]
- 브러시 색상 | #ff7562
- 브러시 크기 | 8%

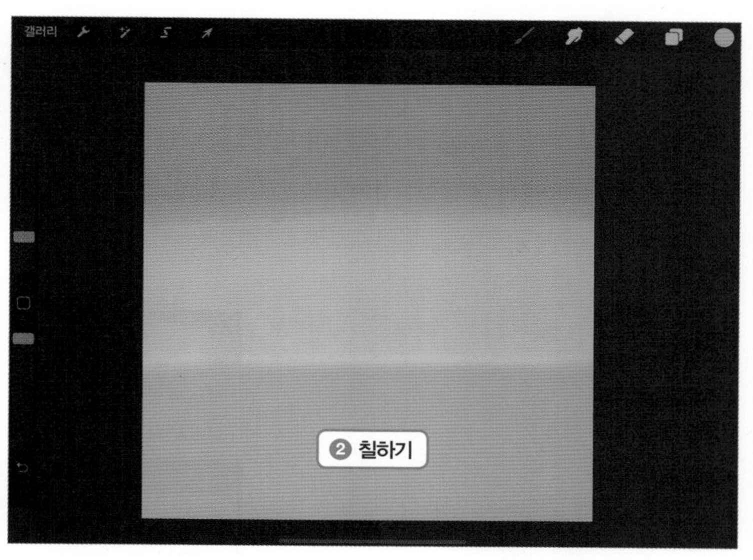

06 ❶ [레이어 2] 레이어를 터치하고 ❷ [알파 채널 잠금]이 되도록 합니다. ❸ 사이드바에서 [브러시 크기]를 13%, ❹ [불투명도]를 50%로 조정합니다. ❺ 빨간색 점선 영역을 여러 번 드래그합니다.

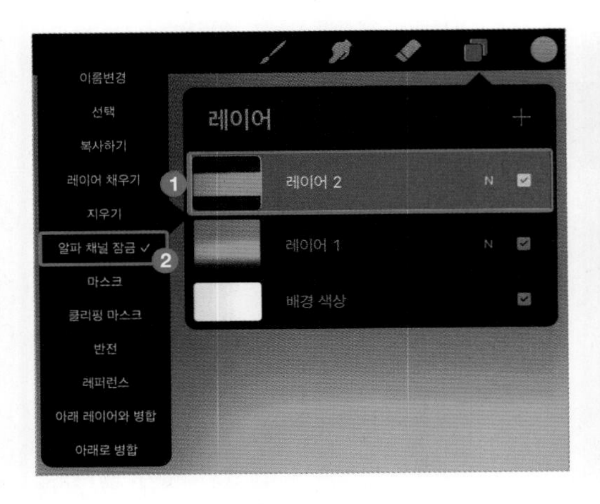

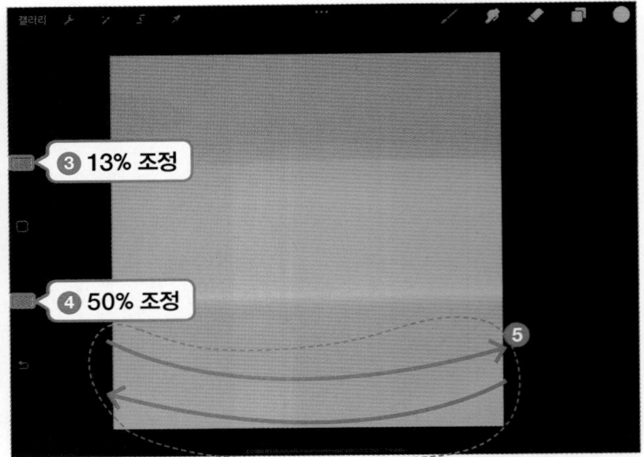

- 브러시 종류 | [에어브러시] – [소프트 브러시]
- 브러시 색상 | #ff9c75
- 브러시 크기 | 13%
- 브러시 불투명도 | 50%

sunset

▶ 꿀팁 영상 제공

오른쪽의 QR코드 또는 아래의 링크로 접속하면 06~09의 실습 과정을 확인할 수 있니다. 꿀팁 영상으로 학습하면 훨씬 더 이해하기 쉬우니 꼭 참고하길 바랍니다.

- **링크** | https://blog.naver.com/myillua/222727267556

07 가운데 부분만 동글동글 굴려가며 칠합니다. 노을 그러데이션이 완성되었습니다. 소프트 브러시를 사용하면 04에서 실습한 그러데이션 적용 방법보다 자유롭게 그러데이션을 만들 수 있습니다.

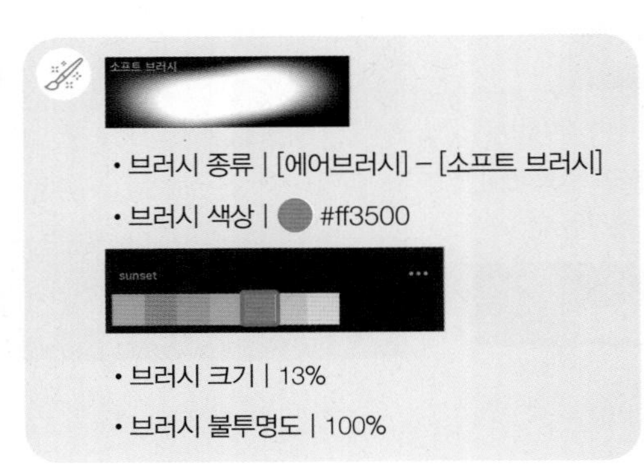

08 ❶ 새 레이어를 만듭니다. ❷ 사이드바에서 [브러시 크기]는 6%, ❸ [불투명도]를 100%로 조정하고 ❹ 원을 그립니다.

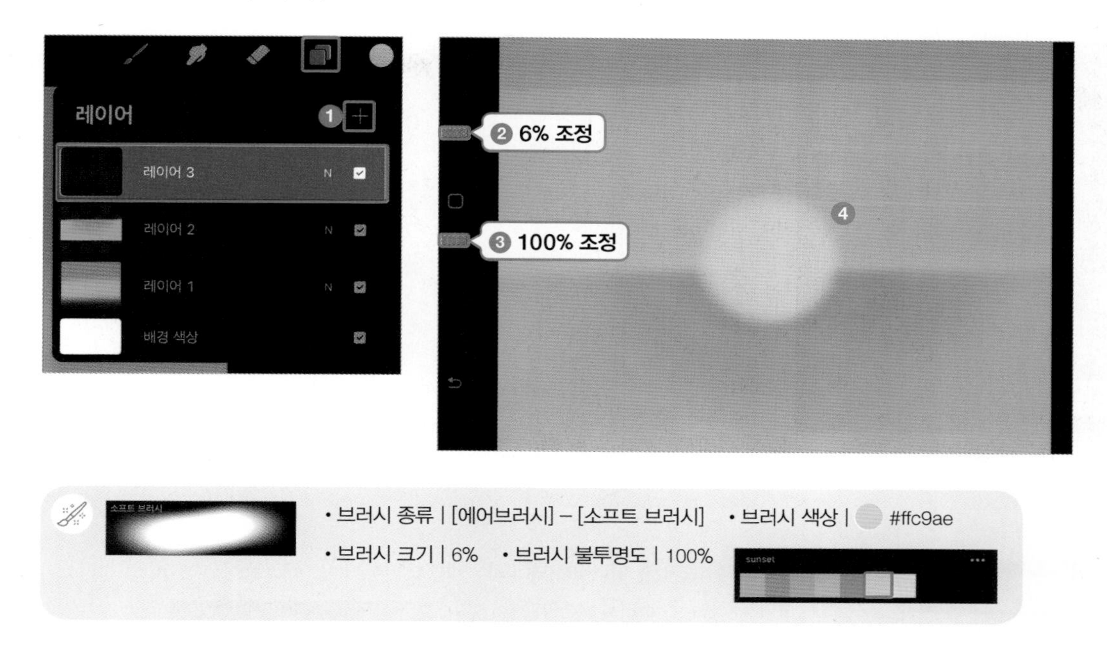

09 원을 그린 레이어를 그러데이션을 그린 노을 레이어 아래에 배치합니다.

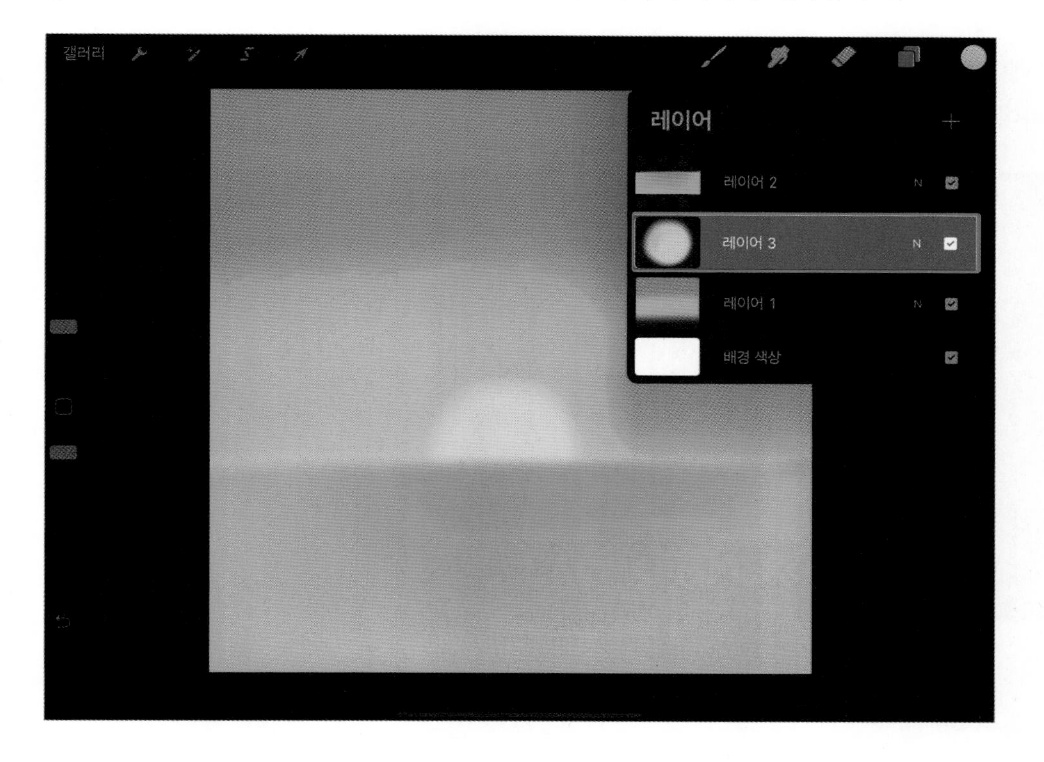

10 ❶ 새 레이어를 추가하고 맨 위에 배치합니다. ❷ 브러시 크기를 다양하게 설정하여 바다 수면 위에 물이 반짝이는 효과를 표현합니다.

• 브러시 종류 | [에어브러시] – [미디움 브러시] • 브러시 색상 | #ffc9ae
• 브러시 크기 | 1~3% • 브러시 불투명도 | 100%

11 ❶ 새 레이어를 추가하고 ❷ 사이드바에서 [불투명도]를 50%로 조정합니다. ❸ 하늘 여기저기를 드래그하여 연한 구름을 그립니다.

• 브러시 종류 | [에어브러시] – [소프트 브러시] • 브러시 색상 | #ffc9ae
• 브러시 크기 | 6% • 브러시 불투명도 | 50%

12 노을과 어울리는 그림을 추가해보겠습니다. ❶ 3\sketch01.png 파일을 불러와 적절하게 배치합니다. ❷ 캔버스 가운데에 타이틀을 적어 완성합니다.

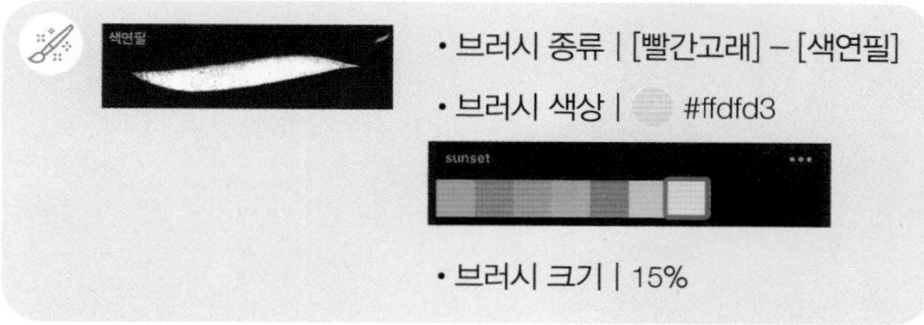

- 브러시 종류 | [빨간고래] – [색연필]
- 브러시 색상 | #ffdfd3

sunset

- 브러시 크기 | 15%

TIP **3\sketch01.png** 파일은 [빨간고래] – [색연필] 브러시로 직접 그린 그림입니다.

02 LESSON 자연스러운 빛과 그림자 만들기

레이어 합성 모드 활용하기

준비 파일 | 3\sketch02_1.procreate, sketch02_2.procreate
완성 파일 | 3\final02_1.procreate, final02_2.procreate

두 개의 레이어를 겹쳐 합성하면 색이 섞이기도 하고 물체가 합쳐지기도 합니다. 이를 이용해 재미있는 효과를 표현할 수 있습니다. 같은 그림일지라도 어떻게 합성하느냐에 따라 다른 그림이 됩니다. 이번에는 레이어 합성 모드를 이용하여 빛과 그림자를 표현해보겠습니다.

레이어 합성 모드로 빛 표현하기

01 갤러리 화면에서 [가져오기]를 터치하여 3\sketch02_1.procreate 파일을 불러옵니다.

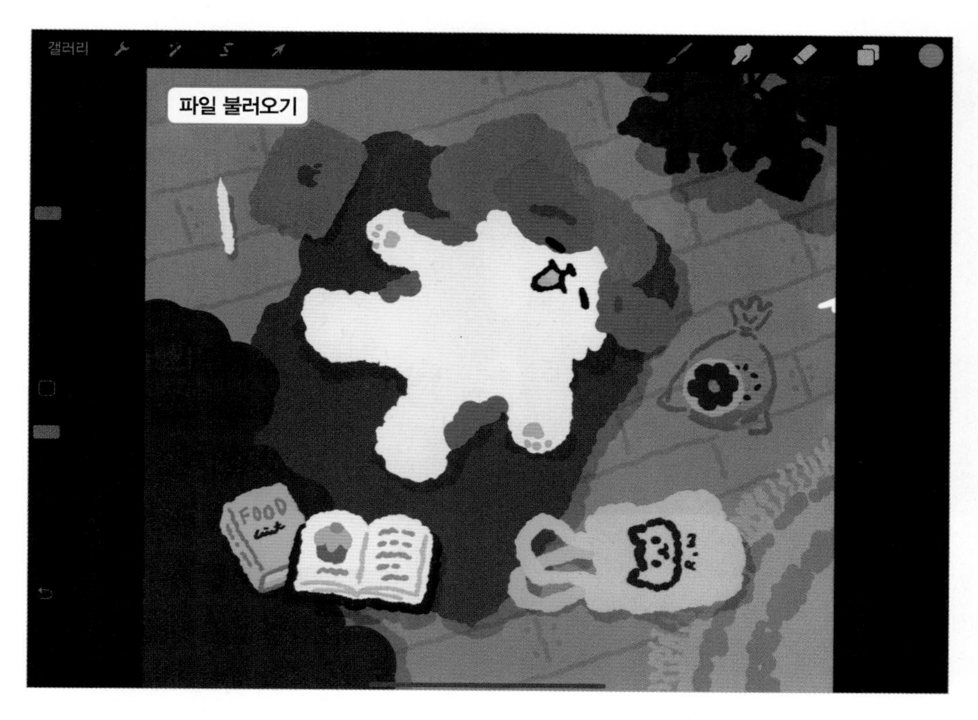

02 ❶ 새 레이어를 추가하고 ❷ [빛] 레이어 아래로 옮깁니다. ❸ 색상●을 화면으로 드래그해 캔버스에 가득 채웁니다.

• 색상 | #d67900

03 ❶ 황토색으로 칠한 레이어의 [N]을 터치하고 ❷ 메뉴를 아래로 슬라이드해 [곱하기]를 선택합니다. ❸ [불투명도]는 50%로 설정합니다. 배경으로 적용된 색이 [실내] 레이어와 어둡게 겹쳐집니다.

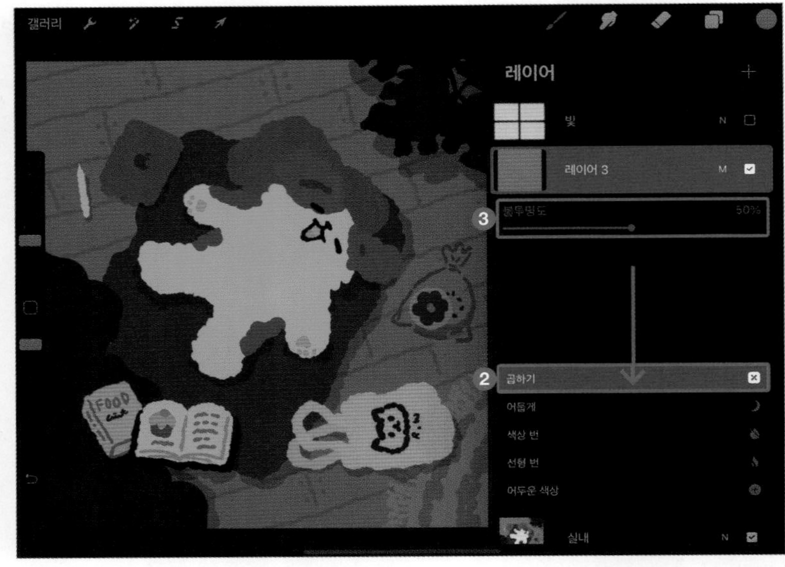

TIP 레이어 합성 모드 취소하기

❶ 레이어 합성 모드를 [보통]으로 선택하고 ❷ [불투명도]를 [최대]로 설정합니다.

04 ❶ [빛] 레이어의 체크박스를 터치하여 창문을 보이게 합니다. ❷ [N]을 터치하고 ❸ 메뉴를 위로 슬라이드해 [오버레이]를 선택합니다. ❹ [불투명도]는 70%로 설정합니다. 창문이 배경으로 적용된 레이어와 밝게 겹쳐집니다.

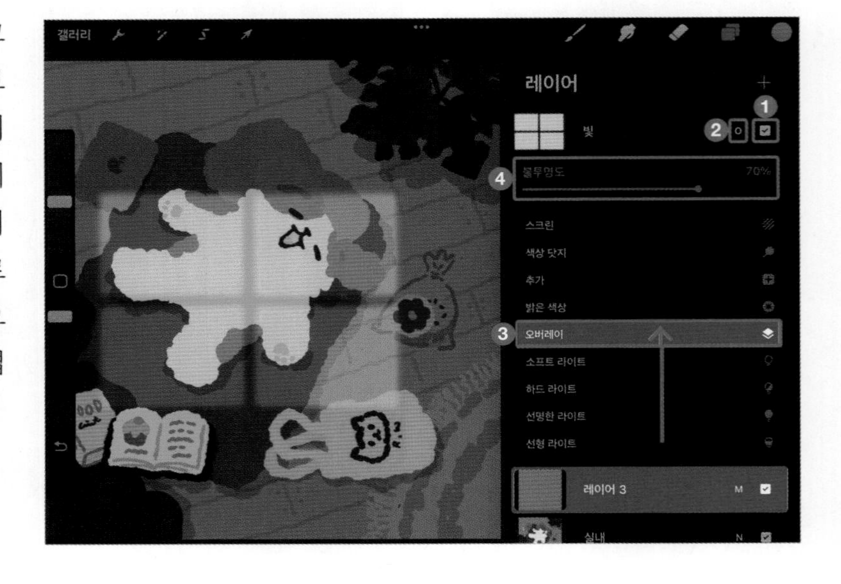

05 ❶ 두 손가락으로 캔버스를 오므려서 축소합니다. ❷ [빛] 레이어를 터치합니다.

06 ❶ 변형 을 터치하고 ❷ 파란색 조절점 과 연두색 조절점 을 드래그해 크기와 각도를 조정합니다. ❸ 변형 을 터치해 수정을 적용합니다. 나른한 빛이 들어오는 실내 풍경이 완성되었습니다.

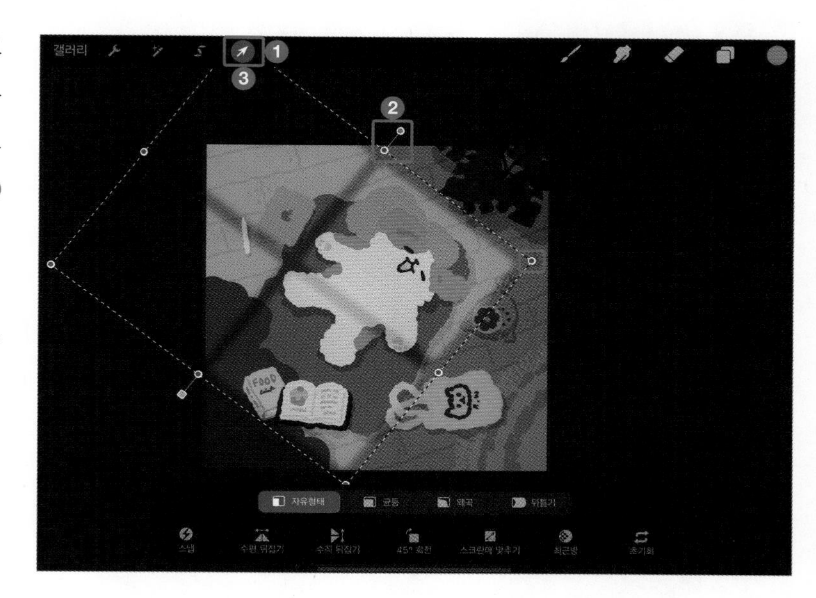

TIP 02에서 배경색을 짙은 남색(#000921)으로 합성하면 밤 분위기를 연출할 수도 있습니다.

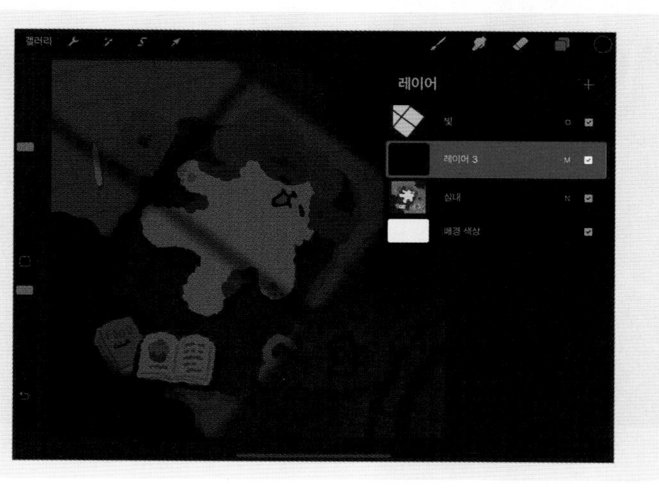

레이어 합성 모드로 그림자 만들기

07 갤러리 화면에서 [가져오기]를 터치하여 3\sketch02_2.procreate 파일을 불러옵니다.

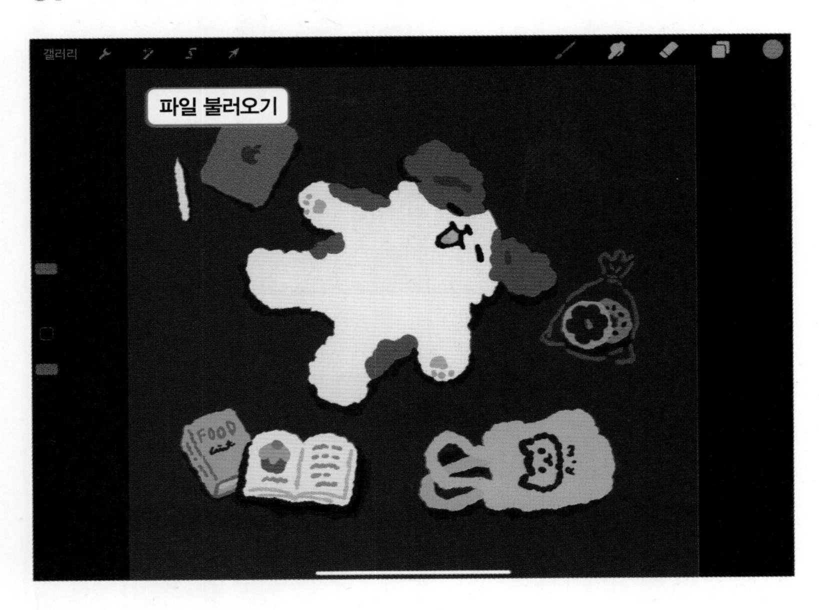

08 ❶ [그늘] 레이어의 체크 박스를 터치하여 나무 그늘을 보이게 합니다. ❷ [N]을 터치해 ❸ [곱하기]를 선택하고 ❹ [불투명도]는 60%로 설정합니다. 나무 그늘 아래에서 강아지가 낮잠 자는 풍경이 완성되었습니다.

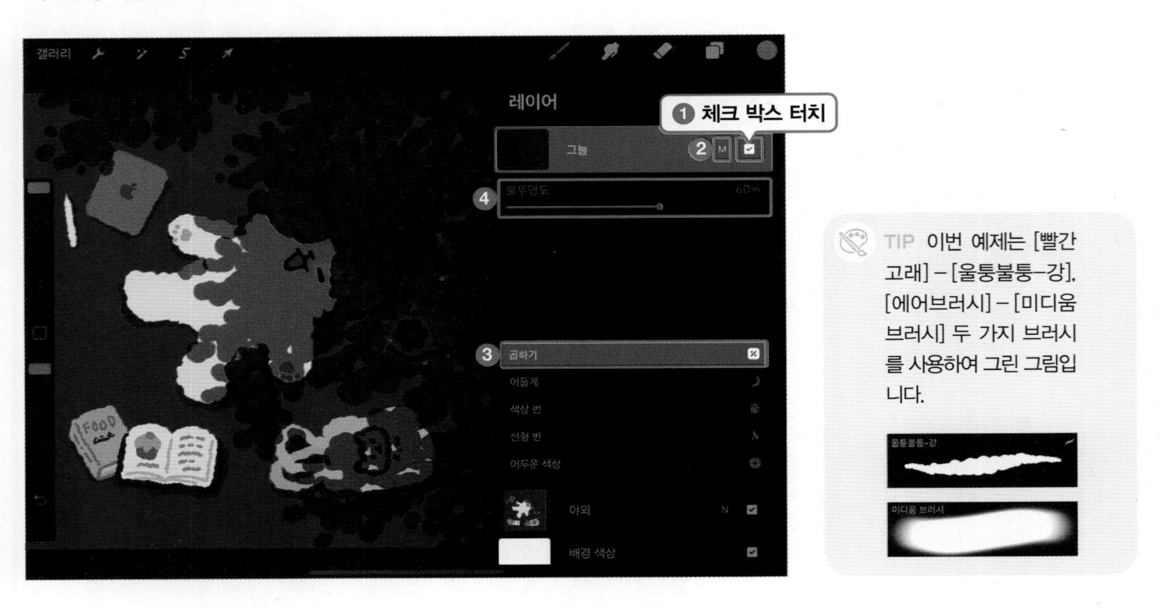

TIP 이번 예제는 [빨간 고래] – [울퉁불퉁–강], [에어브러시] – [미디움 브러시] 두 가지 브러시를 사용하여 그린 그림입니다.

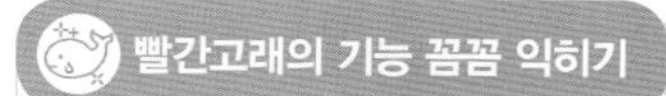

레이어 합성 모드 자세히 살펴보기

레이어 합성 모드를 적용할 레이어의 [N]을 터치하면 아래에 있는 레이어와 여러 가지 방식으로 합성할 수 있습니다. 하나씩 살펴보겠습니다.

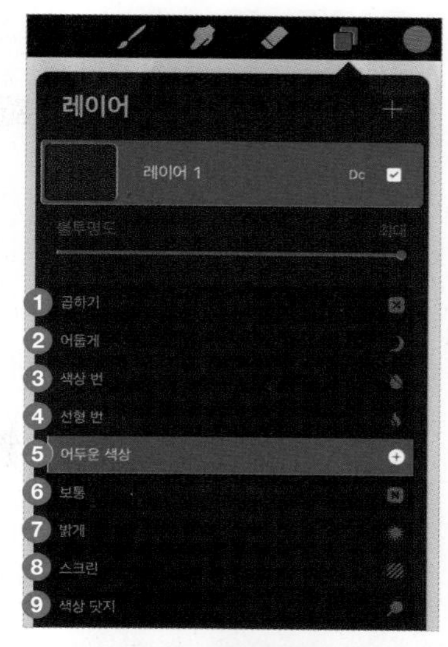

❶ **곱하기** | 겹쳐지는 부분의 색이 어둡게 겹쳐집니다*. 100% 검은색은 불투명하게 겹쳐집니다. 100% 흰색은 투명하게 겹쳐집니다.

❷ **어둡게** | [곱하기]보다 어두운 부분은 더 어둡게 겹쳐집니다.

❸ **색상 번** | 채도는 높이고 명도는 낮춰 불에 그을린 듯 표현됩니다.

❹ **선형 번** | [색상 번]과 비슷하지만 조금 더 어둡게 표현됩니다.

❺ **어두운 색상** | 해당 레이어에서 전체 명암을 비교하여 어두운 부분은 더 어둡게 아래 레이어와 합성됩니다.

❻ **보통** | 합성이 적용되지 않은 상태입니다*.

❼ **밝게** | 밝은 부분은 더 밝게 겹쳐집니다.

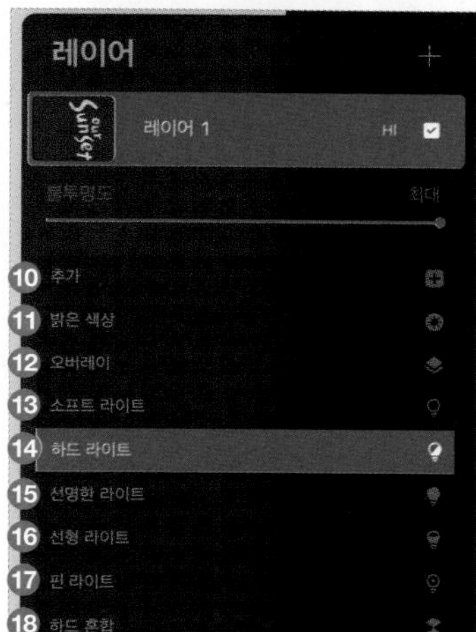

❽ **스크린** | 겹쳐지는 부분의 색이 밝게 겹쳐집니다. 어두운 부분은 투명하게, 밝은 부분은 불투명하게 겹쳐집니다. 100% 검은색은 투명하게 겹쳐지고 100% 흰색은 불투명하게 겹쳐집니다.

❾ **색상 닷지** | 채도가 높아지면서 밝게 겹쳐집니다. 강한 빛에 노출된 효과가 표현됩니다.

❿ **추가** | [스크린]과 비슷하지만 밝은 부분은 더 밝게 겹쳐집니다.

⓫ **밝은 색상** | 해당 레이어에서 전체 명암을 비교하여 밝은 부분은 더 밝게 합성됩니다.

⓬ **오버레이** | [곱하기]와 [스크린]을 합쳐놓은 모드로 강한 대비를 일으키는 모드 중에서 가장 자연스럽습니다*.

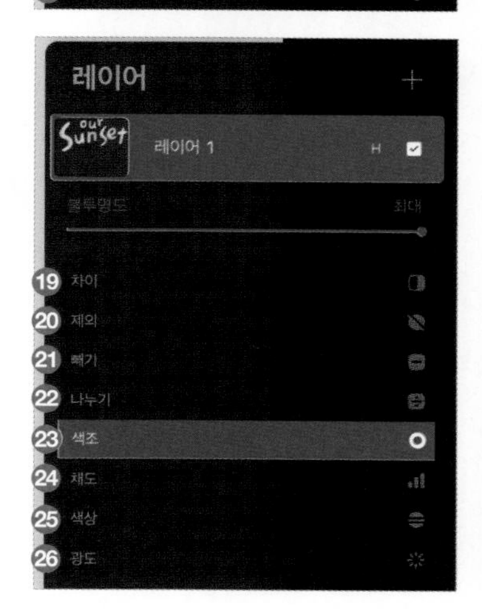

⓭ **소프트 라이트** | [오버레이]와 비슷하지만 더 은은하게 겹쳐집니다. 50% 회색 부분은 투명해집니다.

⓮ **하드 라이트** | [오버레이]와 비슷하지만 더 강하게 겹쳐집니다.

⓯ **선명한 라이트** | 50% 회색보다 밝은 부분은 더 밝게 겹쳐지고 어두운 부분은 더 어둡게 겹쳐집니다.

⑯ **선형 라이트** | [선명한 라이트]와 비슷하지만 더 강하게 겹쳐집니다.

⑰ **핀 라이트** | 50% 회색보다 밝은 부분은 채도를 높이고 어두우면 채도를 낮춰 표현됩니다.

⑱ **하드 혼합** | 혼합 모드 중 색상 대비가 가장 높고 원색에 가깝게 표현됩니다.

⑲ **차이** | 겹쳐진 부분을 반전시켜 보색으로 표현됩니다.

⑳ **제외** | [차이]와 비슷하지만 더 부드럽게 표현됩니다.

㉑ **빼기** | 아래 레이어에서 해당 레이어의 색을 뺍니다.

㉒ **나누기** | [빼기]에서 밝은 부분만 더 밝게 표현됩니다.

㉓ **색조** | 해당 레이어의 색을 아래 레이어에 적용합니다*.

㉔ **채도** | 해당 레이어의 채도를 아래 레이어에 적용합니다.

㉕ **색상** | 해당 레이어의 색상을 아래 레이어에 적용합니다.

㉖ **광도** | 해당 레이어의 명암을 아래 레이어에 적용합니다.

03 LESSON 텍스트를 넣은 포스터 만들기

텍스트 입력하고 다양하게 편집하기

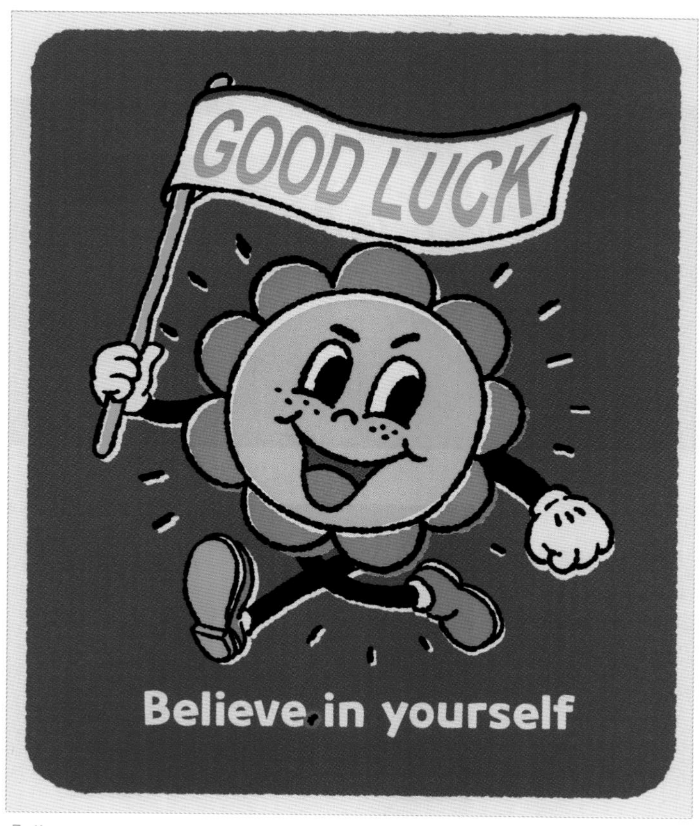

준비 파일 | 3\sketch03.jpg **완성 파일** | 3\final03.procreate

시각 디자인에서 텍스트는 매우 중요한 요소입니다. 폰트 하나만 잘 선택해도 작업물의 완성도가 매우 높아집니다. 이번에는 빈티지한 포스터에 텍스트를 넣고 다양한 방법으로 편집해보겠습니다. 더 나아가 무료 폰트를 설치하여 적용하는 방법도 알아보겠습니다.

텍스트 입력하기

01 갤러리 화면에서 [가져오기]를 터치하여 3\sketch03.jpg 파일을 불러옵니다.

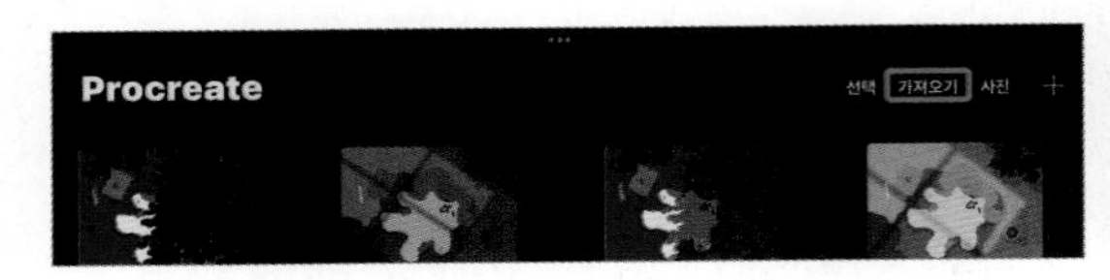

02 ❶ 한 손가락으로 동작◉을 터치하고 ❷ [추가]–[텍스트 추가]를 선택합니다. 화면 아래에 키패드가 나타납니다. ❸ Believe를 입력하고 텍스트를 더블 터치하여 선택합니다. ❹ [Aa]를 터치합니다. 스타일 편집창이 나타납니다. 이때 텍스트 색상은 어떤 색이든 상관 없습니다.

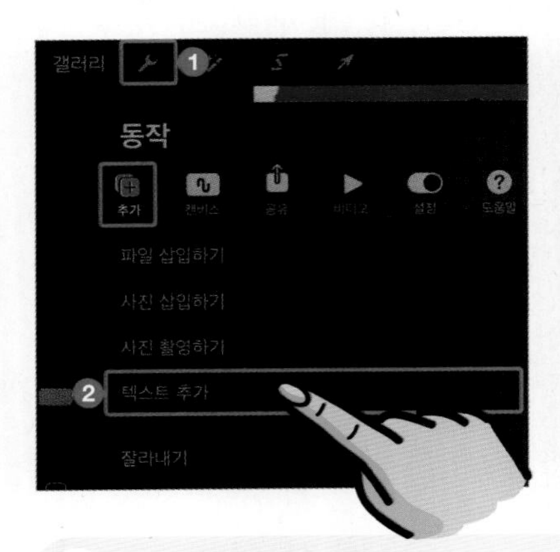

TIP 키패드가 안 나타날 때

손가락이 아닌 애플 펜슬로 동작◉ –[추가]–[텍스트 추가]를 터치하면 펜 입력 모드가 적용되어 키패드가 나타나지 않습니다. 애플 펜슬로 캔버스 위에 텍스트를 쓰면 바로 해당 텍스트가 입력됩니다. 펜 위젯●을 터치하면 미니 키패드를 이용할 수 있습니다.

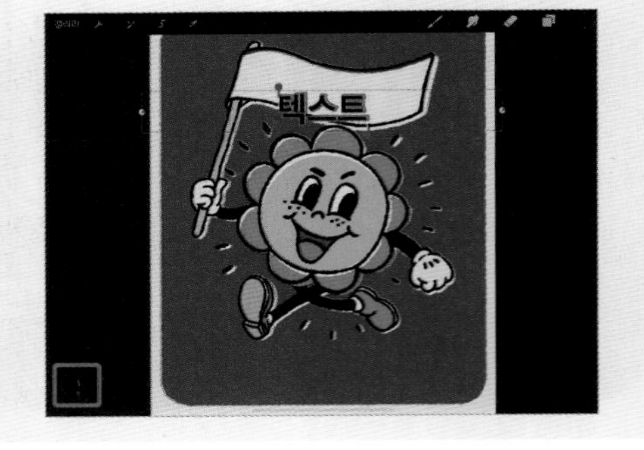

▶ 꿀팁 영상 제공

오른쪽의 QR코드 또는 아래의 링크로 접속하면 02~06의 실습 과정을 확인할 수 있습니다. 꿀팁 영상으로 학습하면 훨씬 더 이해하기 쉬우니 꼭 참고하길 바랍니다.

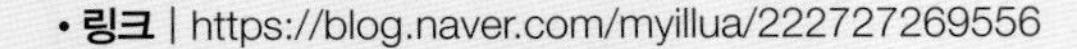
• **링크** | https://blog.naver.com/myillua/222727269556

03 ❶ [서체]는 Arial, [스타일]은 Bold, [디자인]–[크기]는 150pt로 설정하고 ❷ [완료]를 터치합니다.

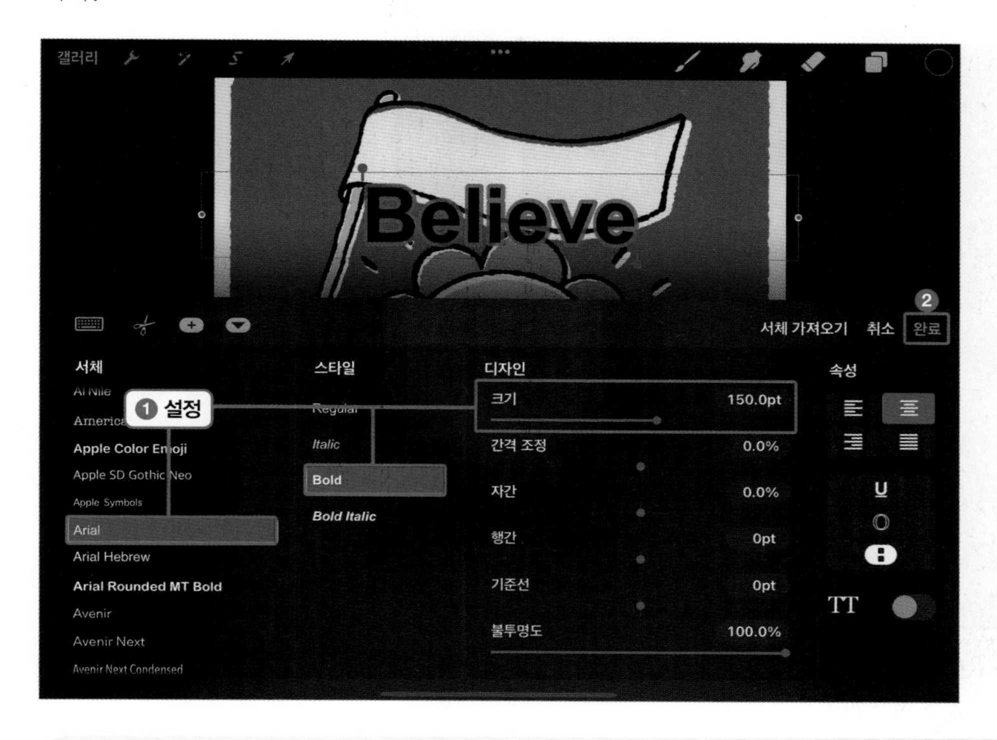

TIP 텍스트를 다시 입력하고 싶으면 [서체] 바로 위에 있는 키보드⌨를 터치합니다. 키패드가 나타납니다.

TIP [레이어] 패널을 확인하면 텍스트 레이어가 새로 추가된 것을 확인할 수 있습니다. 텍스트를 입력하면 자동으로 새 레이어가 생성되기 때문입니다. 텍스트 레이어의 미리 보기는 [A]로 표시됩니다.

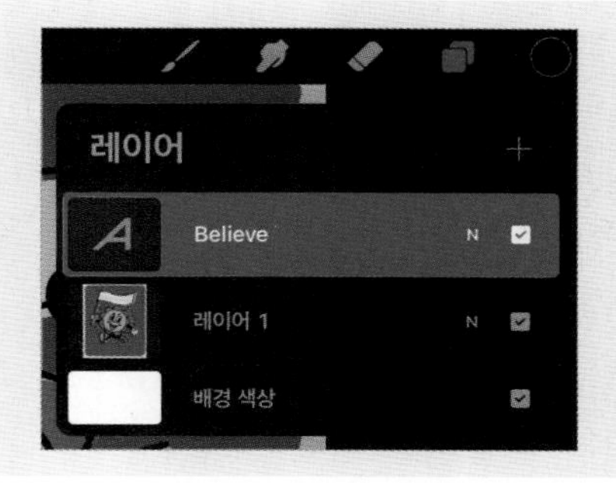

04 텍스트 위치를 수정해보겠습니다. ❶ 변형 을 터치합니다. ❷ 텍스트를 아래로 옮기고 ❸ 파란색 조절점 을 드래그해 텍스트 크기를 줄입니다. ❹ 변형 을 터치하여 적용합니다.

텍스트 수정하기

05 ❶ 한 손가락으로 텍스트를 터치합니다. 키패드가 다시 나타납니다. ❷ 텍스트를 더블 터치하여 전체 선택합니다. ❸ 색상 을 터치하여 ❹ 크림색으로 바꾸고 ❺ 한 손가락으로 텍스트를 터치합니다. 키패드가 나타납니다.

• 텍스트 색상 | #fce8c7

06 ❶ 한 손가락으로 'Believe'의 오른쪽 옆을 터치하고 in yourself를 입력합니다. ❷ 두 줄로 써진다면 양옆에 있는 파란색 조절점 ●을 드래그해 텍스트 박스의 크기를 늘립니다.

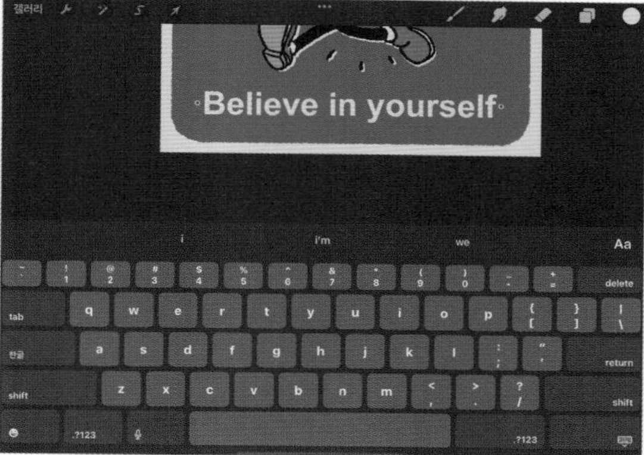

07 ❶ 변형 ➚을 터치해 ❷ 텍스트를 가운데로 옮기고 원하는 크기로 조절합니다. ❸ 변형 ➚을 터치해 수정을 적용합니다.

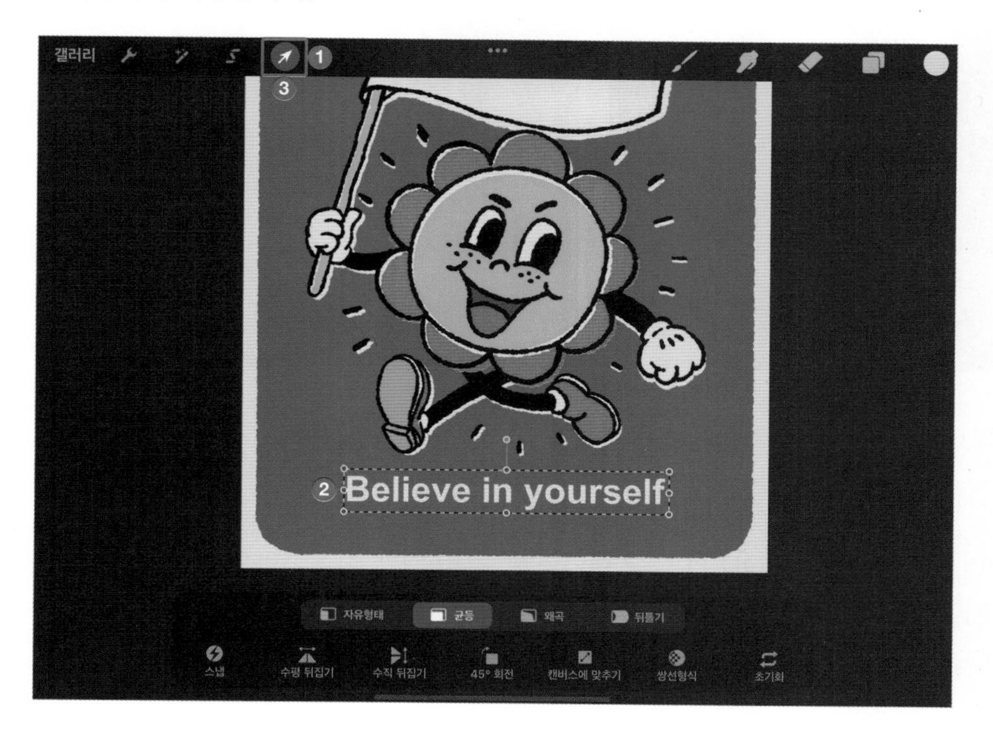

텍스트를 레스터화하여 디자인하기

08 ❶ 한 손가락으로 동작 을 터치하고 ❷ [추가]-[텍스트 추가]를 선택합니다. ❸ GOOD LUCK를 입력합니다. ❹ 텍스트를 더블 터치하여 전체 선택하고 ❺ [Aa]를 터치합니다. ❻ [크기]를 170pt로 설정하고 ❼ 오렌지색을 적용합니다.

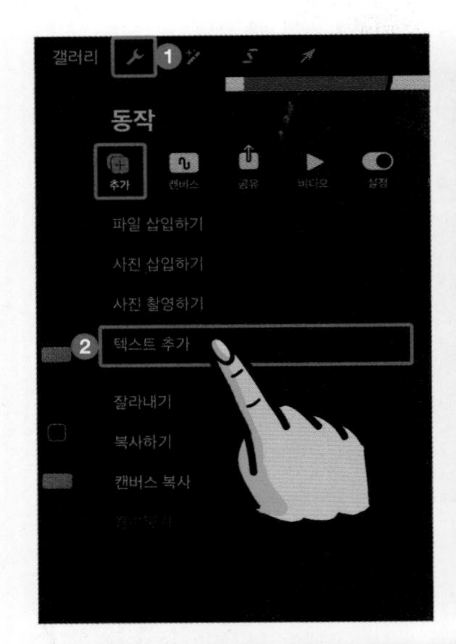

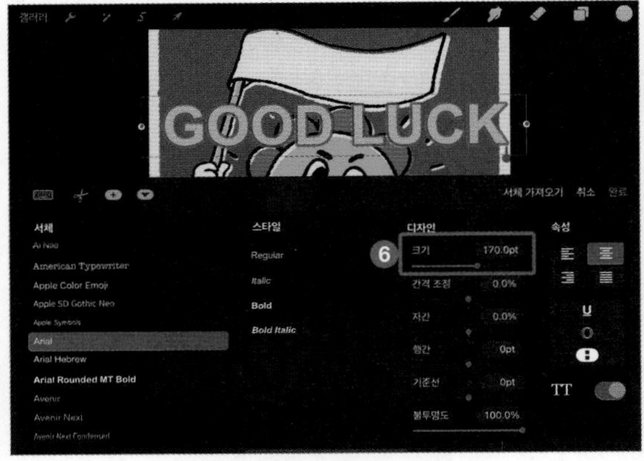

• 텍스트 색상 | #f28a15

09 ❶ [레이어] 패널에서 [GOOD LUCK] 레이어를 터치하고 ❷ [레스터화]를 선택합니다. [GOOD LUCK] 텍스트 레이어가 일반 레이어 처리되었습니다. 'GOOD LUCK' 텍스트를 손가락으로 더블 터치해도 더 이상 키패드가 나타나지 않습니다.

10 ❶ 변형 을 터치하고 ❷ 'GOOD LUCK'을 깃발 위로 옮깁니다. ❸ [왜곡]을 터치하고 ❹ 파란색 조절점 ● 을 드래그해 깃발 모양과 비슷하게 찌그러트립니다.

11 ❶ [뒤틀기]를 터치하고 ❷ [고급 메쉬]를 선택합니다. ❸ 파란색 조절점 ● 을 드래그해 깃발 모양에 맞게 뒤틉니다.

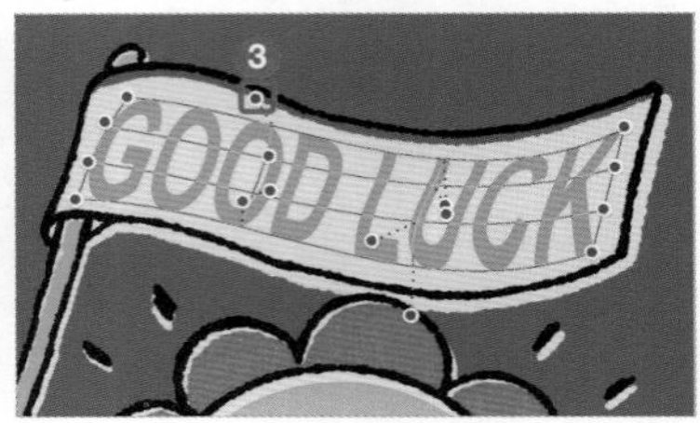

TIP [고급 메쉬]를 선택하면 더 섬세하게 형태를 수정할 수 있습니다.

12 ❶ [GOOD LUCK] 레이어를 터치하고 ❷ [알파 채널 잠금]을 선택합니다. ❸ 한 손가락으로 꽃잎을 길게 눌러 분홍색을 선택하고 ❹ 브러시로 텍스트 윗부분을 가볍게 드래그합니다. 텍스트에 그러데이션이 적용됩니다.

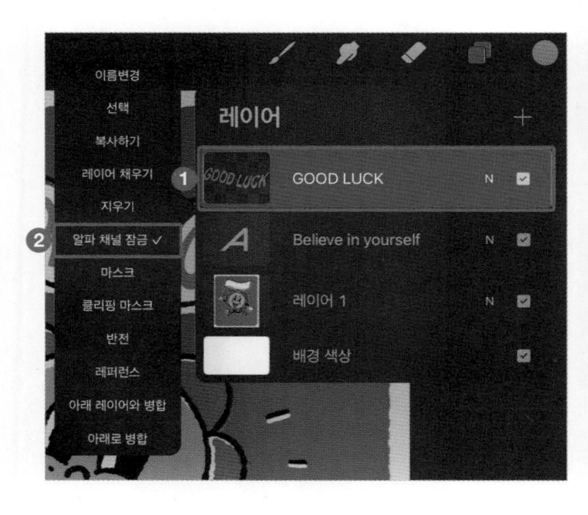

• 브러시 종류 | [에어브러시] – [소프트 브러시] • 브러시 색상 | #e44156
• 브러시 크기 | 10%

무료 폰트 설치하기

13 ❶ 아이패드에서 [카메라📷]를 실행합니다. 아래 QR코드에 가져다 대면 눈누 웹사이트(https://noonnu.cc)로 이동합니다. 첫 페이지는 눈누에서 추천하는 폰트가 나열되어 있습니다. ❷ 마음에 드는 폰트를 터치합니다. 예제에서는 [쿠키런 Bold]를 선택하겠습니다.

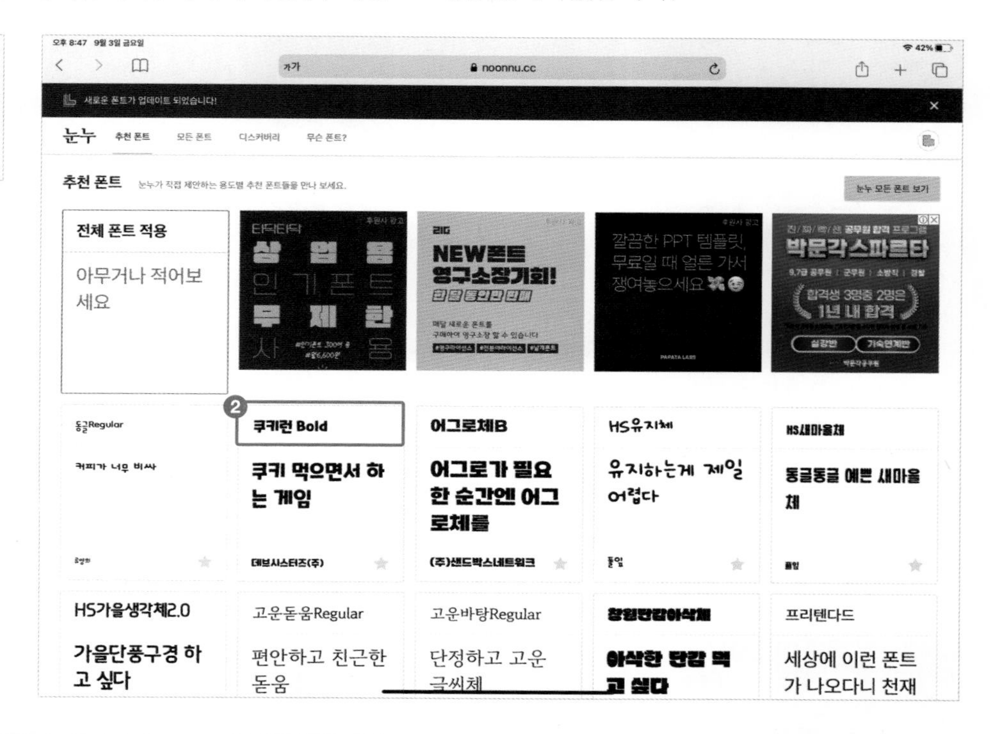

TIP 눈누 웹사이트의 첫 페이지에 추천 폰트가 나타나는데, 접속할 때마다 폰트가 바뀝니다. 예제와 똑같은 폰트를 선택하려면 ❶ [모든 폰트]를 터치하고 ❷ 검색창에 **쿠키런**을 입력해 검색합니다.

14 폰트 제작사마다 허용 범위가 다르므로 라이선스를 꼭 읽어보고 허용 범위를 확인합니다. ❶ [다운로드 페이지로 이동]을 터치하면 폰트 제작사 웹사이트로 이동합니다. ❷ [OTF]를 터치하고 폰트를 다운로드합니다.

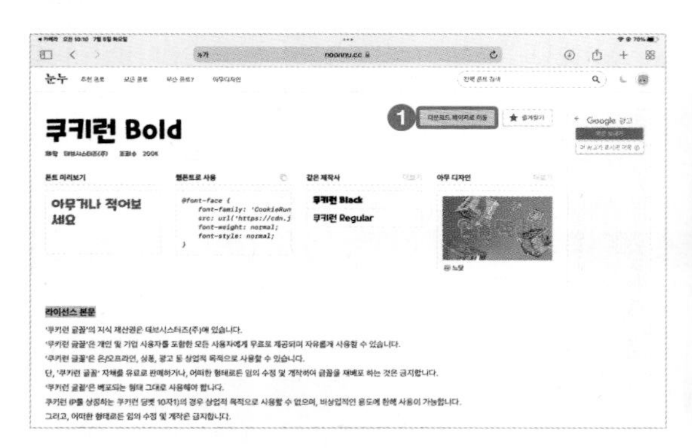

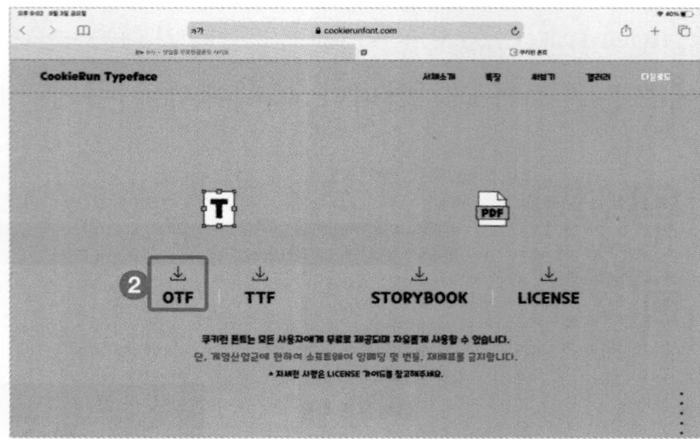

TIP 폰트는 OTF와 TTF 두 가지 타입이 있습니다. 고해상도의 출력물을 만든다면 OTF를 추천하고, 웹에서 보이는 작업이라면 TTF를 추천합니다. 다만 고화질 출력과 일부 구형 모니터 외에는 두 폰트의 차이가 거의 없습니다.

- **OTF** : 오픈타입 폰트(Open Type Font), 주로 인쇄와 디자인 작업에 사용하는 폰트입니다.
- **TTF** : 트루타입 폰트(True Type Font), 주로 웹이나 문서 작업에 사용하는 폰트입니다.

15 ❶ 웹사이트를 닫고 [파일]을 터치합니다. ❷ [최근 항목]을 터치하면 방금 전에 다운로드한 zip 파일을 확인할 수 있습니다. ❸ 터치하여 압축을 해제하고 ❹ 폴더를 선택합니다.

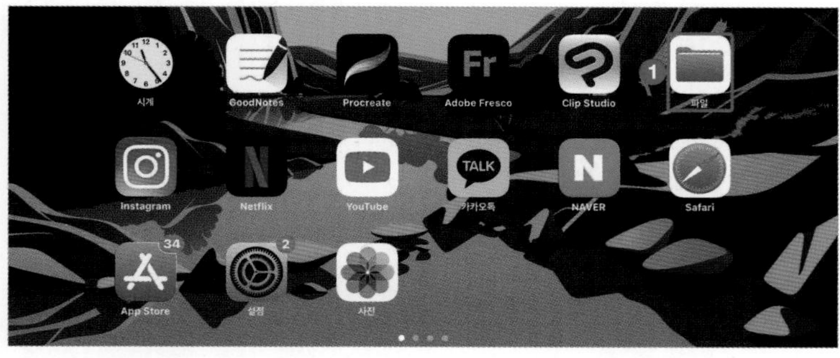

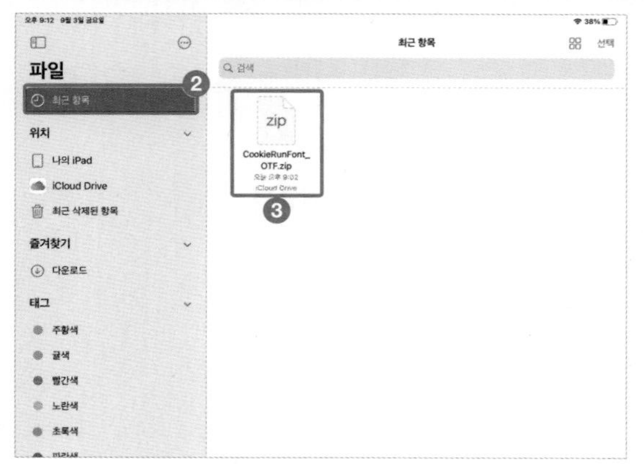

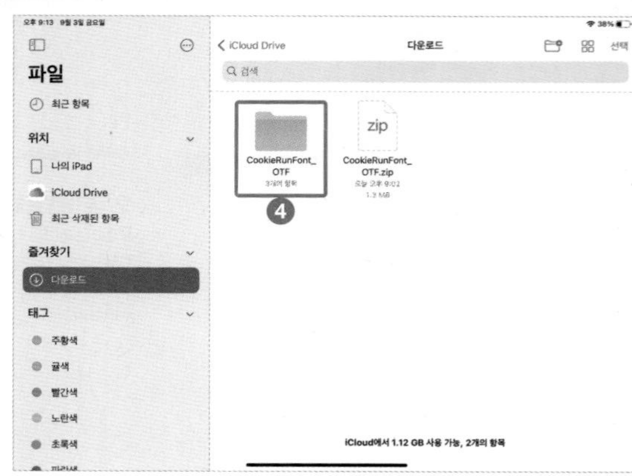

16 굵기별로 세 가지 타입의 폰트가 있습니다. 모두 다 프로크리에이트에 설치해보겠습니다. ❶ [선택]을 터치하고 ❷ 세 개의 폰트를 차례대로 터치하여 모두 선택합니다. ❸ [이동]을 터치합니다.

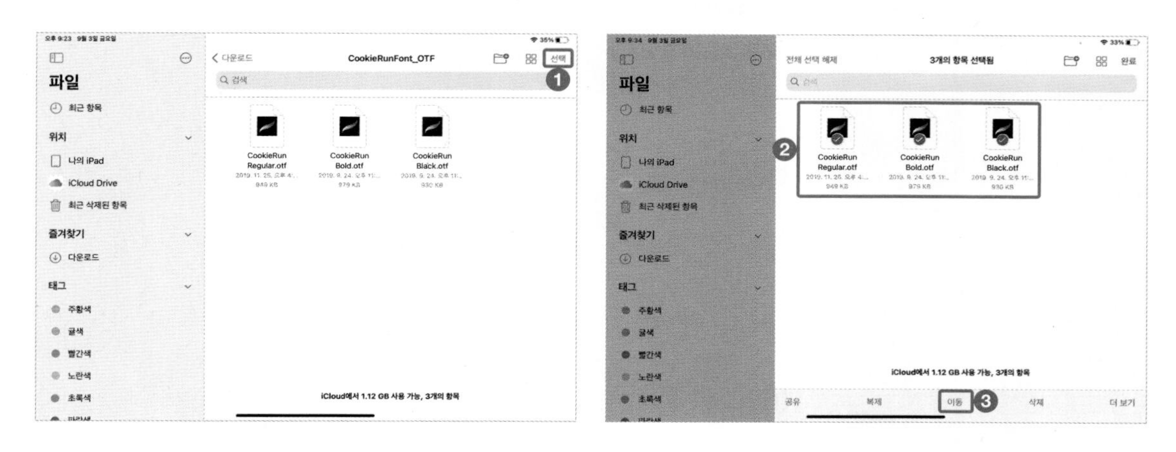

17 ❶ [나의 iPad]-[Procreate]-[Fonts]를 터치하고 ❷ [이동]을 터치합니다.

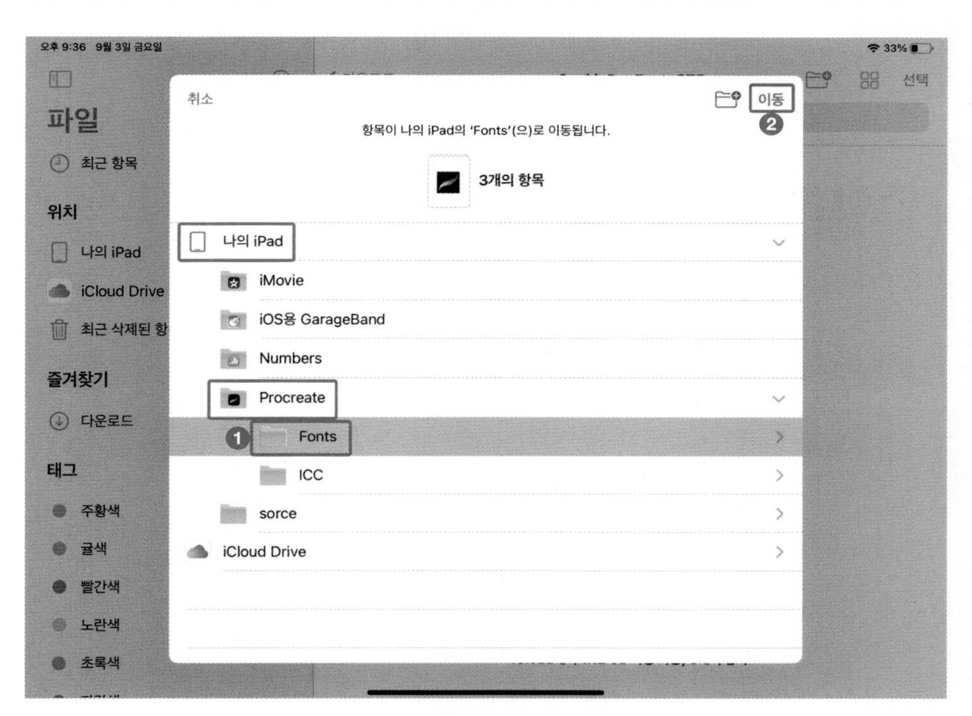

18 ❶ 프로크리에이트를 실행하고 ❷ [Believe in yourself] 레이어를 터치합니다. ❸ 텍스트를 더블 터치해 전체 선택하고 ❹ [Aa]를 터치합니다.

19 ❶ [서체]는 CookieRunOTF, [스타일]은 Bold로 설정하고 ❷ [완료]를 터치합니다. 귀여운 쿠키런 폰트가 적용되었습니다.

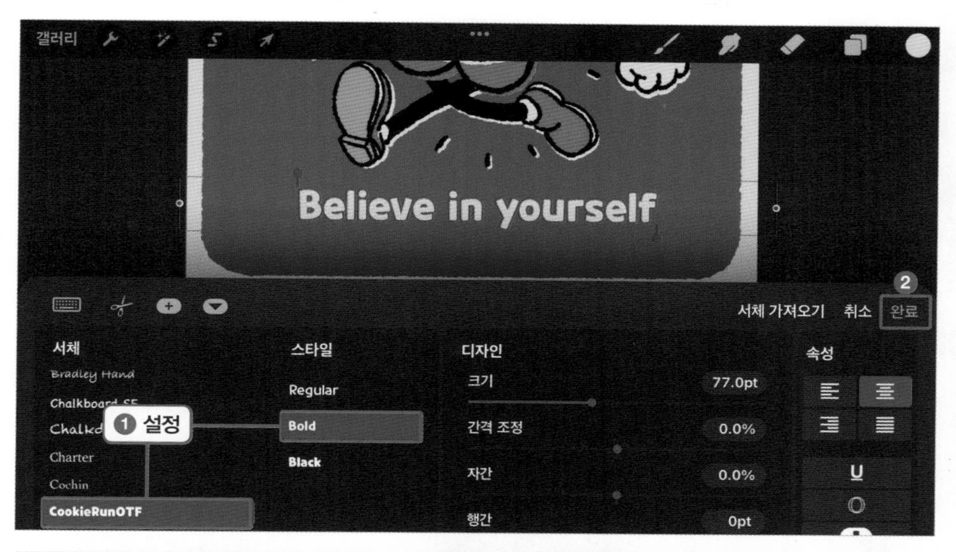

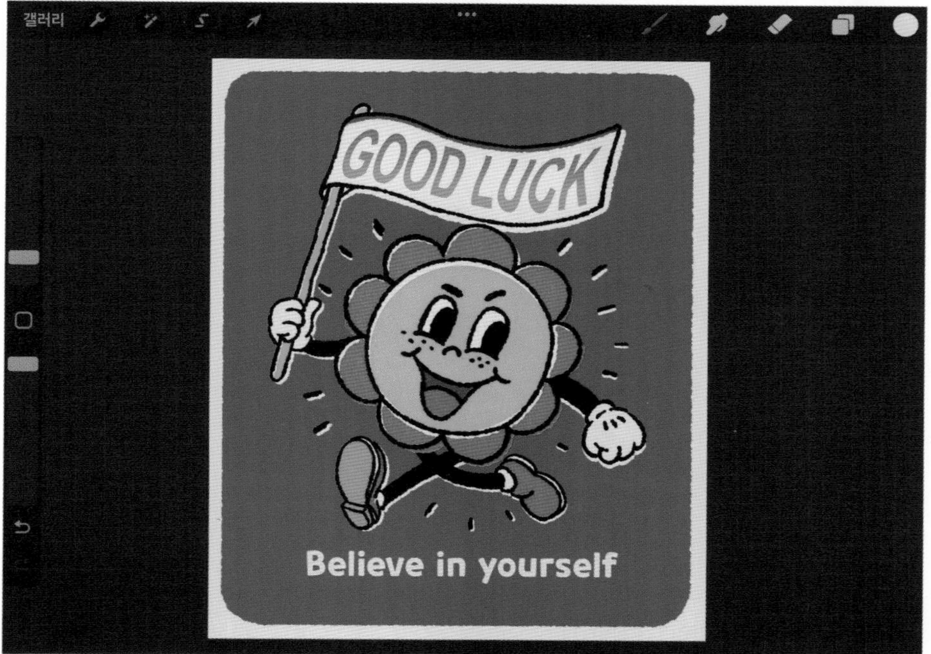

TIP 여기서 [서체 가져오기]를 터치하고 다운로드한 폰트를 선택해도 프로크리에이트에 폰트를 설치할 수 있습니다.

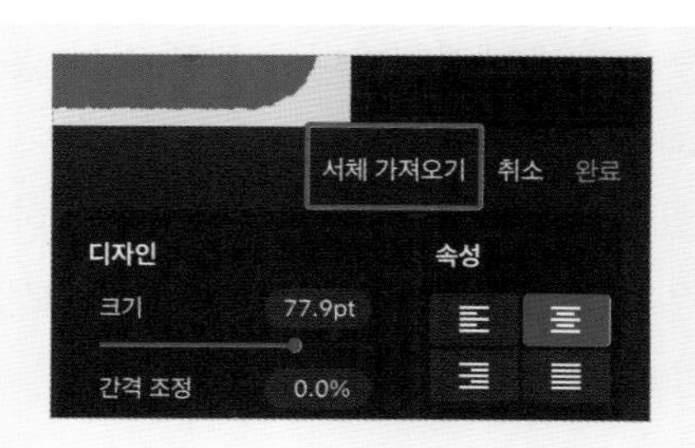

04 LESSON 사랑스러운 꽃병 그리기

그리기 가이드로 대칭 기능 활용하기

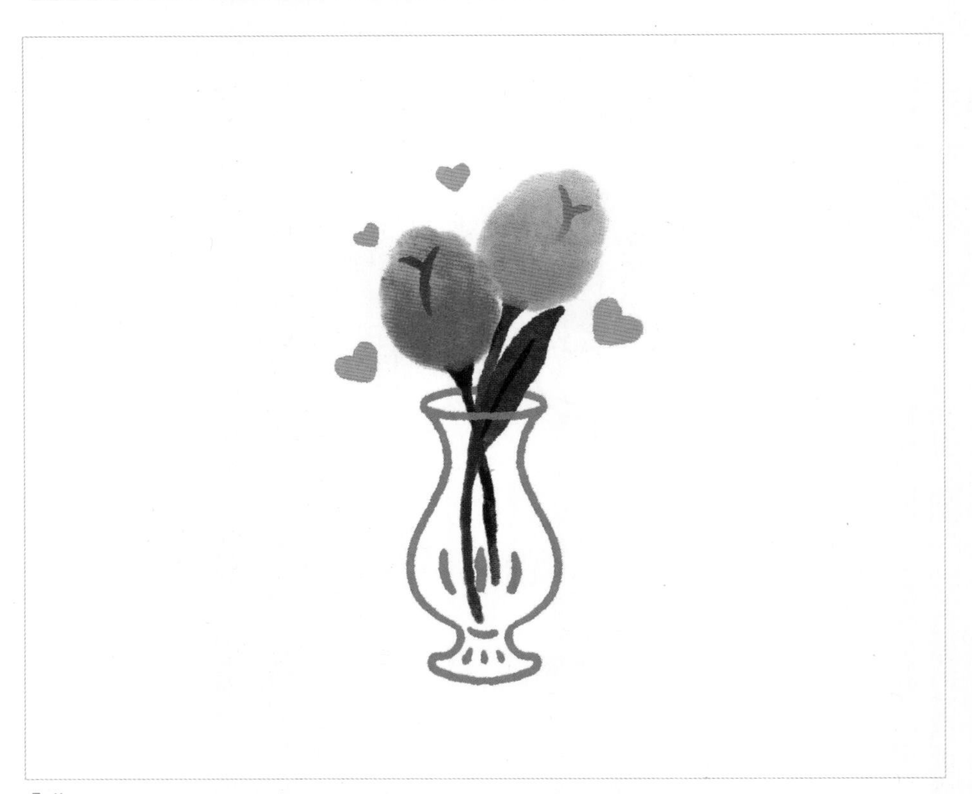

준비 파일 | 3\sketch04.png **완성 파일** | 3\final04.procreate

미술 시간에 데칼코마니를 해본 적이 있을 것입니다. 종이 위에 물감을 짜놓고 반으로 접었다 펼치면 좌우 대칭이 되면서 재미있는 그림이 만들어집니다. 프로크리에이트에서도 대칭 기능을 활용할 수 있습니다. 대칭을 설정한 후 드로잉하면 반대편에 똑같은 모양이 그려집니다. 이번에는 캔버스를 '좌우 대칭'으로 설정하고 꽃병을 그려보겠습니다.

좌우 대칭 설정하기

01 ❶ 스크린 크기의 캔버스를 만들고 동작을 터치한 후 [캔버스]–[그리기 가이드]를 활성화합니다. ❷ [그리기 가이드 편집]을 터치해 그리기 가이드 편집 모드로 들어갑니다. ❸ [대칭]을 터치하고 ❹ [완료]를 터치합니다.

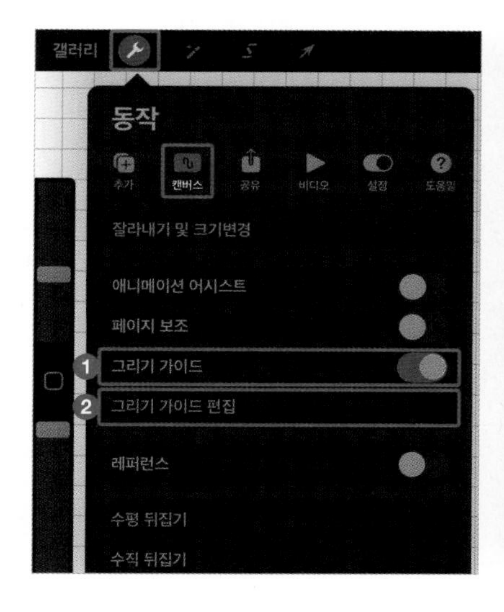

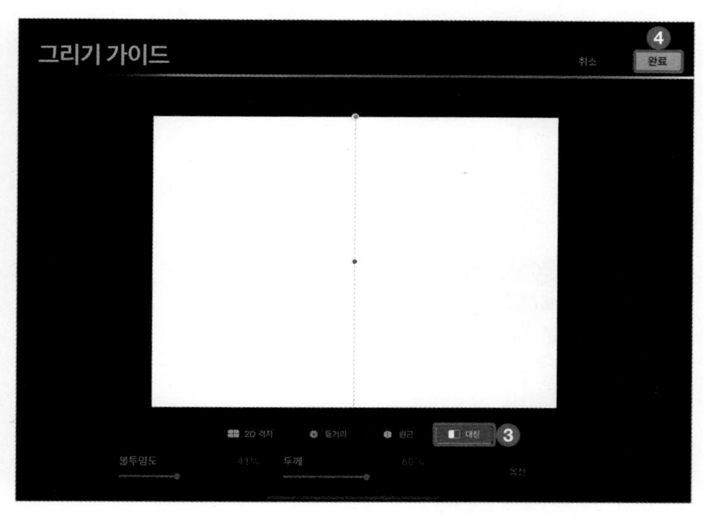

TIP 화면에 나타난 가이드 선이 수직선이 아니라면 [옵션]을 터치하고 [가이드 옵션]에서 [수직]을 터치합니다. 중앙의 선이 안 보인다면 227쪽의 ❸, ❿, ⓫을 참고합니다. 선이 흰색으로 설정되어 있거나 불투명도가 0%이면 선이 안 보입니다.

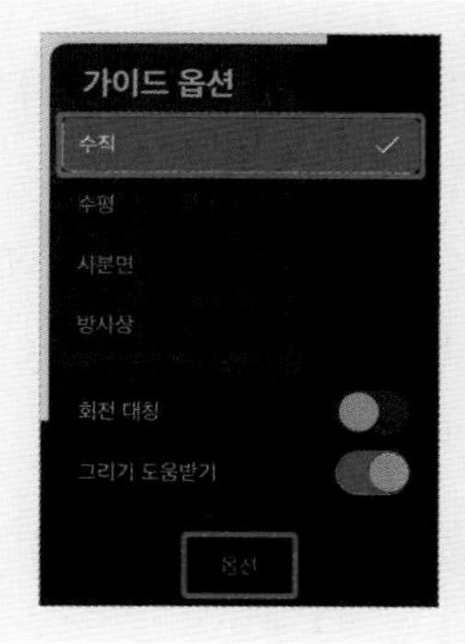

02 ❶ [레이어] 패널에서 [레이어 1] 레이어에 '보조' 표시가 되어 있는지 확인합니다. ❷ [레이어 1] 레이어를 터치하고 [그리기 도우미]에 체크되어 있는지도 확인합니다. 대칭 설정이 완료되었습니다.

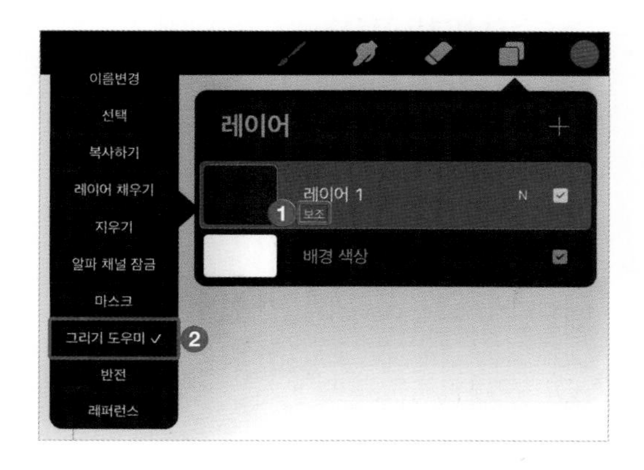

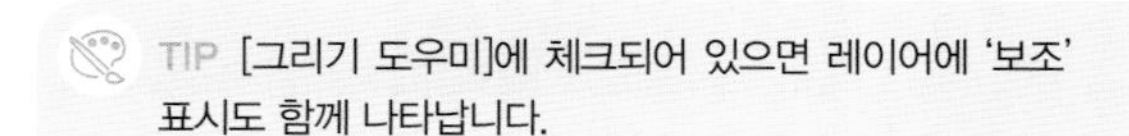
TIP [그리기 도우미]에 체크되어 있으면 레이어에 '보조' 표시도 함께 나타납니다.

03 가운데 수직선을 기준으로 한쪽에만 꽃병을 그립니다. 반대편에 같이 그려집니다.

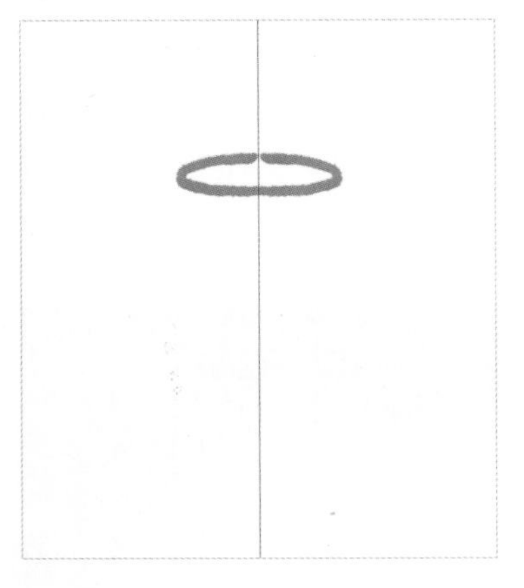

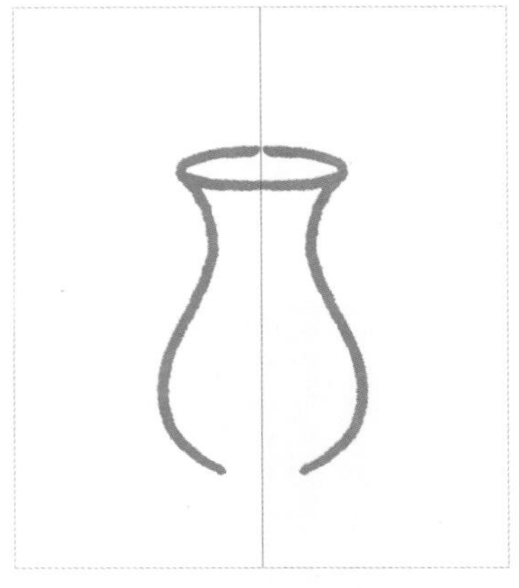

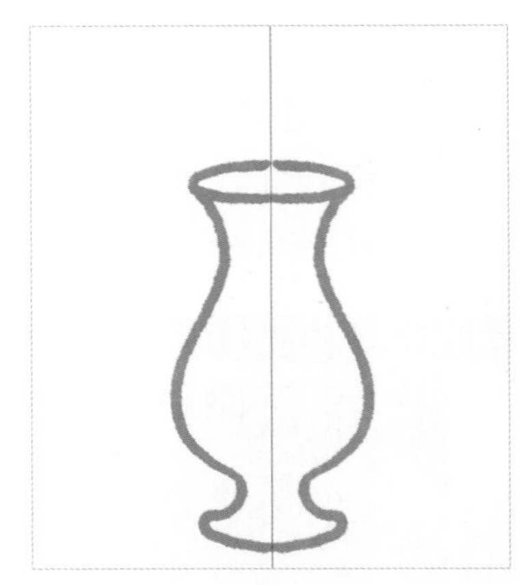

- 브러시 종류 | [잉크] – [틴더박스]
- 브러시 색상 | #3cbfb3
- 브러시 크기 | 10~18%

좌우 대칭 해제하기

04 ❶ [레이어] 패널에서 [레이어 1] 레이어를 터치합니다. ❷ [그리기 도우미]를 터치하여 체크를 없앱니다. ❸ [레이어 1] 레이어에 '보조' 표시가 사라진 것을 확인합니다. 대칭 설정이 해제되었습니다.

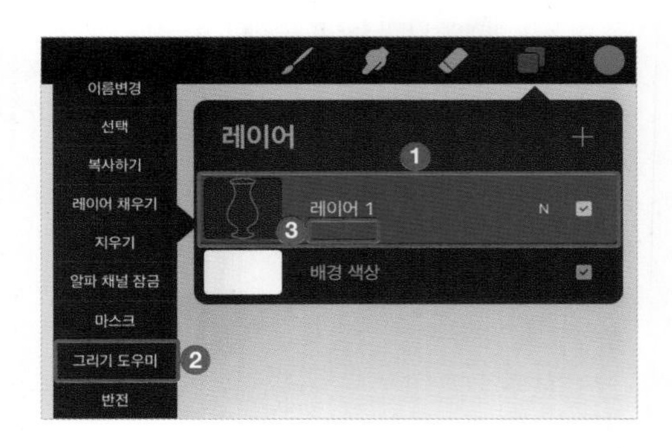

05 수직선 가이드도 보이지 않게 설정하겠습니다. ❶ 동작을 터치하고 ❷ [캔버스]–[그리기 가이드]를 비활성화합니다.

06 꽃병에 무늬를 그려넣습니다.

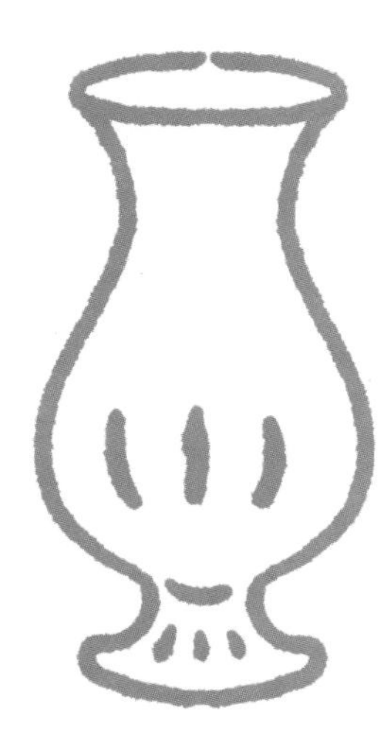

07 ❶ 3\sketch04.png 파일을 불러와 꽃병 위에 배치합니다. ❷ 꽃병 레이어를 꽃 레이어 위로 옮깁니다. ❸ 지우개로 꽃병의 입구를 부분적으로 지워서 꽃이 꽃병에 들어간 것처럼 만듭니다.

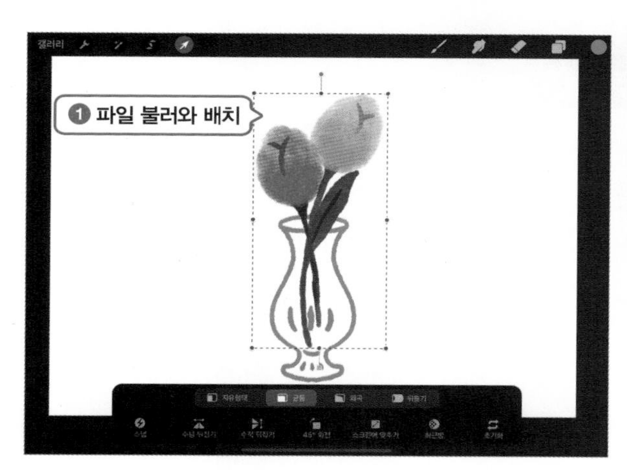

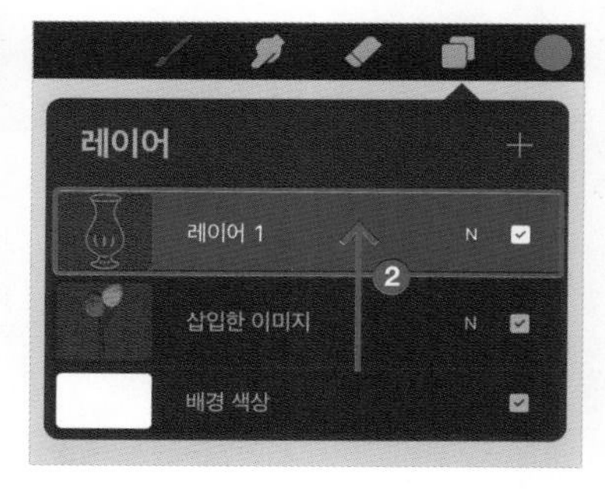

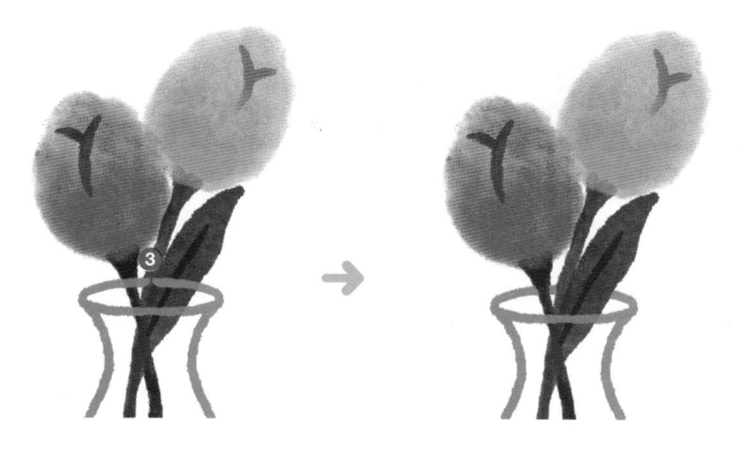

위치와 각도를 수정하여 좌우 대칭하기

08 ❶ 새 레이어를 추가합니다. ❷ 동작 을 터치하고 [캔버스]-[그리기 가이드]를 활성화합니다. ❸ [그리기 가이드 편집]을 터치하고 ❹ 파란색 조절점 을 꽃의 왼쪽으로 옮깁니다. ❺ 연두색 조절점 도 왼쪽으로 옮겨 각도를 조절합니다. ❻ [완료]를 터치합니다.

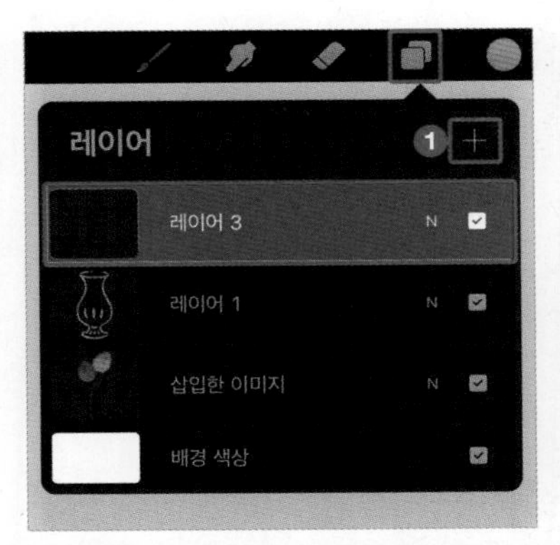

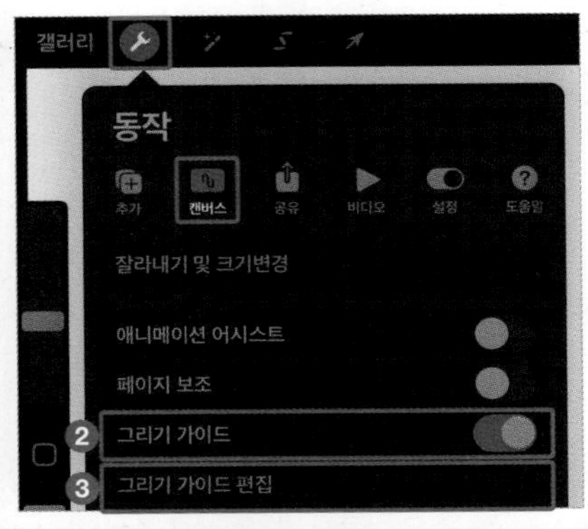

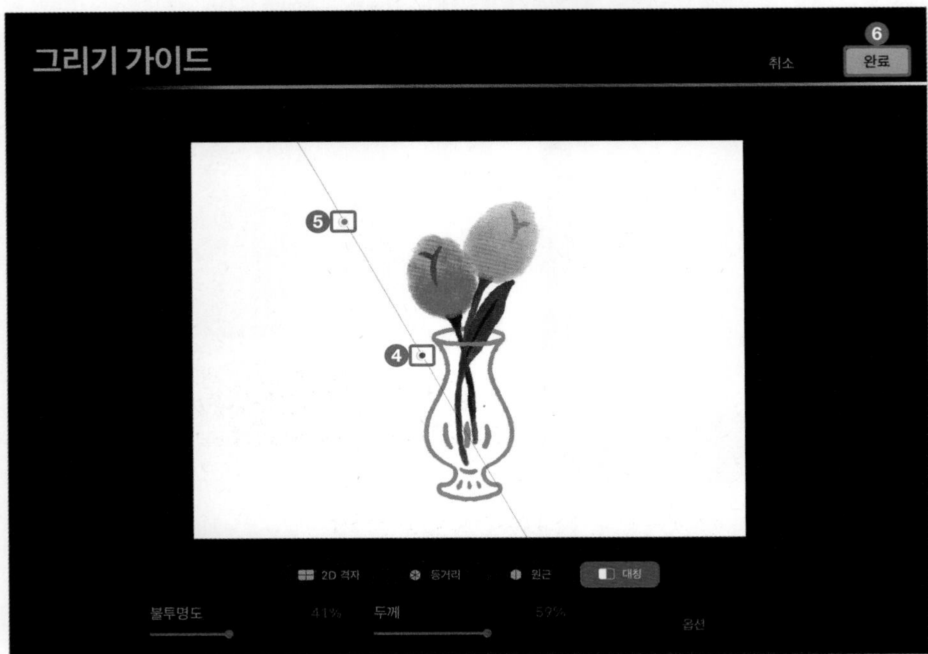

09 ❶ [레이어 3] 레이어를 터치하고 ❷ [그리기 도우미]를 선택해 ❸ '보조' 표시가 나타나게 합니다. ❹ 가이드 선을 기준으로 하트 반쪽을 그립니다.

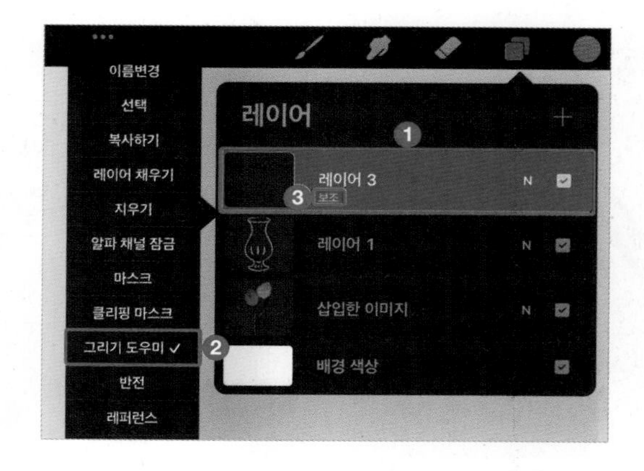

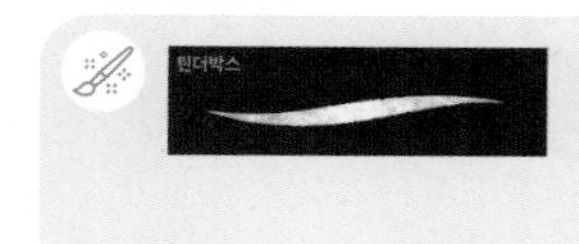

- 브러시 종류 | [잉크] – [틴더박스]
- 브러시 색상 | #fe8888
- 브러시 크기 | 10~18%

10 ❶ 하트를 그린 레이어를 터치하고 ❷ [그리기 도우미]를 터치하여 체크를 없앱니다. ❸ 동작을 터치하고 ❹ [캔버스]–[그리기 가이드]를 비활성화합니다.

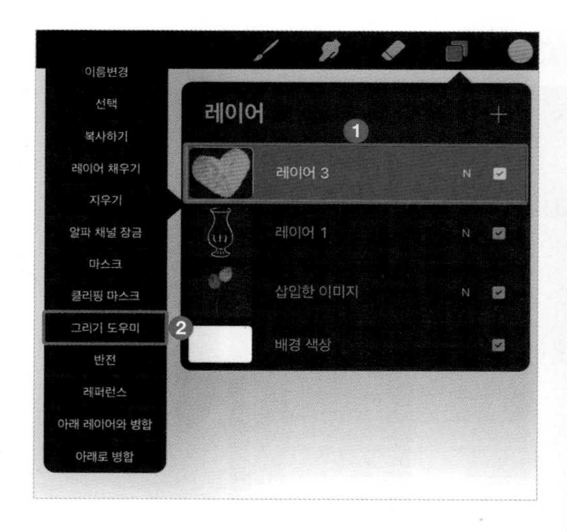

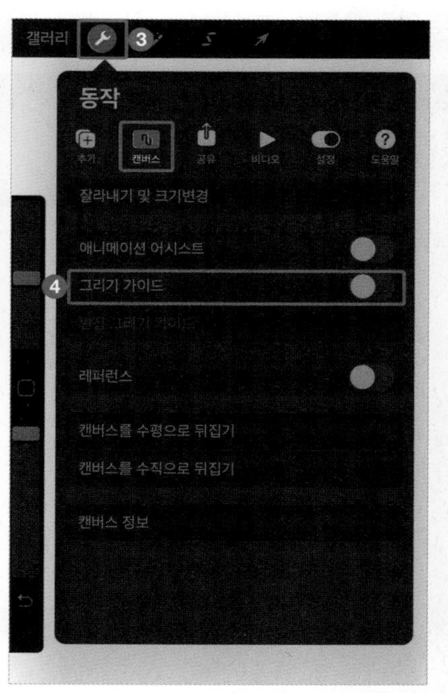

11 ❶ 세 손가락으로 화면을 쓸어내려 ❷ [복사 및 붙여넣기] 패널의 [복제]를 터치합니다. ❸ 복제된 하트의 크기와 위치를 수정합니다. ❹ 같은 방법으로 하트를 여러 번 복제하여 화면을 풍성하게 꾸며 완성합니다.

빨간고래의 기능 꼼꼼 익히기 | **그리기 가이드 살펴보기**

동작 을 터치하고 [캔버스]–[그리기 가이드]를 활성화합니다. [그리기 가이드 편집]을 터치하면 그리기 가이드 편집 모드로 들어갑니다. 하나씩 살펴보겠습니다.

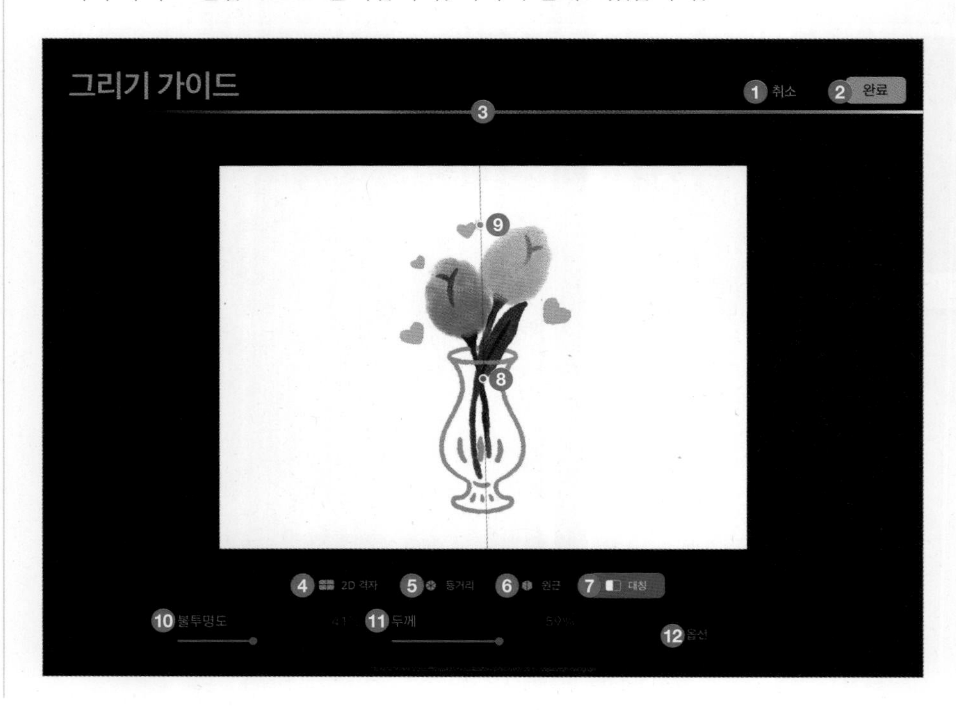

❶ **취소** | 수정하지 않고 편집 모드에서 나갑니다.

❷ **완료** | 수정 사항을 반영하고 편집 모드에서 나갑니다.

❸ 가이드 선의 색상을 선택할 수 있습니다. 배경과 선의 색이 비슷하면 선이 보이지 않을 수도 있습니다.

❹ **2D 격자** | 격자 모양의 가이드 선이 나타납니다. [불투명도], [두께], [격자 크기]를 조절할 수 있고 [그리기 도움받기]를 활성화하면 격자에 물려 직선이 그려집니다.

❺ **등거리** | 등거리 모양의 가이드 선이 나타납니다.

❻ **원근** | 원근을 선택하고 화면을 터치하면 소실점이 나타납니다. 소실점을 기준으로 원근감 있는 선을 그릴 수 있습니다.

❼ **대칭** | 가이드 선을 기준으로 대칭이 됩니다.

❽ 파란색 조절점 ● 을 옮기면 위치가 조절됩니다.

❾ 연두색 조절점 을 옮기면 각도가 수정됩니다.

❿ **불투명도** | 가이드 선의 불투명도를 조절할 수 있습니다.

⓫ **두께** | 가이드 선의 두께를 조절할 수 있습니다.

⓬ **옵션** | 터치하면 가이드 옵션 세부 메뉴가 나타납니다.

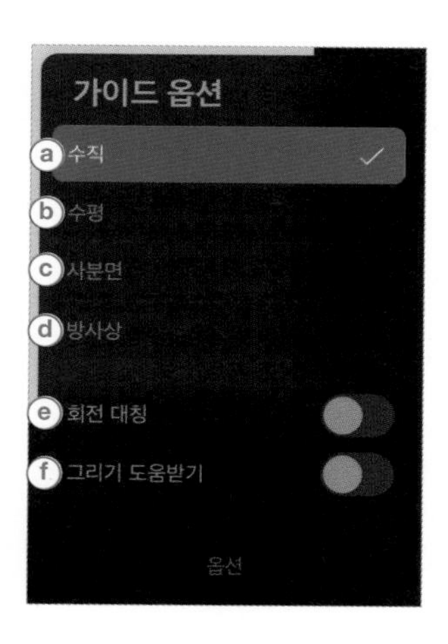

ⓐ 수직선을 기준으로 좌우 대칭됩니다.

ⓑ 수평선을 기준으로 위아래 대칭됩니다.

ⓒ 열십자선을 기준으로 사방면으로 대칭됩니다.

ⓓ 방사선을 기준으로 대칭됩니다.

ⓔ 활성화하면 90° 회전하여 대칭됩니다.

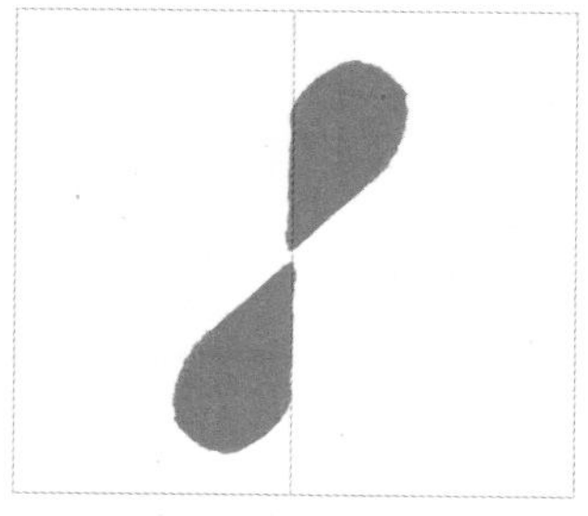

▲ [회전 대칭]을 활성화한 경우

▲ [회전 대칭]을 비활성화한 경우

ⓕ [그리기 도움받기]를 활성화하면 가이드 선을 기준으로 대칭이 적용되며, 레이어에 '보조' 표시가 나타납니다.

05 LESSON 네 컷 인스타툰 그려 SNS에 업로드하기

격자 기능으로 프레임 만들기

준비 파일 | 3\sketch05.png **완성 파일** | 3\final05.procreate

나의 일상을 그려서 SNS에 업로드하면 소소한 일상이 더 특별해지기도 합니다. 이번에는 캔버스를 네 개의 프레임으로 나누고, 스토리가 있는 인스타툰을 그려보겠습니다. 다 그린 후에는 프로크리에이트에서 인스타그램으로 업로드하는 과정까지 익혀보겠습니다. 트위터, 페이스북도 같은 방법으로 업로드할 수 있으므로 인스타그램 계정이 없다면 다른 SNS에 올려봅니다.

격자 설정하기

01 ❶ 2000×2000px 크기의 새 캔버스를 만듭니다. ❷ 동작 을 터치하고 [캔버스]–[그리기 가이드]를 활성화하고 ❸ [그리기 가이드 편집]을 터치합니다. ❹ [2D 격자]를 터치하고 ❺ [격자 크기]를 940px로 설정합니다. ❻ [그리기 도움받기]를 활성화하고 ❼ [완료]를 터치합니다.

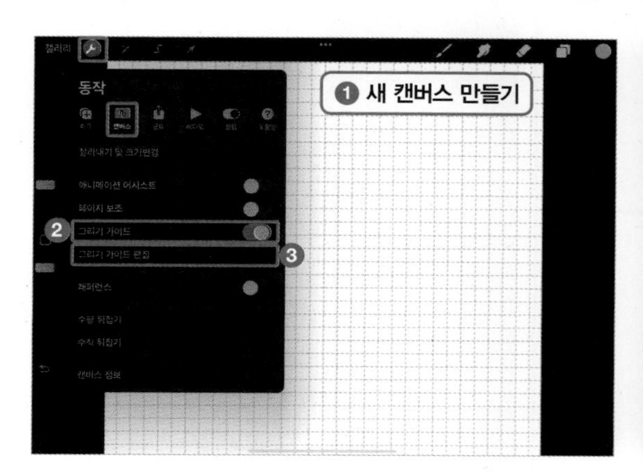

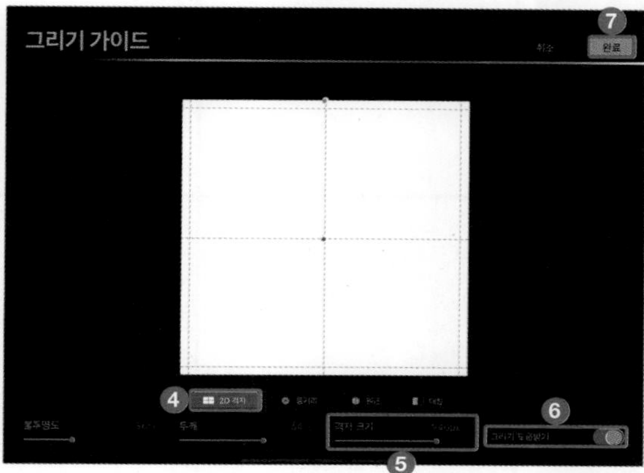

TIP 갤러리 화면에서 사용자 지정 캔버스를 만드는 방법은 036쪽을 참고합니다.

02 ❶ [레이어 1] 레이어에 '보조' 표시를 확인합니다. ❷ [레이어 1] 레이어를 터치하여 [그리기 도우미]에 체크가 되어 있는지 확인합니다. 격자 설정이 완료되었습니다.

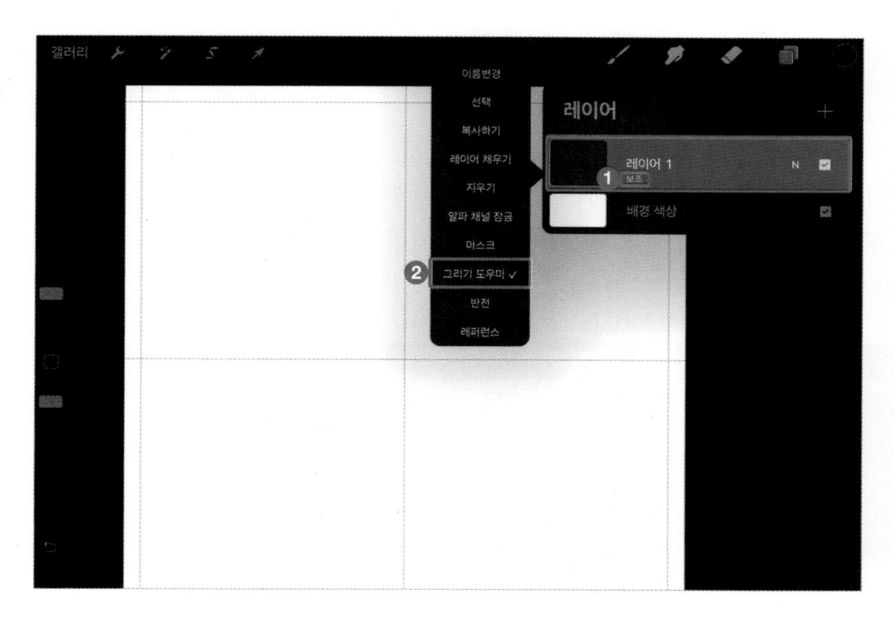

03 가이드 선에 맞추어 칸이 네 개인 프레임을 그립니다. 자를 대고 그리는 것처럼 격자에 물려서 선이 그어집니다.

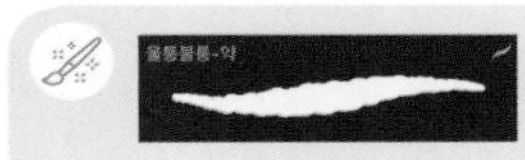

• 브러시 종류 | [빨간고래] – [울퉁불퉁–약] • 브러시 색상 | ● #611811
• 브러시 크기 | 2~5%

격자 해제하기

04 ❶ [레이어 1] 레이어의 [그리기 도우미]를 터치하여 체크 해제합니다. ❷ '보조' 표시가 사라진 것을 확인합니다. 격자 설정이 해제되었습니다. ❸ 동작 을 터치하고 [캔버스]–[그리기 가이드]를 터치하여 비활성화합니다.

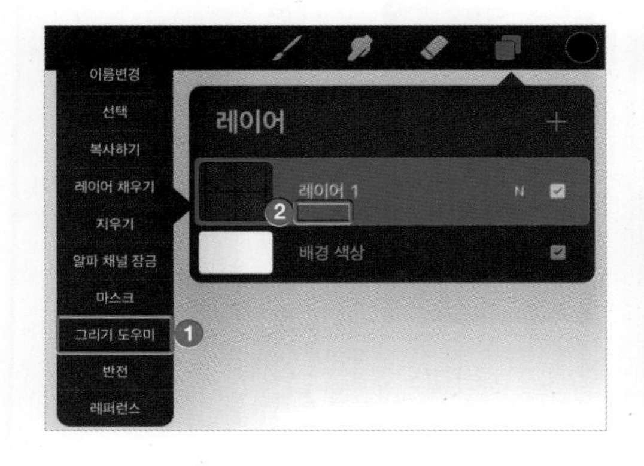

05 프레임 안쪽에 1, 2, 3, 4를 씁니다. 격자가 해제되었으므로 선이 격자에 물리지 않아 자유롭게 그리고 쓸 수 있습니다.

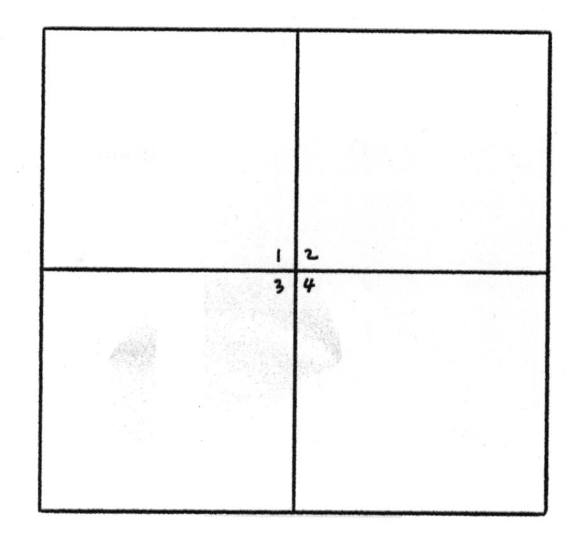

TIP 가이드 선은 말 그대로 안내선일 뿐입니다. 가이드 선이 캔버스에 있어도 레이어에는 '보조' 표시가 없으므로 자유롭게 드로잉할 수 있습니다. 단지 작업 중에 거슬리기 때문에 보이지 않게 설정하는 것입니다.

캐릭터 그리기

06 빵을 먹고 있는 캐릭터를 러프 스케치하겠습니다. 처음에는 크게 덩어리를 나눈 다음 세부 묘사하면 캐릭터를 쉽게 그릴 수 있습니다. ❶ 새 레이어를 추가하고 첫 번째 프레임에 동그란 얼굴을 그립니다. ❷ 눈과 입을 그리고 ❸ 빵을 그립니다. ❹ 손을 그리고 ❺ 팔을 그립니다. ❻ 어깨를 그려 러프 스케치를 완성합니다.

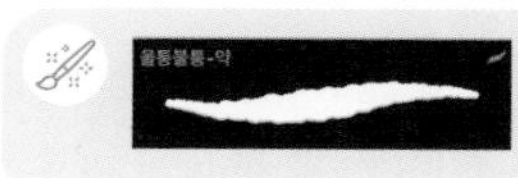

- 브러시 종류 | [빨간고래] – [울퉁불퉁–약]
- 브러시 색상 | #ff7d59
- 브러시 크기 | 2~5%

07 캐릭터를 제대로 그려보겠습니다. ❶ 두 손가락으로 스케치 레이어를 터치하고 ❷ 캔버스를 왼쪽으로 드래그하여 [불투명도]를 25%로 설정합니다.

08 ❶ 새 레이어를 추가하고 ❷ 제대로 된 라인을 그립니다. ❸ 다 그린 후 스케치 레이어를 삭제합니다.

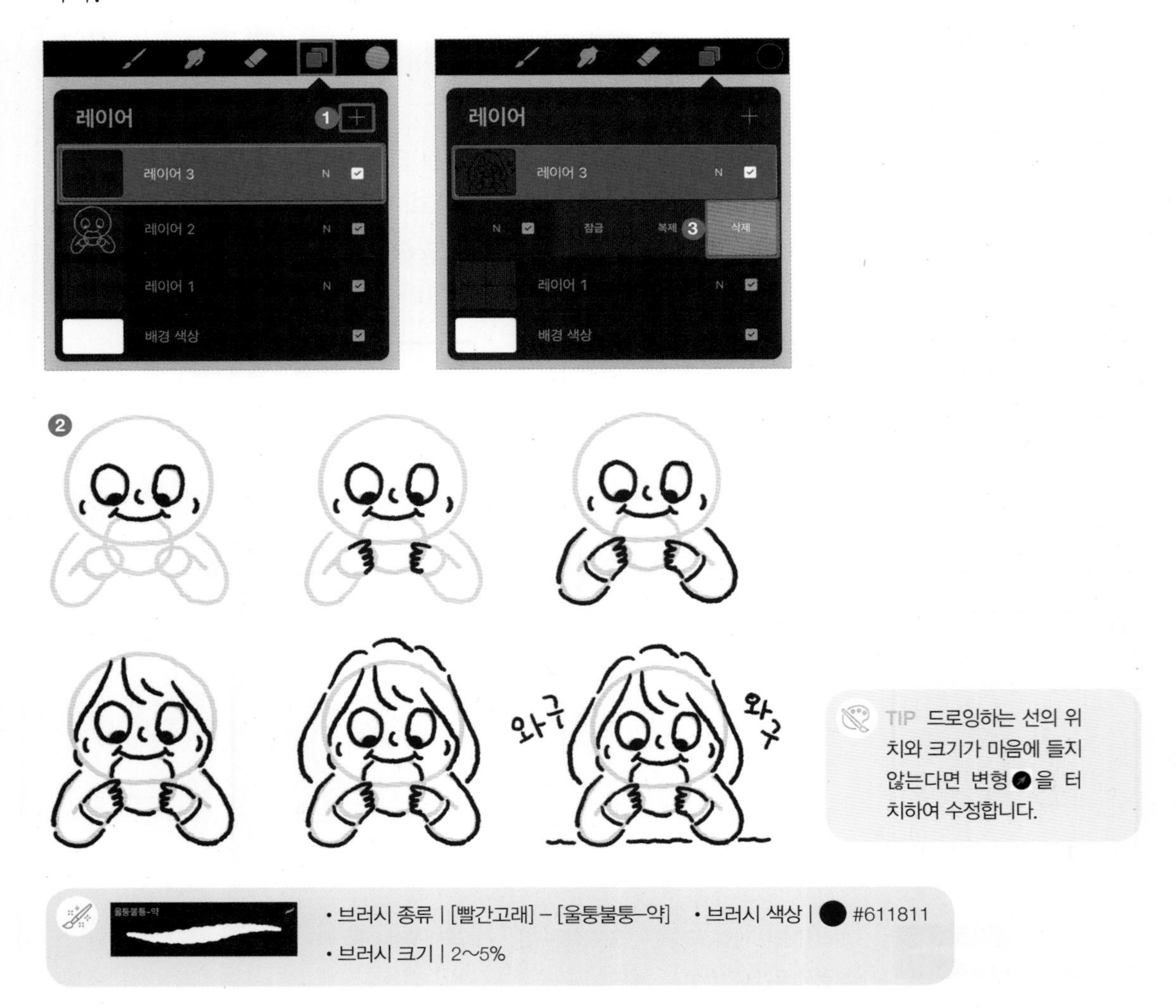

TIP 드로잉하는 선의 위치와 크기가 마음에 들지 않는다면 변형 을 터치하여 수정합니다.

- 브러시 종류 | [빨간고래] – [울퉁불퉁–약]
- 브러시 색상 | ● #611811
- 브러시 크기 | 2~5%

캐릭터 컬러링하기

09 ❶ 새 레이어를 추가하고 ❷ 라인이 있는 레이어 아래로 옮깁니다. ❸ 캐릭터를 자유롭게 컬러링합니다. 꼭 라인에 맞춰 칠하지 않아도 됩니다.

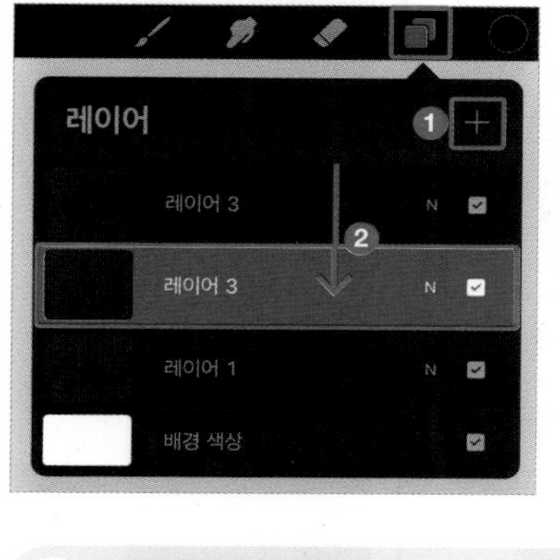

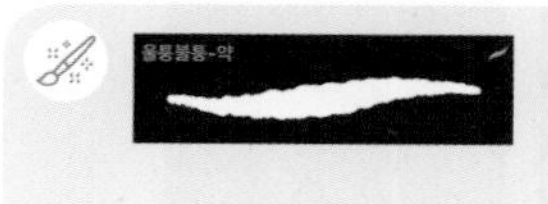

- 브러시 종류 | [빨간고래] – [울퉁불퉁–약]
- 브러시 색상 | #ff4b00 #ffbead #ffdf74 #e36800
- 브러시 크기 | 5~8%

10 ❶ 동작을 터치하고 [추가]–[텍스트 추가]를 선택합니다. ❷ **빵을 먹다가 문득**을 입력합니다.

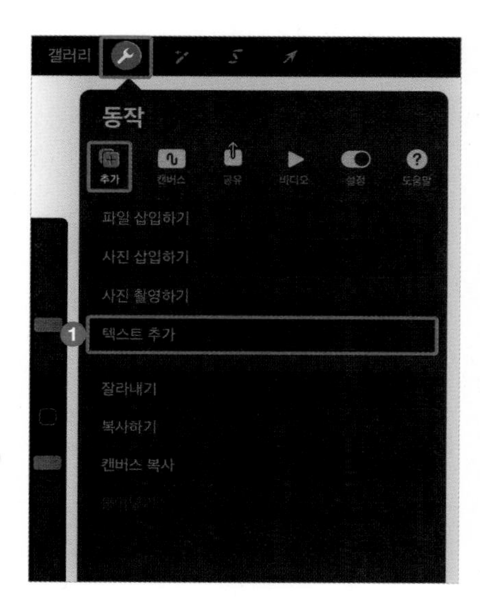

TIP 예제에서 사용한 폰트는 넥슨 배찌체입니다. 프로크리에이트에 폰트를 설치하는 방법은 215쪽을 참고합니다.

11 같은 방법으로 라인을 그리고 컬러링하여 인스타툰을 완성합니다.

TIP 라인을 그리는 것이 어렵다면 스케치 파일을 불러온 후 따라 그려도 됩니다. 동작을 터치하고 [추가]-[파일 삽입하기]를 선택하여 **3\sketch05.png** 파일을 불러옵니다. 그런 다음 새 레이어를 추가하여 그리도록 합니다.

인스타그램에 업로드하기

12 아이패드에서 [카메라]를 실행하고 아래 QR코드에 가져다 대면 인스타그램에 업로드하는 과정을 볼 수 있습니다.

06 LESSON 알록달록 리스 그리기

그리기 가이드로 사분면 대칭 기능 활용하기

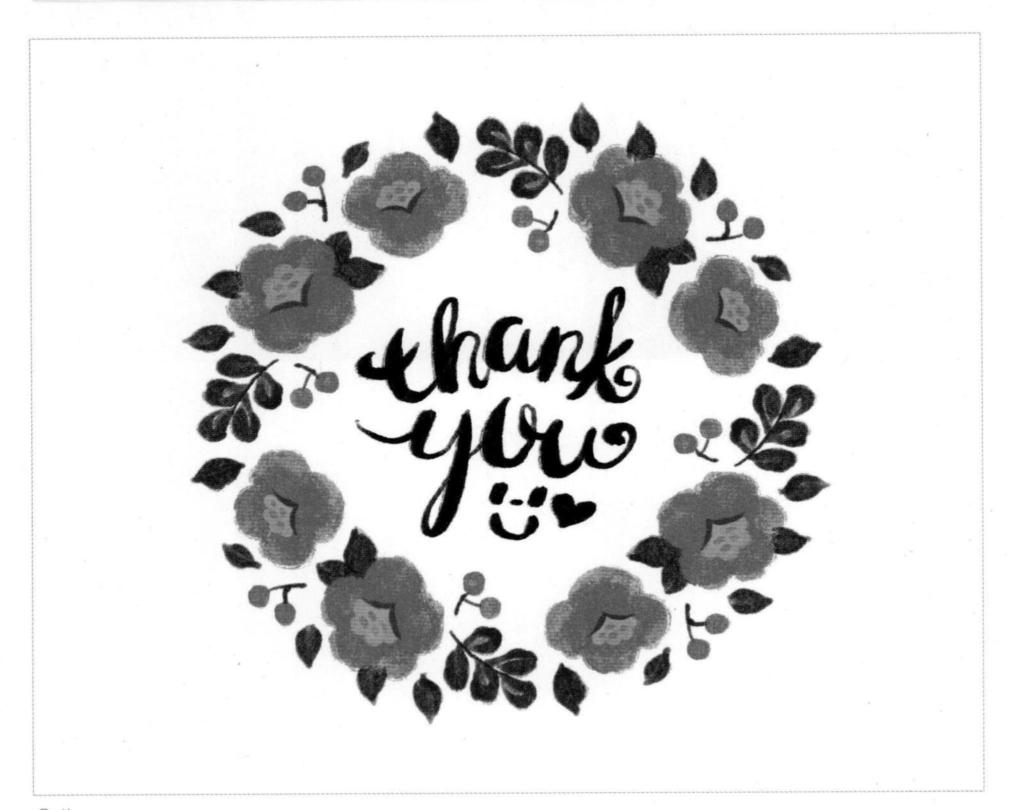

준비 파일 | 3\sketch06.png **완성 파일** | 3\final06.procreate

사분면 대칭은 화면을 네 개로 나누어 사방으로 대칭되도록 하는 기능입니다. 대칭 기능은 반복 작업을 줄일 수 있어 매우 편리합니다. 앞서 **LESSON 04. 사랑스러운 꽃병 그리기** 실습에서 좌우 대칭하여 그렸다면 이번에는 사방으로 대칭하여 리스를 그려보겠습니다.

방사형 대칭 설정하기

01 ❶ 스크린 크기의 캔버스를 만들고 3\sketch06.png 파일을 불러옵니다. ❷ 새 레이어를 추가합니다.

02 ❶ 동작을 터치하고 [캔버스]–[그리기 가이드]를 활성화합니다. ❷ [그리기 가이드 편집]을 터치해 그리기 가이드 편집 모드로 들어갑니다. ❸ [대칭]을 터치하고 ❹ [옵션]을 선택합니다. ❺ [사분면]을 터치하고 [회전 대칭], [그리기 도움받기]를 활성화합니다. ❻ [완료]를 터치합니다.

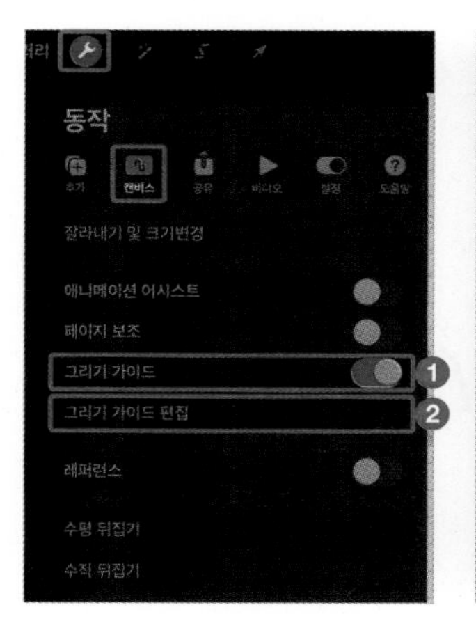

03 ❶ [레이어] 패널에서 [레이어 2] 레이어에 '보조' 표시를 확인합니다. ❷ [레이어 2] 레이러를 터치하고 [그리기 도우미]에 체크되어 있는지 확인합니다. 대칭 설정이 완료되었습니다.

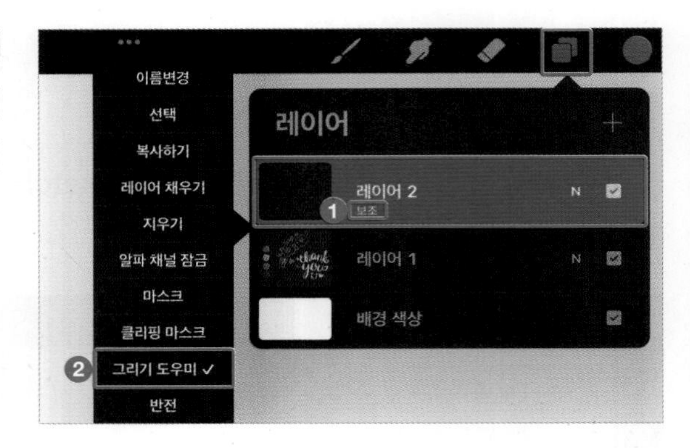

꽃 그리기

04 애플 펜슬을 45° 정도 기울여서 꽃을 칠합니다. 하나를 칠하면 다른 면에도 꽃이 나타납니다.

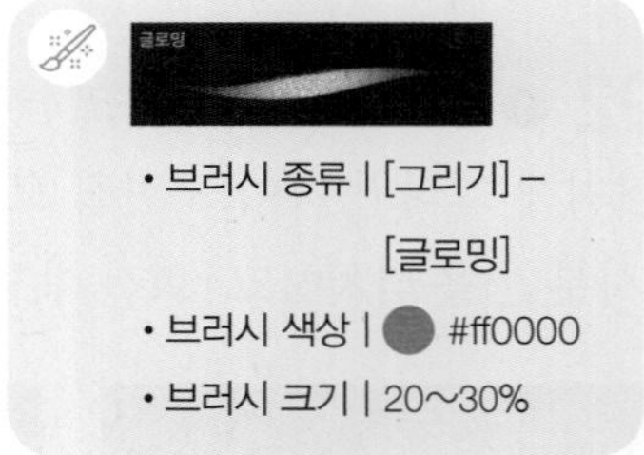

- 브러시 종류 | [그리기] – [글로잉]
- 브러시 색상 | #ff0000
- 브러시 크기 | 20~30%

TIP 컬러 가이드를 활용하면 [색상] 패널을 사용하지 않아도 색을 빠르게 선택할 수 있습니다. 한 손가락으로 원하는 색을 2초 이상 꾹 눌렀다가 떼면 색이 선택됩니다.

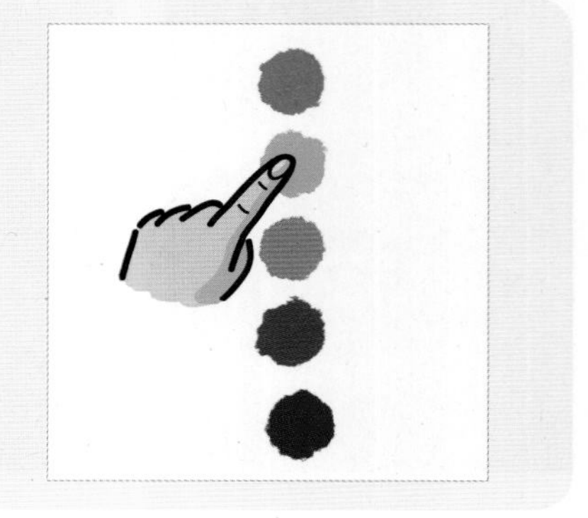

05 ❶ 노란색으로 수술을 칠하고 ❷ 주황색으로 톡톡 찍습니다. ❸ 갈색으로 라인을 그립니다. ❹ 같은 방법으로 다른 꽃도 칠하고 ❺ 앵두도 칠합니다.

06 ❶ 새 레이어를 추가하고 ❷ [레이어 2] 레이어 아래로 옮깁니다. ❸ [레이어 3] 레이어를 터치하고 [그리기 도우미]를 터치해 체크합니다. '보조' 표시가 나타납니다. ❹ 잎을 칠해줍니다.

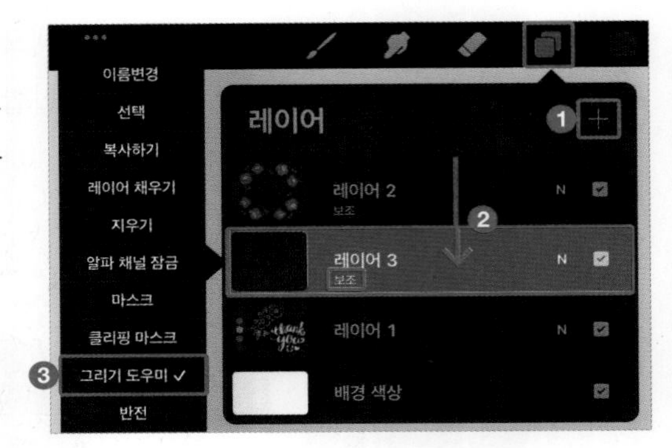

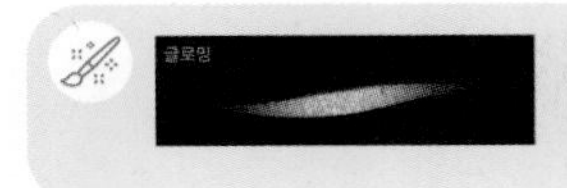

- 브러시 종류 | [그리기] – [글로밍]
- 브러시 색상 | ● #00610d
- 브러시 크기 | 10~20%

07 ❶ 새 레이어를 추가하고 ❷ 스케치를 따라 글씨를 씁니다.

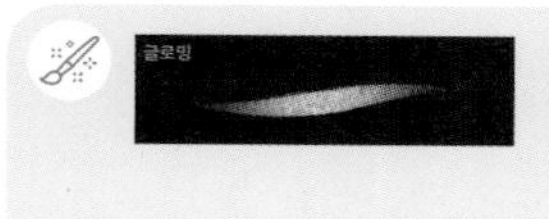

- 브러시 종류 | [그리기] – [글로밍]
- 브러시 색상 | ● #000000
- 브러시 크기 | 7~9%

TIP 새로 추가한 레이어에 '보조' 표시가 없으므로 대칭 그리기가 적용되지 않습니다.

08 스케치 레이어를 삭제하고 [그리기 가이드]를 비활성화하여 완성합니다.

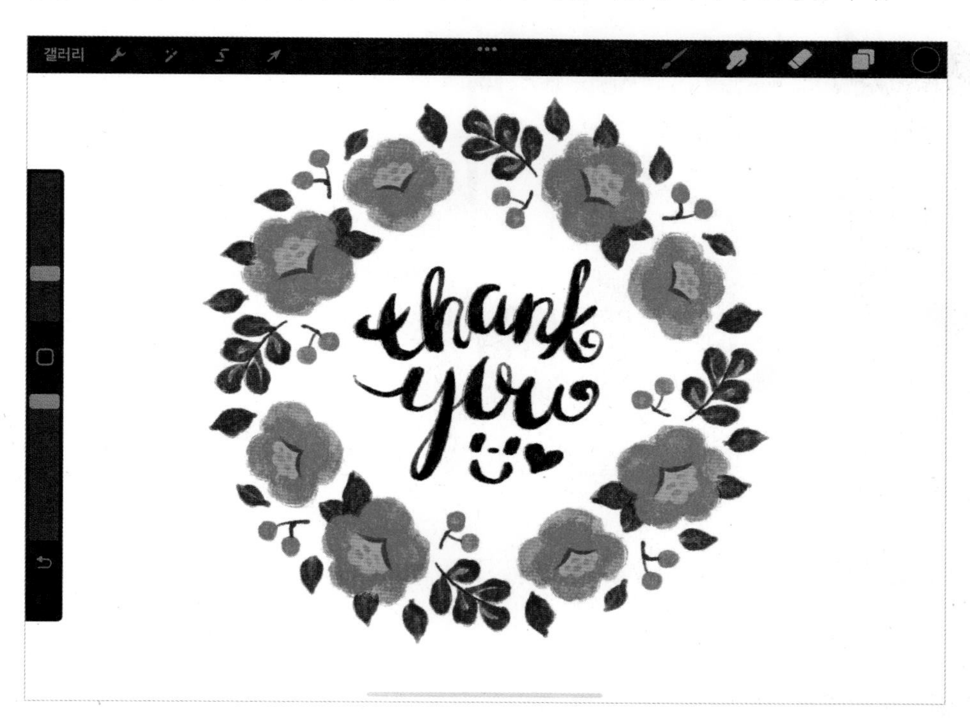

TIP 레이어를 삭제하는 방법은 333쪽, [그리기 가이드]를 비활성화하는 방법은 222쪽을 참고합니다.

07 LESSON 사과 상자 안에 들어간 고양이 그리기

등거리 가이드 기능으로 입체를 쉽게 그리기

준비 파일 | 없음 **완성 파일** | 3\final07.procreate

캔버스는 평면입니다. 평면 안에 입체를 그리려면 공간감과 투시도법을 알고 있어야 합니다. 그러나 프로크리에이트에서는 입체를 쉽게 그릴 수 있는 등거리 가이드 기능이 있습니다. 사과 상자를 입체로 그리고 그 안에 들어간 귀여운 고양이를 그려보겠습니다.

등거리 설정하기

01 ❶ 스크린 크기의 캔버스를 만들고 동작🔧을 터치한 후 [캔버스]–[그리기 가이드]를 활성화합니다. ❷ [그리기 가이드 편집]을 터치해 그리기 가이드 편집 모드로 들어갑니다. ❸ [등거리]를 터치하고 ❹ [그리기 도움받기]를 활성화한 후 ❺ [완료]를 터치합니다.

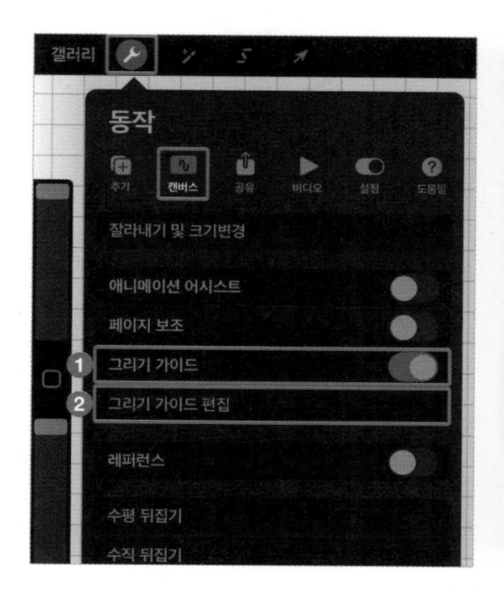

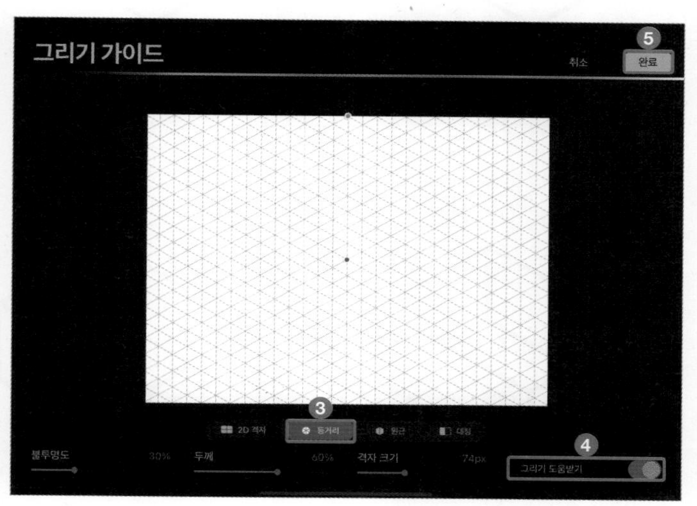

02 [레이어] 패널에서 [레이어 1] 레이어에 '보조' 표시가 되어 있는지 확인합니다. 등거리 가이드 설정이 완료되었습니다.

03 ❶ 사선을 그리고 옆 면을 그립니다. ❷ 마름모꼴을 만들어서 상자의 윗면을 그립니다.

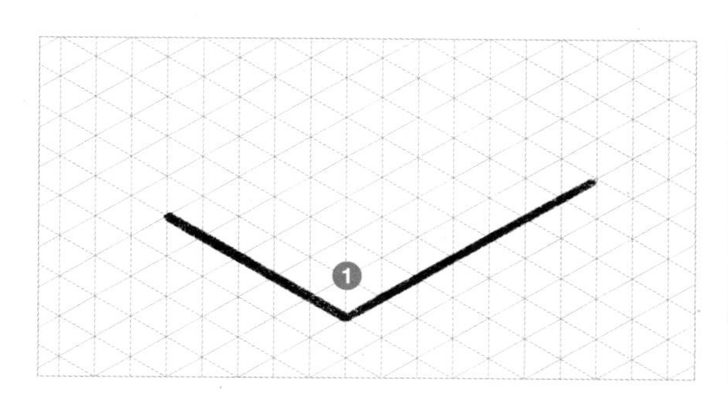

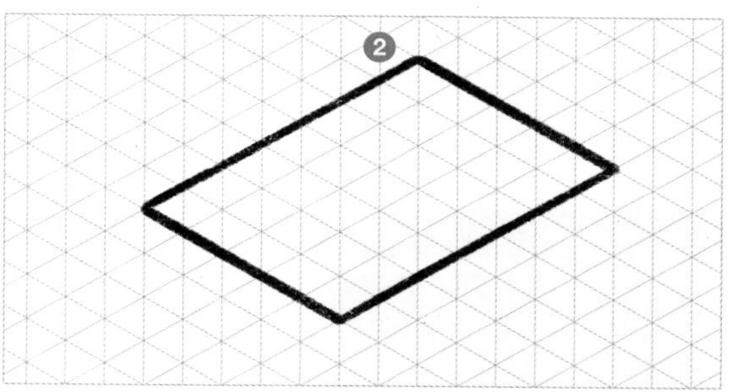

- 브러시 종류 | [빨간고래] – [색연필–굵기일정]
- 브러시 색상 | ● #000000
- 브러시 크기 | 7~10%

04 옆면을 그리고 안쪽 바닥도 그립니다. 상자 옆면에 빨간색 사선을 두 개 그립니다.

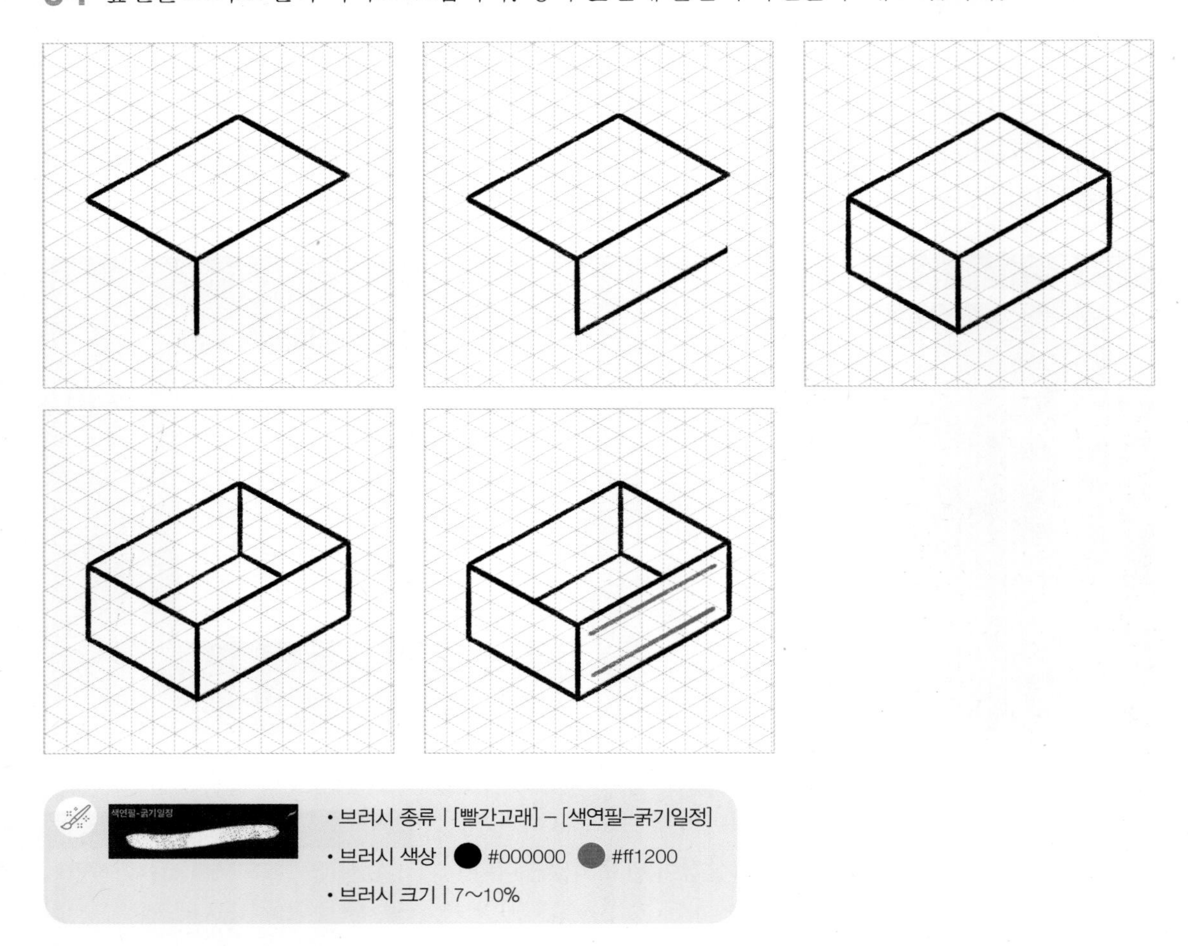

등거리 가이드 해제하기

05 ❶ [레이어 1] 레이어를 터치하고 ❷ [그리기 도우미]를 터치해 체크 해제합니다. ❸ 레이어에 '보조' 표시가 사라진 것을 확인합니다. 등거리 설정이 해제되었습니다.

06 등거리 가이드 선도 보이지 않게 설정하겠습니다. ❶ 동작 을 터치하고 ❷ [캔버스]–[그리기 가이드]를 비활성화합니다. 등거리 가이드 선이 사라집니다.

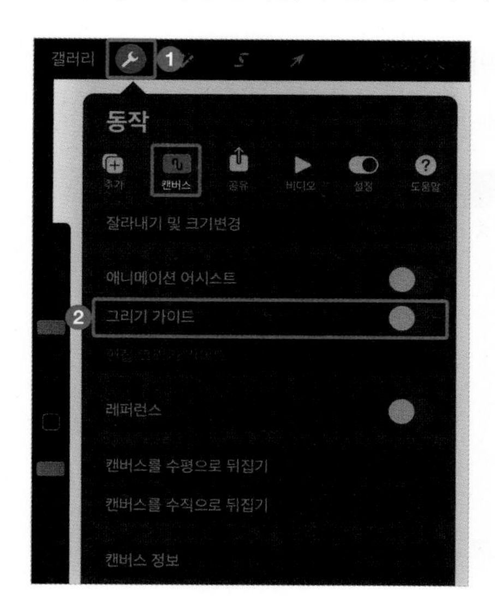

07 상자에 APPLE을 쓰고 구멍도 그립니다. 등거리 가이드가 해제되었으므로 자유롭게 드로잉할 수 있습니다.

TIP 04에서 설정한 브러시를 그대로 사용합니다.

상자 안에 있는 고양이 스케치하기

08 ❶ 상자를 그린 레이어를 두 손가락으로 터치하고 ❷ 캔버스 화면을 왼쪽으로 드래그하여 [불투명도]를 20%로 설정합니다. 드로잉한 라인이 투명해집니다. ❸ 새 레이어를 추가합니다.

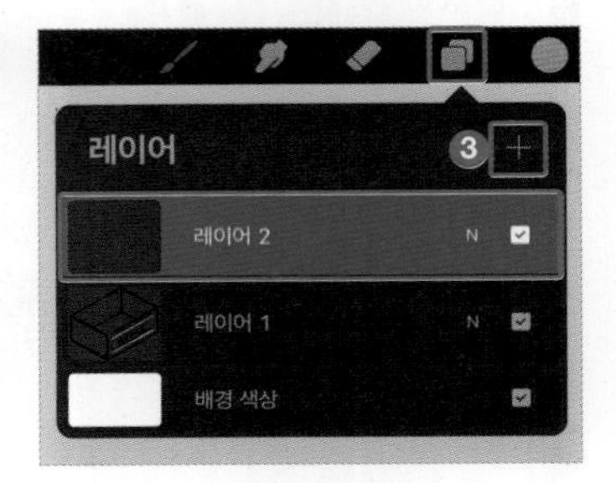

09 ❶ 고양이 얼굴이 될 타원을 그리고 ❷ 몸통도 타원으로 그립니다. ❸ 중심선을 그리고 ❹ 귀와 꼬리를 그려줍니다. ❺ 다리도 그려 러프 스케치를 완성합니다.

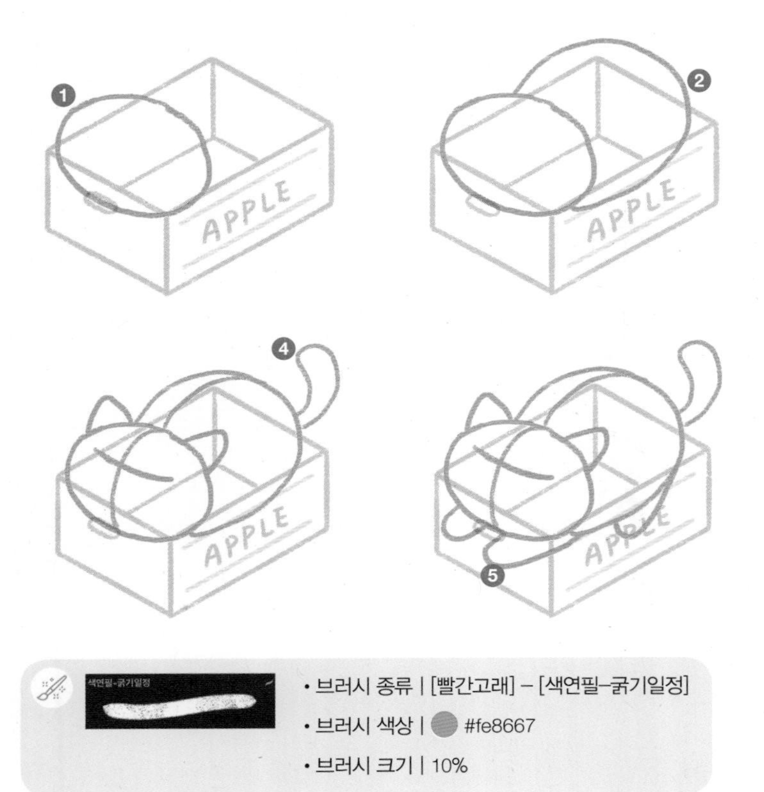

TIP 고양이 라인을 수정하고 싶다면 변형을 터치하여 크기와 위치를 수정합니다. 몸통과 다리까지 모두 그렸기 때문에 구조를 쉽게 파악할 수 있습니다.

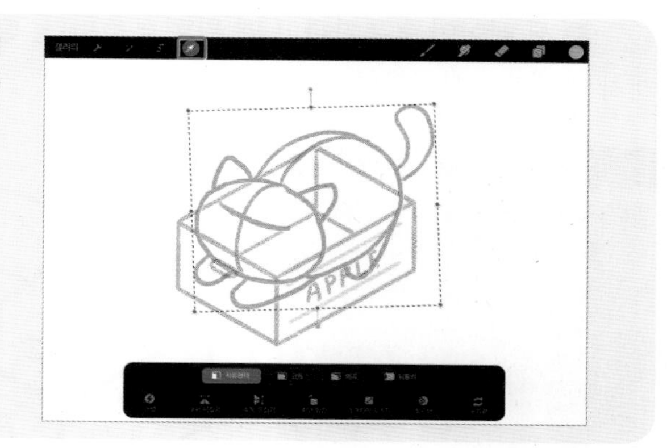

10 지우개로 ⓐ 영역의 고양이 라인을 지웁니다.

11 ❶ 두 손가락으로 상자를 그린 레이어를 터치하고 ❷ 캔버스 화면을 오른쪽으로 드래그하여 [불투명도]를 100%로 설정합니다. ❸ 지우개로 고양이 라인과 겹쳐지는 부분을 지웁니다.

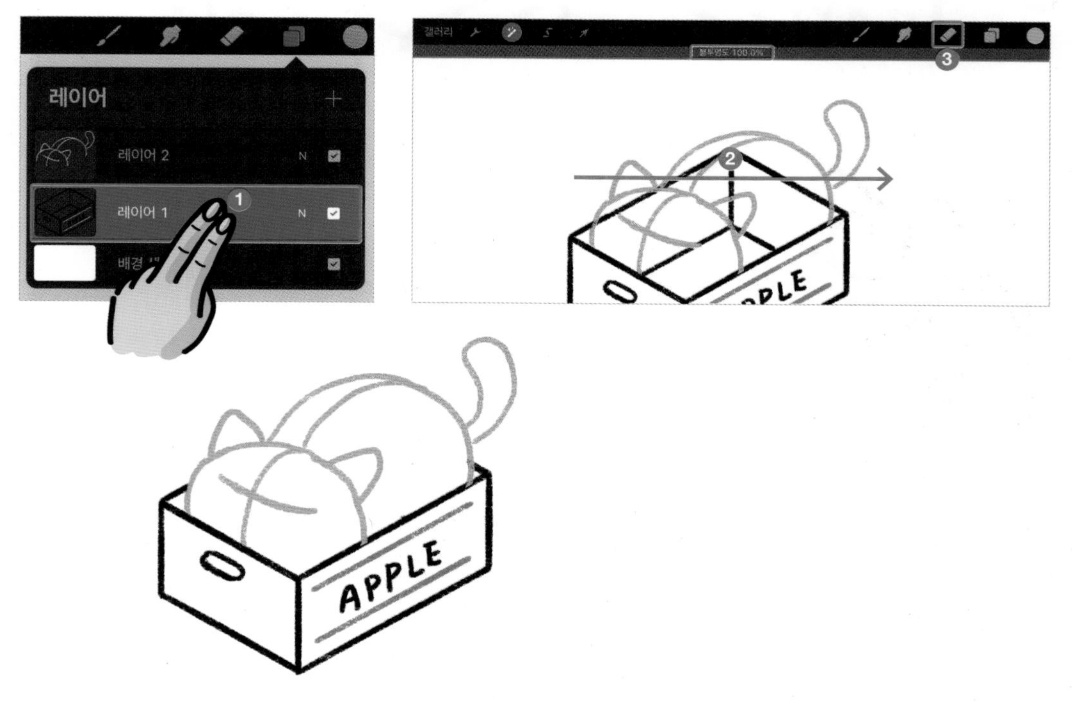

12 ❶ 새 레이어를 추가하고 맨 위로 옮깁니다. ❷ 고양이를 그립니다. ❸ 고양이 라인을 그린 스케치 레이어는 삭제합니다.

13 사과를 그려서 그림을 풍성하게 만들겠습니다. ❶ 고양이 머리를 지우고 ❷ 사과를 한 개 그립니다. ❸ 상자 주변에도 떨어진 사과와 잎을 그립니다.

고양이 컬러링하기

14 ❶ 새 레이어를 추가하고 맨 아래로 옮깁니다. ❷ 고양이 얼룩과 상자, 사과와 잎을 칠합니다. 책과 같은 색으로 칠하지 않아도 됩니다. 자유롭게 칠합니다. ❸ 그림자를 넣어 완성합니다.

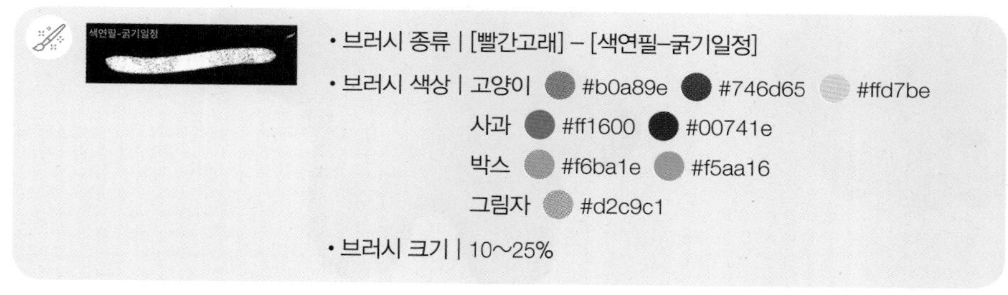

08 LESSON 움직이는 이모티콘 만들기

움직이는 GIF 파일 만들어 저장하기

준비 파일 | 3\sketch08.png
완성 파일 | 3\final08_1.procreate, final08_2.procreate, final08_1.gif, final08_2.gif

요즘은 이모티콘 열풍이라고 할 정도로 많은 사람들이 이모티콘 제작에 관심을 갖고 있습니다. 이모티콘을 제작하는 데 프로크리에이트를 많이 사용하기도 합니다. 이번에는 애니메이션을 만드는 방법에 대해서 알아보고 움직이는 푸들 이모티콘을 만들어보겠습니다. 이모티콘을 다 만든 후에 '카카오 이모티콘 가이드'에 맞추어 저장하고 이모티콘 제안까지 진행해보겠습니다.

애니메이션 어시스트 알아보기

01 ❶ 1500×1500px, 72DPI의 새 캔버스를 만듭니다. ❷ [색상 프로필]은 [sRGB IEC61966-2.1]을 터치합니다. ❸ [창작]을 터치해 새 캔버스를 만듭니다.

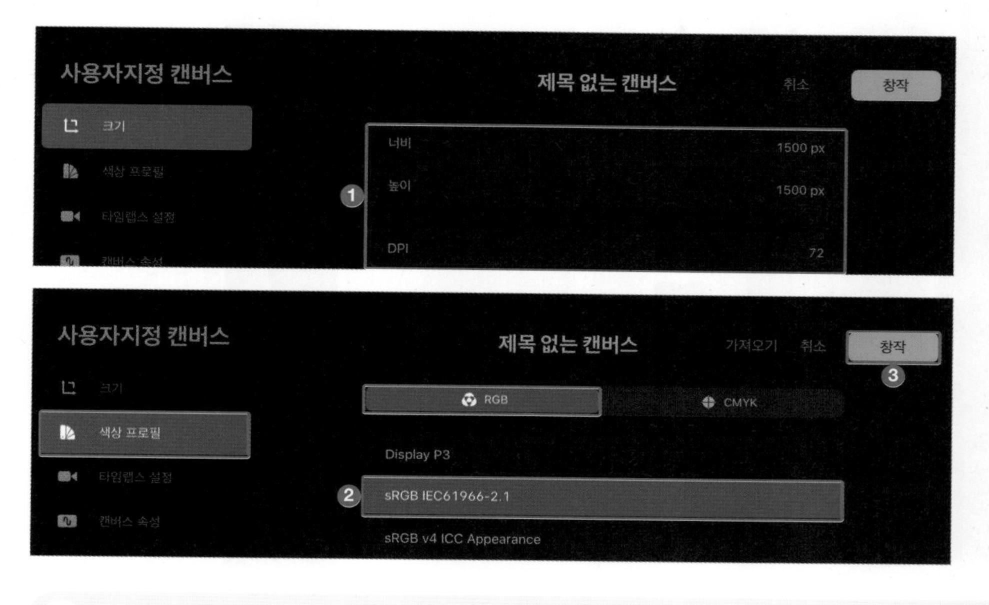

TIP 갤러리 화면에서 사용자지정 캔버스를 만드는 방법은 036쪽을 참고합니다.

TIP **움직이는 이모티콘을 만들기 전에 꼭 알아두어야 할 것★**

- **캔버스 사이즈를 크게 설정한 이유 :** 카카오 이모티콘의 사이즈는 360×360px이고, 라인 스티커는 370×320px입니다. 그러나 작업을 하다 보면 잦은 수정을 거치게 되고, 한 작업물을 다른 곳에 활용하는 경우가 많습니다. 따라서 원본 파일은 실제 이모티콘 사이즈보다 크게 설정하여 작업하기를 권장합니다.
- **[Display P3]를 선택하지 않는 이유 :** [Display P3]로 설정하고 [움직이는 GIF] 파일로 저장하면 채도가 낮아집니다. 실제 작업한 색과 달리 칙칙해 보이므로 [sRGB IEC61966-2.1]로 설정하기를 권장합니다.

02 눈 두 개와 입을 그립니다.

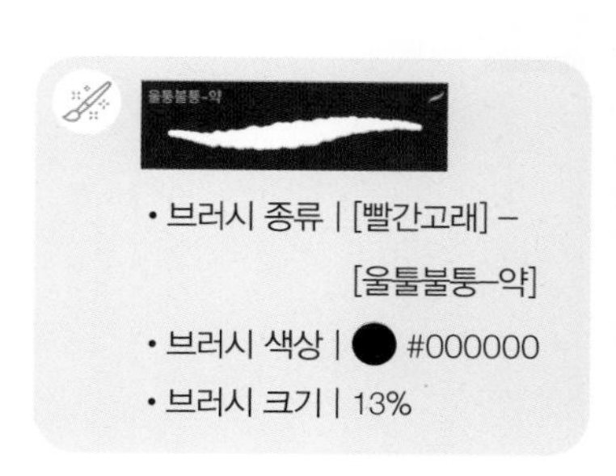

- 브러시 종류 | [빨간고래] – [울퉁불퉁–약]
- 브러시 색상 | ● #000000
- 브러시 크기 | 13%

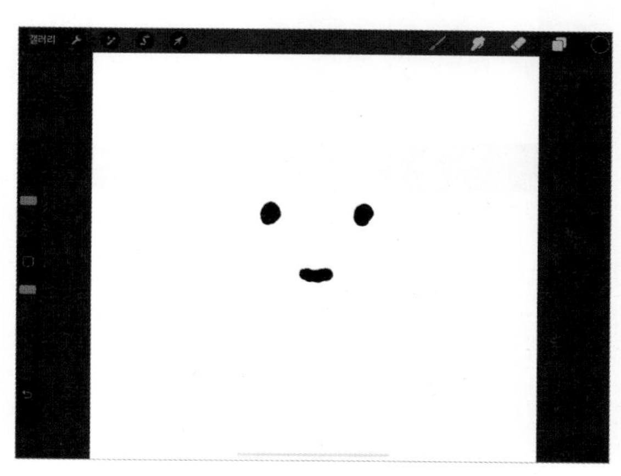

03 ❶ 동작 을 터치하고 ❷ [캔버스]-[애니메이션 어시스트]를 활성화합니다. 하단에 타임라인이 나타납니다.

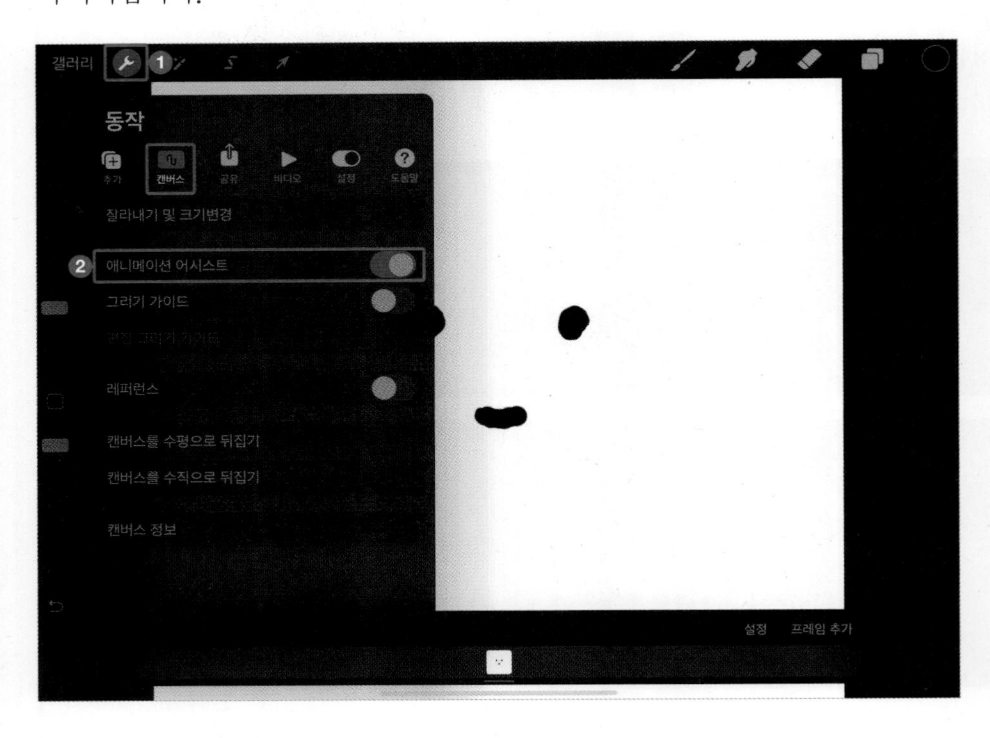

04 ❶ [프레임 추가]를 터치합니다. 이전 그림이 회색으로 보입니다. ❷ 회색선 위에 입꼬리가 살짝 올라간 얼굴을 그립니다.

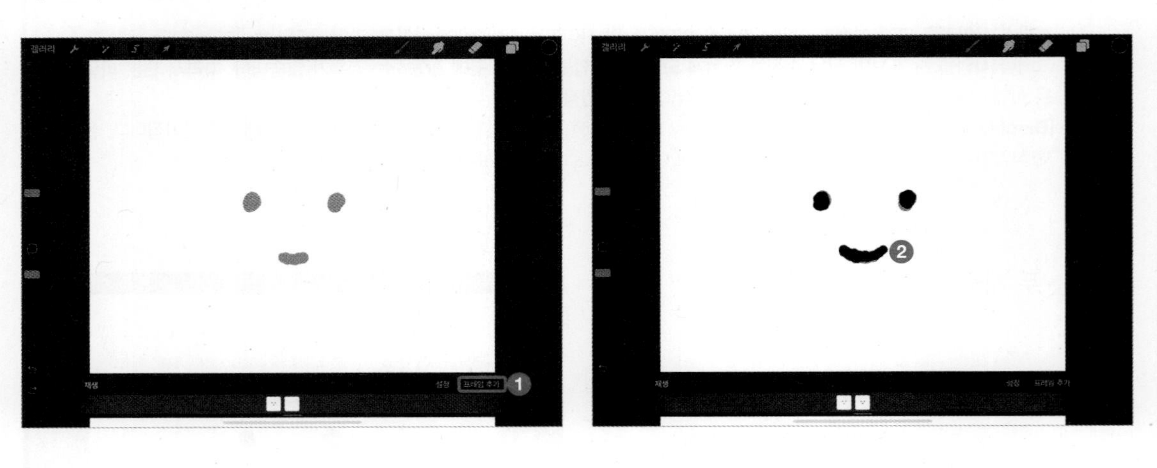

05 ❶ [프레임 추가]를 터치하고 ❷ 입꼬리가 더 올라간 모습을 그립니다. ❸ 타임라인에서 [재생]을 터치합니다. 애니메이션이 완성되었습니다.

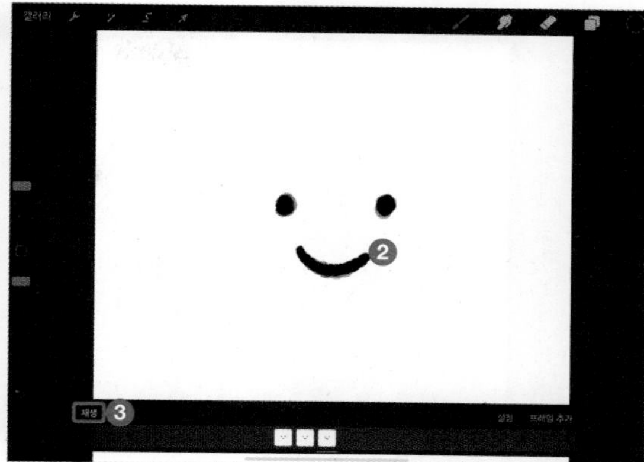

TIP [레이어] 패널을 살펴보면 프레임을 추가할 때 레이어도 함께 추가된 것을 확인할 수 있습니다. 한 개의 레이어는 한 개의 프레임과 같습니다. 새로운 레이어 ⊞를 터치해서 레이어를 추가하면 프레임도 추가됩니다.

06 ❶ 새 레이어를 추가하고 맨 아래에 배치합니다. ❷ 타임라인에서 추가된 프레임을 터치하고 ❸ [배경]을 활성화합니다.

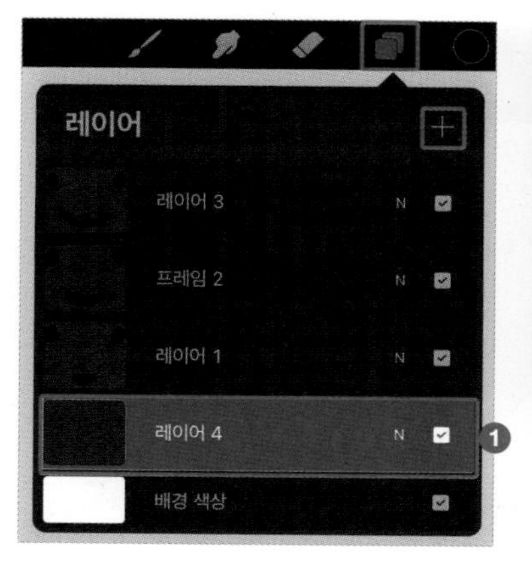

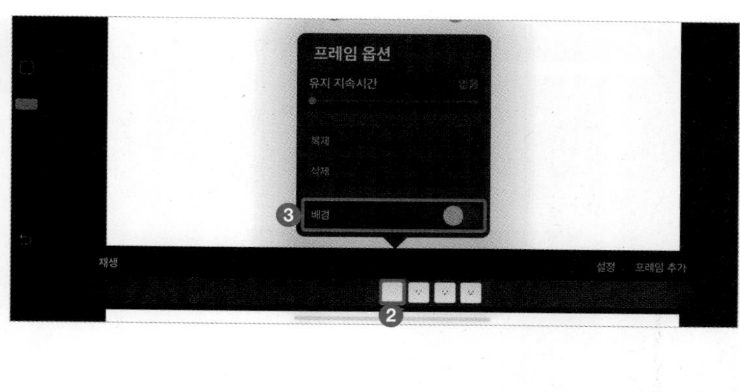

TIP 프레임을 터치하면 파란색 막대가 표시됩니다. 해당 프레임이 선택되었다는 뜻입니다. 선택된 상태에서 한 번 더 터치하면 옵션이 말풍선 형태로 나타납니다.

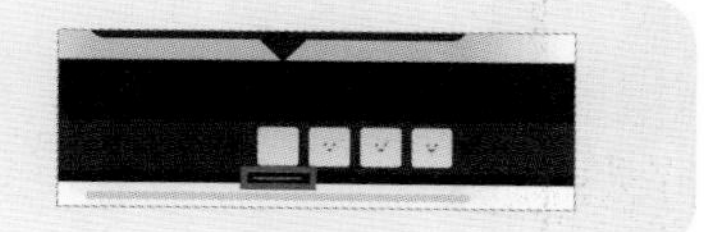

07 ❶ 노란색으로 대충 칠한 후 ❷ [재생]을 터치합니다. 배경으로 지정한 노란색 프레임은 움직이지 않고 고정되어 나타납니다.

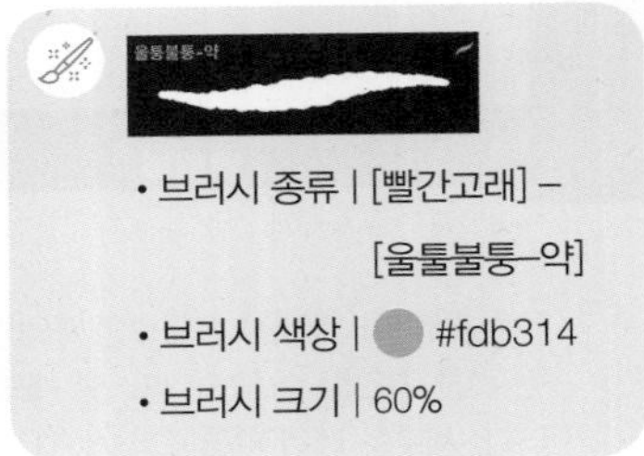

움직이는 GIF로 저장하기

08 ❶ 동작을 터치하고 ❷ [공유]를 선택합니다. 세 가지 방식으로 애니메이션을 저장할 수 있습니다. ❸ [움직이는 GIF]를 터치합니다. ❹ 움직이는 GIF 편집 모드에서 [내보내기]를 터치하고 ❺ [이미지 저장]을 선택해 [사진]에 저장합니다.

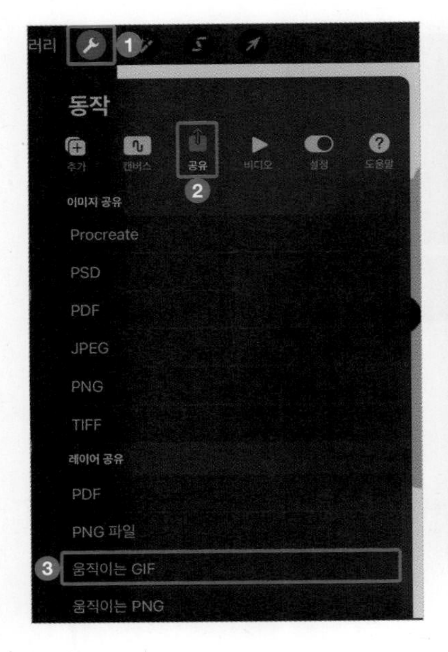

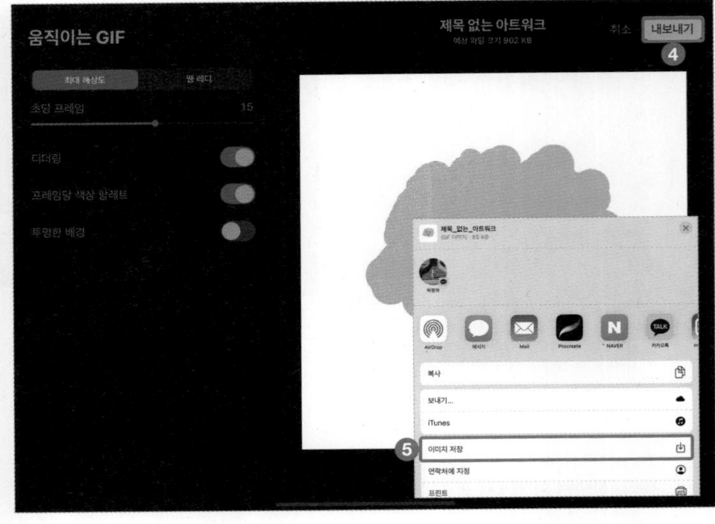

움직이는 이미지 파일 형식과 옵션 알아보기

레이어 공유

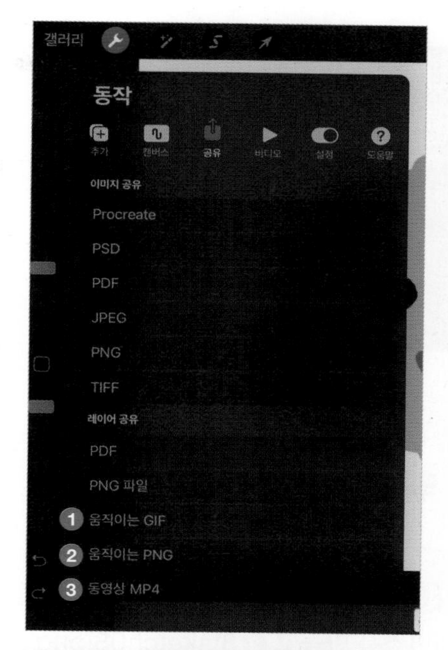

❶ **움직이는 GIF** | 웹에서 가장 많이 사용하는 애니메이션 파일 형식입니다.

ⓐ **초당 프레임 :** 1초당 재생하는 프레임의 수입니다. 수치가 높을수록 빠르게 움직입니다.

ⓑ **디더링 :** 색과 색 사이의 연결을 자연스럽게 만듭니다.

ⓒ **프레임당 색상 팔레트 :** GIF는 256색을 지원하므로, 프레임마다 고유 색상 팔레트로 저장하면 조금 더 높은 퀄리티로 색상을 표현할 수 있습니다.

ⓓ **투명한 배경 :** 활성화하면 배경이 투명하게 저장됩니다. [움직이는 PNG]로 저장할 때 선택하는 것이 좋습니다.

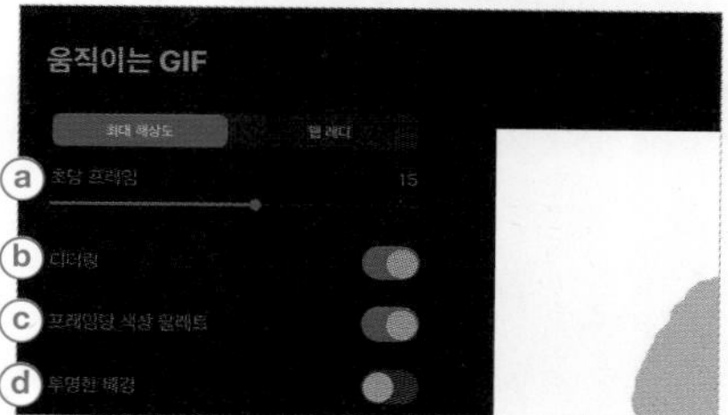

❷ **움직이는 PNG** | GIF 파일 형식보다 퀄리티가 더 높고 파일 용량도 더 큽니다. 아이패드의 [사진]에 저장하면 멈춰 있는 화면으로 보이며 [파일]에 저장하면 움직이는 애니메이션으로 보입니다.

❸ **동영상 MP4** | 인스타그램처럼 GIF 애니메이션을 업로드할 수 없는 곳에 사용하기가 좋습니다. 재생이 반복되지는 않습니다.

프레임 옵션

프레임이 선택된 상태에서 한 번 더 터치하면 프레임 옵션이 나타납니다.

❶ **유지 지속시간** | 프레임의 시간을 늘려줍니다.

❷ **복제** ❸ **삭제** | 프레임을 복제/삭제합니다. 레이어에서 복제/삭제하는 것과 같은 결과입니다.

❹ **배경** | 맨 왼쪽의 프레임을 터치했을 경우에만 나타나는 기능입니다. 배경으로 선택해놓으면 배경처럼 고정되어서 계속 나타납니다. 반대로 맨 오른쪽의 프레임을 더블 터치하면 [전경] 메뉴가 나타납니다. [전경]으로 선택한 레이어는 맨 앞에서 고정되어 계속 나타납니다.

09 동작 을 터치하고 [캔버스]–[애니메이션 어시스트]를 비활성화하면 타임라인이 사라지면서 애니메이션 작업 모드가 해제됩니다.

푸들 이모티콘 만들기

10 손을 흔드는 푸들 이모티콘을 만들어보겠습니다. ❶ 01에서 만든 캔버스와 똑같은 포맷으로 새 캔버스를 만들고 ❷ 3\sketch08.png 파일을 불러옵니다.

TIP **캔버스 사이즈 :** 1500×1500px, **DPI :** 72DPI, **색상 프로필 :** sRGB IEC61966–2.1

11 푸들의 손 부분만 잘라내겠습니다. ❶ 선택을 터치하고 ❷ [올가미]가 선택된 상태에서 손 부분을 드래그하여 선택합니다. ❸ 세 손가락으로 화면을 쓸어내리고 ❹ [복사 및 붙여넣기] 패널에서 [자르기 및 붙여넣기]를 터치합니다. ❺ [레이어] 패널에서 레이어가 두 개로 분리되었는지 확인합니다.

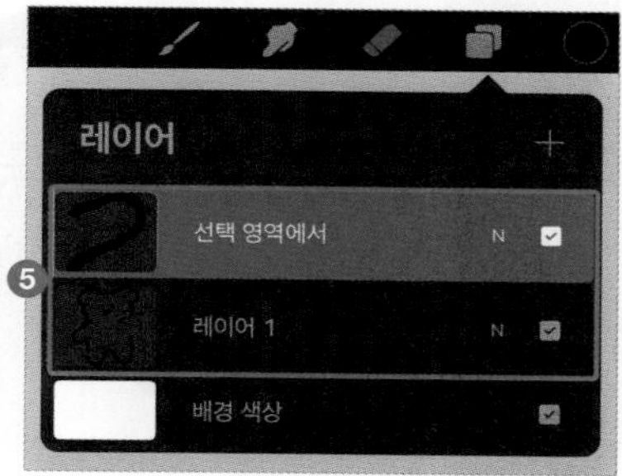

12 ❶ 동작을 터치하고 [캔버스]-[애니메이션 어시스트]를 활성화해 타임라인을 표시합니다. ❷ 손이 있는 레이어가 선택된 상태에서 몸통이 있는 레이어를 오른쪽으로 슬라이드해 함께 선택합니다. ❸ [그룹]을 터치합니다. ❹ 타임라인을 보면 한 개의 프레임이 되었음을 확인할 수 있습니다. 그룹 한 개는 프레임 한 개와 같습니다.

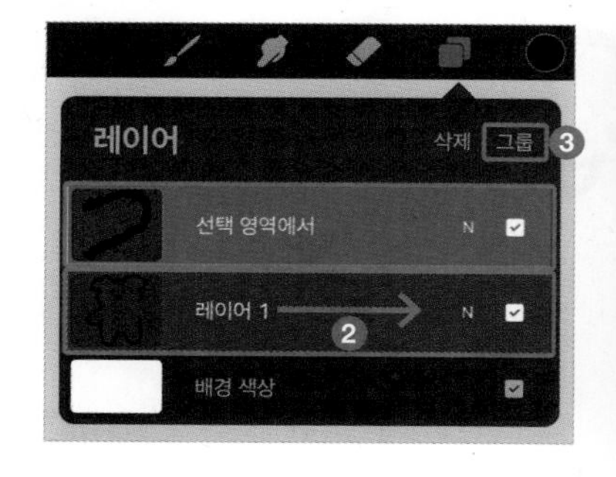

13 ❶ [새로운 그룹]을 왼쪽으로 슬라이드하여 복제합니다. ❷ 타임라인에 프레임이 추가되었습니다.

14 ❶ 추가된 그룹에서 손이 있는 레이어를 터치하여 선택합니다. ❷ 변형 을 터치하고 ❸ 연두색 조절점 을 왼쪽으로 15° 정도 회전하고 ❹ 위로 살짝 올려 손이 올라간 것처럼 변형합니다.

15 ❶ [레이어] 패널에서 두 번째 그룹의 푸들 레이어를 터치합니다. ❷ 한 번 더 터치하고 ❸ [지우기]를 선택합니다. ❹ 귀 끝이 올라간 것처럼 그립니다. ❺ 푸들의 오른쪽 손도 조금 더 올라간 것처럼 그립니다. ❻ 눈도 그리고 입도 살짝 더 벌어지게 그립니다. ❼ 몸통 전체를 이어줍니다.

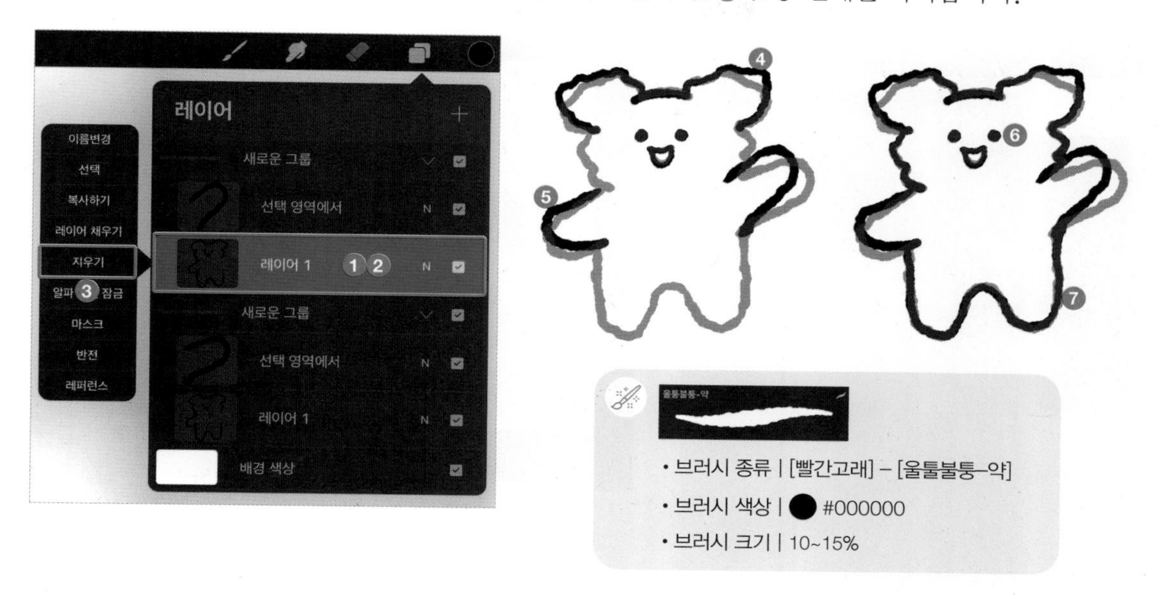

• 브러시 종류 | [빨간고래] – [울퉁불퉁–약]
• 브러시 색상 | ● #000000
• 브러시 크기 | 10~15%

16 ❶ 두 번째 그룹을 복제하여 새 그룹을 하나 더 만들고 ❷ 복제된 그룹의 손 레이어를 터치하여 선택합니다. ❸ 변형 을 터치하고 ❹ 연두색 조절점 을 왼쪽으로 15° 정도 회전하고 위로 살짝 옮겨서 손이 얼굴 위에 겹쳐지게 합니다.

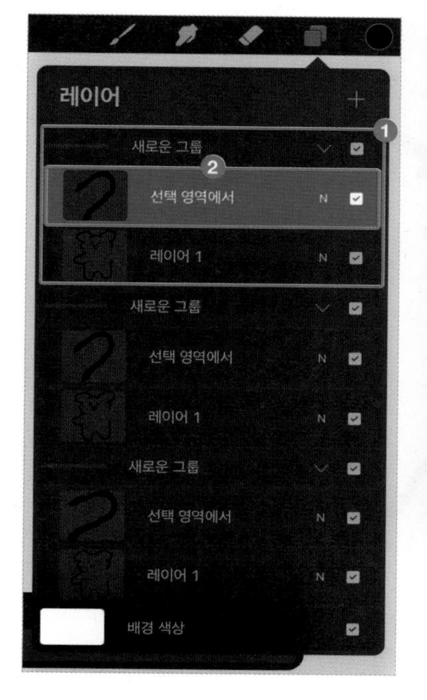

TIP 그룹을 복제하려면 [새로운 그룹]을 왼쪽으로 슬라이드하고 [복제]를 터치합니다.

17 ❶ [레이어] 패널에서 맨 위에 있는 그룹의 푸들 레이어를 터치합니다. ❷ 한 번 더 터치하고 ❸ [지우기]를 선택합니다. ❹ 타임라인의 [설정]을 터치하고 ❺ [어니언 스킨 불투명도]를 30%로 줄입니다.

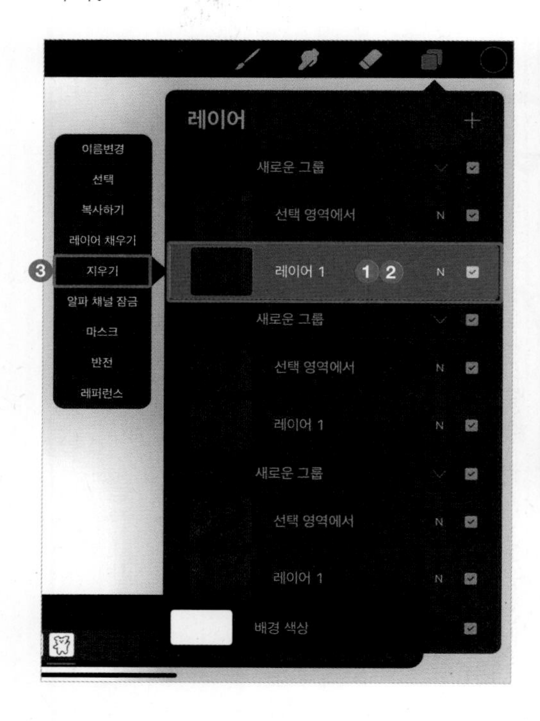

TIP 현재 모든 프레임이 겹쳐서 푸들 라인이 진해졌습니다. 연한 선이 점점 진해져 복잡해 보이기도 합니다. 이때 모든 프레임의 선을 투명하게 하려면 [설정]−[어니언 스킨 불투명도]를 조절합니다.

18 ❶ 귀 끝이 더 올라간 것처럼 그립니다. ❷ 푸들의 오른쪽 손도 더 올라간 것처럼 그립니다. ❸ 눈도 그리고 입도 살짝 더 벌어지게 그립니다. ❹ 몸통 전체를 이어줍니다.

19 ❶❷❸ [레이어] 패널에서 각 그룹에 있는 두 개의 레이어를 꼬집어서 합쳐줍니다. ❹ 맨 위에 있는 그룹의 푸들 레이어를 터치합니다.

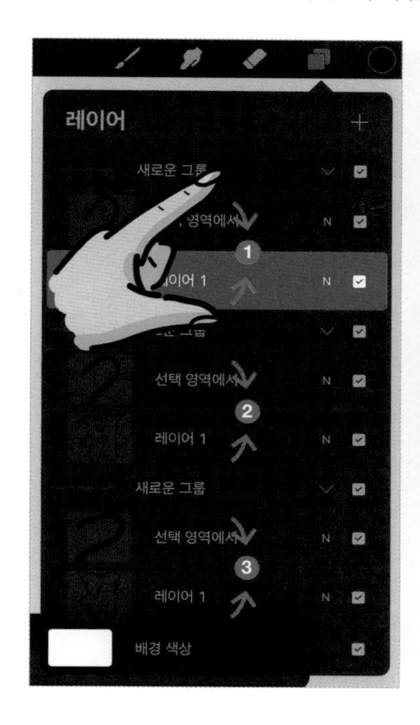

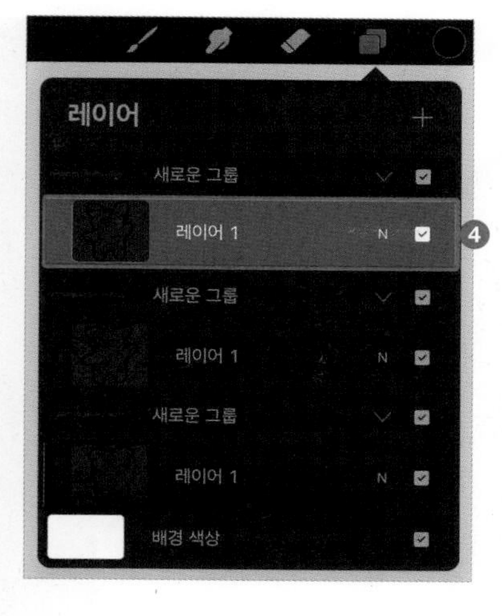

20 ❶ 색상●을 푸들 몸 안쪽으로 드래그해 색을 채웁니다. ❷ 색을 바꿔 입 안쪽도 색을 채웁니다.

• 브러시 색상 | #dd8245 #fea48a

21 ❶ 두 번째 그룹의 푸들 레이어를 터치하여 선택하고 ❷ 20과 같은 방식으로 푸들 몸과 ❸ 입에 색을 채웁니다.

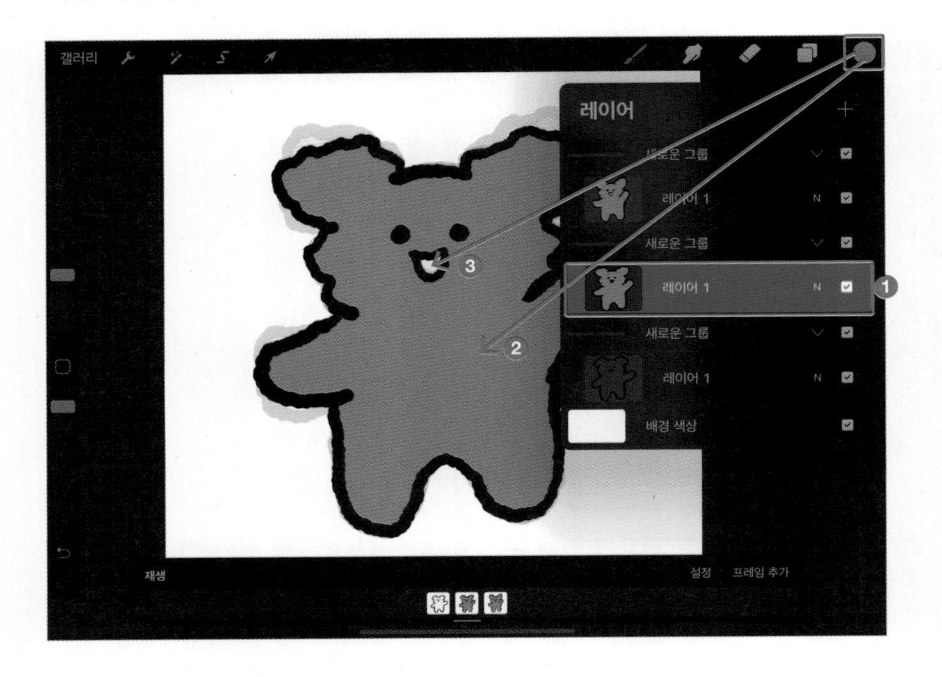

22 ❶ 맨 아래 그룹의 푸들 레이어도 같은 방법으로 채색합니다. ❷ 화면을 확대하여 뚫린 부분이 있는지 확인하고 메웁니다.

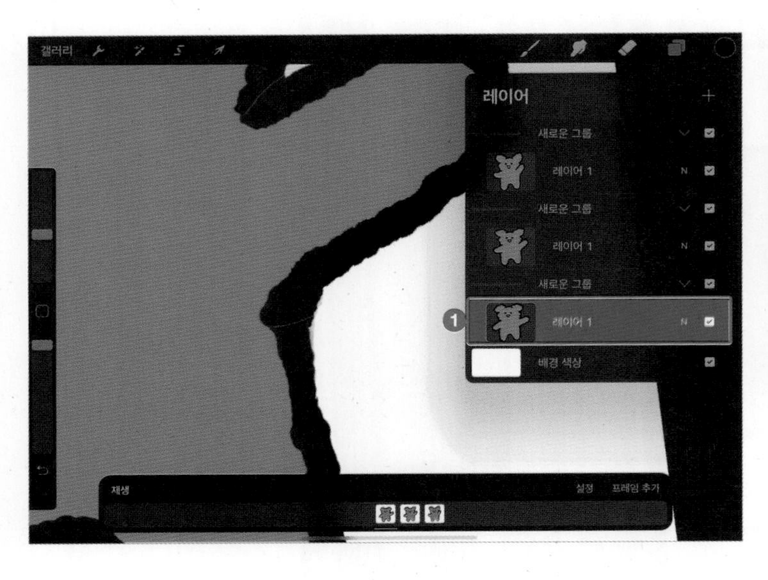

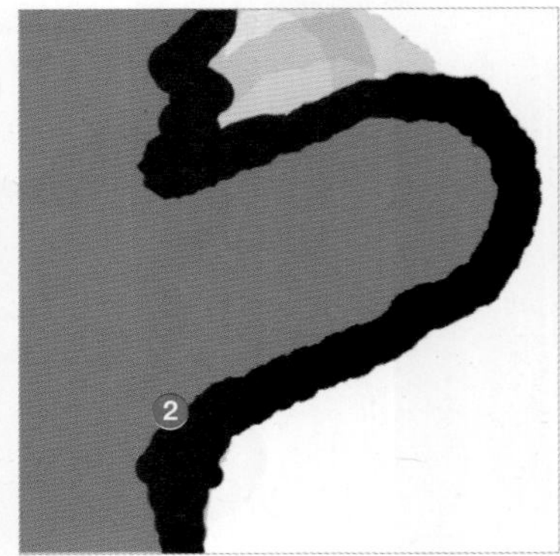

23 ❶ 두 번째 그룹의 푸들 레이어를 터치하고 ❷ 변형 을 터치합니다. ❸ 푸들을 살짝 위로 올립니다.

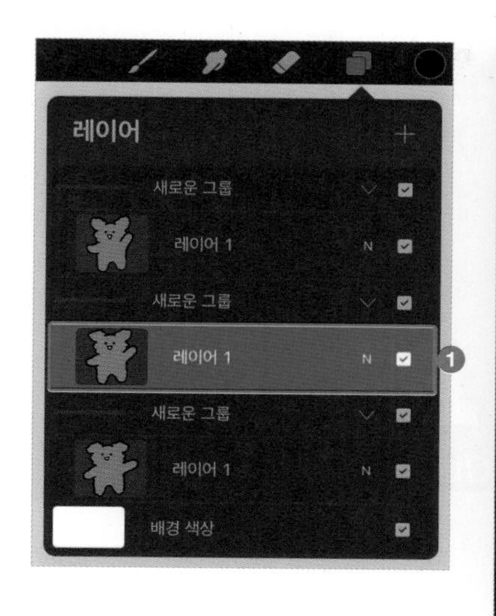

24 ❶ 맨 위에 있는 그룹의 푸들 레이어를 터치하고 ❷ 변형 을 터치합니다. ❸ 두 번째 푸들보다 더 위로 올립니다.

25 ❶ [설정]을 터치하고 ❷ [핑퐁]을 선택합니다. ❸ [재생]을 터치해 확인합니다. 더 빠르게 움직이고 싶다면 ❹ [초당 프레임]을 더 늘려줍니다. 예제에서는 프레임 세 개만 사용했지만 프레임이 많아지면 동작이 자연스럽습니다.

빨간고래의 기능 꼼꼼 익히기

타임라인의 설정 옵션 살펴보기

타임라인에 있는 [설정]을 터치하면 애니메이션의 옵션을 선택할 수 있습니다.

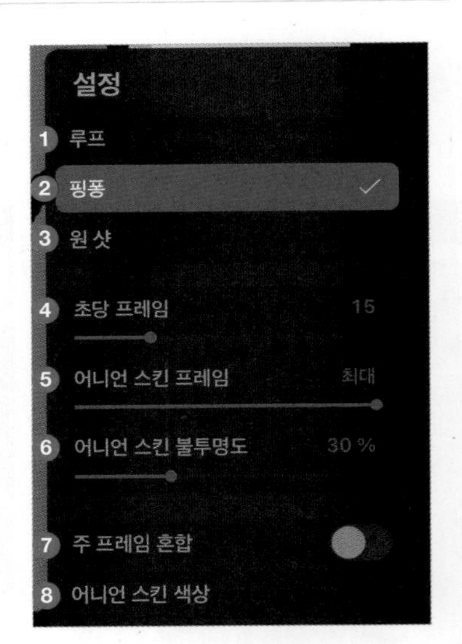

❶ **루프** | 첫 프레임에서 끝 프레임까지 재생한 다음 다시 첫 프레임으로 돌아가서 재생을 반복합니다. 1→2→3→4→1→2→3→4(프레임이 네 개일 경우)

❷ **핑퐁** | 첫 프레임에서 끝 프레임까지 재생한 다음 끝 프레임에서 거꾸로 재생되고 다시 첫 프레임부터 재생을 반복합니다. 탁구공이 튕기는 것처럼 움직임이 이어집니다. 1→2→3→4→3→2→1(프레임이 네 개일 경우)

❸ **원 샷** | 첫 프레임에서 끝 프레임까지 재생한 다음 멈춥니다. 1→2→3→4(프레임이 네 개일 경우)

❹ **초당 프레임** | 1초당 재생하는 프레임의 수입니다. 수치가 높을수록 빠르게 움직입니다.

❺ **어니언 스킨 프레임** | 현재 프레임 외의 프레임을 반투명하게 표시합니다. 최대 12개까지 설정할 수 있습니다.

❻ **어니언 스킨 불투명도** | 어니언 스킨 프레임의 불투명도를 설정합니다.

❼ **주 프레임 혼합** | 현재 프레임과 다른 프레임을 함께 반투명하게 해줍니다.

❽ **어니언 스킨 색상** | 현재 프레임은 원래의 색이 나오고 이외의 프레임들의 색상은 임의로 바뀌어 나옵니다. 색이 다르므로 현재 프레임이 더 잘 보입니다.

카카오 이모티콘 가이드에 맞추어 저장하기

26 ❶ 갤러리 화면에서 푸들을 그린 [제목 없는 아트워크]를 왼쪽으로 슬라이드하고 ❷ [복제]를 터치합니다. ❸ 복제한 그림을 선택합니다.

빨간고래의 기능 꼼꼼 익히기 | **카카오 움직이는 이모티콘의 포맷**

카카오 이모티콘 가이드 중 움직이는 이모티콘의 포맷은 아래와 같습니다. 기준에 맞춰 저장해야 카카오에 이모티콘을 제안할 수 있습니다.

- **사이즈** | 360×360px
- **용량** | 1개당 2MB 이하
- **해상도** | 72DPI
- **컬러 모드** | RGB
- **프레임 수** | 24프레임 이하

이번 예제에서 만든 푸들 애니메이션의 해상도, 컬러 모드, 프레임 수는 카카오 움직이는 이모티콘 포맷(제안 기준)에 부합합니다. 따라서 사이즈와 용량만 확인합니다.

27 ❶ 동작🔧을 터치하고 ❷ [캔버스]-[잘라내기 및 크기변경]을 선택합니다. ❸ 잘라내기 및 크기변경 편집 모드에서 [설정]을 터치하고 ❹ 링크∞를 터치합니다. ❺ 캔버스 사이즈를 줄여 불필요한 공간이 없도록 합니다. ❻ [완료]를 터치합니다.

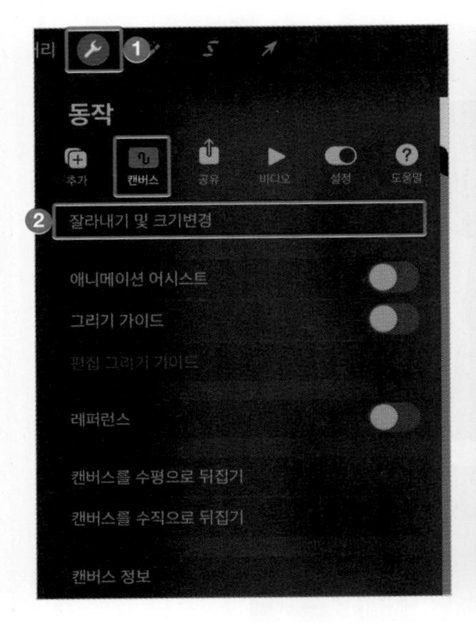

28 ❶ 다시 동작🔧을 터치하고 ❷ [캔버스]-[잘라내기 및 크기변경]을 선택합니다. ❸ [설정]을 터치하고 ❹ [캔버스 리샘플]을 활성화합니다. ❺ [설정]에 360을 입력하고 ❻ [완료]를 터치합니다. 가로세로가 360px이 되고 캔버스 사이즈 비율에 맞춰 푸들 이미지도 작아집니다.

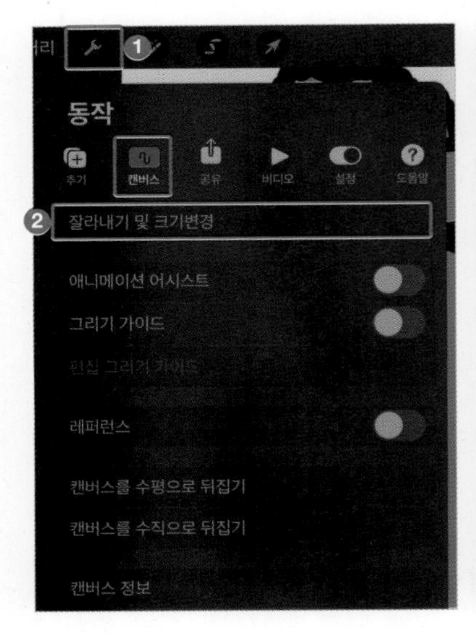

TIP 외곽이 뿌옇게 보이는 이유

외곽이 뿌옇게 보이는 이유는 현재 작은 사이즈의 이미지를 크게 확대해서 보고 있기 때문입니다. 360×360px은 작은 사이즈의 이미지입니다. 즉, 현재 아이패드에서 보는 이미지는 카카오톡에서 사용하는 작은 이모티콘을 크게 확대해서 보고 있는 것입니다. 실제 사이즈(100%)로 보면 깨져 보이지 않습니다.

29 푸들을 [움직이는 GIF]로 저장합니다.

TIP [움직이는 GIF]로 저장할 때는 [최대 해상도]의 [디더링], [프레임당 색상 팔레트]가 활성화되었는지 확인합니다. 상단에서 용량도 확인해야 합니다. 카카오 움직이는 이모티콘은 한 개당 2MB 이하여야 합니다.

카카오 이모티콘 제안하기

30 ❶ emoticonstudio.kakao.com에 접속합니다. ❷ [제안 시작하기]를 터치합니다. ❸ 로그인 화면이 나타나면 카카오 계정으로 로그인합니다.

31 ❶ 움직이는 이모티콘의 [제안하기]를 터치합니다. ❷ 이모티콘의 정보를 입력하고 화면을 아래로 내립니다.

TIP 카카오 이모티콘 제안이 처음이라면 카카오이모티콘 스튜디오에 회원가입해야 합니다. [제안자]로 선택한 후 진행합니다.

32 ❶ 이모티콘 시안의 첫 번째 칸을 터치해 직접 만든 이모티콘을 업로드합니다. 카카오 이모티콘 제안 시 [움직이는 GIF] 파일 3종, [멈춰있는 PNG] 파일 21종을 올려야 합니다. ❷ [제작 가이드]를 터치하면 기준을 확인할 수 있습니다. 이모티콘 시안을 모두 다 업로드한 후 ❸ 맨 아래에 있는 [제출하기]를 터치합니다.

09 LESSON 여러 장의 페이지로 된 PDF를 만들고 불러오기

페이지 보조 기능 활용하기

준비 파일 | 3\sketch09.procreate **완성 파일** | 3\final09_1.procreate, final09_2.pdf

페이지 보조 기능을 활용하면 한 파일 안에 여러 장의 페이지를 만들 수 있습니다. 인스타툰, 웹툰과 같이 여러 페이지를 만들어야 하는 작업을 할 때 활용하기 좋습니다. 또한 여러 페이지로 된 PDF를 만들거나 불러와서 간단하게 수정할 수도 있습니다. PDF 파일은 오류가 거의 생기지 않는 안전한 파일 형식이어서 실무에서 그림이나 문서를 주고받을 때 많이 사용합니다. 이번 예제에서는 페이지 보조 기능을 이용해 여러 페이지로 된 인스타툰을 만들어보고 PDF 파일로 저장해보겠습니다.

페이지 보조 기능으로 여러 개의 페이지 만들기

01 ❶ 갤러리 화면에서 [가져오기]를 터치하여 3\sketch09.procreate 파일을 불러옵니다. ❷ 레이어를 터치하여 네 개의 그룹을 확인합니다. 인스타툰이 컷별로 묶여 있습니다.

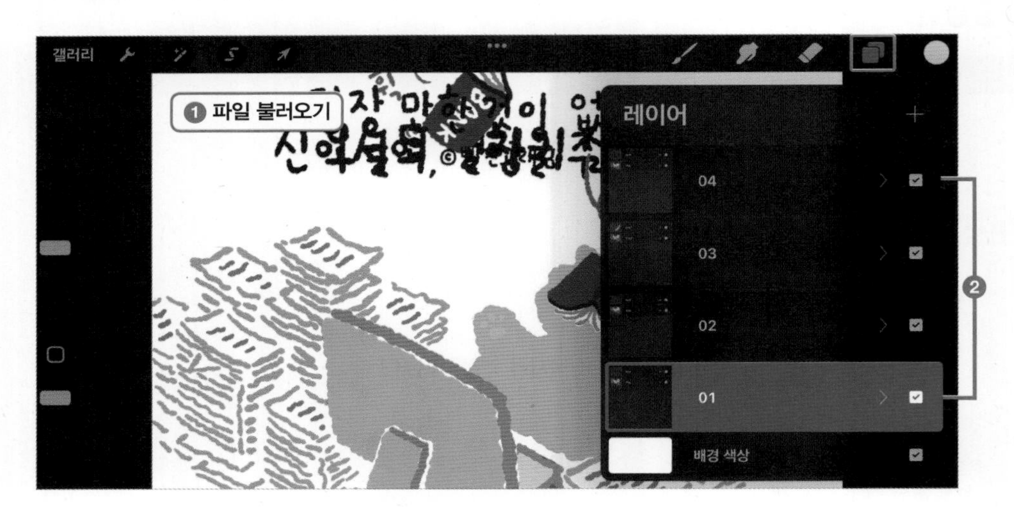

02 ❶ 동작을 터치하고 ❷ [캔버스]–[페이지 보조]를 활성화합니다. ❸ 화면 하단에 페이지 보조창이 나타납니다. ❹ 첫 번째 페이지를 터치하여 선택하면 캔버스에 ❺ [01] 그룹만 보입니다. 두 번째 페이지를 선택하면 [02] 그룹만 보이고, 세 번째 페이지를 선택하면 [03] 그룹만 보이게 됩니다.

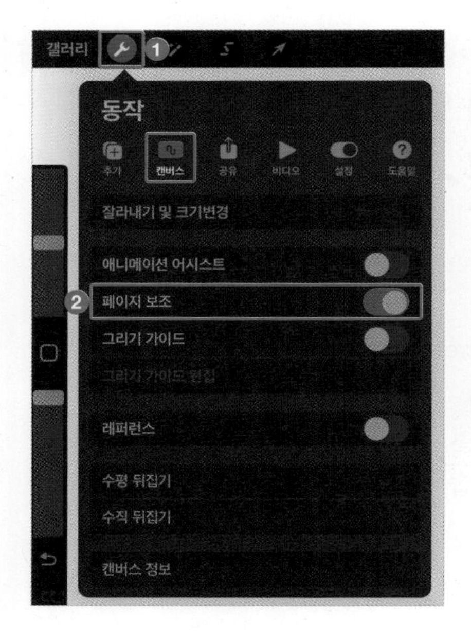

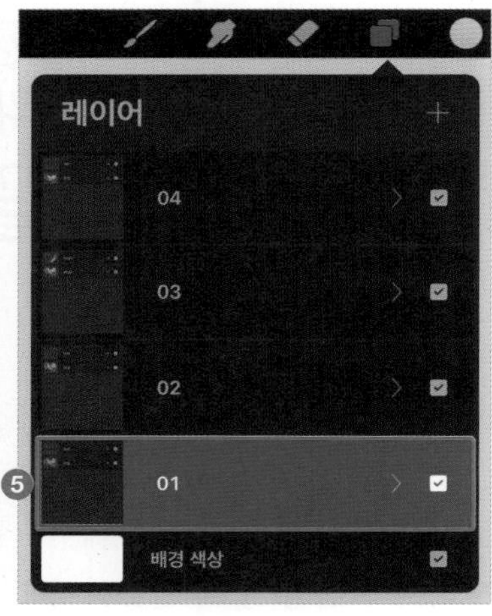

03 ❶ 페이지 보조창에서 두 번째 페이지를 터치합니다. ❷ 애플 펜슬로 캔버스를 터치하고 ❸ [text] 레이어를 선택합니다.

04 ❶ 브러시로 !를 씁니다. ❷ [레이어] 패널을 보면 [02] 그룹의 [text] 레이어가 선택되었고 '!'가 써진 것을 확인할 수 있습니다.

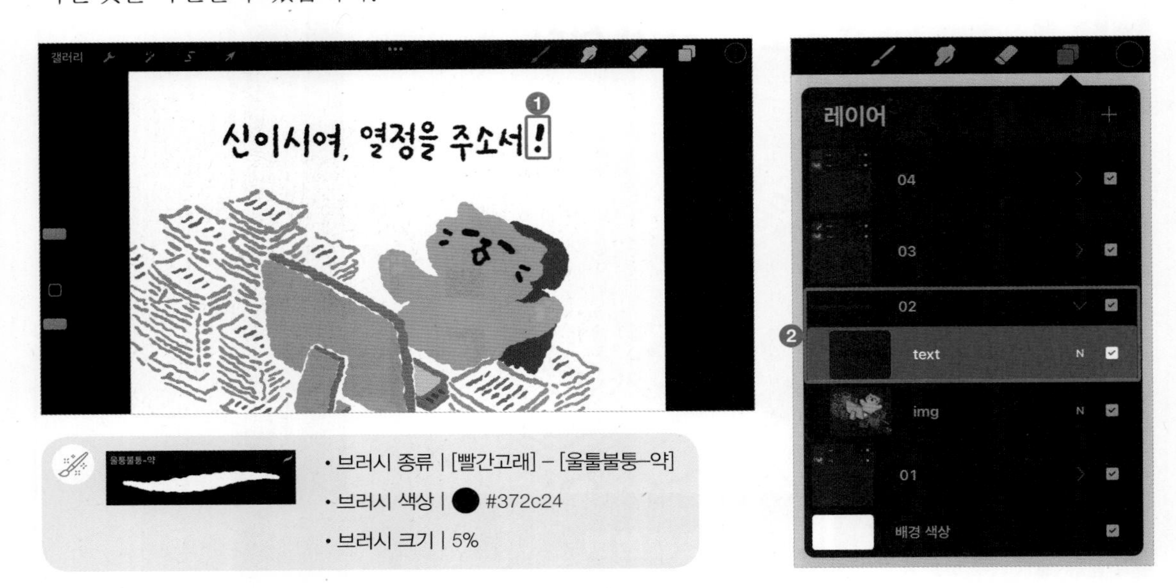

05 ❶ 페이지 보조창에서 [새로운 페이지]를 터치합니다. ❷ 새로 생긴 페이지를 오른쪽 맨 끝으로 드래그합니다. ❸ [레이어] 패널에도 새 레이어가 추가된 것을 확인할 수 있습니다.

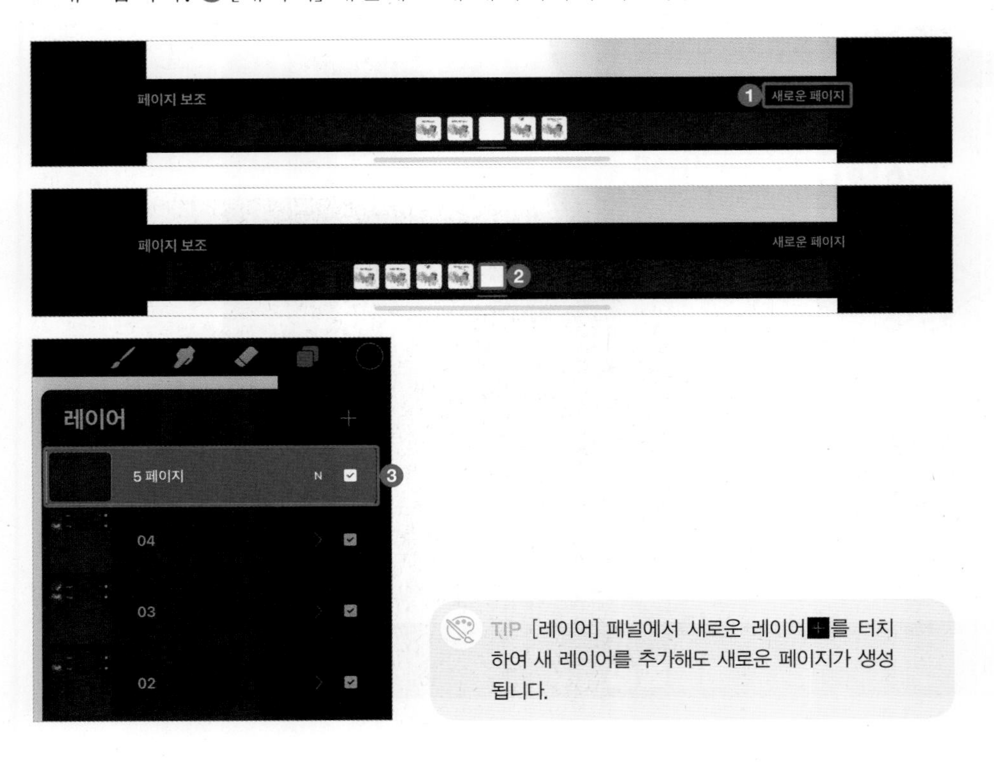

TIP [레이어] 패널에서 새로운 레이어[+]를 터치하여 새 레이어를 추가해도 새로운 페이지가 생성됩니다.

06 ❶ 브러시로 **오늘의 일기 끝~**을 씁니다. ❷ [레이어] 패널에서 새로운 레이어 ＋를 두 번 터치합니다. ❸ 레이어가 두 개 추가되면서 페이지도 두 개 추가됩니다.

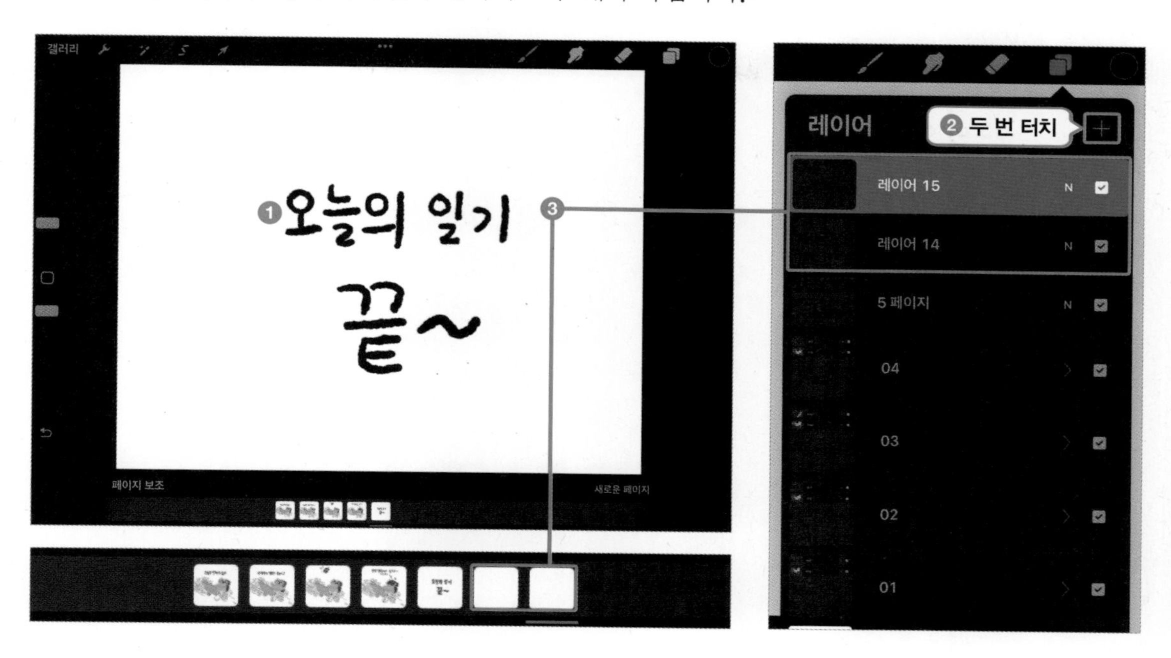

여러 개의 레이어를 한 페이지로 만들기

07 ❶ 첫 번째 레이어가 선택된 상태에서 두 번째 레이어를 오른쪽으로 슬라이드하고 ❷ 세 번째 레이어도 오른쪽으로 슬라이드해서 함께 선택합니다. ❸ [그룹]을 터치합니다. ❹ 페이지 보조창을 보면 세 개의 레이어가 하나의 페이지로 묶인 것을 확인할 수 있습니다.

08 ❶ 맨 위의 레이어를 터치하고 ❷ 고양이 얼굴(#f97727, 브러시 크기 5%)을 그립니다. ❸ 두 번째 레이어를 터치하고 ❹ 고양이 발바닥을 그립니다.

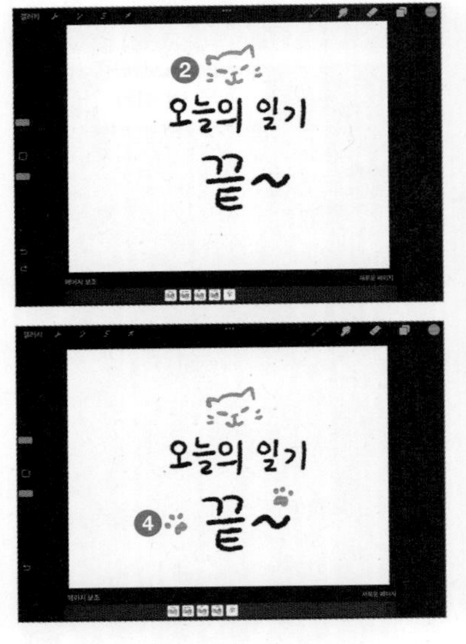

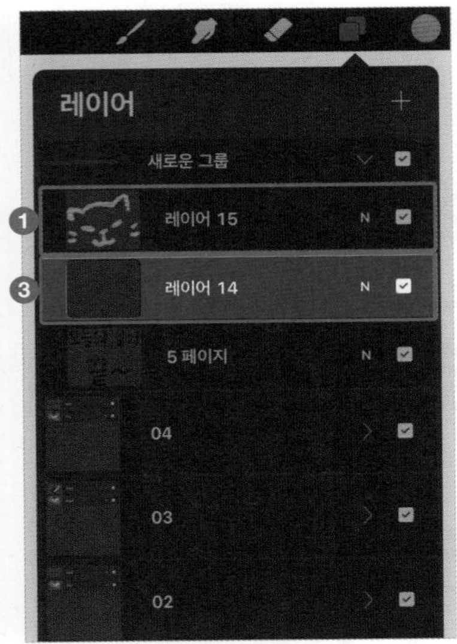

여러 페이지로 저장하기

09 여러 페이지로 저장해보겠습니다. ❶ 동작을 터치하고 ❷ [공유]–[레이어 공유]의 [PNG 파일]을 선택합니다. ❸ [5개의 이미지 저장]을 터치합니다. 아이패드의 [사진]에 다섯 개의 페이지가 이미지로 저장된 것을 확인할 수 있습니다.

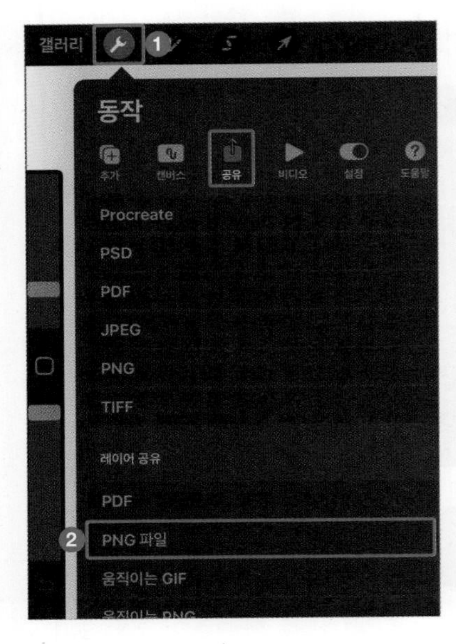

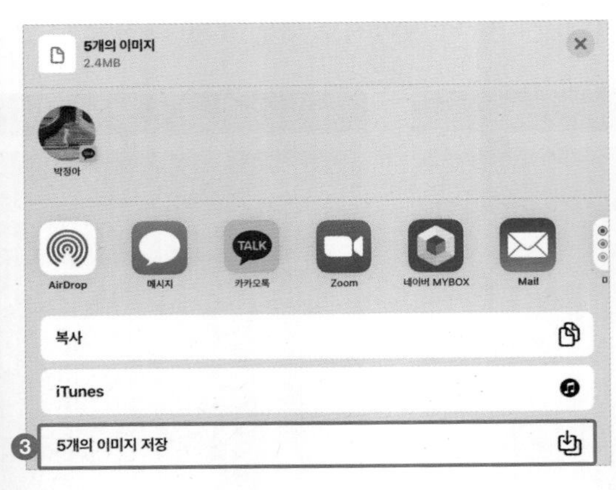

TIP 동작을 터치하고 [공유]–[이미지 공유]에 있는 [PSD], [PDF], [JPEG], [PNG], [TIFF] 중 하나를 선택하면 현재 선택된 1페이지만 저장됩니다.

PDF 파일 만들기

10 ❶ 동작을 터치하고 ❷ [공유]–[레이어 공유]의 [PDF]를 선택합니다. ❸ [PDF 품질 선택]은 [최상]을 터치하고 ❹ [파일에 저장]을 선택합니다. ❺ 저장할 위치를 선택하고 [저장]을 터치합니다. 아이패드의 [파일]에서 다섯 장의 페이지로 된 PDF를 확인할 수 있습니다.

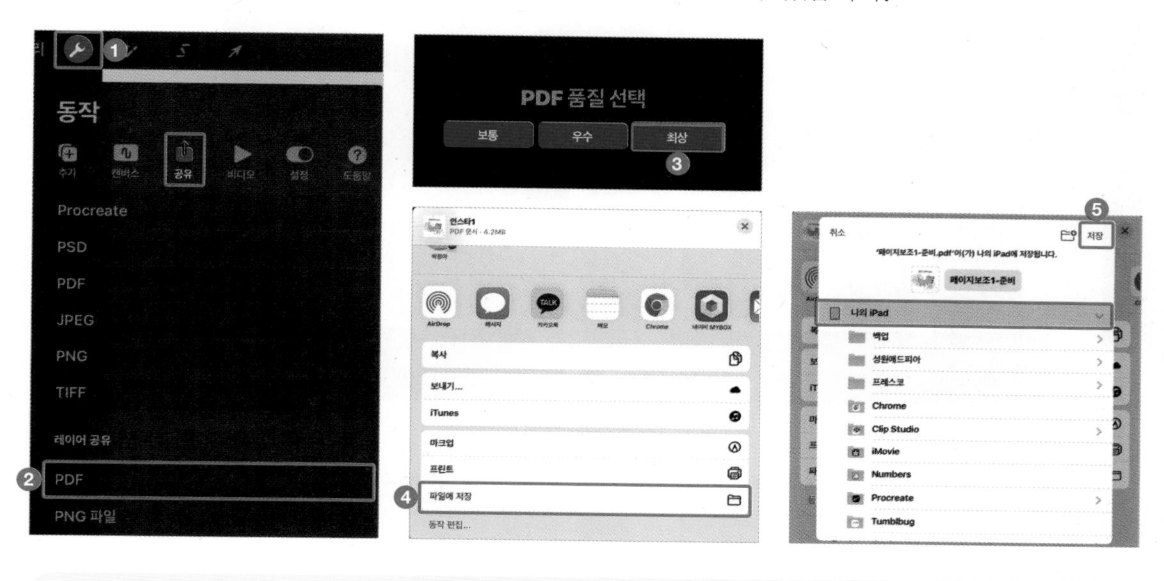

TIP 동작을 터치하고 [공유]–[이미지 공유]에 있는 [PDF]를 선택하면 현재 선택된 1페이지만 저장됩니다.

PDF 불러와서 수정하고 삭제하기

11 ❶ 갤러리 화면에서 [가져오기]를 터치하여 10에서 저장한 PDF 파일을 불러옵니다. ❷ 페이지 보조창에서 세 번째 페이지를 터치합니다. ❸ 브러시로 **뭘까?**를 씁니다.

TIP 프로크리에이트 5.2.2 버전 이후부터 PDF 파일을 열 수 있습니다. 단, PDF 파일에 암호가 지정되어 있으면 열리지 않습니다.

12 ❶ 맨 오른쪽의 페이지를 터치해 마지막 페이지로 이동합니다. ❷ 페이지를 다시 터치하고 ❸ [삭제]를 선택합니다. 페이지가 삭제됩니다.

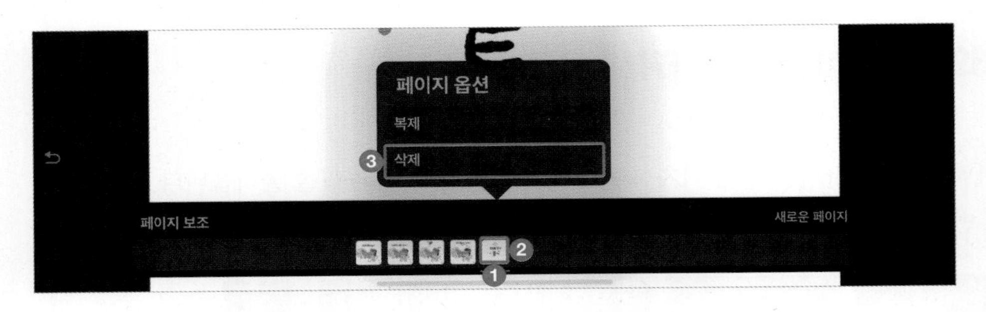

빨간고래의 기능 꼼꼼 익히기 **페이지 보조 기능으로 애니메이션 만들기**

동작 을 터치하고 [공유]–[레이어 공유]의 ⓐ, ⓑ, ⓒ, ⓓ 중 하나를 선택하면 각 파일 형식의 애니메이션으로 저장할 수 있습니다. ❶ 여기서는 [움직이는 PNG]를 터치합니다. ❷ [최대 해상도]를 터치하고 ❸ [초당 프레임]을 **1**로 설정합니다. 배경을 투명하게 설정할 수도 있습니다. ❹ [투명한 배경]을 활성화하고 ⑤ [내보내기]를 터치하면 움직이는 PNG 파일(애니메이션)로 저장됩니다.

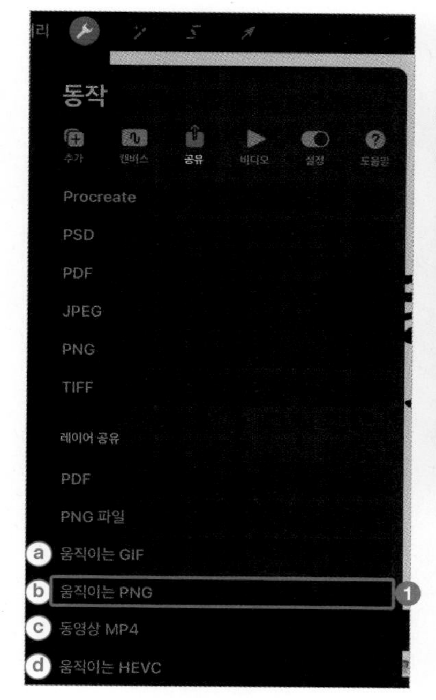

TIP 페이지 보조창에서 배경 적용하기

똑같은 배경을 모든 페이지에서 보여줘야 할 경우 프레임마다 일일이 그리지 않아도 됩니다. 페이지가 선택된 상태에서 한 번 더 터치하고 [배경]을 활성화하면 해당 페이지가 배경으로 지정됩니다.

▶ 꿀팁 영상 제공

오른쪽의 QR코드 또는 아래의 링크로 접속하면 바로 위의 **TIP 페이지 보조창에서 배경 적용하기** 실습 과정을 확인할 수 있습니다. 꿀팁 영상으로 학습하면 훨씬 더 이해하기 쉬우니 꼭 참고하길 바랍니다.

- **링크** | https://blog.naver.com/myillua/222727274771

빨간고래의 신기능 특강

3D 모델 페인팅

프로크리에이트 5.2.2 버전부터는 3D 모델에 직접 페인팅할 수 있습니다. 3D 모델링을 할 수 있는 것은 아니고, 이미 만들어져 있는 3D 모델을 불러온 후 그 모델 위에 페인팅하는 것입니다. 불러올 수 있는 파일 형식은 OBJ 또는 USDZ입니다.

영상에서는 아래 과정을 실습합니다.

- **3D 모델 팩 다운로드하기**
- **3D 레이어 살펴보기**
- **조명 스튜디오 살펴보기**
- **공유하기**
- **질감이 있는 브러시 사용하기**

오른쪽의 QR코드 또는 아래의 링크로 접속하면 동영상 강의를 확인할 수 있습니다.

- **링크** | https://blog.naver.com/myillua/222727884883

3D 모델 팩 다운로드하기

프로크리에이트에서는 몇 가지 3D 모델 샘플을 지원합니다. ❶ 동작을 터치하고 [도움말]–[새로운 기능이 궁금하세요?]를 선택합니다. ❷ 화면이 바뀌면 [모델 팩]을 터치합니다. ❸ 3D 모델 다운로드가 진행되고 갤러리에 모델 팩이 저장됩니다.

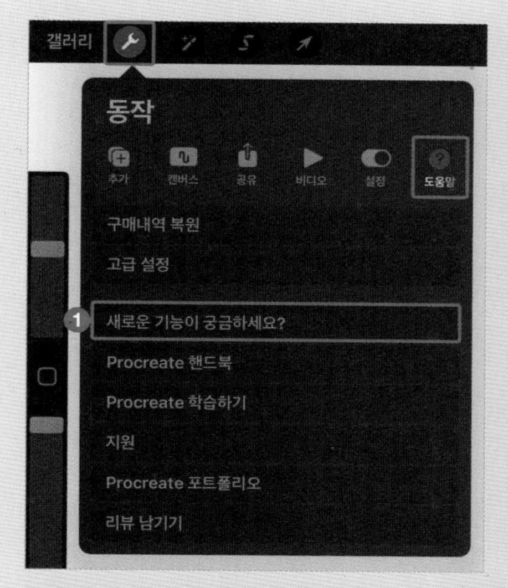

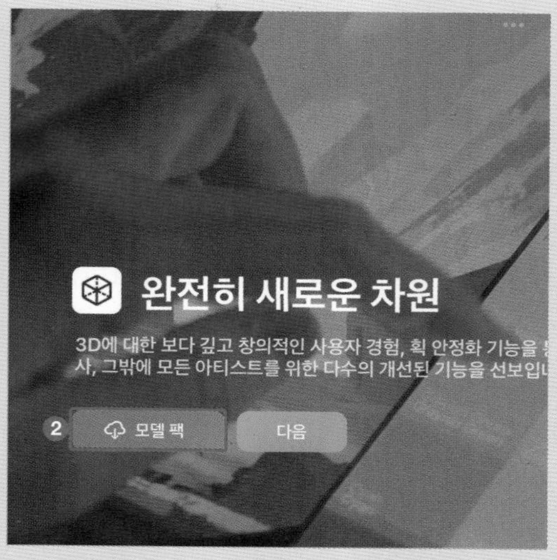

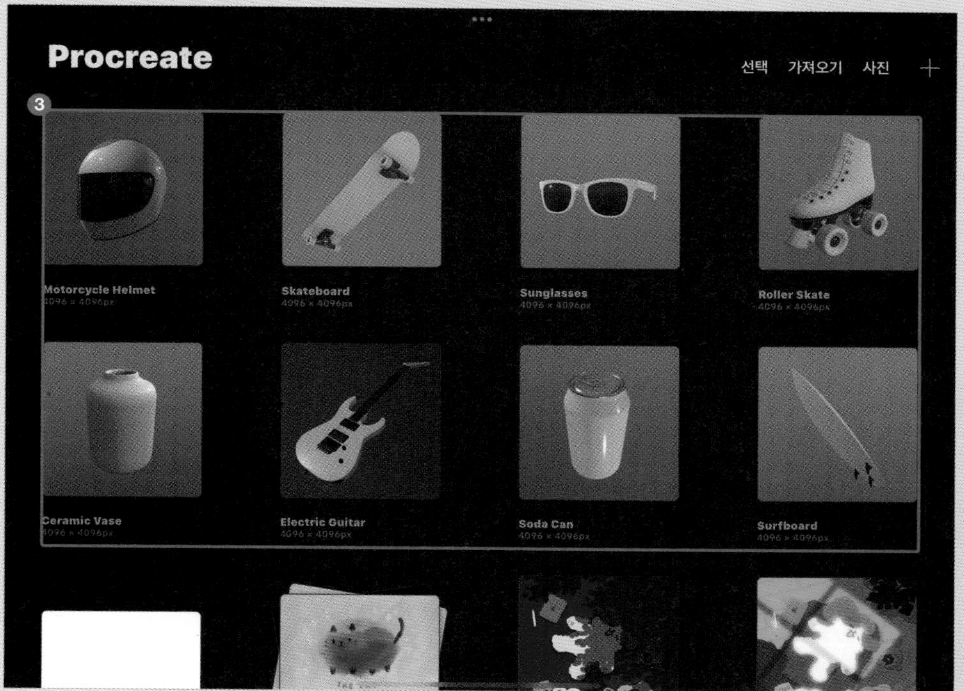

3D 레이어 살펴보기

갤러리 화면에서 원하는 3D 모델을 선택한 후 [레이어] 패널을 확인하면 3D 전용 레이어인 것을 확인할 수 있습니다. ▣을 터치하면 세 가지 옵션이 나타납니다(여기서는 soda Can을 선택함).

❶ **색상** | 기본 선택 모드입니다. 3D 모델에 드로잉을 하거나 색상을 적용할 수 있습니다.
❷ **거칠기** | 글로시한 느낌을 조절할 수 있습니다. [거칠기]를 선택하고 어둡게 칠할수록 글로시함이 강해지고 검은색이 되면 최고로 반짝거립니다. 반대로 밝게 칠할수록 글로시함이 약해지며 흰색이 되면 글로시함이 사라져서 매트하게 표현됩니다.
❸ **메탈릭** | 금속 느낌을 조절할 수 있습니다. [메탈릭]을 선택하고 밝게 칠할수록 금속 느낌이 강해지고 흰색이 되면 최고로 강해집니다. 반대로 어둡게 칠할수록 금속 느낌이 줄어들며 검은색이 되면 금속의 느낌이 사라집니다.

조명 스튜디오 살펴보기

❶ 동작●을 터치하고 [3D]–[조명 및 환경 편집]을 선택하면 조명 스튜디오 편집 모드에 들어갑니다. ❷ 조명이 큐브 모양으로 배치되어 있습니다. 큐브를 드래그하여 옮기거나 설정을 수정할 수도 있습니다.

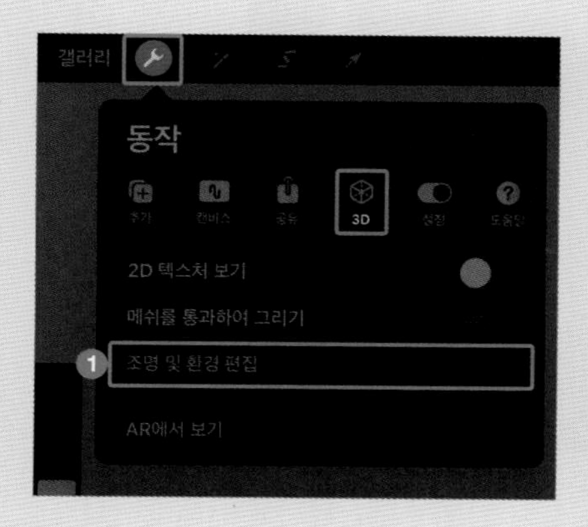

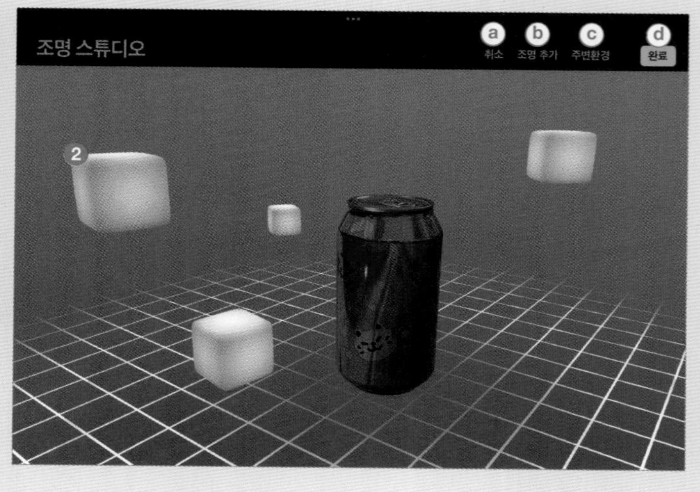

ⓐ **취소** : 수정하지 않고 조명 스튜디오 편집 모드에서 나갑니다.
ⓑ **조명 추가** : 큐브 모양의 조명이 추가됩니다.
ⓒ **주변환경**
- **주변환경 보기** : 비활성화하면 배경색이 사라집니다.
- **노출** : 전반적인 밝기를 조절합니다.
- **그 외** : 배경의 색과 조명을 여러 가지 모드에서 선택할 수 있습니다.

ⓓ **완료** : 수정을 적용하고 조명 스튜디오 편집 모드에서 나갑니다.

빨간고래의 기능 꼼꼼 익히기

조명 설정 자세히 살펴보기

큐브 모양의 조명을 터치하면 조명 설정 옵션 메뉴가 나타납니다. 옵션을 살펴보겠습니다.

❶ **색조** | 조명의 색상을 바꿀 수 있습니다.
❷ **채도** | 조명의 채도를 바꿀 수 있습니다.
❸ **강도** | 조명의 세기를 조절할 수 있습니다.
❹ **삭제** | 조명을 삭제합니다.
❺ **복제** | 조명을 복제합니다.

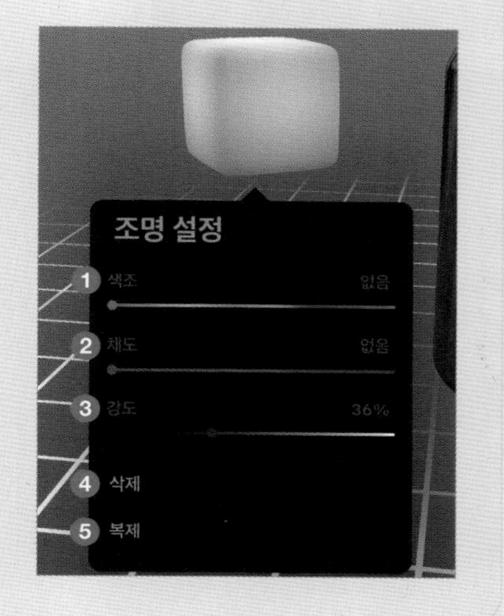

공유하기

❶ 동작🔧을 터치하고 [공유]를 선택합니다. ❷ 3D 파일로 저장하려면 [USDZ] 또는 [OBJ]를 선택합니다. ❸ [JPEG]를 선택하면 단일 이미지로 저장됩니다.

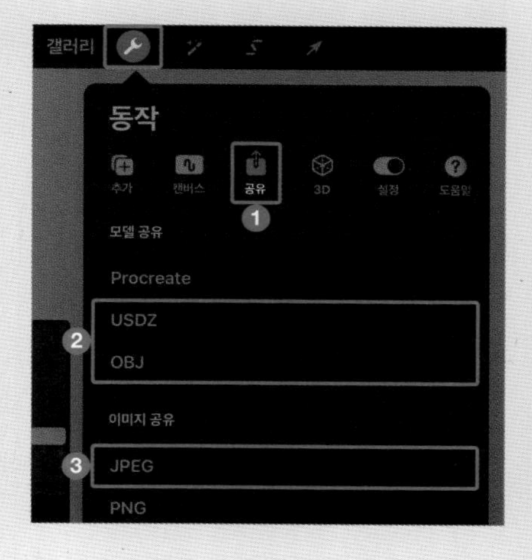

01 애니메이션 파일로 공유하기

3D 모델을 회전하는 애니메이션으로 저장할 수 있습니다. 동작🔧을 터치하고 [공유]를 선택한 후 아래의 네 메뉴 중 하나를 선택하면 애니메이션 편집 화면이 나타납니다.

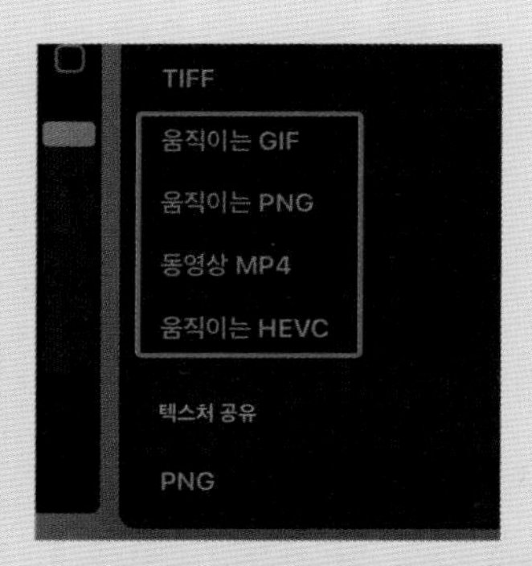

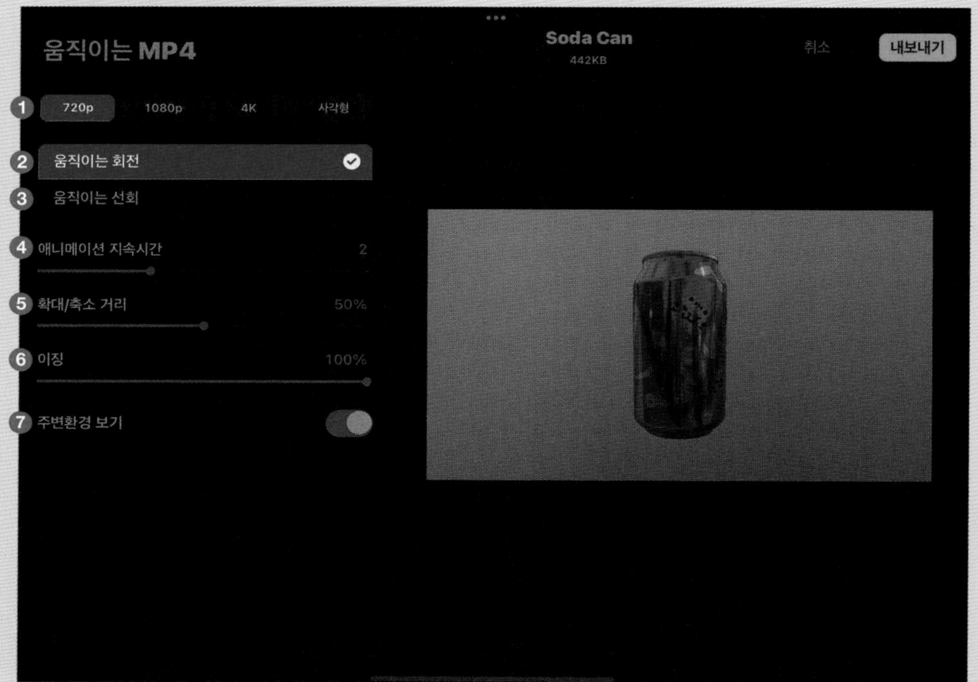

❶ 파일 사이즈를 선택할 수 있습니다.

❷ **움직이는 회전** | 360° 연속해서 회전합니다.

❸ **움직이는 선회** | 360° 회전한 후 다시 반대 방향으로 회전합니다.

❹ **애니메이션 지속시간** | 회전하는 속도를 조절할 수 있습니다.

❺ **확대/축소 거리** | 움직이는 거리를 조절합니다.

❻ **이징** | 수치를 높이면 거리에 따라 속도 변화가 있어 움직임이 자연스럽습니다.

❼ **주변환경 보기** | 비활성화하면 배경색이 사라집니다.

질감이 있는 브러시 사용하기

❶ [브러시 스튜디오]에 들어가서 ❷ [머티리얼]–[메탈릭]을 선택합니다. ❸ [양]을 [최대]로 올리고 [완료]를 터치합니다. ❹ 3D 모델에 선을 그으면 금속 질감이 표현됩니다.

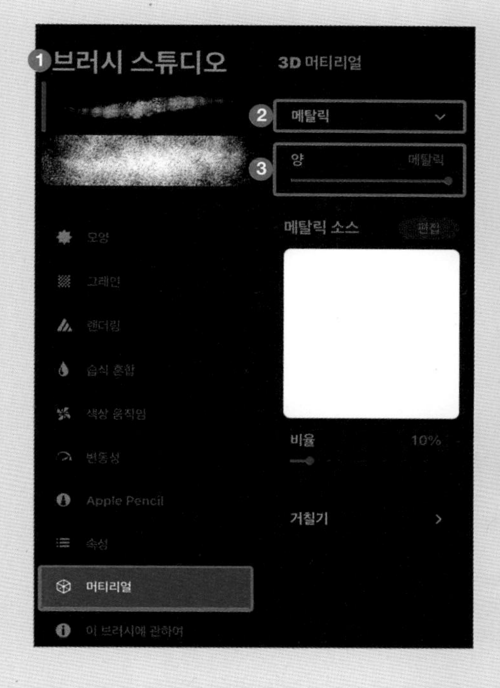

[브러시 스튜디오]에서 [3D 머티리얼]의 옵션을 살펴보겠습니다.

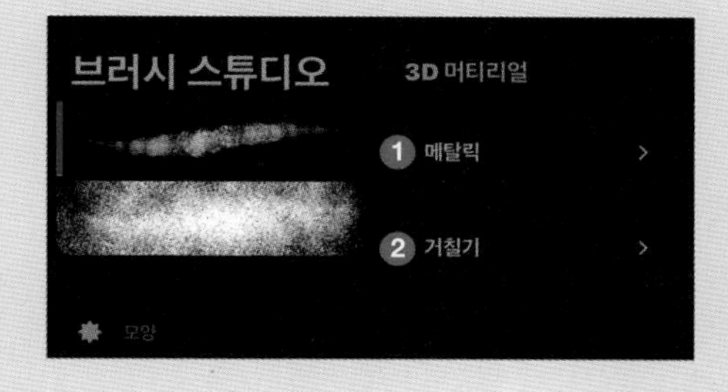

❶ **메탈릭** | 금속 느낌이 나도록 조절할 수 있습니다. 메탈릭의 수치가 높을수록 금속 느낌이 더 많이 표현됩니다.

❷ **거칠기** | 글로시한 느낌을 조절할 수 있습니다. 거칠기의 수치가 낮을수록 더 글로시하게 표현됩니다.

TIP 3D 머티리얼은 브러시의 종류는 상관없이 모든 브러시에 적용할 수 있습니다. 단, 3D 모델에 드로잉했을 때만 질감이 표현됩니다.

CHAPTER 04

유용한 디자인 굿즈 만들기

LESSON 01.

굿즈 스티커 만들기

LESSON 02.

굿즈 엽서 만들기

01 LESSON 굿즈 스티커 만들기

프로크리에이트에서 그린 그림을 스티커로 출력하기

준비 파일 | 4\sketch01.procreate **완성 파일** | 4\final01.png

내가 직접 그린 그림으로 굿즈를 만드는 일은 매우 신나고 즐겁습니다. 이번에는 프로크리에이트에서 그린 그림으로 스티커를 만들어보겠습니다. 스티커를 만들기 전에 스티커의 종류와 스티커 제작 업체에 대해 자세히 알아보고 아이패드에서 직접 스티커를 제작 주문해보겠습니다.

스티커 종류 알아보기

스티커를 제작하려면 제일 먼저 스티커의 종류를 선택해야 합니다. 실무에서 사용하는 용어가 생소할 수도 있으니 차근차근 살펴보겠습니다.

01 씰 스티커(반칼 스티커)

스티커 모양대로 떼어서 쓸 수 있도록 칼선이 적용된 스티커입니다. 반칼이라는 이름보다 씰 스티커라고 불리는 경우가 더 많습니다. 씰 스티커는 이번 예제에서 만들려고 하는 스티커입니다.

TIP 분홍색 선이 칼선(자름선)입니다.

02 도형 스티커(판스)

스티커 칼선의 모양을 제작 업체에서 정해주는 스티커로써 판스라고 불리기도 합니다. 판스는 '판 스티커'의 줄임말입니다. 칼선 모양은 원형, 사각형, 하트형으로 정해져 있고 크기도 정해져 있습니다. 자유로운 칼선이 있는 스티커보다 제작 비용이 조금 더 저렴합니다.

TIP 씰 스티커(반칼 스티커)나 도형 스티커(판스) 모두 '도무송 스티커'라고 부릅니다. 도무송이란 영국 인쇄기 업체인 톰슨의 일본식 발음입니다. 스티커 용지에 프린트한 다음, 원하는 모양대로 목형(틀)을 만들어 칼선을 내는 방식입니다. 목형을 제작해야 하므로 제작비가 추가되지만, 도형 스티커(판스)처럼 제작 업체에서 보유하고 있는 목형을 쓴다면 목형 제작 비용은 추가되지 않습니다. 대부분 사각형, 원형과 같은 도형 모양을 보유하고 있으며 요즘은 도무송 방식이 아닌 커팅플로터로도 많이 제작하고 있습니다. 커팅플로터는 칼이 달린 기계로, 프린터처럼 PC에 연결하여 도안대로 자를 수 있습니다.

03 사각 재단형 스티커(인스)

칼선 없이 프린트만 된 스티커로, 사용자가 가위로 오려서 사용해야 합니다. 사각 재단형 스티커라는 말 대신 인스라고 더 많이 불립니다. 인스는 '인쇄소 스티커'의 줄임말입니다. 칼선이 없어서 **01, 02**보다 조금 더 저렴하게 제작할 수 있습니다. 가위로 오리는 것이 번거롭지만 재미와 보람도 있습니다.

04 완칼 스티커

스티커 모양대로 조각이 나 있는 스티커입니다. 낱장 스티커라고 부르기도 합니다.

> TIP **리무버블**
>
> 스티커를 주문할 때 '리무버블'이라는 용어를 볼 수도 있습니다. 스티커를 붙였다가 뗄 때 끈끈한 자국이 남지 않는 용지를 말합니다.

스티커 제작 업체

스티커를 판매할 수 있을 만큼 제대로 만들려면 다음과 같은 과정을 거쳐야 합니다. 먼저 프로크리에이트에서 그림을 그리고, 그린 그림을 어도비 일러스트레이터(AI)로 옮겨 칼선을 제작합니다. 그런 다음 스티커 제작 업체에 일러스트레이터 파일(AI) 형식으로 전달합니다. 그러나 이번 예제에서는 칼선을 자동으로 만들어주는 서비스를 이용하여 스티커를 제작해보겠습니다. 이 서비스를 이용하면 일러스트레이터에서 직접 칼선을 제작하는 것보다 정교하지 않아, 그림 외곽에 2mm 정도의 테두리가 생긴다는 단점이 있습니다. 그러나 개인이 사용하기에 적당하며 한 장부터 주문할 수 있다는 것이 장점입니다.

- **스냅스** https://www.snaps.com/
- **모다82** https://smartstore.naver.com/moda82
- **킨스샵** https://kensshop.co.kr/
- **애즈랜드** https://www.adsland.com/
- **레드프린팅 앤 프레스** https://www.redprinting.co.kr/

필자가 추천하는 업체 중 '스냅스'는 일러스트레이터로 칼선을 제작하지 않아도 자동으로 칼선이 적용되고 한 장도 주문할 수 있습니다. 그러나 다른 업체에 비해 단가가 조금 높습니다. 판매를 계획 중이라면 일러스트레이터에서 칼선을 직접 제작한 후 다른 업체를 이용하는 것을 추천합니다.

배경을 투명하게 만들어 PNG 파일로 저장하기

01 자동으로 칼선을 만들어 주는 업체(스냅스)를 이용하려면 그림을 배경이 투명한 PNG 파일로 저장해야 합니다. ❶ 갤러리 화면에서 [가져오기]를 터치하여 4\sketch01.procreate 파일을 불러오고 ❷ [레이어] 패널에서 [배경 색상]의 체크 해제합니다. ❸ 동작을 터치하고 ❹ [공유]-[이미지 공유]의 [PNG]를 선택합니다. ❺ [이미지 저장]을 터치하면 [사진]에 저장됩니다.

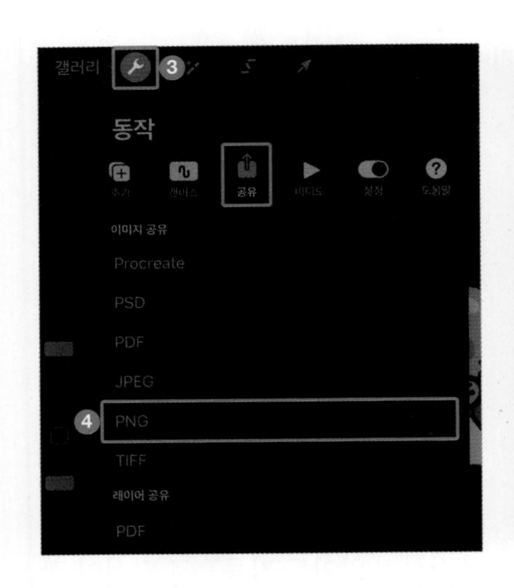

TIP **준비 파일(4\sketch01.procreate) 제작 정보**

- **사이즈** : A6(105x148mm)
- **DPI** : 300
- **색상 프로필** : Generic CMYK Profile
- **브러시** : [빨간고래] – [울퉁불퉁–약]

씰 스티커 주문하기

02 A6 사이즈의 씰 스티커를 스냅스에서 주문해보겠습니다. 아이패드에 스냅스 앱을 설치하고 회원가입한 후 로그인합니다.

03 ❶ [전체상품]을 터치하고 ❷ [스티커]를 선택합니다. ❸ [DIY 스티커]를 터치합니다.

04 ❶ [사이즈], [용지], [재단방법], [코팅]은 아래 그림과 같이 선택합니다. ❷ [디자인 보기]를 터치합니다.

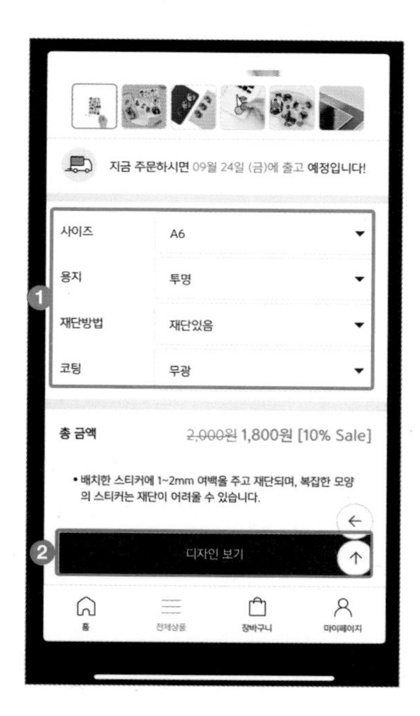

TIP 꼭 책과 똑같은 옵션으로 설정하지 않아도 됩니다. 상세 설명을 읽어보고 원하는 취향대로 선택합니다.

05 ❶ [PHOTO FULL]을 터치하고 ❷ [만들기]를 터치합니다. ❸ [휴대폰 사진]을 선택하고 01에서 저장한 이미지를 불러옵니다.

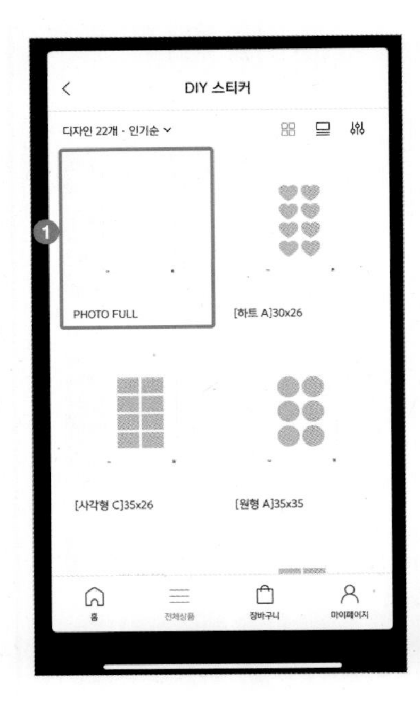

06 스티커 외곽에 나타난 분홍색 선은 칼선입니다. ❶ [장바구니]를 터치하고 [저장]을 터치해 저장합니다. ❷ 다음 단계에서 [장바구니로 이동]을 터치하고 결제를 진행합니다.

TIP 이미지를 수정하거나 삭제할 수도 있습니다. 이미지를 터치하면 [편집], [변경], [삭제] 메뉴가 나타납니다. 이번 예제에서 불러온 이미지는 A6 사이즈에 맞춘 파일이므로 크기는 수정하지 않아도 됩니다.

언박싱 영상 제공

오른쪽의 QR코드 또는 아래의 링크로 접속하면 직접 제작한 스티커의 언박싱 영상을 확인할 수 있습니다. 제작한 스티커를 직접 확인해봅니다.

• **링크** | https://blog.naver.com/myillua/222727276707

02 LESSON 굿즈 엽서 만들기

프로크리에이트에서 만든 그림을 엽서로 제작하기

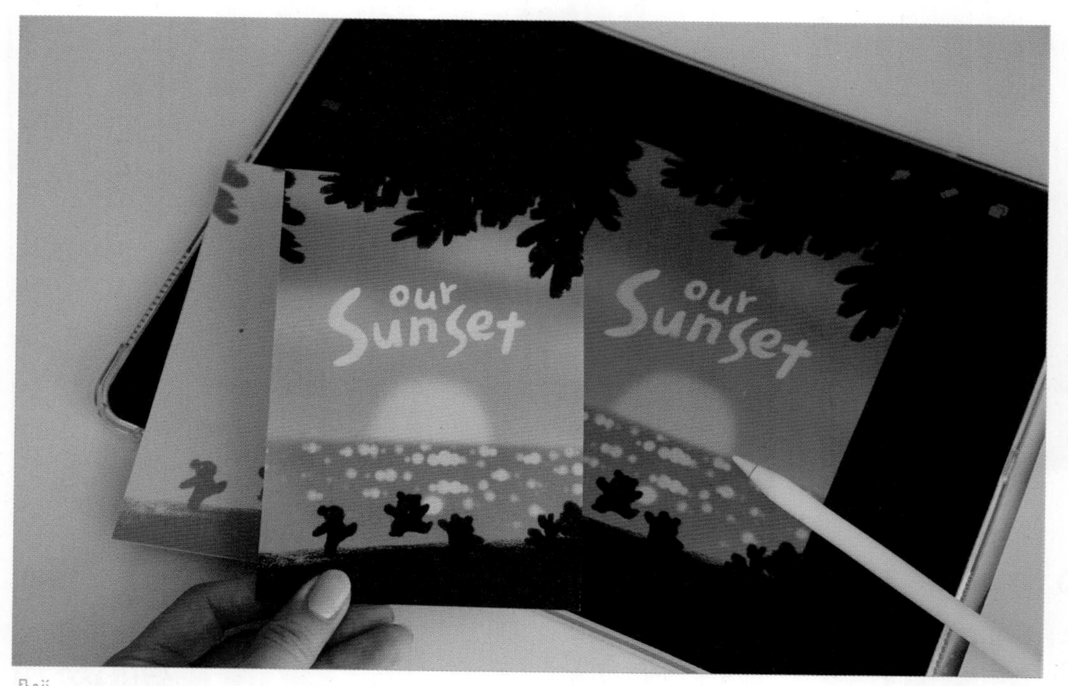

준비 파일 | 4\sketch02.procreate **완성 파일** | 4\final02_1.procreate, final02_2.procreate

가장 쉽게 제작할 수 있는 굿즈는 종이류입니다. 종이로 만드는 굿즈에는 엽서, 포스터, 카드, 달력, 메모지, 다이어리 등이 있습니다. 원하는 대로 인쇄가 되지 않아 애를 먹는 경우도 있지만, 패브릭이나 아크릴과 같이 특수한 재질에 인쇄하는 것보다 인쇄 품질이 안정적입니다. 이번 예제에서는 프로크리에이트에서 그린 그림을 엽서 형태로 만들고 업체에 주문하는 과정을 따라 해보겠습니다. 먼저 엽서를 만들기 전에 종이의 종류에 대해 알아보겠습니다.

종이 종류 살펴보기

엽서를 주문하기 전에 종이를 먼저 선택해야 합니다. 종이에 인쇄하는 굿즈는 어떤 종이를 사용하느냐에 따라 품질이 크게 달라집니다. 종이의 종류는 굉장히 많습니다. 여기서는 일반적으로 많이 사용하는 종이 위주로 알아보겠습니다.

❶ **아트지** | 표면이 매끄럽고 반질거리는 광택이 있으며 가성비가 좋은 종이입니다. 주로 잡지, 요리책, 동화책, 전단지 등에 많이 사용하며, 광택이 있는 종이는 대부분 아트지라고 할 만큼 주변에서 쉽게 볼 수 있습니다. 이 책의 표지도 아트지로 제작했습니다.

❷ **스노우지** | 아트지와 가격과 품질은 비슷하나 광택이 없는 종이입니다. 아트지의 반질거리는 광택이 싫다면 스노우지를 추천합니다.

❸ **모조지** | 다이어리나 노트에 사용하는 종이입니다. 일반 프린터에 사용하는 A4 용지도 모조지입니다. 연필로 그었을 때 사각거리는 소리가 들리면서 잘 써집니다.

❹ **뉴플러스지** | 컬러감과 필기하기에 좋아서 책 내지에 많이 사용됩니다. 이 책의 내지도 뉴플러스지로 제작했습니다.

❺ **랑데뷰** | 앞서 소개한 네 가지 종이는 꽤 저렴한 종이인데 반해, 랑데뷰는 고급지로 분류합니다. 종이의 질감도 더 고급스럽고 인쇄 품질도 좋습니다. 특히 컬러 발색이 좋습니다. 가격은 모조지나 아트지보다 비싸지만 고급지 중에서는 저렴한 편에 속합니다. 주로 명함, 고급 엽서, 고급 카탈로그에 사용합니다. 이번 예제에서는 엽서를 랑데뷰로 주문해보겠습니다.

TIP **평량(종이 두께)**

인쇄 주문을 하려면 종이 두께를 선택해야 합니다. 프린터에 넣는 A4 용지는 75~80g입니다. 보통 책 표지, 엽서, 명함과 같이 도톰한 종이를 사용해야 하는 경우는 200g 이상을 사용합니다. 지금 이 책의 표지는 300g, 내지는 80g입니다.

TIP **인쇄 방식**

인쇄 주문을 할 때는 인쇄 방식도 결정해야 합니다. 보통 옵셋과 인디고 중에서 하나를 선택합니다. 옵셋은 판화처럼 판을 제작해서 종이에 찍어내는 방식이고, 인디고는 고가의 대형 프린터라고 생각하면 쉽게 이해할 수 있습니다. 옵셋은 대량 인쇄에, 인디고는 소량 인쇄에 적합합니다. 이번 예제에서는 소량만 제작할 것이므로 인디고로 주문해보겠습니다.

TIP **판매 목적의 굿즈는 포토샵으로 저장하기**

본 책에서 만드는 엽서는 프로크리에이트를 이용하여 주문 파일을 만들고 아이패드에서 바로 주문을 합니다. 그러나 판매를 목적으로 한다면, 프로크리에이트에서 그린 그림을 PSD로 저장하고 포토샵으로 옮겨서 색 보정을 한 다음 주문하는 것을 권장합니다.
프로크리에이트는 RGB 모드에 최적화된 드로잉 전문 앱입니다. 그래서 드로잉에 관련된 기능은 강하지만 인쇄물을 편집/보정하는 기능은 떨어지는 편입니다. 또 프로크리에이트에서 JPEG 파일로 저장하는 경우 사용자가 이미지 품질을 정할 수 없고 최고 품질로 저장이 되지도 않습니다. 엽서처럼 작은 사이즈의 제작물은 선명함의 차이가 크지 않지만 A4 이상 사이즈로 인쇄하는 경우 포토샵 사용을 권장합니다.

엽서 사이즈 확인하기

01 ❶ 성원애드피아(http://swadpia.co.kr)에 접속합니다. ❷ [디지털 인쇄]-[디지털(인디고 인쇄)]-[디지털엽서/상품권]을 터치합니다. ❸ [규격]을 확인합니다. [재단사이즈]는 엽서의 실제 사이즈이고, [작업사이즈]는 인쇄 업체에 넘겨야 할 파일의 사이즈입니다. 각각 100×148mm, 102×150mm인 것을 확인합니다.

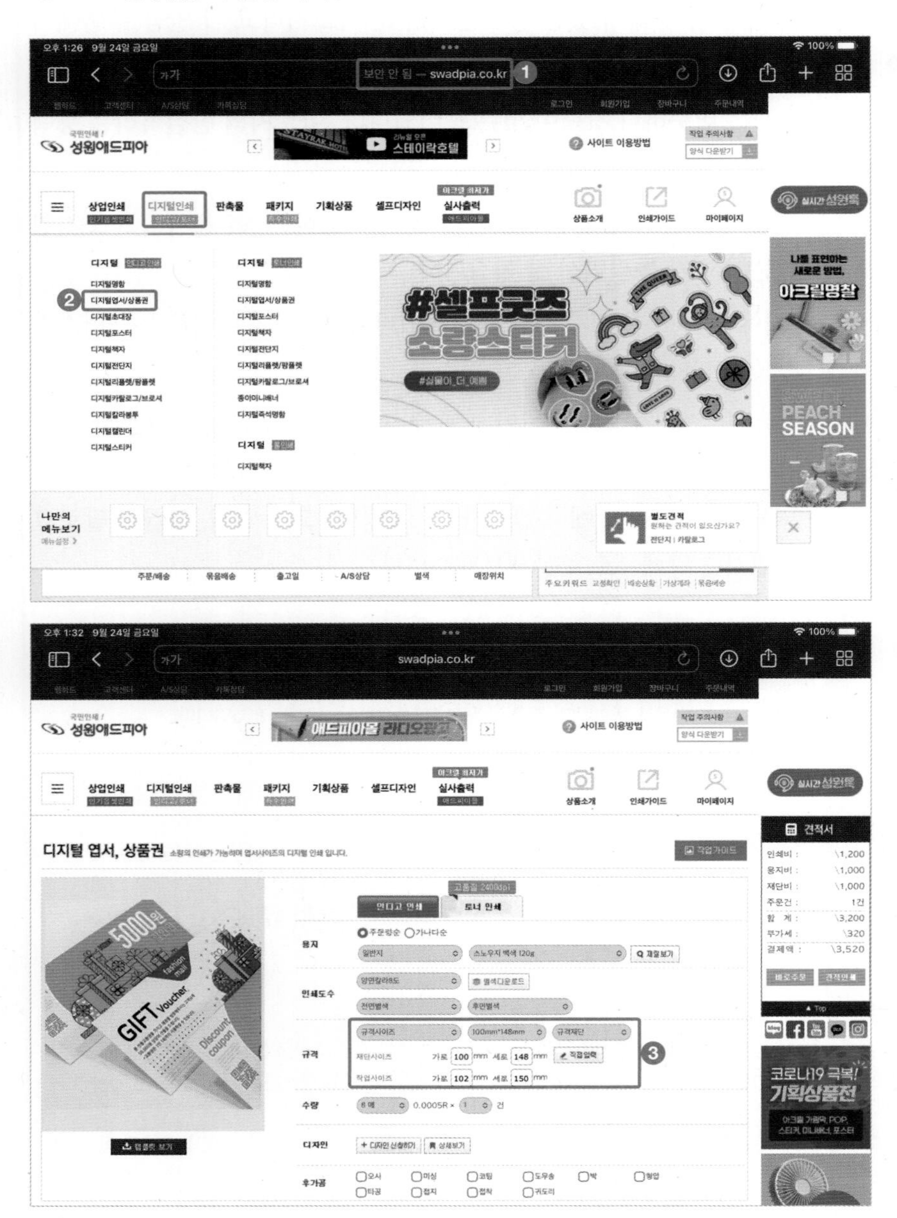

TIP 굿즈(엽서)를 제작하려면 먼저 제작 업체에서 사이즈를 확인해야 합니다. 이번 예제는 성원애드피아에서 주문해보겠습니다.

[작업사이즈]가 [재단사이즈]보다 큰 이유

인쇄 업체에서는 큰 종이에 인쇄한 후 실제 사이즈로 재단합니다. 이때 종이가 약간 밀려서 잘리는 경우가 있어서 작업 파일을 가로세로 2mm 정도 더 크게 만들어야 합니다.

이번 예제에서는 업체에서 제공하는 사이즈로 제작하지만 원하는 사이즈를 직접 입력해도 됩니다. 좀 더 크거나 작아도 되고 정사각형과 같은 특이한 비율로도 제작할 수 있습니다.

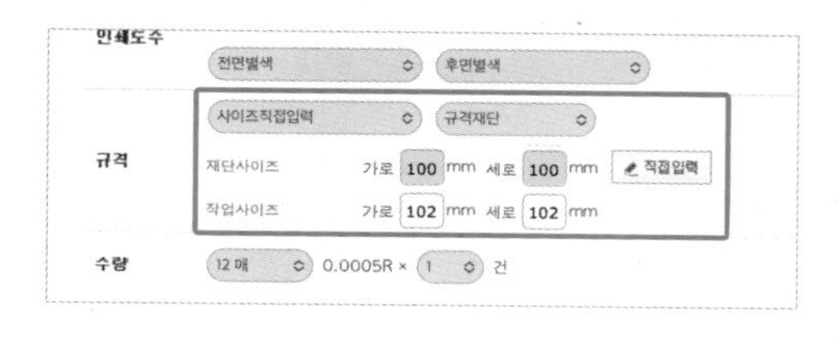

엽서 사이즈의 캔버스 만들기

02 갤러리 화면에서 새 캔버스를 만듭니다. [너비]는 102mm, [높이]는 150mm, [DPI]는 300으로 설정합니다.

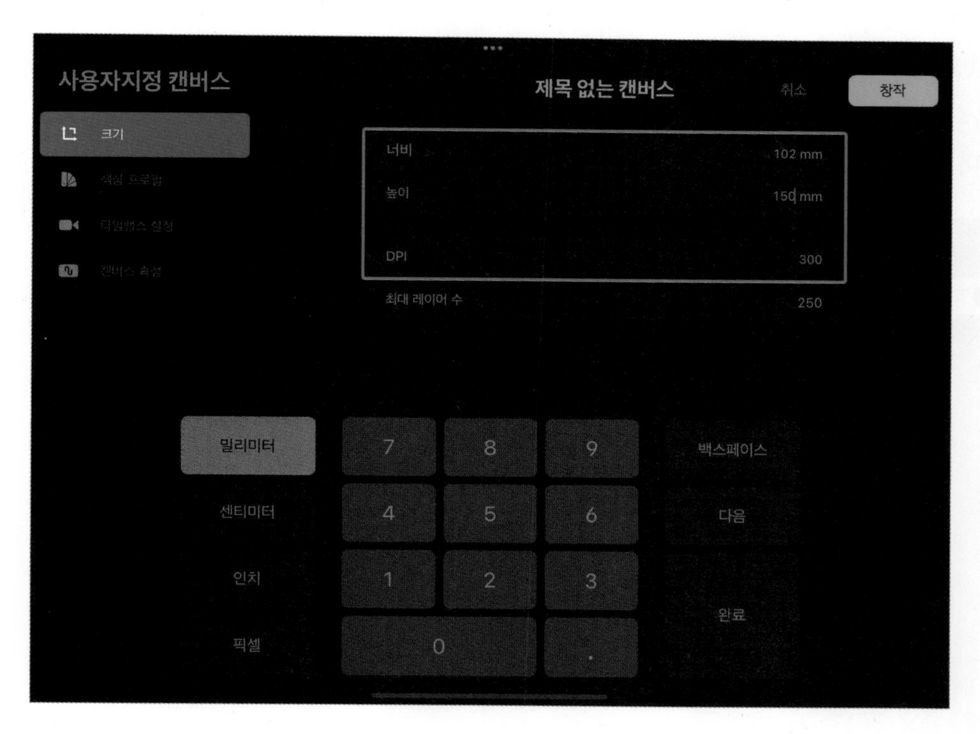

03 ❶ [색상 프로필]을 터치하고 ❷ [CMYK]를 선택합니다. ❸ 첫 번째 색상 프로필(Generic CMYK Profile)을 터치하고 ❹ [창작]을 터치해 엽서를 만들 새 캔버스를 만듭니다.

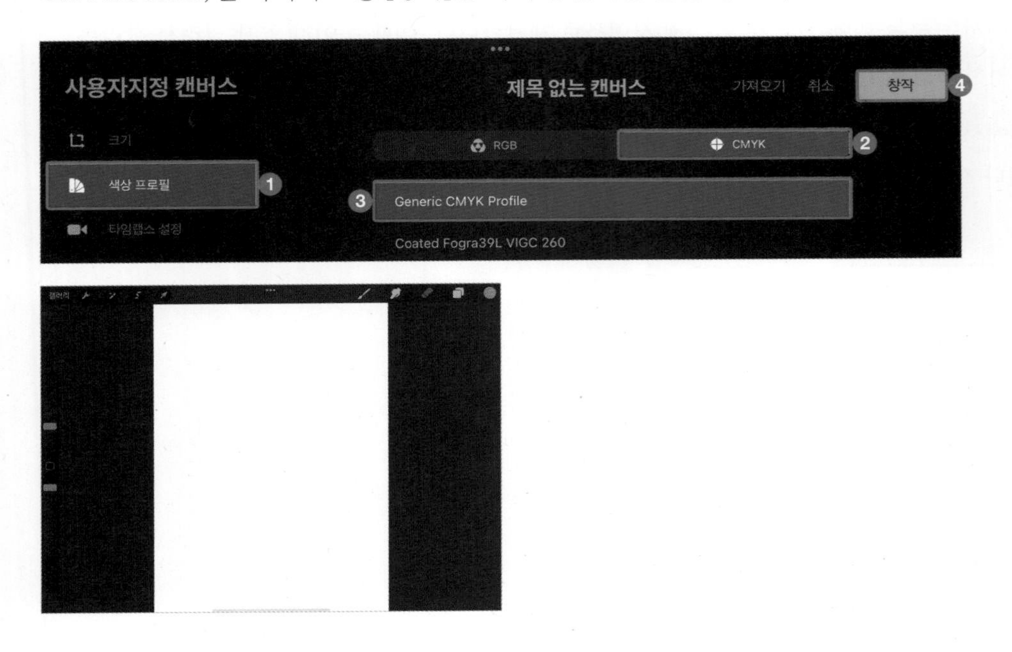

다른 파일에서 이미지 가져오기

04 ❶ 갤러리 화면에서 [가져오기]를 터치하여 4\sketch02.procreate 파일을 불러옵니다. ❷ 세 손가락으로 캔버스를 쓸어내리고 ❸ [모두 복사하기]를 터치합니다. ❹ [갤러리]를 터치합니다.

TIP 굿즈를 만들 때는 보통 이미 작업한 그림을 변형하여 만드는 경우가 많습니다. 기존에 작업한 프로크리에이트 파일에서 이미지를 불러와서 수정해보겠습니다. 이번 예제의 준비 파일은 **CHAPTER 03**에서 실습한 Sunset 그림입니다.

꿀팁 영상 제공

오른쪽의 QR코드 또는 아래의 링크로 접속하면 04~06의 실습 과정을 확인할 수 있습니다. 꿀팁 영상으로 학습하면 훨씬 더 이해하기 쉬우니 꼭 참고하길 바랍니다.

- **링크** | https://blog.naver.com/myillua/222727279362

05 ❶ 갤러리 화면에서 02에서 만든 캔버스를 터치합니다. ❷ 세 손가락으로 캔버스를 쓸어내리고 ❸ [붙여넣기]를 터치합니다.

06 ❶ 크기를 늘려 타이틀이 가운데 오도록 배치합니다. ❷ 변형 을 터치해 적용합니다.

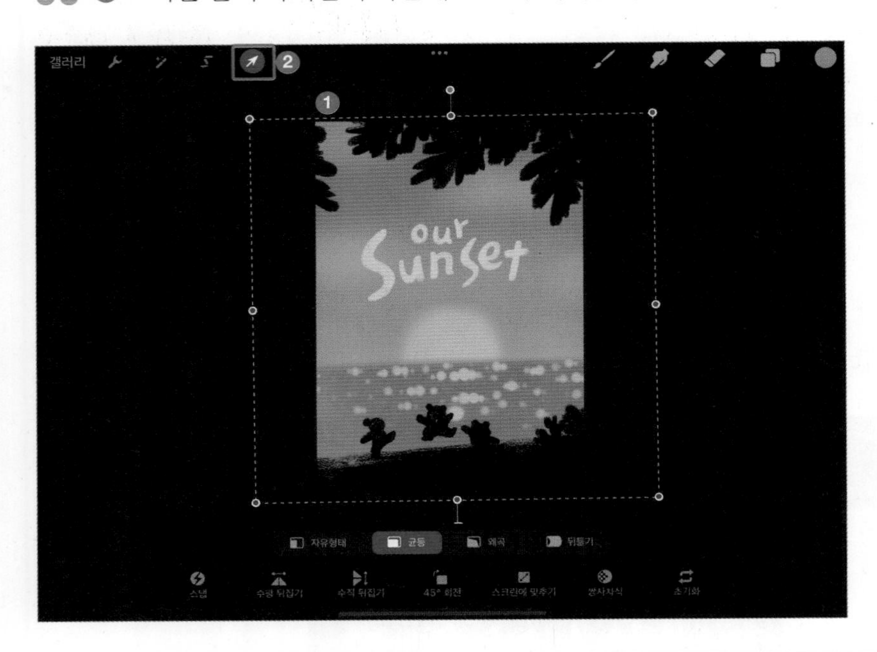

TIP 붙여 넣은 이미지를 변형할 때 캔버스 밖으로 나간 부분은 삭제됩니다. 이 점을 기억해 신중하게 위치를 조절합니다.

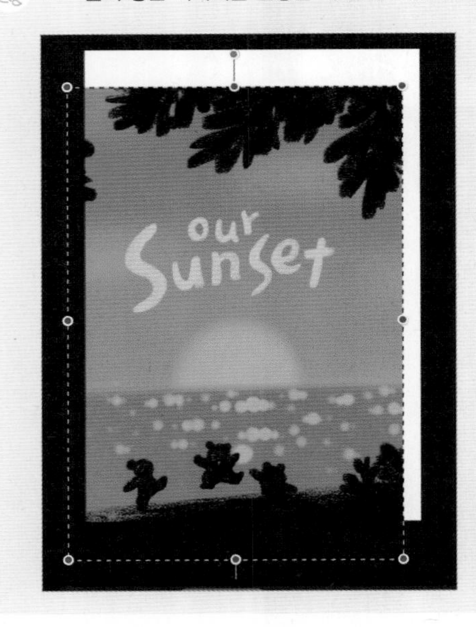

07 ❶ 조정 을 터치하고 ❷ [색조, 채도, 밝기]를 선택합니다. ❸ [채도]를 [최대(100%)]로 설정합니다. ❹ 조정 을 터치해 적용합니다.

TIP RGB 형식으로 저장한 이미지 파일을 CMYK 형식으로 가져오면 채도가 조금 낮아집니다. 그래서 채도 보정 작업을 거쳐야 합니다. 보통 인쇄 시 아이패드 화면보다 채도가 낮게 인쇄되므로 채도를 임의로 높여줍니다.

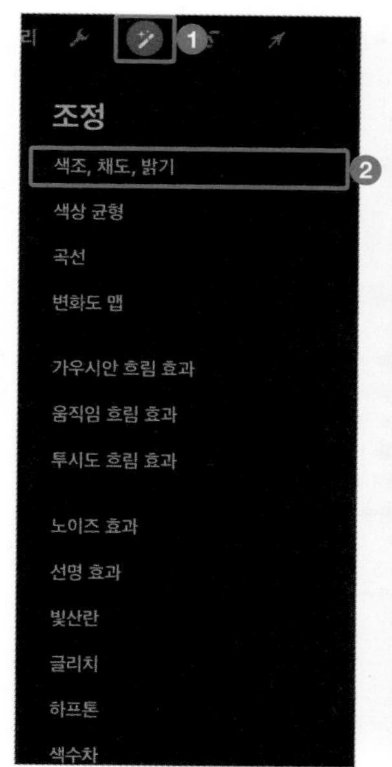

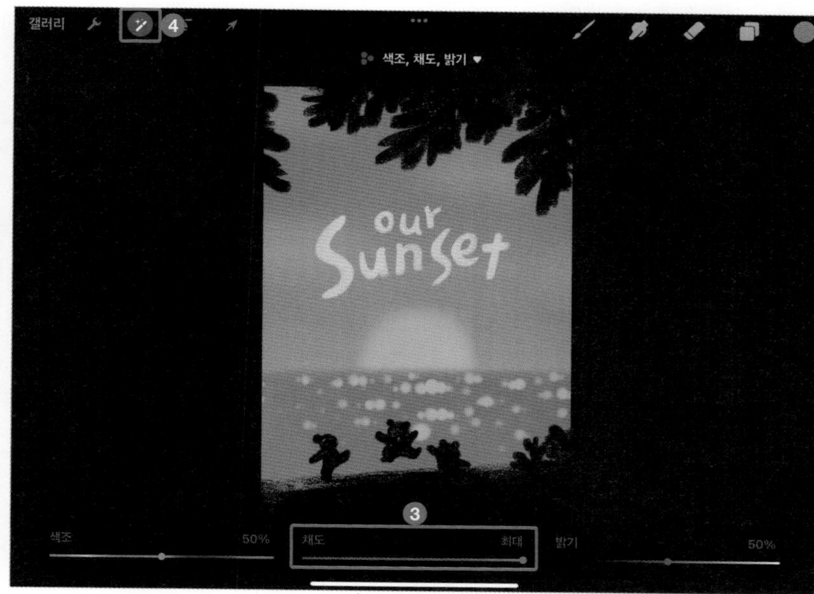

인쇄 영역 확인하기

08 인쇄된 엽서를 받았을 때 잘려나가는 영역을 확인해보겠습니다. ❶ 동작🔧을 터치하고 ❷ [캔버스]-[그리기 가이드]를 활성화한 후 ❸ [그리기 가이드 편집]을 터치합니다. ❹ [격자 크기]를 1mm로 설정하고 ❺ [완료]를 터치합니다. 한 칸의 크기가 1mm이므로 약 1~2칸 정도 잘려나간다고 예상할 수 있습니다.

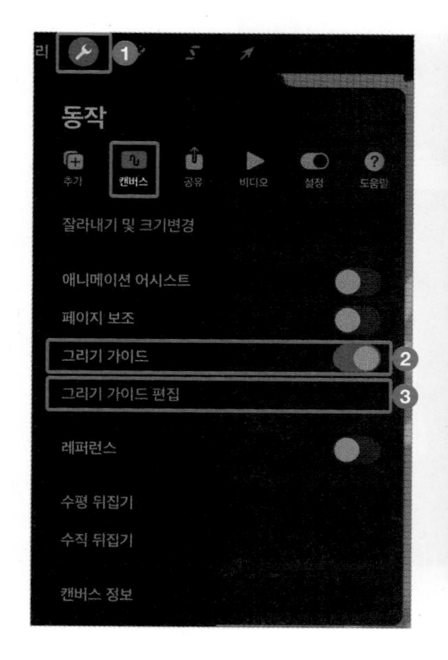

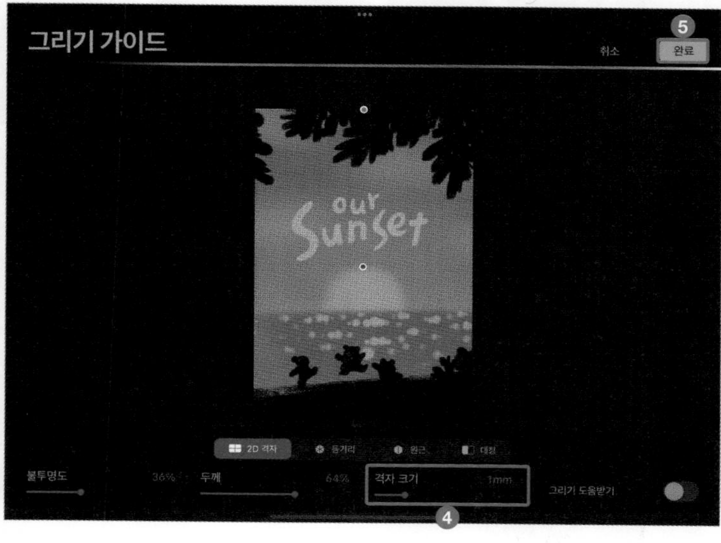

09 ❶ 동작 🔧을 터치하고 ❷ [공유]-[이미지 공유]의 [PSD]를 선택합니다. ❸ [파일에 저장]을 터치하고 ❹ 이름을 sunset1로 수정한 후 ❺ [저장]을 터치합니다.

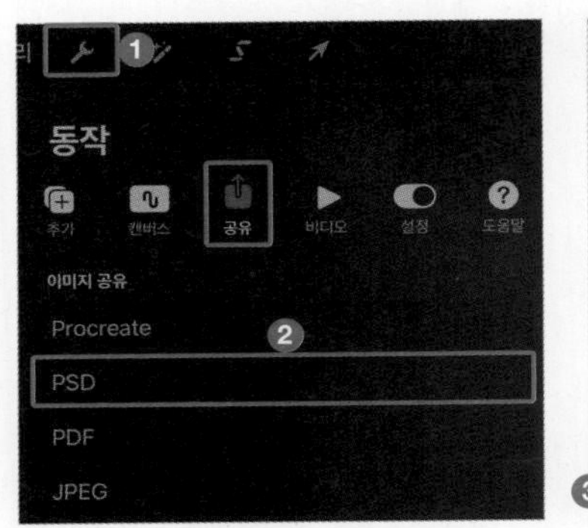

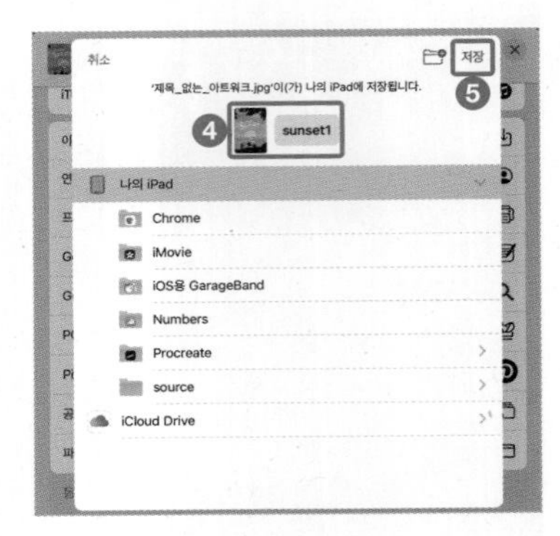

엽서 뒷면 만들기

10 ❶ 갤러리 화면에서 엽서 파일을 왼쪽으로 슬라이드하고 ❷ [복제]를 터치합니다. ❸ 복제된 엽서를 선택합니다.

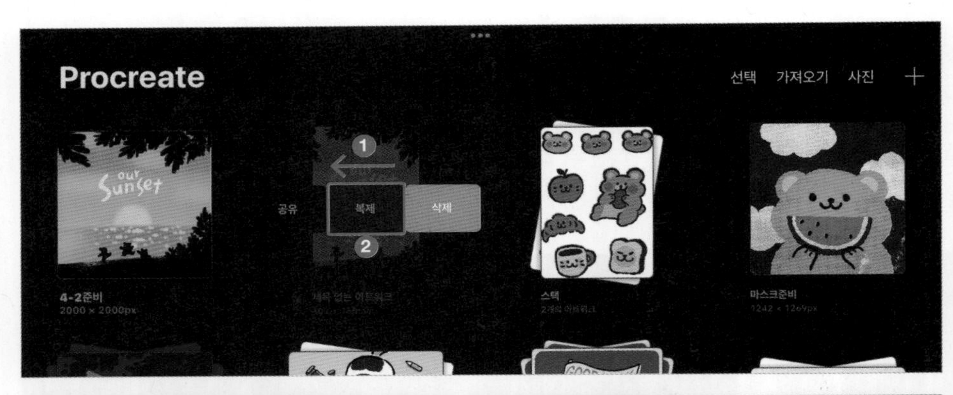

11 ❶ [레이어] 패널에서 첫 번째 레이어를 왼쪽으로 슬라이드하고 ❷ [지우기]를 터치합니다. ❸ 빈 캔버스에 엽서의 뒷면을 디자인해보겠습니다.

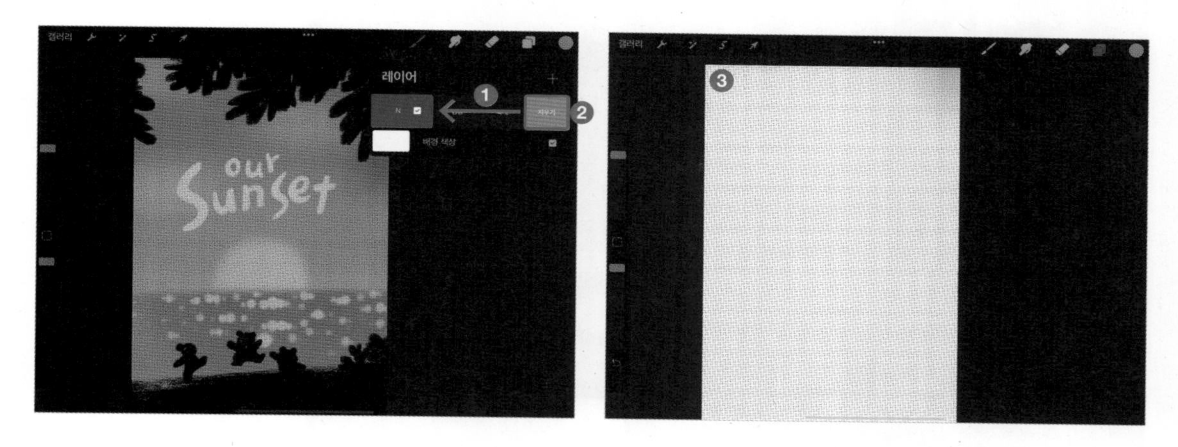

다른 파일에서 여러 개의 레이어 가져오기

12 ❶ 갤러리 화면에서 04에서 가져온 파일을 터치합니다. ❷ [레이어] 패널에서 첫 번째 레이어를 터치하고 ❸ 두 번째 레이어를 오른쪽으로 슬라이드해 함께 선택합니다. ❹ 오른손 한 손가락으로 선택한 레이어를 길게 누른 채 캔버스 안쪽으로 드래그하고 화면에서 손을 떼지 않습니다. ❺ 왼손으로 [갤러리]를 터치합니다. 오른손은 계속 화면을 누른 상태여야 합니다.

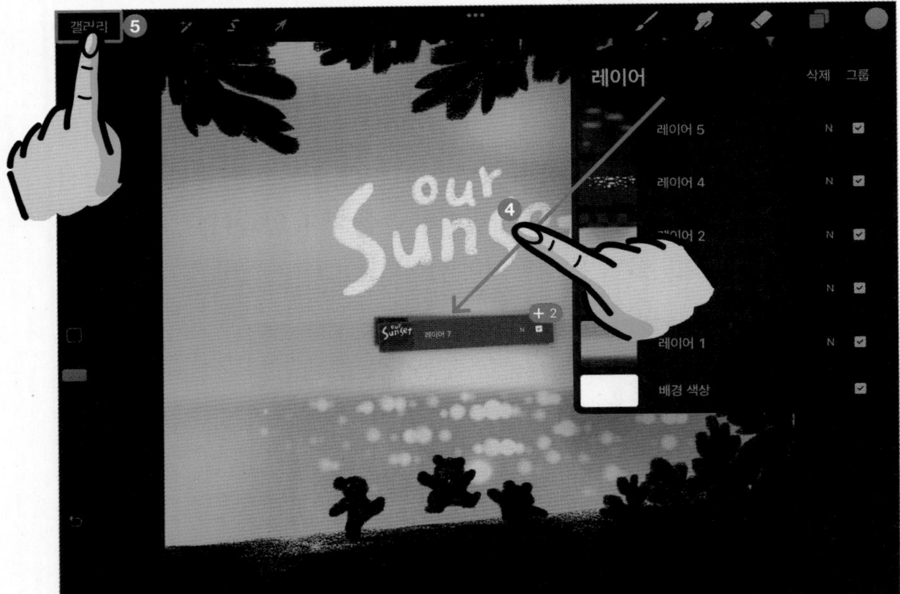

▶ 꿀팁 영상 제공

오른쪽의 QR코드 또는 아래의 링크로 접속하면 12~15의 실습 과정을 확인할 수 있습니다. 꿀팁 영상으로 학습하면 훨씬 더 이해하기 쉬우니 꼭 참고하길 바랍니다.

- **링크** | https://blog.naver.com/myillua/222727281039

13 ❶ 왼손으로 11에서 만든 캔버스를 터치합니다. ❷ 파일이 열리면 오른쪽 손가락을 화면에서 뗍니다. ❸ 레이어 두 개가 복제되었습니다.

14 ❶ 배경이 있는 레이어를 터치하고 ❷ 변형 을 터치하여 ❸ 배경의 크기와 위치를 조절합니다.

15 ❶ 타이틀이 있는 레이어를 터치하고 ❷ 변형 을 터치하여 ❸ 타이틀의 크기와 위치를 조절합니다.

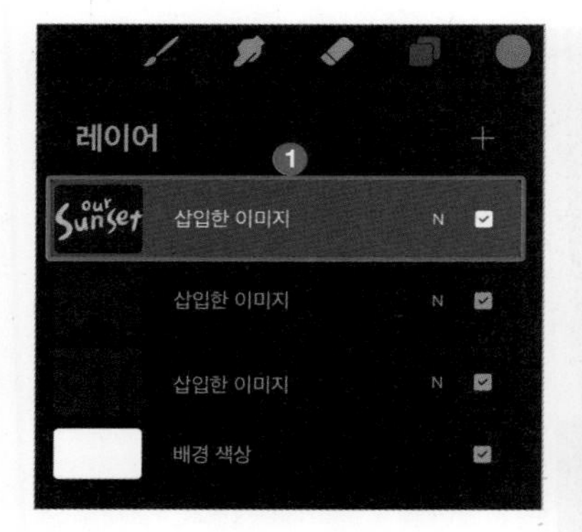

알파 채널로 한번에 색 채우기

16 ❶ 배경이 있는 레이어에 [알파 채널 잠금]을 적용합니다. ❷ 색상 을 연한 보라색(C:15, M:55, Y:0, K:0)으로 설정합니다. ❸ 레이어를 터치해 [레이어 채우기]를 선택합니다. ❹ 연한 보라색이 한 번에 적용됩니다.

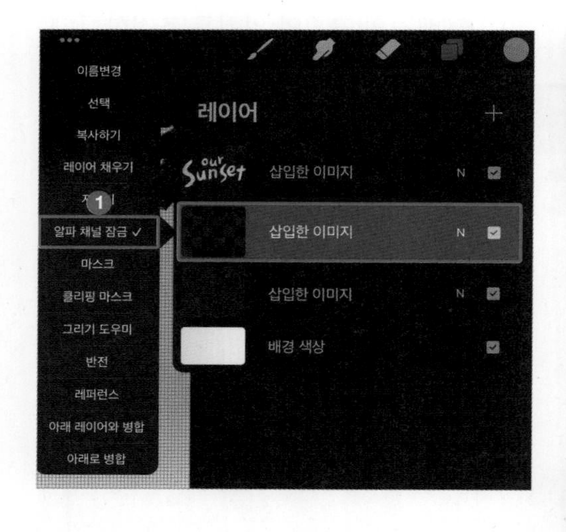

17 ❶ 맨 아래의 레이어를 터치하고 ❷ 색상●을 연한 살구색(C:3, M:12, Y:10, K:0)으로 적용합니다.

18 ❶ 세 개의 레이어를 꼬집어서 레이어를 하나로 합칩니다. ❷ 동작🔧을 터치하고 ❸ [공유]-[이미지 공유]의 [JPEG]를 선택합니다. ❹ [파일에 저장]을 터치하고 ❺ 이름을 sunset2로 수정한 후 ❻ [저장]을 터치합니다.

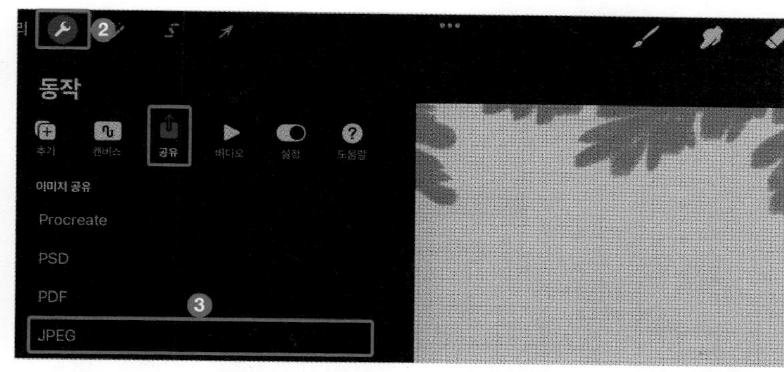

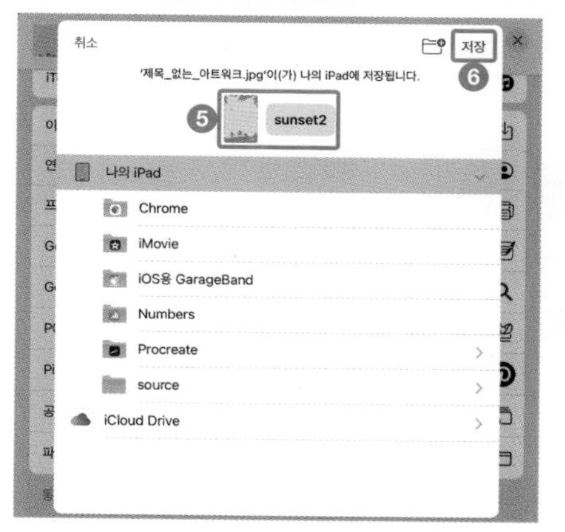

엽서 주문하기

19 엽서를 주문하기 위해서 앞면(sunset1)과 뒷면(sunset2), 두 개의 파일을 zip 파일로 압축하겠습니다. ❶ 아이패드에서 [파일]을 열고 ❷ 저장한 위치에서 [선택]을 터치합니다. ❸ 두 개의 파일을 차례대로 터치합니다. ❹ [더 보기]-[압축]을 터치합니다. ❺ 생성된 압축 파일의 이름을 터치해 sunset으로 수정합니다.

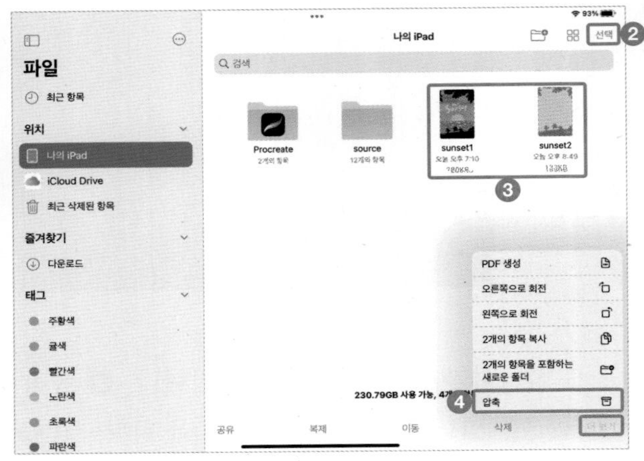

20 ❶ 성원애드피아(http://swadpia.co.kr)에 접속하고 로그인합니다. ❷ [디지털 인쇄]-[디지털(인디고 인쇄)]-[디지털엽서/상품권]을 터치합니다. ❸ 옵션을 다음과 같이 설정하고 화면을 내려 [장바구니]를 터치합니다.

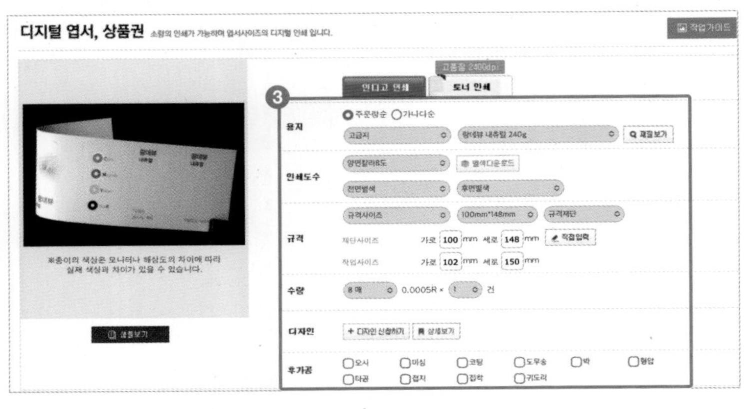

- **용지** | 고급지, 랑데뷰 내추럴 240g
- **인쇄도수** | 양면칼라8도, 전면별색, 후면별색
- **규격**
  [재단사이즈] 가로 100mm, 세로 148mm
  [작업사이즈] 가로 102mm, 세로 150mm
- **수량** | 8매, 1건

21 ❶ 파일업로드 팝업창이 나타나면 [파일추가]를 터치하고 ❷ [파일 선택]을 선택합니다. ❸ 19에서 저장한 sunset.zip 파일을 선택합니다.

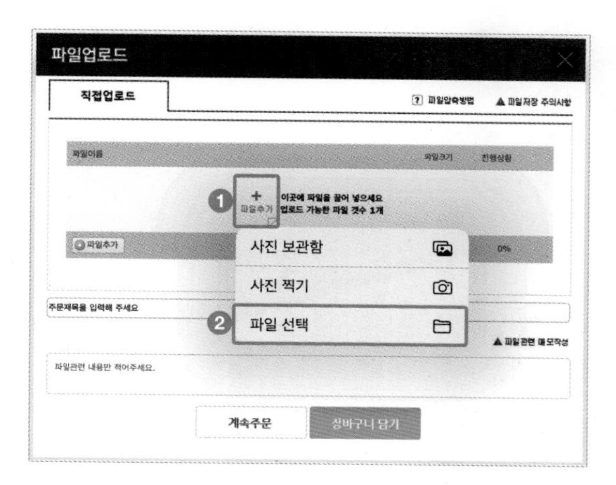

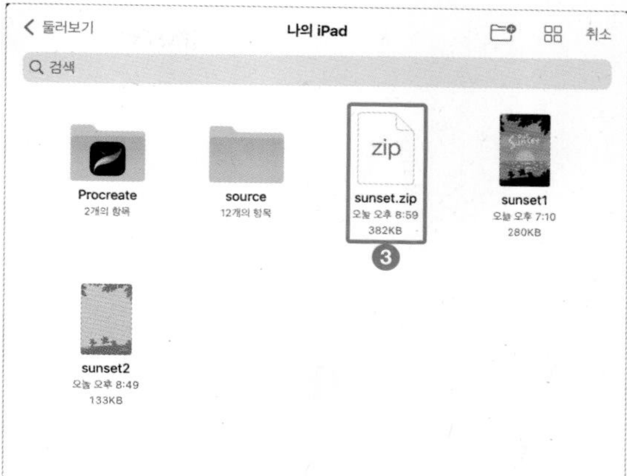

TIP 19에서 생성한 zip 파일이 보이지 않는다면 [둘러보기]를 터치하고 저장한 위치를 선택합니다.

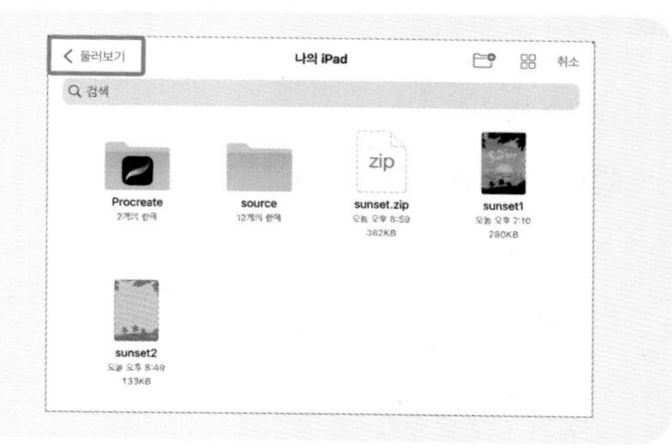

22 ❶ [장바구니 담기]를 터치합니다. ❷ 장바구니 페이지에서 [전체 주문하기]를 터치하여 결제합니다. 제작한 인쇄물은 성원애드피아로 직접 방문하거나 택배로 수령할 수 있습니다.

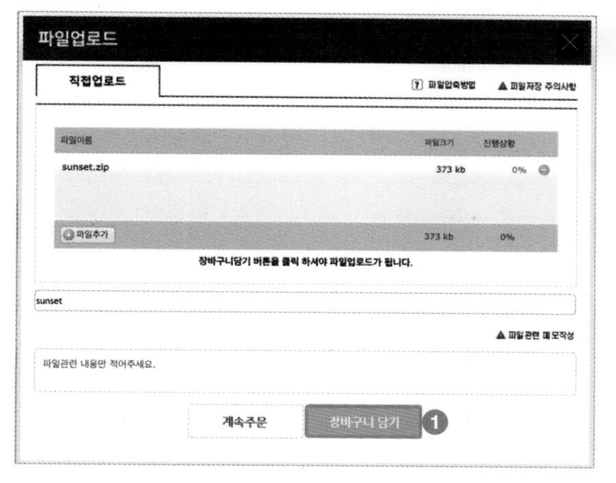

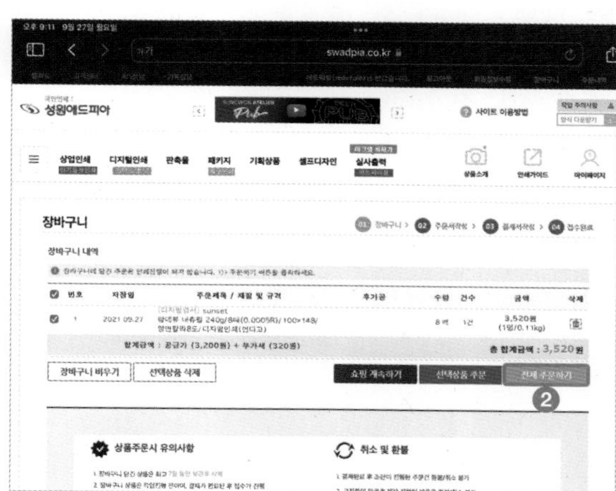

▶ 언박싱 영상 제공

오른쪽의 QR코드 또는 아래의 링크로 접속하면 직접 제작한 엽서의 언박싱 영상을 확인할 수 있습니다. 제작한 엽서를 직접 확인해봅니다.

- **링크** | https://blog.naver.com/myillua/222727283477

빨간고래의
드로잉 특강

굿노트용 스티커 만들기

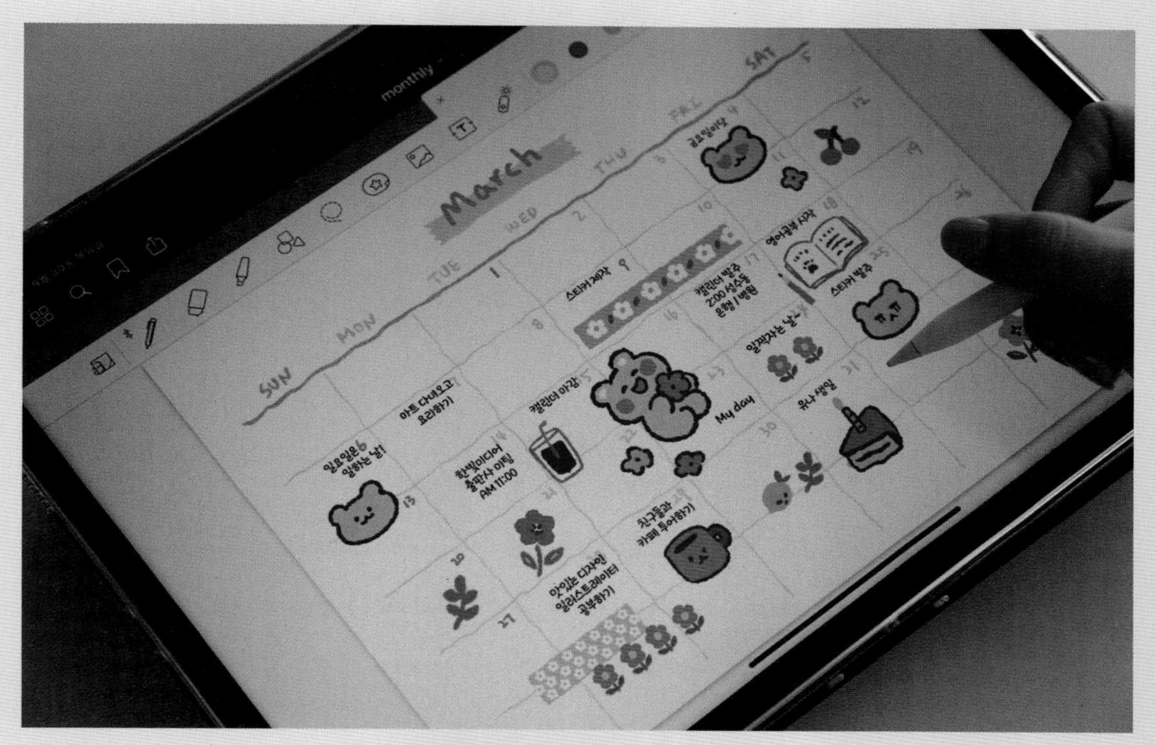

• **준비 파일** | 4\sketch_03_1.procreate, sketch_03_2.procreate
• **완성 파일** | 4\final03_1.jpg, final03_2.png

디지털 스티커는 횟수에 제한 없이 마음껏 재사용할 수 있고 원하는 대로 편집할 수도 있습니다. 프로크리에이트에서 자유롭게 원하는 모양을 그려서 나만의 스티커를 만들 수 있습니다. '빨간고래의 드로잉 특강'에서는 스티커를 만들고 굿노트 앱에서 활용하는 방법까지 알아보겠습니다. 꿀팁 영상을 참고하면 혼자서도 어렵지 않게 굿노트용 스티커를 만들 수 있습니다.

영상에서는 다음의 과정을 실습합니다.

- **여러 개의 파일을 한번에 불러오기**
- **캔버스 사이즈 확인하기**
- **배경을 투명하게 해서 PNG 파일로 저장하기**
- **굿노트 앱에서 이미지 불러오기**

오른쪽의 QR코드 또는 아래의 링크로 접속하면 동영상 강의를 확인할 수 있습니다.

• **링크** | https://blog.naver.com/myillua/222727284952

CHAPTER 05

알아두면 좋은 프로크리에이트 기능 익히기

LESSON 01.
그림을 관리하는 갤러리

LESSON 02.
원하는 영역 선택하기

LESSON 03.
형태 변형하기

LESSON 04.
레이어의 모든 것

LESSON 05.
그림을 그리는 데 도움되는 제스처 제어

LESSON 06.
타임랩스/스크린샷으로 화면 기록하기

LESSON 07.
그림 공유하기

LESSON 08.
작업이 쉬워지는 멀티태스킹

LESSON 09.
브러시 스튜디오의 모든 것

LESSON 10.
프로크리에이트의 환경 설정

LESSON 11.
그림에 다양한 효과를 주는 조정

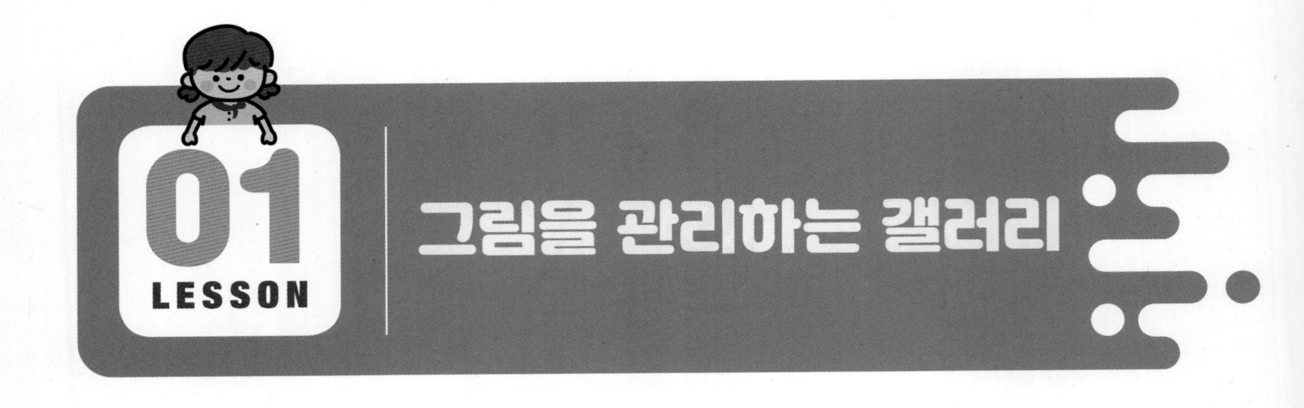

01 LESSON 그림을 관리하는 갤러리

갤러리에서 쓸 수 있는 다양한 기능

갤러리는 프로크리에이트를 실행하고 처음 보게 되는 화면입니다. 프로크리에이트에서 그린 그림이 이곳에 저장됩니다. 갤러리에는 그림을 관리하는 기능이 숨어 있습니다. 그림의 순서도 바꿀 수 있고 그룹을 만들 수도 있습니다. 갤러리의 다양한 기능을 알아두면 작업할 때 매우 유용하게 활용할 수 있습니다.

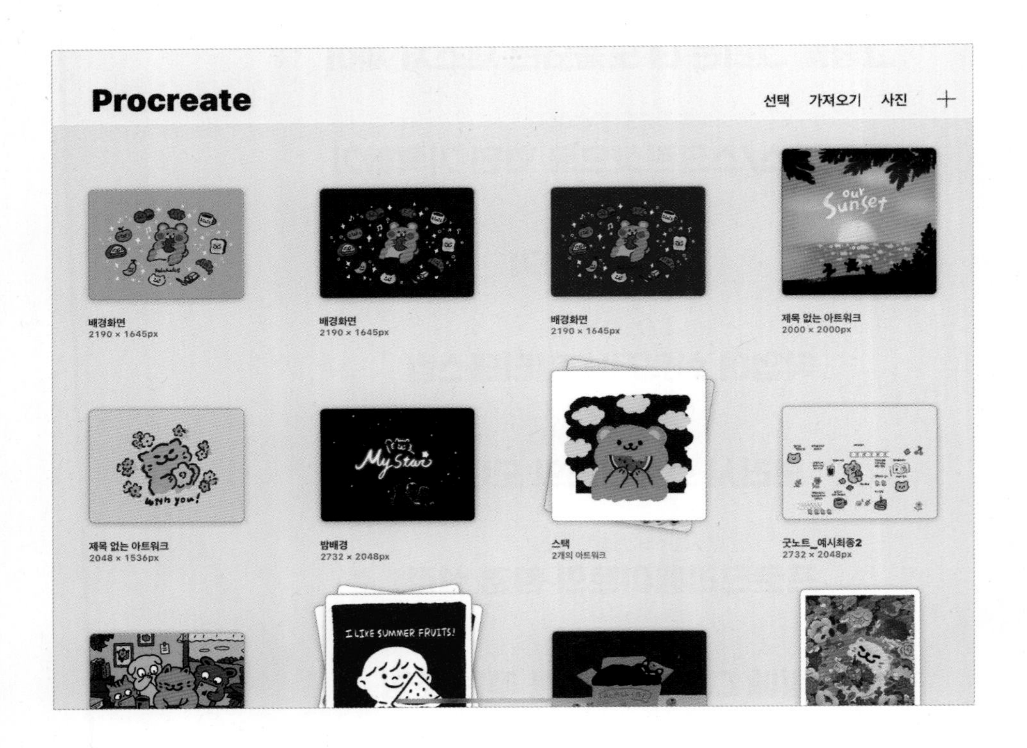

01 이름 바꾸기

그림 아래에 있는 이름(제목 없는 아트워크)을 손가락으로 터치하면 키패드가 나타납니다. 원하는 이름을 입력해 수정할 수 있습니다.

02 공유, 복제, 삭제하기

그림을 오른쪽에서 왼쪽으로 슬라이드하면 [공유], [복제], [삭제]가 나타납니다.

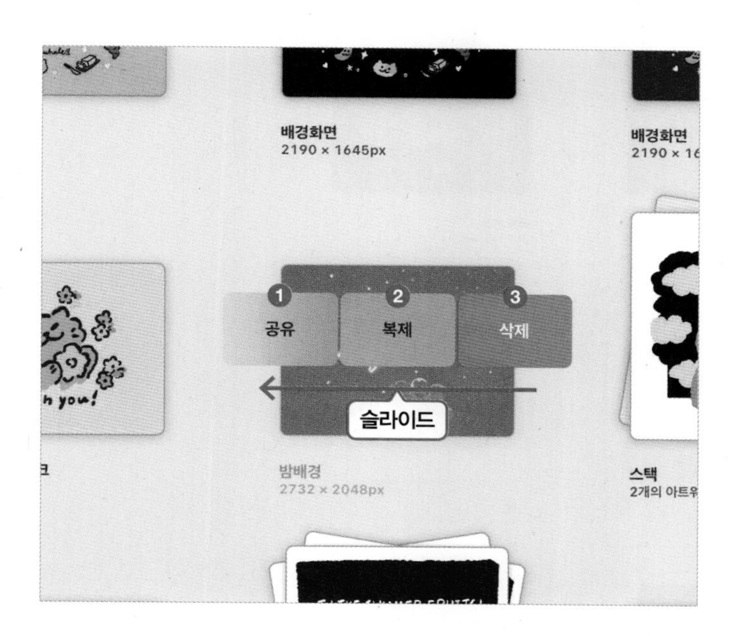

❶ **공유** | 여러 가지 파일 형식으로 공유할 수 있습니다.

❷ **복제** | 똑같은 그림이 복제됩니다.

❸ **삭제** | 그림이 삭제됩니다. 불필요한 그림은 삭제하여 용량을 줄입니다.

03 순서 바꾸기

그림을 2초 이상 꾹 누른 후 다른 공간으로 드래그하면 위치가 이동됩니다. 이때 주의할 점은 그림 위가 아니라 그림과 그림 사이의 여백 위에서 내려놓아야 합니다.

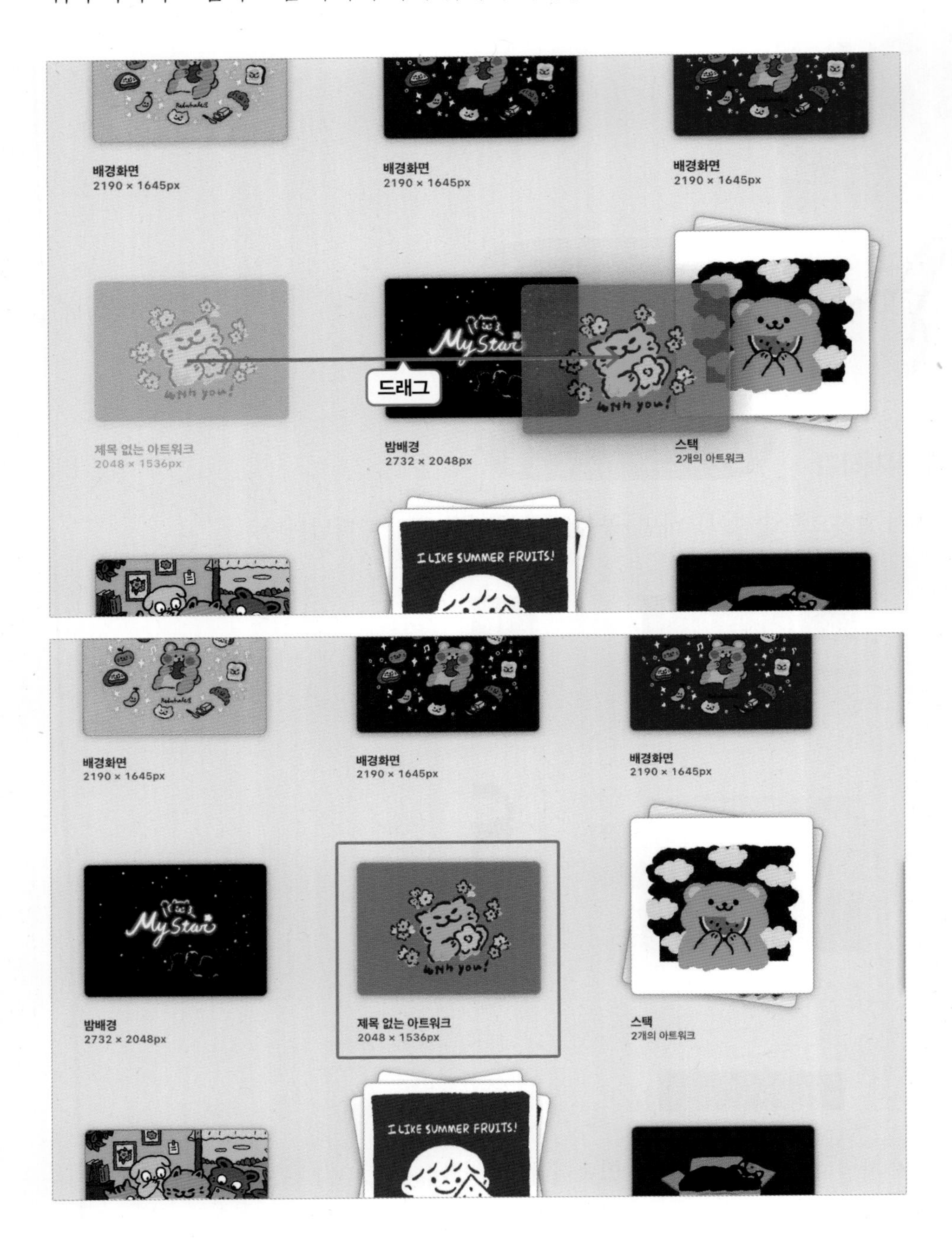

04 화면 돌리기

두 손가락으로 그림을 돌리면 그림이 회전됩니다. 갤러리 화면에서 두 손가락으로 돌렸는데 그림이 회전하지 않았다면 그림을 터치하여 확인합니다.

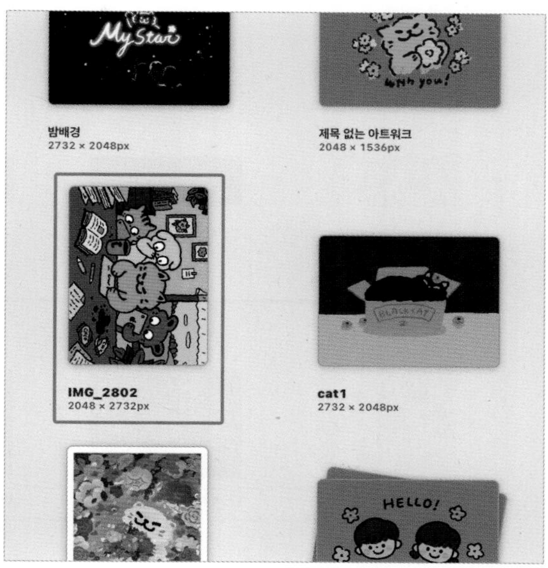

05 미리 보기

그림을 두 손가락으로 벌리면 크게 확대되어 미리 보기 모드가 적용됩니다. 미리 보기 모드에서 화면을 좌우로 슬라이드하면 다른 그림으로 넘어가고, 두 손가락으로 오므리면 갤러리 화면으로 돌아갑니다. 미리 보기 화면을 더블 터치하면 해당 그림이 열립니다. 미리 보기 모드에서 화면을 한 손가락으로 터치하면 그림 상단에 닫기 ⊗ 와 좌우 이동 ❮ ❯ 이 나타납니다.

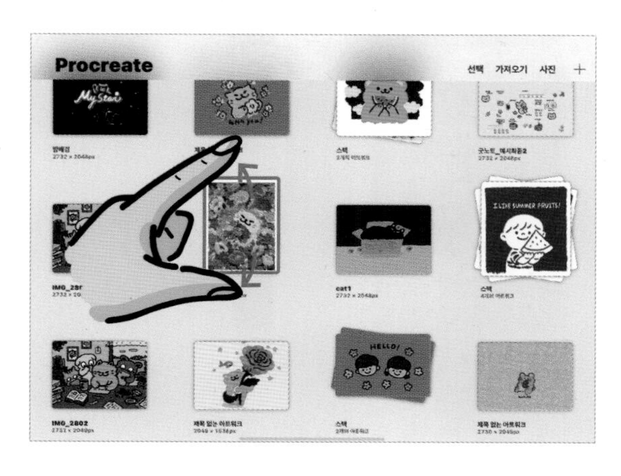

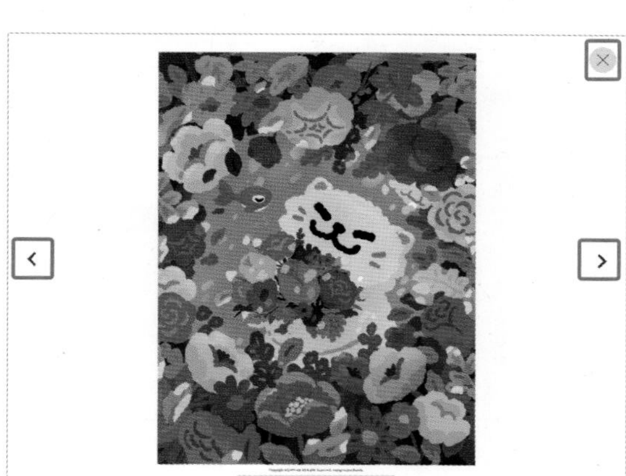

빨간고래의 기능 꼼꼼 익히기 **그림 몇 개만 선택해서 미리 보기**

❶ 갤러리 화면에서 [선택]을 터치하고 ❷ 여러 장의 그림을 터치하여 선택합니다. ❸ [미리보기]를 터치하면 선택한 그림만 미리 볼 수 있습니다.

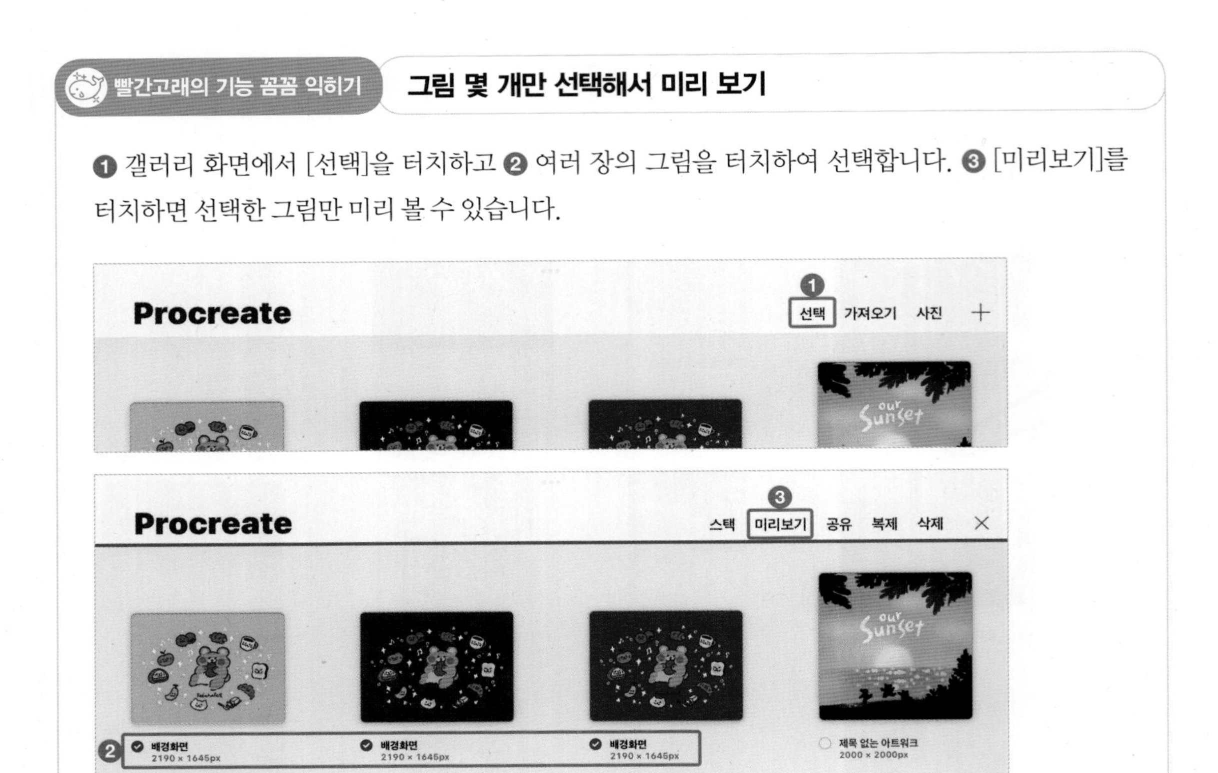

06 스택하기

프로크리에이트에서는 여러 장의 그림을 하나의 그룹으로 묶는 것을 스택이라고 부릅니다. 그림을 한 손가락으로 2초 이상 꾹 누른 후 다른 그림 위로 겹쳐지게 올립니다. 두 개의 그림이 하나로 묶입니다.

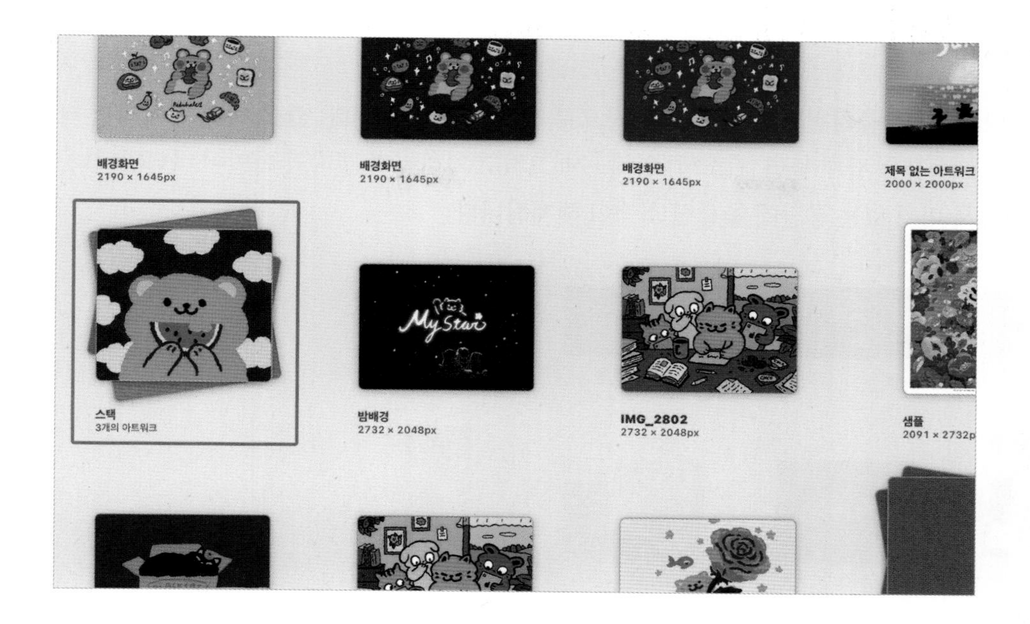

스택된 덩어리를 한 장짜리 그림 위로 올리면 스택으로 묶입니다. 주의할 점은 한 장짜리 그림을 스택 위로 올리면 묶이지 않습니다. 반드시 여러 장의 그림이 뭉쳐 있는 스택을 한 장짜리 그림 위로 올려야 합니다. ❶ [선택]을 터치하고 ❷ 여러 장의 그림을 선택한 후 ❸ [스택]을 터치해도 스택으로 묶입니다.

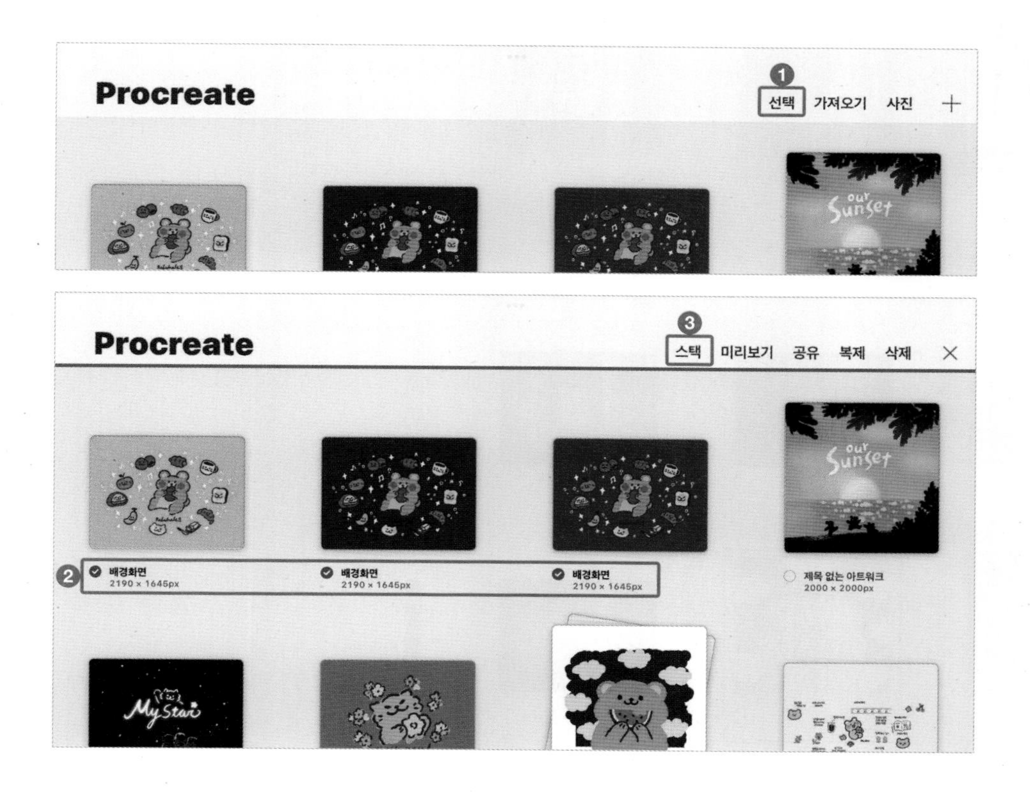

07 스택 해제하기

여러 장의 그림이 하나로 뭉쳐진 스택을 다시 낱장으로 되돌릴 수 있습니다. ❶ 스택된 덩어리를 터치합니다. ❷ 그림 한 장을 길게 눌러 [〈 스택] 위에 드래그하고 기다리면 갤러리 화면이 나타납니다. ❸ 갤러리 화면에서 비어 있는 공간에 놓으면 스택이 해제됩니다.

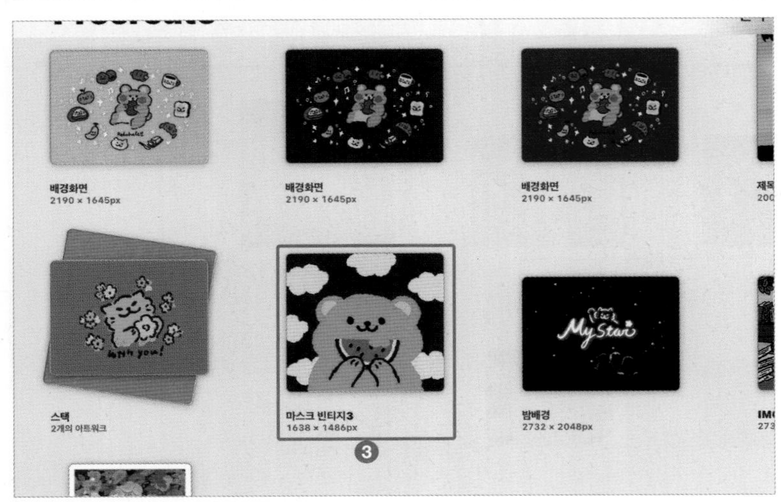

08 외부 파일 가져오기

❶ [가져오기]를 터치하면 아이패드 안에 있는 [파일]에서 파일을 불러올 수 있고, ❷ [사진]을 터치하면 [사진]에서 이미지를 불러올 수 있습니다. 멀티태스킹하여 파일을 프로크리에이트 화면 안으로 드래그해도 파일이 열립니다.

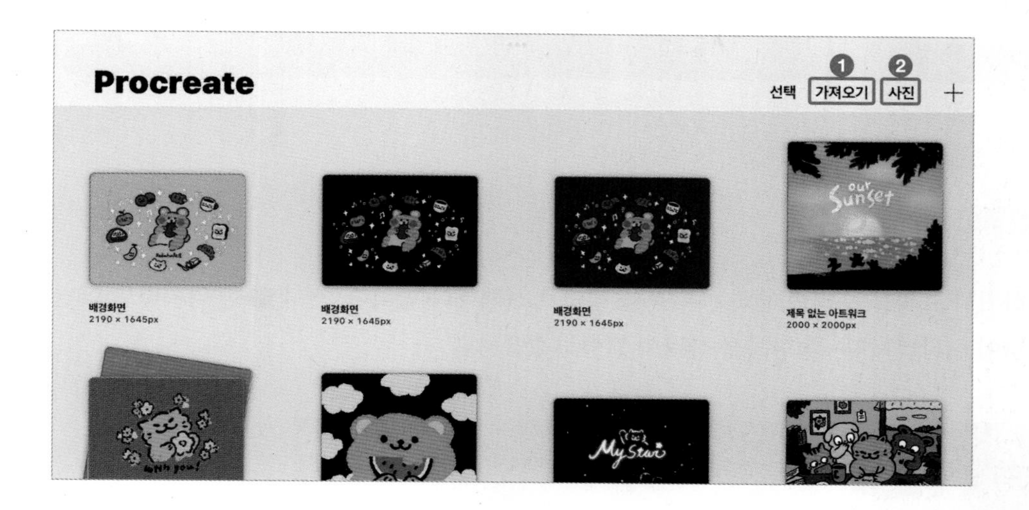

TIP 멀티태스킹에 대한 자세한 내용은 348쪽을 참고합니다.

02 LESSON 원하는 영역 선택하기

영역을 선택하고 효과주기

그림을 수정하거나 효과를 주려면 원하는 부분을 제대로 선택해야 합니다. 선택 ⑤을 터치하면 화면 하단에 옵션창이 나타납니다. 각 항목을 하나씩 알아보겠습니다.

01 선택 옵션창 항목 알아보기

① 자동 | 선택하고 싶은 부분을 터치하면 비슷한 색으로 연결된 부분까지 함께 선택됩니다. 선택한 영역은 보색으로 표시됩니다.

TIP **선택 영역 늘리기**

자동으로 한 부분을 선택한 다음 바로 애플 펜슬로 화면을 좌우 드래그하면 선택 범위를 조절할 수 있습니다.

❷ **올가미** | 화면을 드래그한 후 회색 포인트 ● 를 터치하면 드래그한 부분이 선택됩니다. 선택되지 않은 부분은 빗금으로 표시됩니다. 드래그하지 않고 톡톡 찍듯이 터치하면 직선으로 이어집니다.

❸ **직사각형** | 화면을 드래그하면 사각형 모양으로 선택됩니다.

❹ **타원** | 화면을 드래그하면 타원 모양으로 선택됩니다.

❺ **추가** | [추가]가 활성화된 상태에서 여러 번 드래그(혹은 터치)하면 선택한 만큼 추가됩니다.

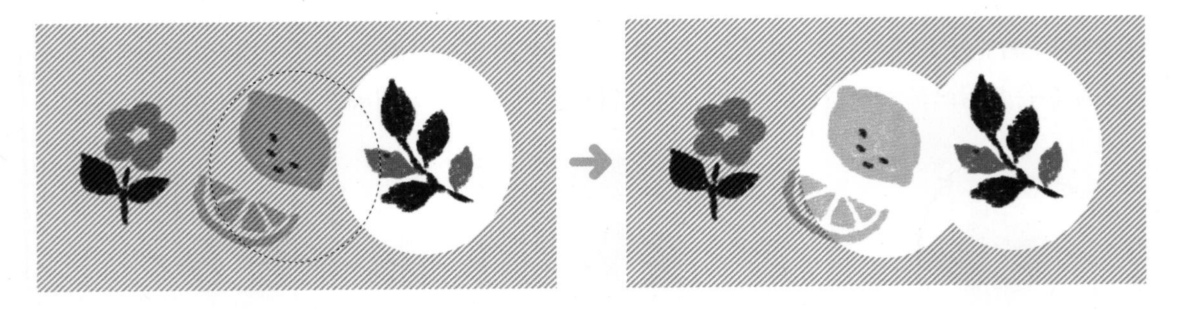

❻ **제거** | [제거]가 활성화된 상태에서 여러 번 드래그(혹은 터치)하면 선택한 만큼 제거됩니다.

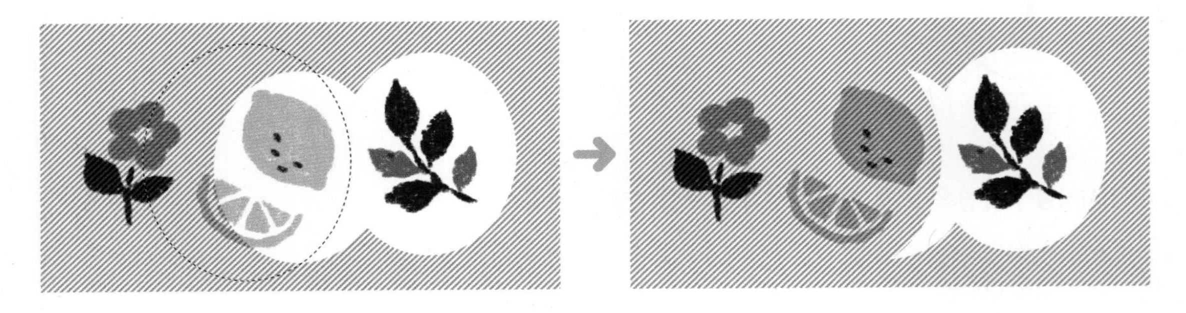

❼ **반전** | 선택한 부분을 뺀 영역이 선택됩니다.

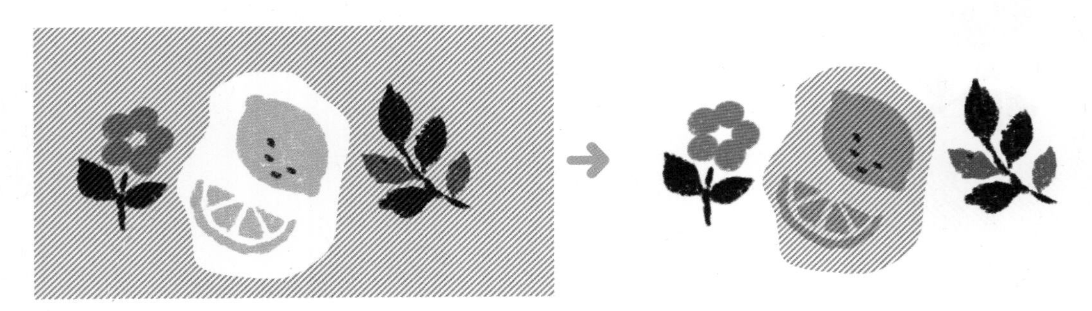

⑧ **복사 및 붙여넣기** | 선택한 부분이 새 레이어로 복제됩니다.

⑨ **페더** | 선택 영역 외곽의 흐림 정도를 설정할 수 있습니다.

⑩ **저장 및 불러오기** | 화면을 드래그하여 선택한 부분을 저장할 수 있고 불러올 수도 있습니다.

⑪ **색상 채우기** | 선택 영역이 현재 선택된 색상으로 채워집니다.

⑫ **지우기** | 선택 영역이 취소됩니다.

02 선택의 다양한 추가 기능

❶ **선택 영역 취소하기** | 선택한 후 선택한 영역이 마음에 들지 않는다면 [지우기]를 터치하거나 두 손가락으로 캔버스를 터치하여 뒤로가기해도 됩니다. 선택 을 터치하면 선택 영역이 취소되고 원래의 화면으로 돌아갑니다.

❷ **이전 선택 영역을 복원하기** | 기본 캔버스에서 선택 을 2초 이상 꾹 누르면 이전에 선택했던 영역이 나타납니다. 갤러리 화면으로 나갔다가 들어와도 영역을 복원할 수 있습니다.

❸ **선택 영역 잘 보이게 설정하기** | 선택되지 않은 부분은 빗금으로 처리됩니다. 빗금이 잘 보이지 않는다면 동작 을 터치하고 [설정]-[선택 마스크 가시성]을 조절합니다. 수치를 높이면 높일수록 빗금이 진해집니다.

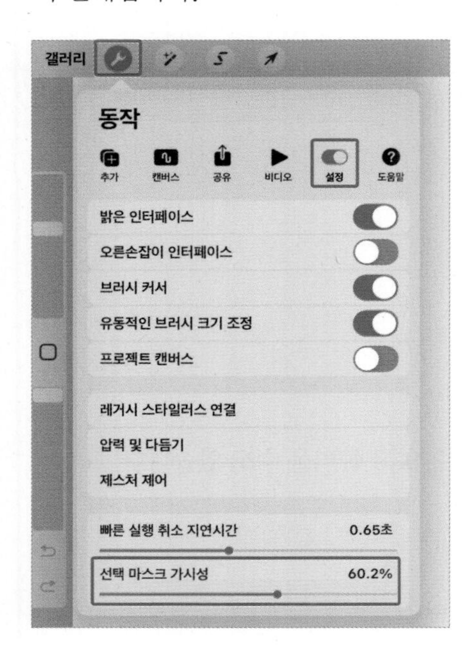

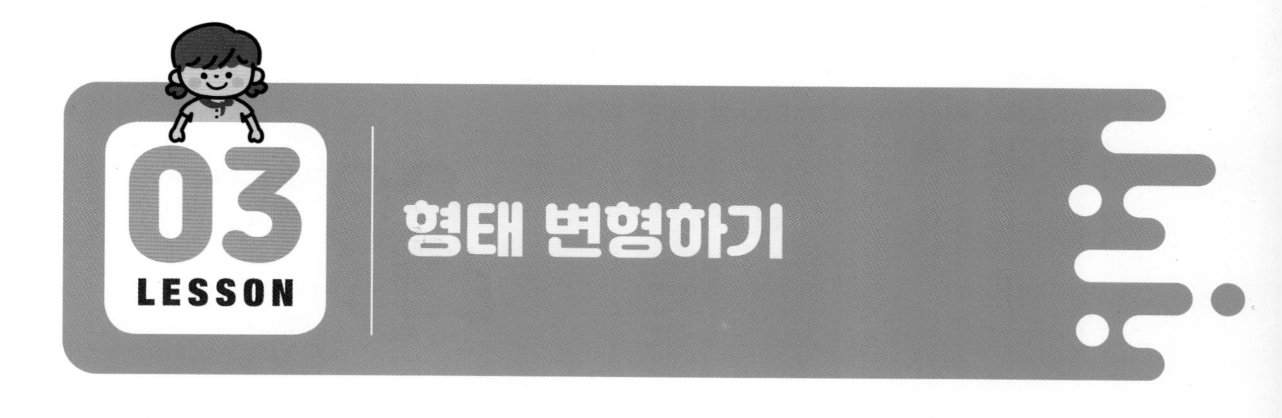

형태를 변형하고 수정하기

변형 ➚을 터치하면 오브젝트에 변형 상자가 나타납니다. 변형 상자에서 크기, 각도, 위치를 수정할 수 있습니다. 옵션창을 이용하면 형태를 더 섬세하게 수정할 수 있습니다. 하나씩 살펴보겠습니다.

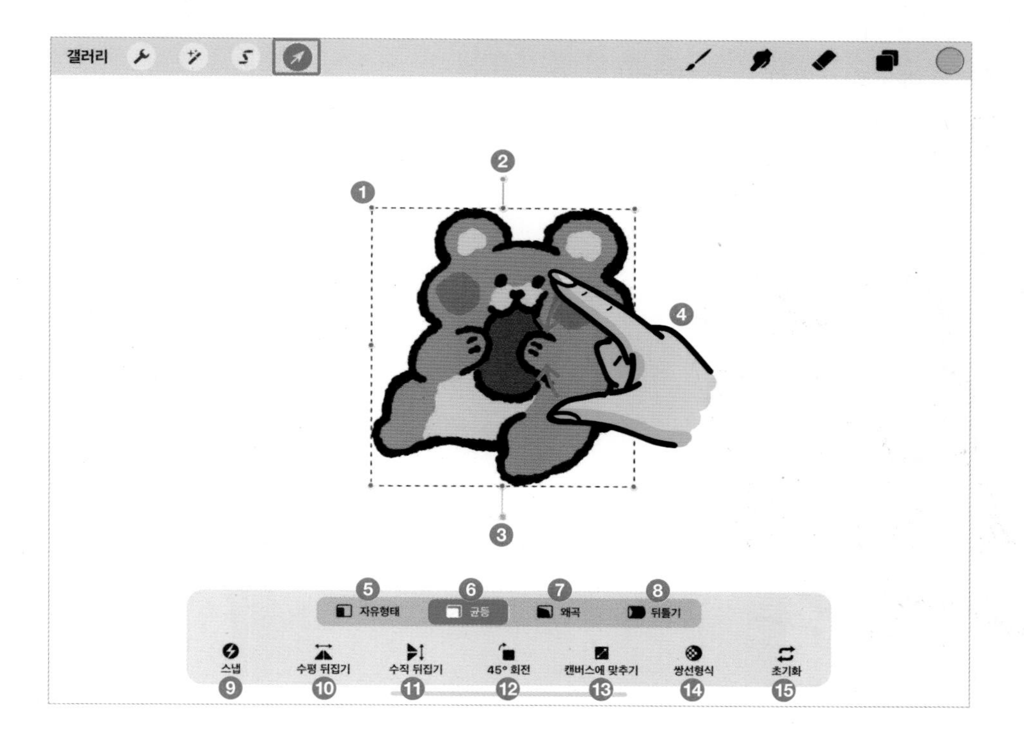

01 변형 상자와 옵션창 항목 알아보기

❶ 파란색 조절점 ●을 움직이면 크기가 조절됩니다.

❷ 연두색 조절점 ●을 움직이면 각도가 조절됩니다.

❸ 노란색 조절점 ■을 움직이면 변형 상자만 움직입니다.

TIP 조절점을 터치하면 숫자 패드가 나타납니다. 숫자를 입력하여 정확하게 수정할 수 있습니다.

❹ 제스처 | 변형 상자 안쪽에서 두 손가락을 오므리거나 펴면 크기가 조절되고 돌리면 회전됩니다.

TIP 변형 상자 밖에서 두 손가락으로 오므리거나 펴면 캔버스가 확대/축소됩니다.

❺ 자유형태 | 드래그하는 대로 자유롭게 가로세로의 크기와 각도를 수정합니다. 모서리의 파란색 조절점 ◉을 길게 누르면 모서리만 수정할 수 있습니다. [왜곡]과 같은 효과입니다.

❻ 균등 | 가로세로의 비율을 유지한 채 수정합니다.

❼ 왜곡 | 모서리의 파란색 조절점 ◉을 드래그하면 모서리만 수정할 수 있습니다.

❽ 뒤틀기 | 선택하면 그림 위에 그물망이 나타납니다. 그물망을 드래그하여 형태를 뒤틀 수 있습니다. 옵션창에 [고급 메쉬] 메뉴가 나타나며, 선택하면 다른 부분에 영향을 덜 주면서 부분적으로 뒤틀기를 적용할 수 있습니다.

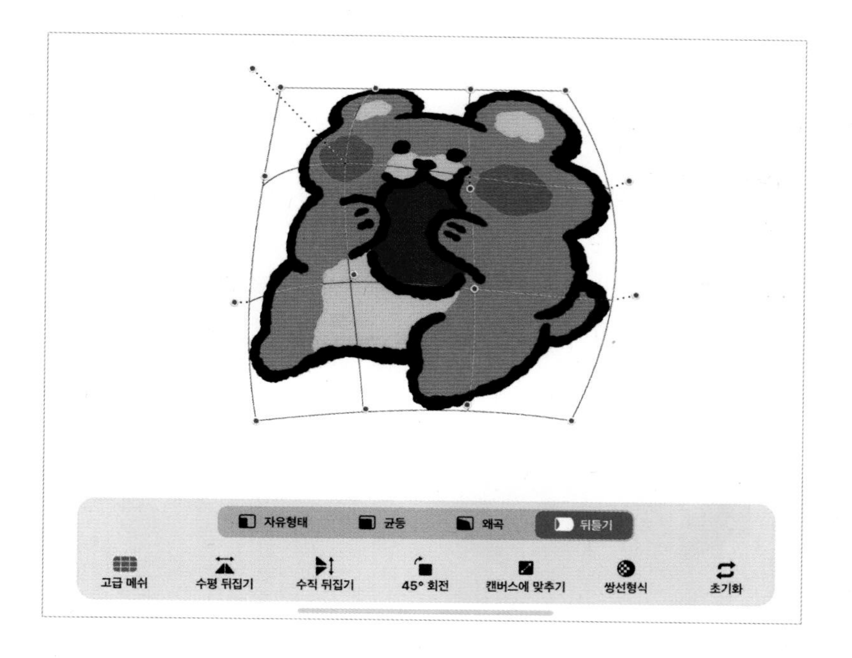

❾ **스냅** | [자유형태], [균등], [왜곡]을 터치하면 [스냅] 메뉴가 나타납니다.

ⓐ **자석** : 활성화하면 15°씩 끊어서 회전되며 화면에 각도가 표시됩니다.

ⓑ **스냅** : 활성화하면 가로세로 좌표에 물린 상태로 크기가 조절됩니다.

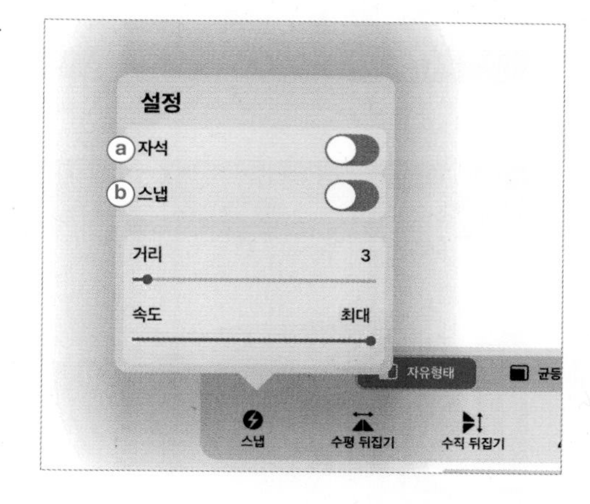

❿ **수평 뒤집기** | 좌우로 뒤집어집니다.

⓫ **수직 뒤집기** | 위아래로 뒤집어집니다.

⓬ **45° 회전** | 45°씩 시계방향으로 회전됩니다.

⓭ **캔버스에 맞추기** | 캔버스에 꽉 찬 사이즈로 변경됩니다.

⓮ **보간법** | 터치하면 세 가지 보간법 메뉴가 나타납니다. 이미지의 크기를 키우거나 각도를 변경했을 때 이미지 손실을 줄일 수 있습니다.

ⓐ **최단입점** : 형태를 수정할 때 비슷한 색을 묶어서 수정됩니다. 선명하지만 경직된 느낌입니다. 픽셀아트를 수정할 때 사용하면 좋습니다.

ⓑ **쌍선형식** : [최단입점]보다 더 부드럽고 자연스럽게 수정됩니다. 사진이나 회화적인 표현이 많은 이미지를 수정할 때 사용하면 좋습니다.

ⓒ **쌍사차식** : [쌍선형식]보다 더 부드럽게 수정됩니다. 부드럽지만 선명함은 떨어집니다. 뿌연 이미지에 사용하면 좋습니다.

▲ 원본

▲ 최단입점

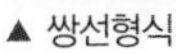

▲ 쌍선형식

▲ 쌍사차식

⑮ **초기화** | 모든 변형을 취소하고 처음으로 돌아갑니다.

TIP **형태 수정 취소/적용하기**

- **형태 수정 취소하기** : 수정하지 않고 싶다면 [초기화]를 터치하고 변형 을 터치합니다. 원래 화면으로 돌아갑니다.
- **형태 수정 적용하기** : 형태를 수정한 후 변형 을 터치하면 수정이 적용됩니다.

04 LESSON 레이어의 모든 것

디지털 작업의 가장 큰 장점은 레이어를 활용할 수 있다는 점입니다. 레이어의 기능과 고급 제스처에 대해 자세히 살펴보겠습니다.

레이어 고급 제스처 살펴보기

레이어를 제어하는 고급 제스처를 익히면 작업 속도가 더 빨라집니다.

❶ **레이어 복제하기** | 한 손가락 혹은 애플 펜슬로 레이어를 2초 이상 꾹 누른 채 [레이어] 패널 밖으로 드래그합니다. 레이어가 복제됩니다.

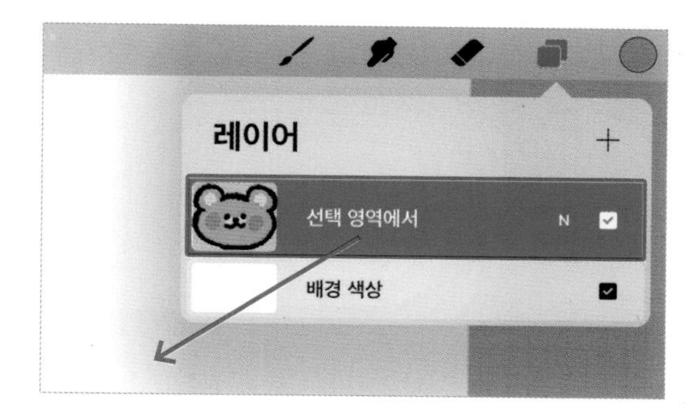

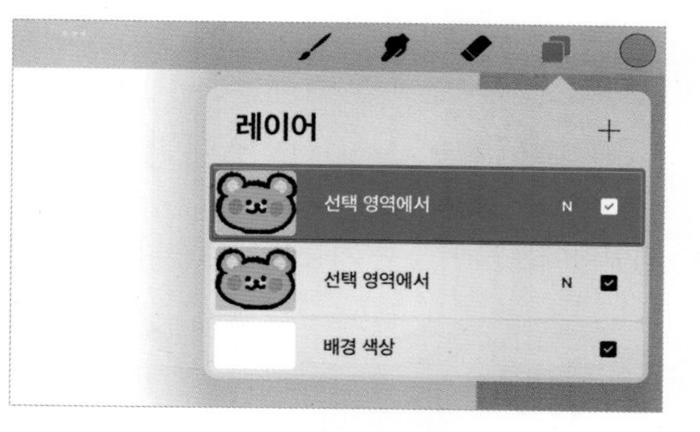

❷ **레이어 하나만 보기** | 레이어의 체크 박스를 2초 이상 누릅니다. 해당 레이어를 제외한 나머지 레이어의 체크가 사라지고 캔버스 화면에서도 보이지 않습니다. 이 상태에서 해당 레이어의 체크 박스를 2초 이상 길게 누르면 원상복귀됩니다.

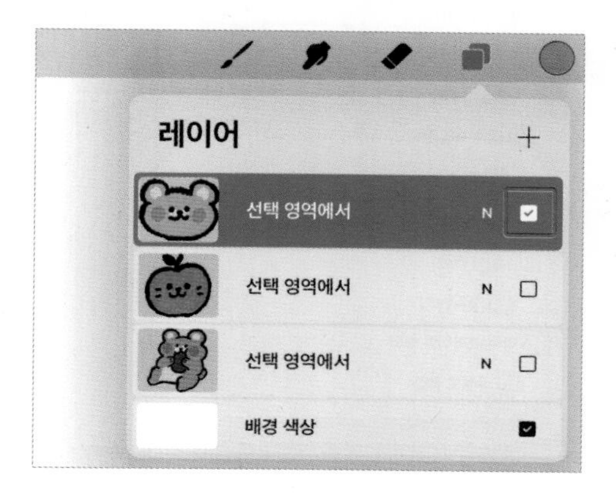

❸ **레이어 쉽게 선택하기** | 동작 🔧 을 터치하고 [설정]–[제스처 제어]–[레이어 선택]을 터치합니다. [레이어 선택 사용자화]의 여러 옵션을 활성화하면 레이어를 쉽게 선택할 수 있습니다. 자세한 내용은 338쪽을 참고합니다.

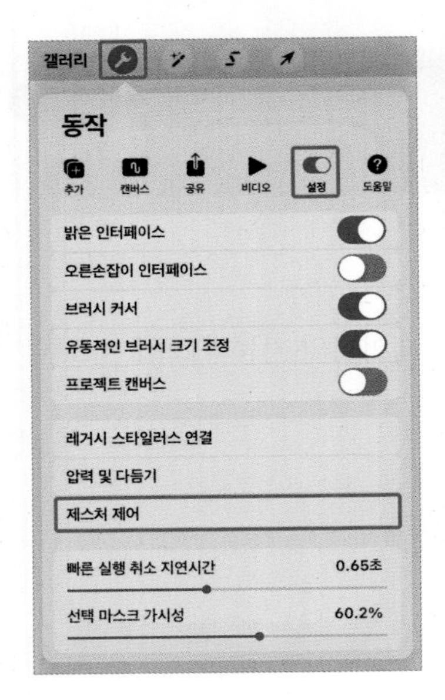

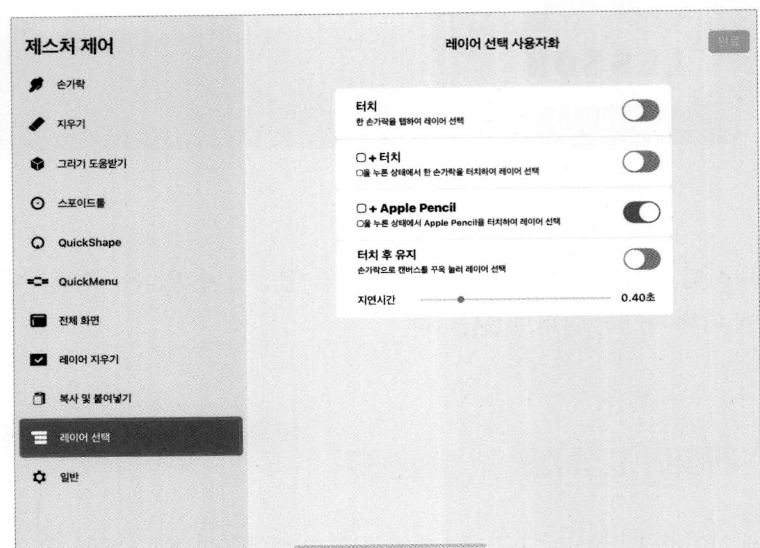

TIP 제스처를 활용해 레이어 합치기, 여러 개 선택하기, 불투명도 조절하기, 알파 채널 잠금 기능에 대한 자세한 내용은 045쪽을 참고합니다.

레이어 기능 자세히 살펴보기

레이어에는 숨어 있는 기능들이 있습니다. 하나씩 자세히 알아보겠습니다.

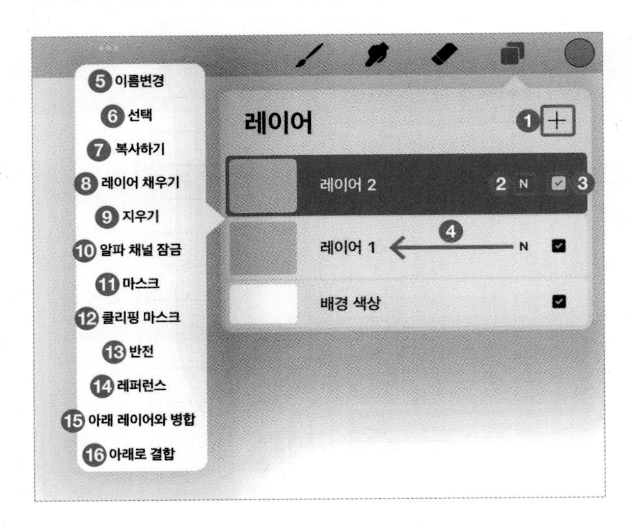

01 레이어 기본 기능

❶ 새 레이어를 추가할 수 있습니다.

❷ [N]을 터치하면 불투명도를 조절할 수 있고 레이어 합성 모드를 선택할 수 있습니다.

❸ 체크 해제하면 레이어가 숨겨지고 체크하면 다시 나타납니다. 2초 이상 길게 누르고 있으면 해당 레이어만 캔버스 화면에 나타납니다.

❹ 레이어를 오른쪽에서 왼쪽으로 슬라이드하면 [잠금], [복제], [삭제]가 나타납니다. 레이어를 움직일 수 없도록 고정(잠금)하거나 복제, 삭제할 수 있습니다.

02 레이어 세부 메뉴 살펴보기

레이어를 터치하면 레이어가 파란색으로 선택되고 이 상태에서 한 번 더 터치하면 왼쪽에 메뉴가 나타납니다.

❺ **이름변경** | 레이어의 이름을 바꿀 수 있습니다.

❻ **선택** | 레이어 안에 있는 내용을 선택할 수 있습니다.

❼ **복사하기** | 레이어 안에 있는 내용을 복사합니다.

❽ **레이어 채우기** | 현재 선택된 색상으로 레이어를 모두 채웁니다.

❾ **지우기** | 해당 레이어 안에 있는 면을 모두 삭제합니다.

❿ **알파 채널 잠금** | 레이어 안에 있는 면 안에서만 드로잉이 가능합니다.

⓫ **마스크** | 레이어에 마스크가 붙습니다. [마스크]를 터치하고 검은색을 칠하면 안 보이고 흰색을 칠하면 보입니다.

⓬ **클리핑 마스크** | 아래에 위치한 레이어가 보이는 영역이 됩니다.

⓭ **반전** | 레이어의 색상이 반전됩니다.

⓮ **레퍼런스** | 레퍼런스로 지정한 레이어를 기준으로 색상이 적용됩니다.

⓯ **아래 레이어와 병합** | 아래 레이어와 레이어 한 개로 합쳐집니다.

⓰ **아래로 결합** | 아래 레이어와 그룹으로 묶입니다.

레이어를 그룹으로 관리하기

01 그룹 만들기

❶ 레이어 하나를 터치하고 ❷ 다른 레이어를 왼쪽에서 오른쪽으로 슬라이드해 함께 선택합니다. ❸ 두 레이어가 선택된 상태에서 [그룹]을 터치하면 레이어가 그룹으로 묶입니다.

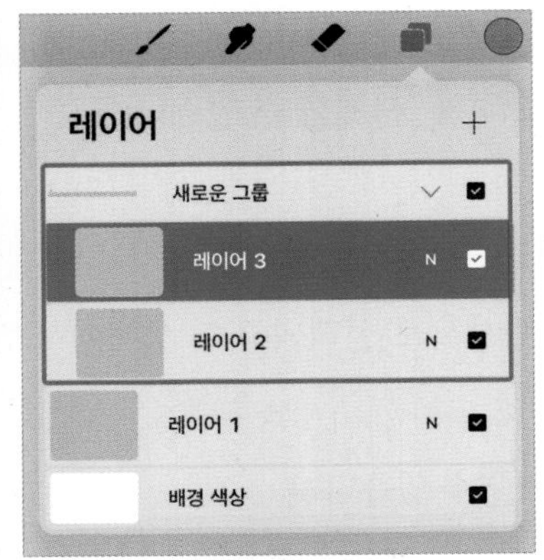

TIP 레이어를 2초 이상 꾹 눌러 선택한 채로 다른 레이어 위에 포개어 올려놓으면 두 개의 레이어가 그룹으로 묶입니다.

TIP 그룹을 취소하는 방법은 094쪽을 참고합니다.

02 그룹 메뉴 자세히 살펴보기

그룹을 터치하면 파랗게 선택되고 이 상태에서 한 번 더 터치하면 그룹 메뉴가 나타납니다.

❶ **이름변경** | 그룹의 이름을 바꿀 수 있습니다.

❷ **병합** | 그룹을 하나의 레이어로 합칠 수 있습니다.

❸ **아래 레이어와 병합** | 아래 레이어와 레이어 한 개로 합쳐집니다.

❹ **아래로 결합** | 그룹 아래에 있는 레이어를 그룹 안에 포함시킬 수 있습니다.

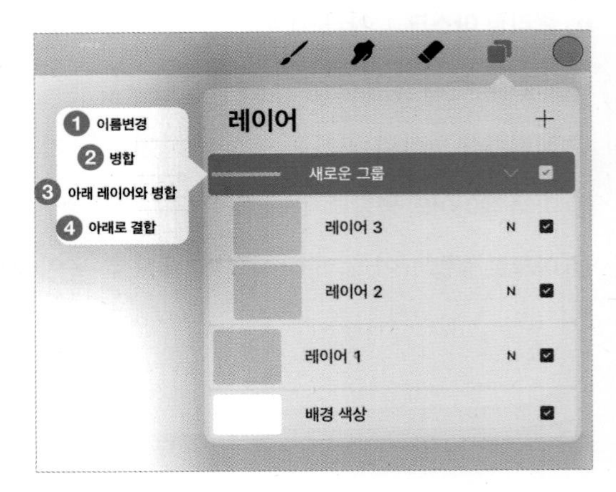

05 LESSON 그림을 그리는 데 도움되는 제스처 제어

제스처 설정하기

제스처는 화면 위를 터치하거나 슬라이드하는 동작으로써 사용자가 설정을 수정할 수 있습니다. 동작 을 터치하고 [설정]–[제스처 제어]를 선택하면 제스처 제어와 관련된 항목을 확인할 수 있습니다. 제스처는 프로크리에이트의 기본 설정(기본값)으로 사용해도 큰 문제가 없습니다. 그러나 사용자마다 개인 차이가 있으므로 몇 가지를 알고 자신에게 맞는 동작으로 수정하면 더 편리하게 프로크리에이트를 사용할 수 있습니다. 알아두면 좋은 제스처 설정 방법을 알아보겠습니다.

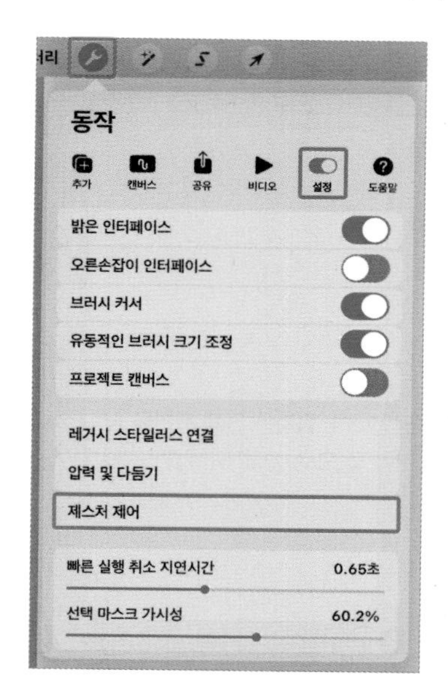

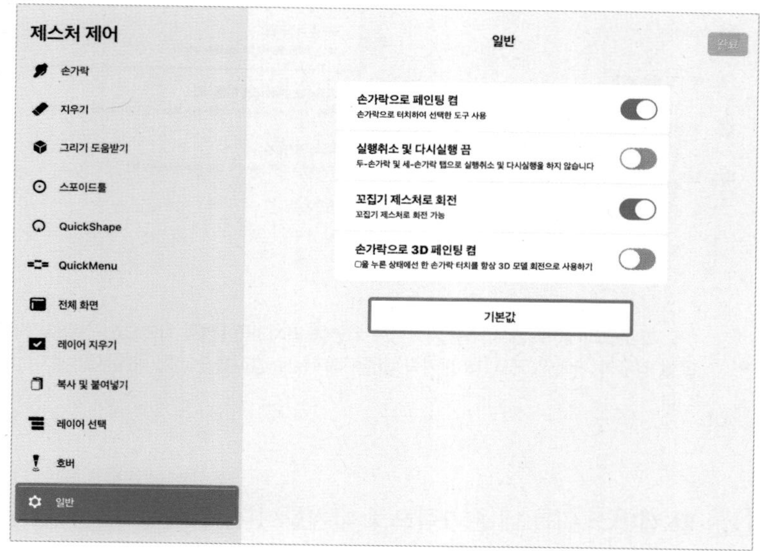

TIP 제스처의 기본 기능은 042쪽을 참고합니다. 제스처 설정을 수정하다가 처음으로 되돌아가고 싶다면 [일반]–[기본값]을 선택합니다. 설정이 초기화됩니다.

QuickMenu 설정하기

퀵메뉴(QuickMenu)란 사용자가 자주 쓰는 메뉴를 빨리 불러오는 기능입니다. 기본적으로 비활성화되어 있지만 퀵메뉴를 사용하면 매우 편리하므로 사용하는 것을 적극 추천합니다.

01 ❶ [QuickMenu]를 터치하고 ❷ [네 손가락 탭]을 활성화합니다. ❸ 경고 아이콘 이 나타났다가 사라집니다. ❹ [완료]를 터치합니다.

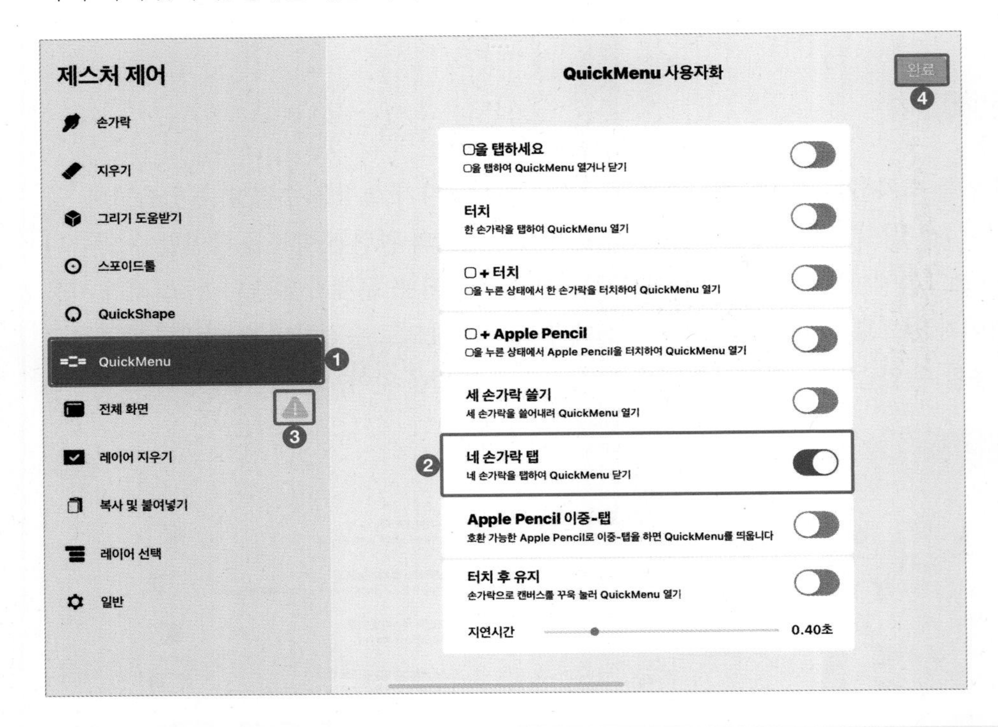

TIP 프로크리에이트에서 네 손가락으로 화면을 터치하면 [전체 화면으로 전환]이 기본 설정입니다. 필자는 전체 화면을 사용할 경우가 거의 없어서 [네 손가락 탭]을 퀵메뉴로 설정했습니다. 꼭 필자와 같이 [네 손가락 탭]으로 설정하지 않아도 됩니다.

02 ❶ 캔버스 위를 네 손가락으로 터치합니다. 퀵메뉴가 나타납니다. ❷ [액션 없음]을 2초 이상 길게 누르고 ❸ [새로운 레이어]를 터치합니다. ❹ 캔버스의 빈 곳을 터치합니다. 퀵메뉴가 사라집니다.

TIP 퀵메뉴를 정확히 보여주기 위해 02부터는 검은색 화면으로 구성했습니다.

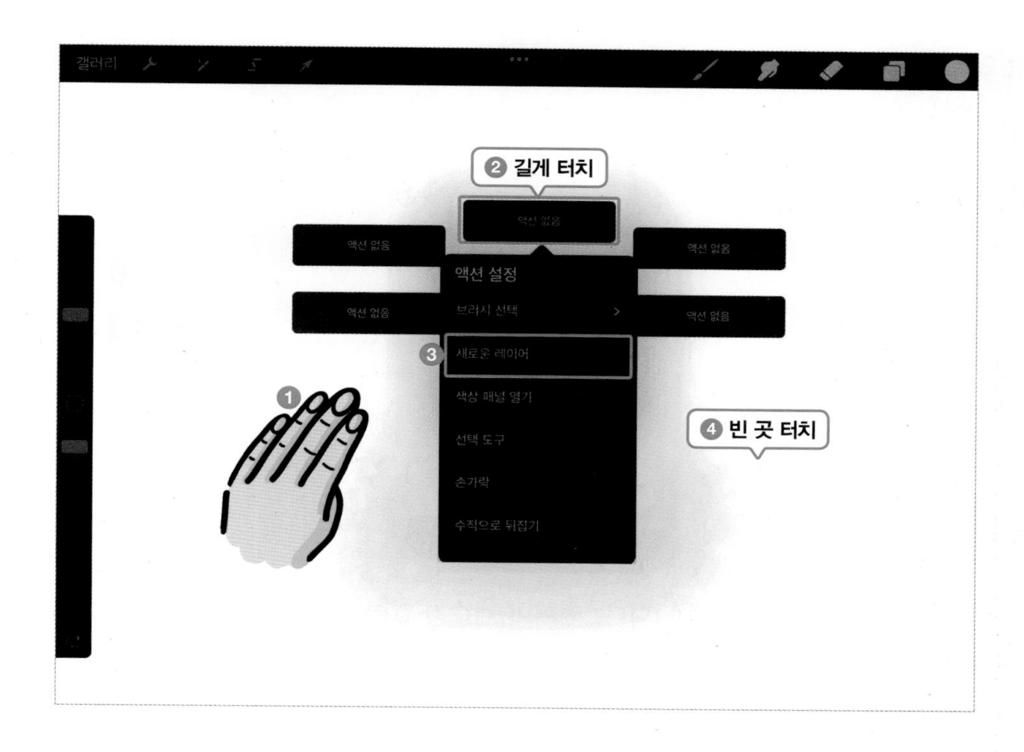

03 ❶ 네 손가락으로 화면을 터치하고 ❷ [새로운 레이어]를 터치합니다. ❸ [레이어] 패널에 새 레이어가 추가된 것을 확인할 수 있습니다. 이제부터는 퀵메뉴를 활용해 새 레이어를 빠르게 추가할 수 있습니다.

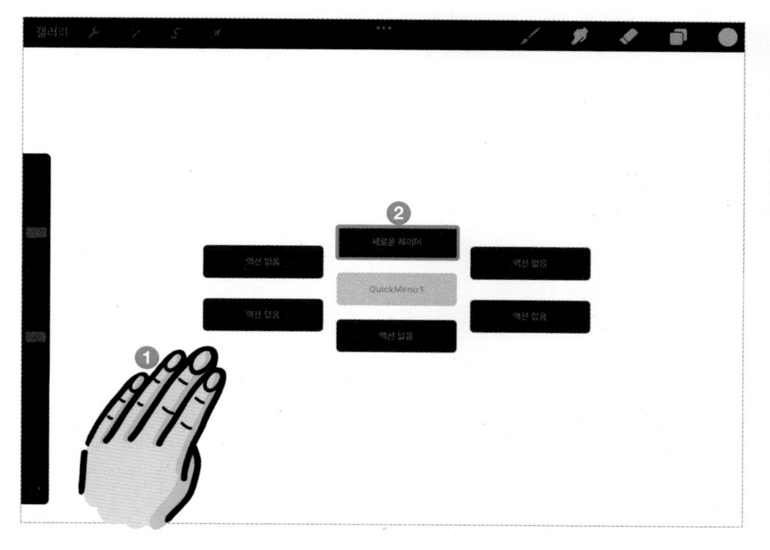

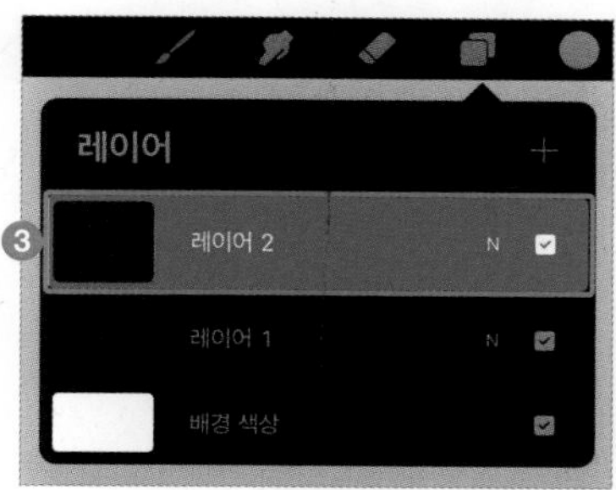

04 같은 방법으로 자주 쓰는 기능을 퀵메뉴에 등록합니다. 퀵메뉴의 가운데 버튼을 터치하면 퀵메뉴의 이름을 입력하거나 퀵메뉴 세트를 추가할 수도 있습니다.

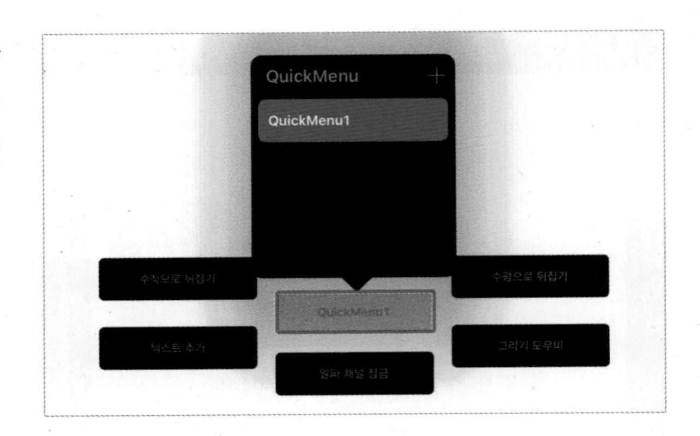

레이어 쉽게 선택하기

작업을 하다 보면 레이어를 많이 생성하게 됩니다. 레이어 개수가 많아지면 원하는 레이어를 찾기 힘듭니다. 이때 [레이어 선택] 제스처를 사용하면 굉장히 편리합니다.

01 ❶ [레이어 선택]을 터치하고 ❷ [▢+Apple Pencil]을 활성화합니다. ❸ [완료]를 터치합니다.

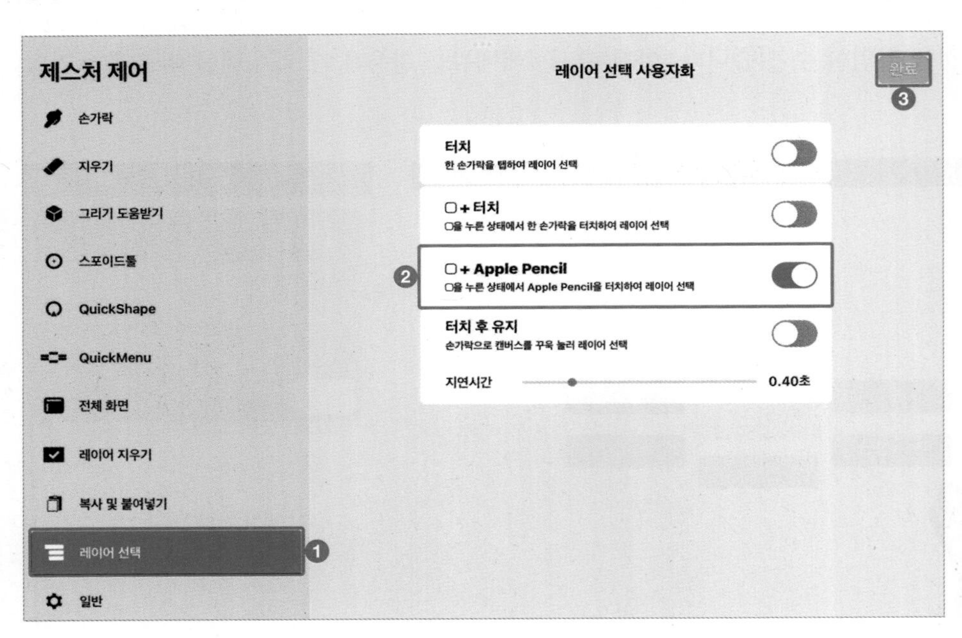

02 아무 파일이나 열어봅니다. ❶ 한 손가락으로 ▢을 누른 채 ❷ 애플 펜슬로 이미지의 한 부분을 터치합니다. ❸ [레이어] 패널에서 방금 전 애플 펜슬로 터치한 레이어가 선택된 것을 확인할 수 있습니다.

손가락으로 그림 그릴 수 없게 설정하기

애플 펜슬로 그림을 그리다 보면 펜을 쥐고 있는 손바닥 부분이 화면에 닿을 수밖에 없습니다. 이런 경우 손바닥으로 원하지 않는 선이 그어지기 때문에 매우 불편합니다. 이때 [손가락으로 페인팅 켬]을 비활성화하면 좋습니다.

01 손가락으로 페인팅 비활성화

손가락으로는 그림을 그릴 수 없고 오로지 제스처만 할 수 있도록 설정합니다. ❶ [일반]을 터치하고 ❷ [손가락으로 페인팅 켬]을 비활성화합니다. ❸ [완료]를 터치합니다.

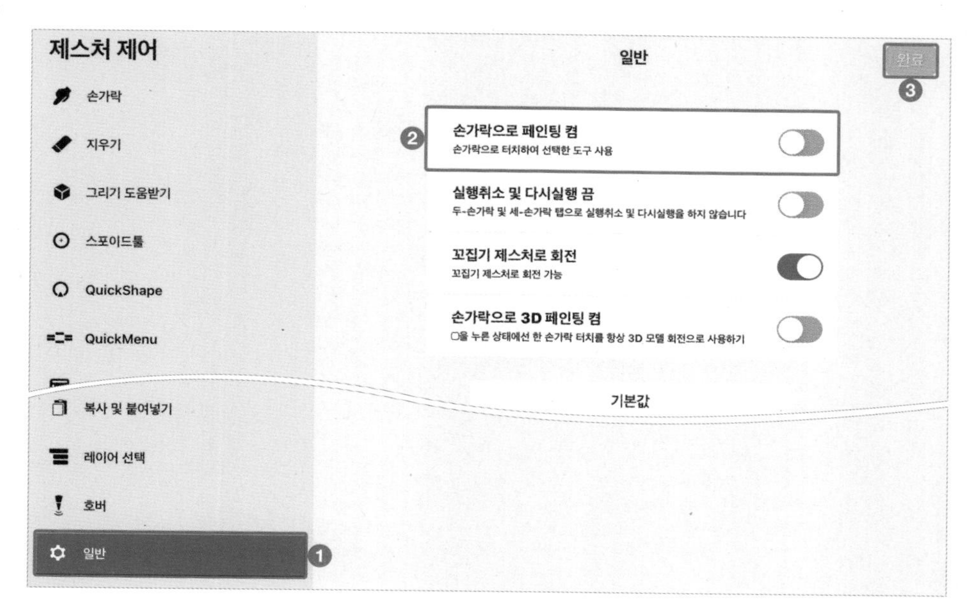

02 호버(Hover)

애플 펜슬을 화면 위로 가져가면 화면에 닿지 않더라도 12mm 떨어진 지점부터 브러시 커서가 표시되는 기능입니다. 호버는 M2 칩 이상 탑재된 아이패드에서만 작동하는 기능으로 5.3.1 버전에서 추가된 신기능입니다. 편리한 신기능이지만 사용자에 따라 오류가 나는 경우도 있어 호버를 비활성화해두는 경우도 있습니다. 호버는 기본적으로 활성화되어 있습니다. [터치] 메뉴를 비활성화하면 호버가 작동하지 않습니다.

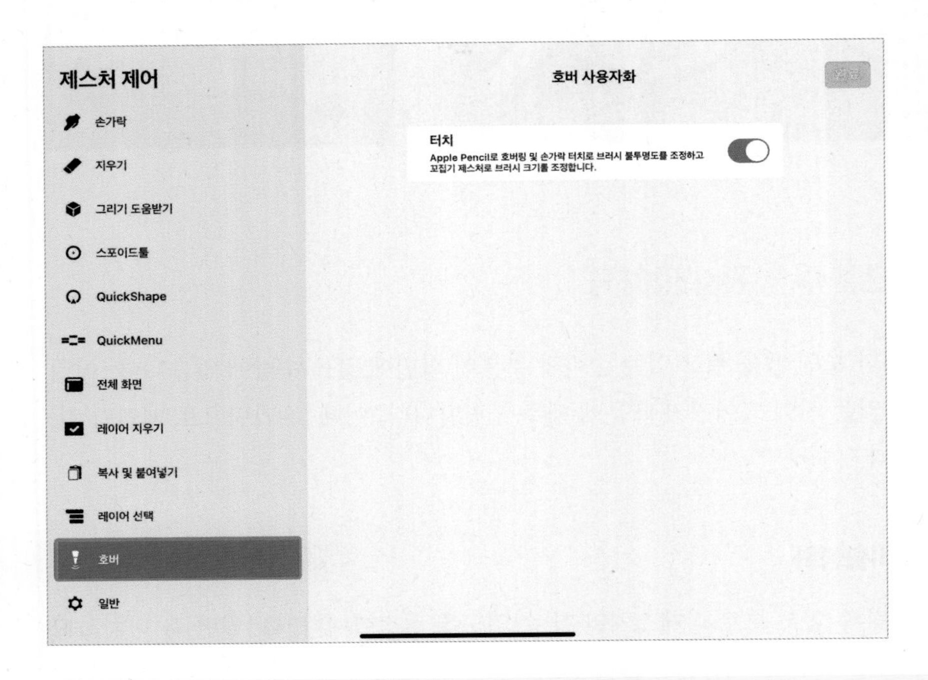

TIP [동작]–[고급 커서 설정]에서도 호버의 활성 유무를 선택할 수 있습니다.

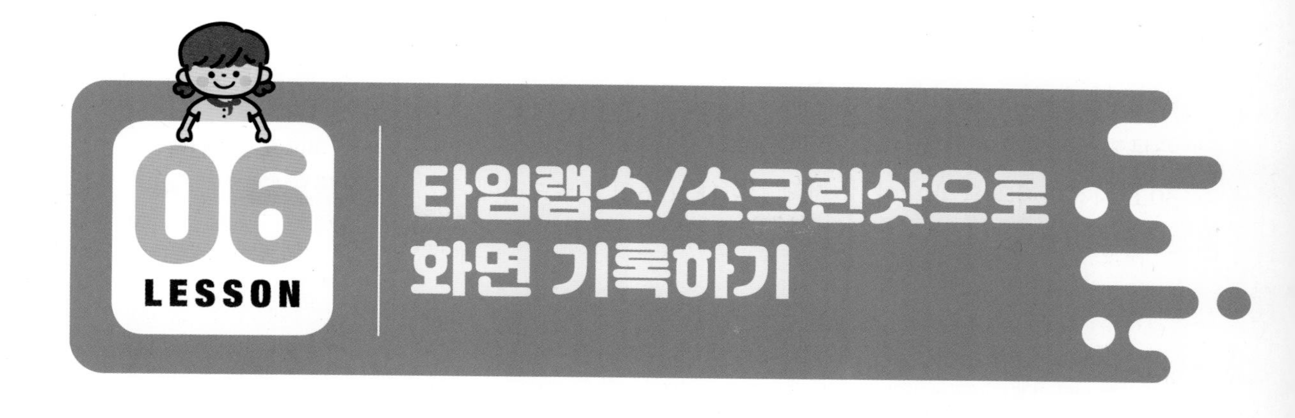

그림을 그리다 보면 중간 과정을 기록해두어야 할 때가 생깁니다. 프로크리에이트에서는 그림을 그리는 과정을 영상으로 녹화할 수 있는 타임랩스 기능이 있습니다. 또는 아이패드 자체에서 지원하는 스크린샷(캡처) 기능으로, 화면을 이미지로 저장할 수도 있습니다.

타임랩스

동작 을 터치하고 [비디오]를 선택하면 타임랩스 메뉴가 나타납니다.

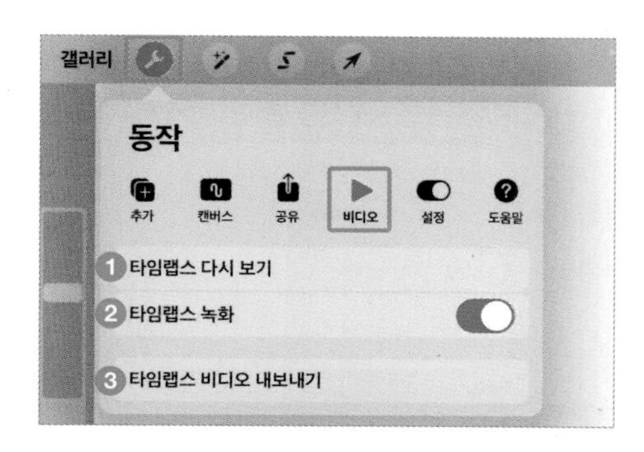

❶ **타임랩스 다시 보기** | 해당 캔버스에서 작업한 모든 내용이 빠르게 재생되는 것을 볼 수 있습니다. 한 손가락으로 화면을 좌우로 드래그하면 영상을 앞으로/뒤로 재생할 수 있습니다.

❷ **타임랩스 녹화** | 캔버스를 생성하면 타임랩스가 활성화되어 모든 동작이 녹화됩니다. [타임랩스 녹화]를 비활성화하면 다음과 같이 두 개의 버튼이 나타납니다. 타임랩스를 삭제하면 파일 용량이 가벼워집니다. 필자는 타임랩스가 꼭 필요한 경우를 제외하고는 [비움]을 선택합니다.

ⓐ **초기화하지 않음** : 이제까지 작업한 동작까지만 저장합니다.

ⓑ **비움** : 모두 삭제합니다.

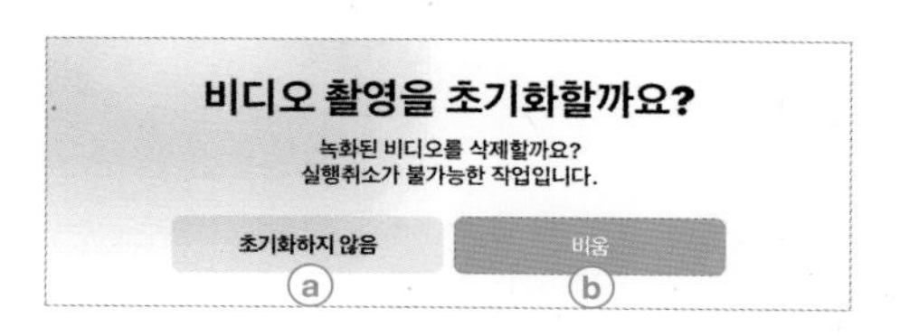

❸ 타임랩스 비디오 내보내기 | 타임랩스 영상을 MP4 파일로 저장해 프로크리에이트 밖으로 내보낼 수 있습니다. [30초]는 처음부터 30초 지점까지의 영상이 아닌, 전체 길이가 30초인 프로크리에이트 자동 편집 영상입니다.

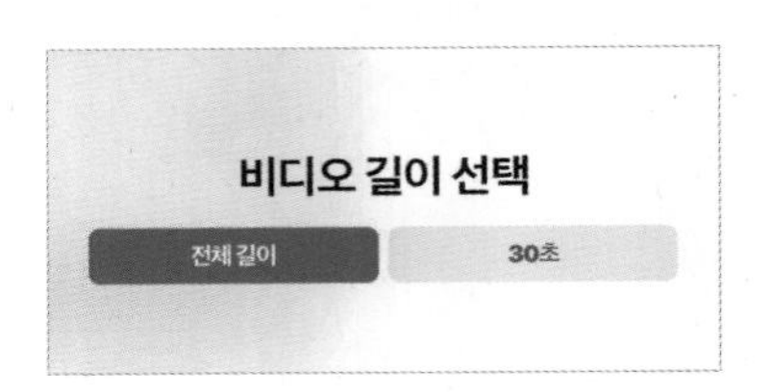

TIP 타임랩스에서 밑그림 숨기는 방법

[동작]–[추가]에서 [파일 삽입하기]를 왼쪽으로 밀면 [비공개 파일 삽입] 메뉴가 나타납니다. [비공개 파일 삽입]으로 이미지를 불러오면 타임랩스에서는 보이지 않습니다. [사진 삽입하기], [사진 촬영하기]도 마찬가지입니다.

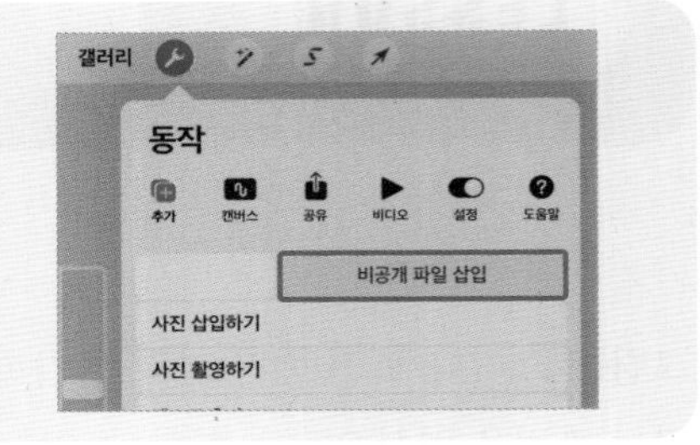

빨간고래의 기능 꼼꼼 익히기 타임랩스 영상 품질 설정하기

타임랩스 영상 품질은 캔버스를 만들 때 설정할 수 있습니다. 갤러리 화면에서 새로운 캔버스를 터치하고 [타임랩스 설정]을 선택합니다. 캔버스를 만들 때 설정한 품질은 작업 중간에 바꿀 수 없습니다. [HEVC]를 활성화하면 파일 용량은 적고 품질은 높아집니다. 단, iOS11 이상에서만 사용할 수 있습니다.

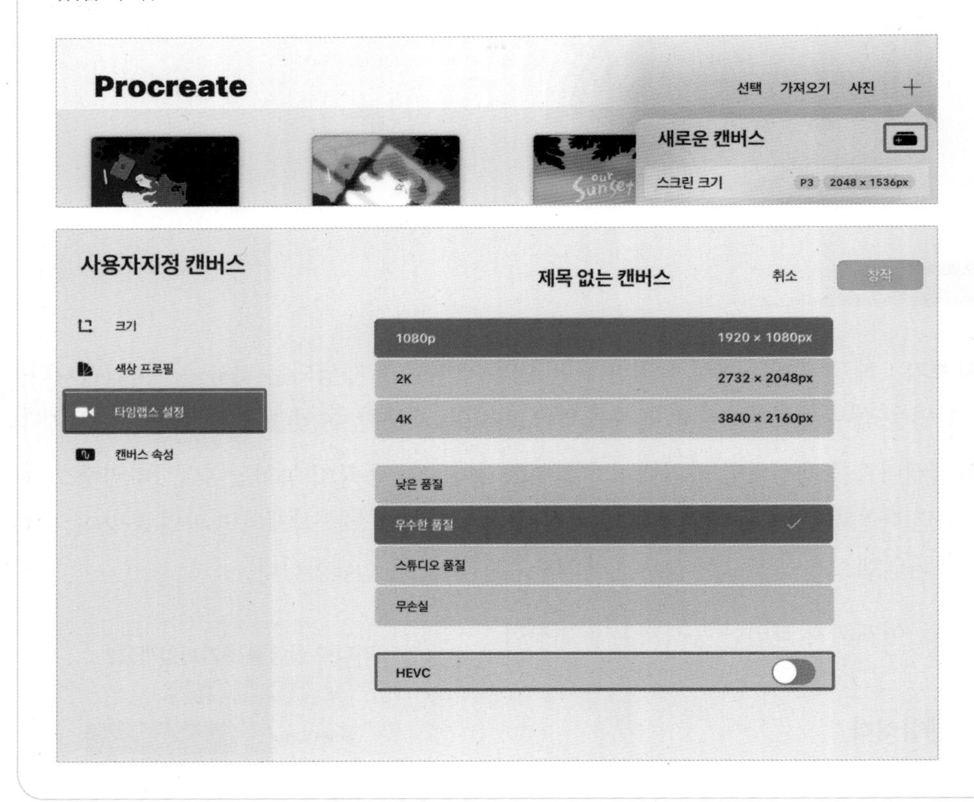

스크린샷(캡처)

01 물리적 버튼을 눌러 캡처하기

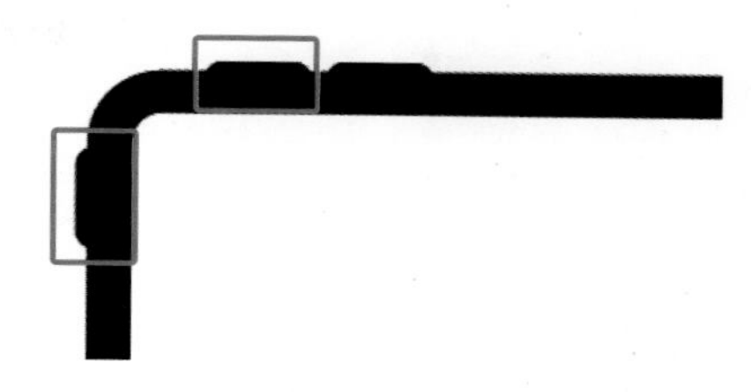

전원 버튼과 볼륨 버튼을 함께 누르면 현재 화면이 캡처됩니다. 아이패드에 홈 버튼이 있다면 전원 버튼과 홈 버튼을 함께 눌러 캡처합니다.

02 애플 펜슬로 캡처하기

애플 펜슬로 왼쪽 하단 모서리에서 오른쪽 상단으로 빠르게 드래그하면 현재 화면이 캡처됩니다. 기종에 따라서 이 기능이 적용되지 않는 모델도 있습니다.

03 화면 버튼으로 캡처하기

캡처를 자주 해야 한다면 물리적 버튼을 누르거나 애플 펜슬을 이용하는 것보다 화면 버튼을 활용하는 것이 편리합니다. ❶ [설정]에서 [손쉬운 사용]-[터치]를 선택합니다. ❷ [AssistiveTouch]를 터치합니다.

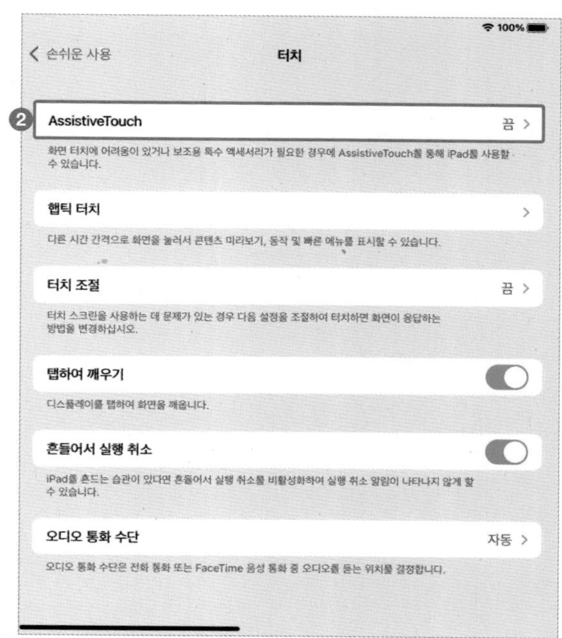

❸ [AssistiveTouch]를 활성화합니다. ❹ 화면에 버튼이 나타납니다. ❺ [사용자 설정 동작]–[길게 누르기]를 [스크린샷]으로 설정합니다. 이제부터 화면에 있는 버튼을 길게 누르면 화면이 캡처됩니다.

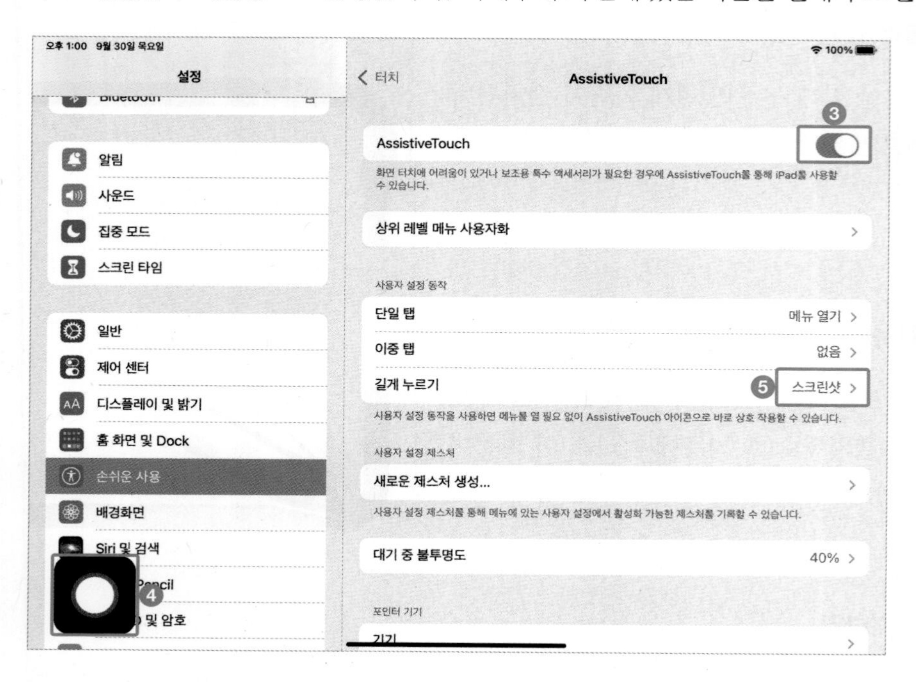

07 LESSON 그림 공유하기

작업한 파일을 아이패드에 저장하거나 다른 기기로 공유하는 방법을 알아보겠습니다. 파일뿐만 아니라 브러시, 팔레트 저장 방법도 함께 살펴보겠습니다.

파일 선택하기

동작을 터치하고 [공유]를 선택하면 공유할 수 있는 여러 가지 파일 형식이 나타납니다.

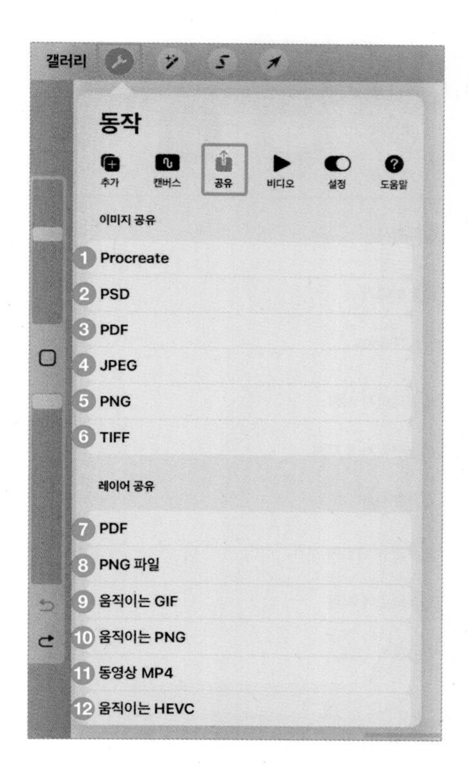

01 이미지 공유

❶ **Procreate** | 프로크리에이트 전용 파일입니다. 레이어, 타임랩스도 함께 공유됩니다.

❷ **PSD** | 포토샵 전용 파일입니다. 레이어, 투명도, 블렌딩 모드도 함께 저장되지만 텍스트는 오류가 생기는 경우가 많습니다.

❸ **PDF** | 모든 시스템에서 가장 안전하게 열리는 파일로, 텍스트 오류가 생기는 경우가 거의 없어서 인쇄, 출판물, 전자책을 만들 때 주로 사용합니다.

❹ **JPEG** | 전 세계적으로 가장 많이 사용하는 파일 형식으로, 이미지가 선명하고 파일 용량이 작습니다.

❺ **PNG** | JPEG와 GIF의 장점을 모아놓은 파일 형식입니다. [배경 색상] 레이어를 비활성화(체크 해제)하고 [PNG]를 선택하면 배경을 투명하게 할 수 있습니다. RGB 모드만 지원합니다.

❻ **TIFF** | 윈도우 시스템 초기에 만들어진 형식으로 해상도가 매우 높지만 파일 용량도 큽니다.

02 레이어 공유

❼ **PDF** | 레이어가 분리되어 페이지별로 저장됩니다.

❽ **PNG 파일** | 레이어가 분리되어 각각의 PNG 파일로 저장됩니다.

❾ **움직이는 GIF** | 레이어가 순차적으로 보여지는 GIF 애니메이션으로 저장됩니다.

❿ **움직이는 PNG** | GIF보다는 화질이 더 좋고 배경이 투명한 애니메이션으로 저장됩니다.

⓫ **동영상 MP4** | 동영상 파일로 저장됩니다.

⓬ **움직이는 HEVC** | 파일 용량은 작고 품질은 높은 mov 파일로 저장됩니다.

위치 선택하기

저장할 파일을 선택하고 나면 내보내기 창이 나타납니다. 이곳에서 저장할 위치를 결정합니다.

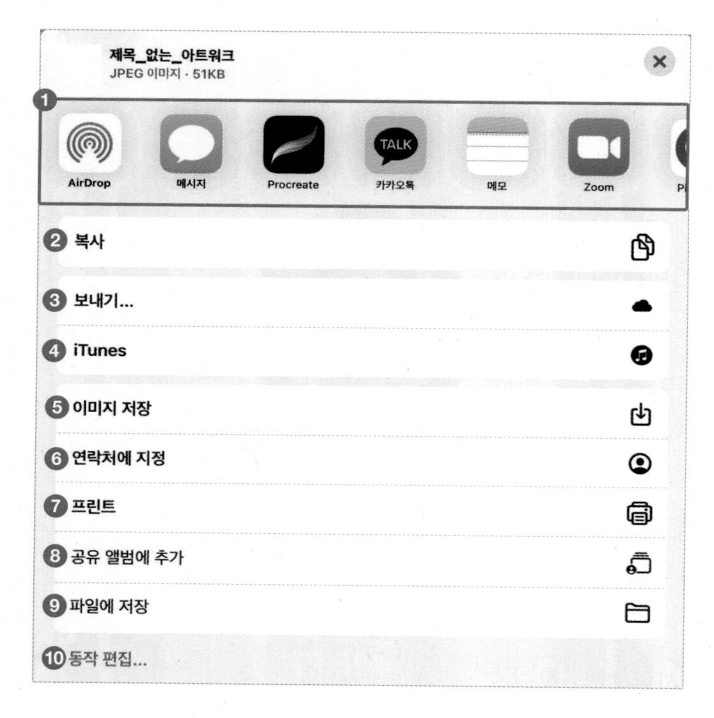

❶ 여러 가지 앱을 이용하여 아이패드 외의 기기나 서버에 내보낼 수 있습니다.

❷ **복사** | [파일]에 저장하지 않고 복사만 합니다. 윈도우의 Ctrl + C 명령과 같은 기능입니다. 다른 캔버스에서 붙여넣기를 하면 이미지가 복제되어 나타납니다.

❸ **보내기** | [나의 iPad]의 [파일] 또는 아이클라우드(iCloud)에 저장됩니다.

④ **iTunes** | 아이패드를 macOS가 설치된 아이맥이나 맥북에 연결하고 공유할 때 사용합니다.

⑤ **이미지 저장** | [사진🌸]으로 내보내집니다.

⑥ **연락처에 지정** | 연락처의 프로필 이미지로 내보내집니다.

⑦ **프린트** | 연결된 프린터기로 프린트가 됩니다.

⑧ **공유 앨범에 추가** | [사진🌸]의 공유 앨범으로 내보내집니다.

⑨ **파일에 저장** | [파일📁]로 내보내집니다.

⑩ **동작 편집** | ❶~❾ 까지의 목록 순서를 수정할 수 있습니다.

빨간고래의 기능 꼼꼼 익히기

안드로이드폰과 PC로 쉽게 공유하는 방법

아이패드는 아이폰이나 macOS가 설치된 아이맥이나 맥북과 파일을 공유하는 것이 매우 쉽습니다. AirDrop과 아이클라우드를 이용하여 파일 전송이 이루어지지만 안드로이드폰이나 윈도우 PC와는 공유가 되지 않습니다. 그래서 필자는 카카오톡과 네이버 MYBOX를 사용합니다.

❶ [카카오톡]은 나에게 전송 기능을 통해 카카오톡이 설치된 폰이나 PC에서 파일을 받을 수 있습니다. 이 형식으로 자주 보내면 ❷ 자동으로 즐겨찾기에 등록되어 무척 편리합니다. ❸ [네이버 MYBOX]는 무료로 30GB까지 저장할 수 있어서 백업 용도로 사용하고 있습니다.

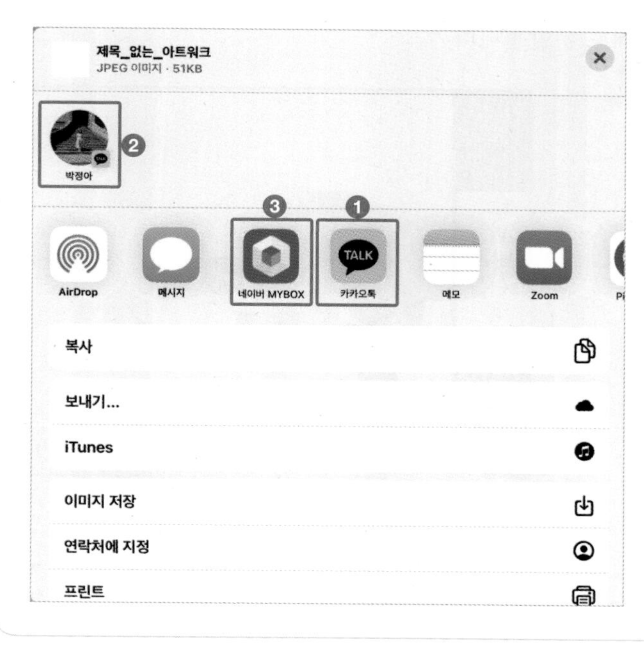

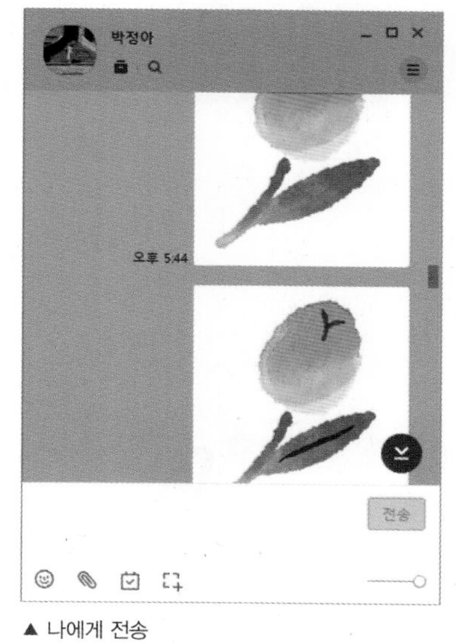

▲ 나에게 전송

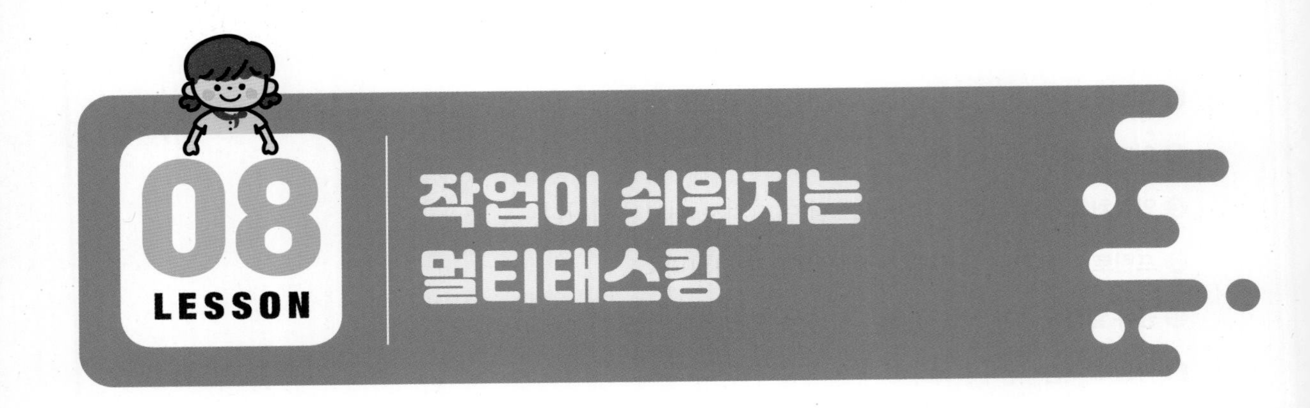

멀티태스킹이란 아이패드 화면에 여러 개의 앱을 동시에 띄우는 것을 말합니다. 두 개의 앱을 동시에 보거나 파일을 옮길 때 매우 유용합니다.

멀티태스킹으로 스케치 파일 불러오기

01 ❶ 프로크리에이트를 실행하고 아이패드 화면 하단의 독바를 아래에서 위로 살짝 슬라이드해 올립니다. 이때 손가락을 떼지 않고 천천히 올립니다. ❷ 독(Docs)이 나타나면 다른 한 손으로 [파일]을 왼쪽으로 드래그합니다. 화면이 두 개로 분할됩니다.

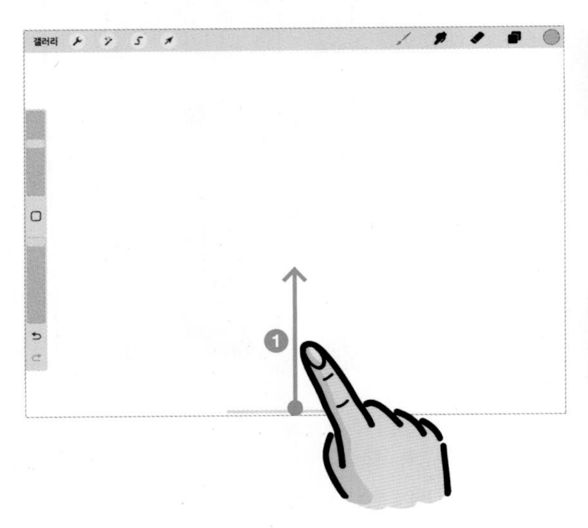

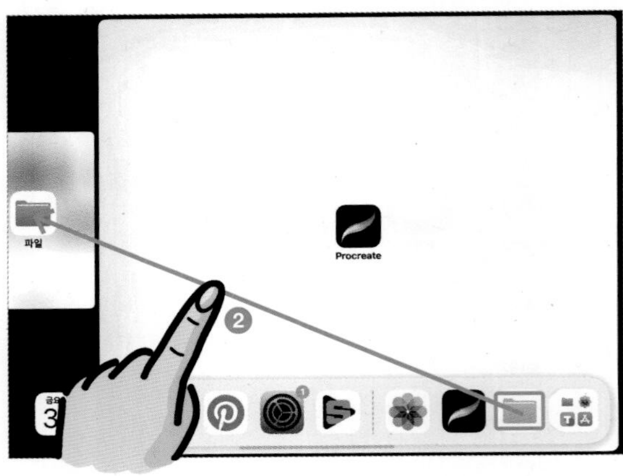

02 ❶ 한 손가락으로 가운데 분할선을 왼쪽으로 드래그합니다. ❷ 앱 분할 영역이 바뀝니다.

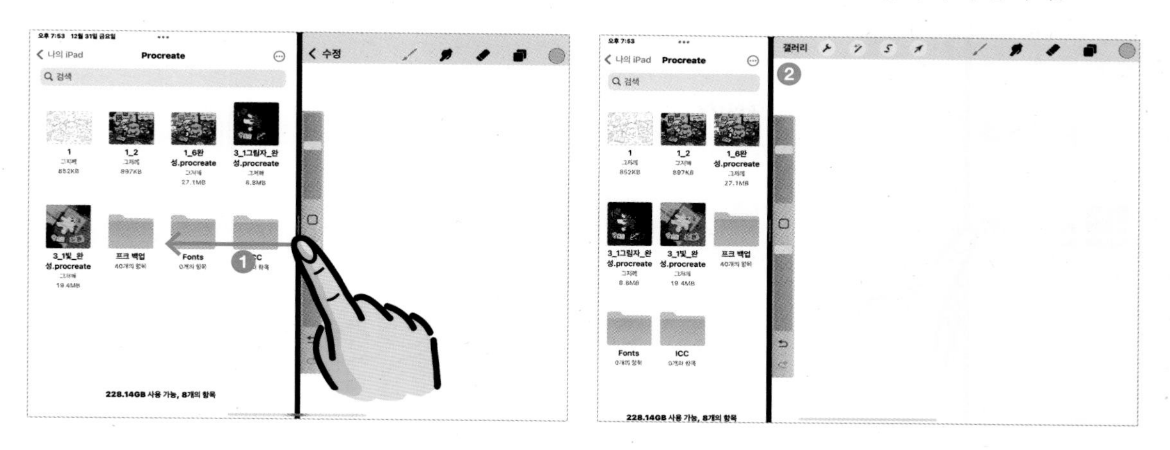

03 [파일 ▬]에서 스케치 파일을 오른쪽으로 드래그합니다. 캔버스에 스케치 파일이 불러옵니다.

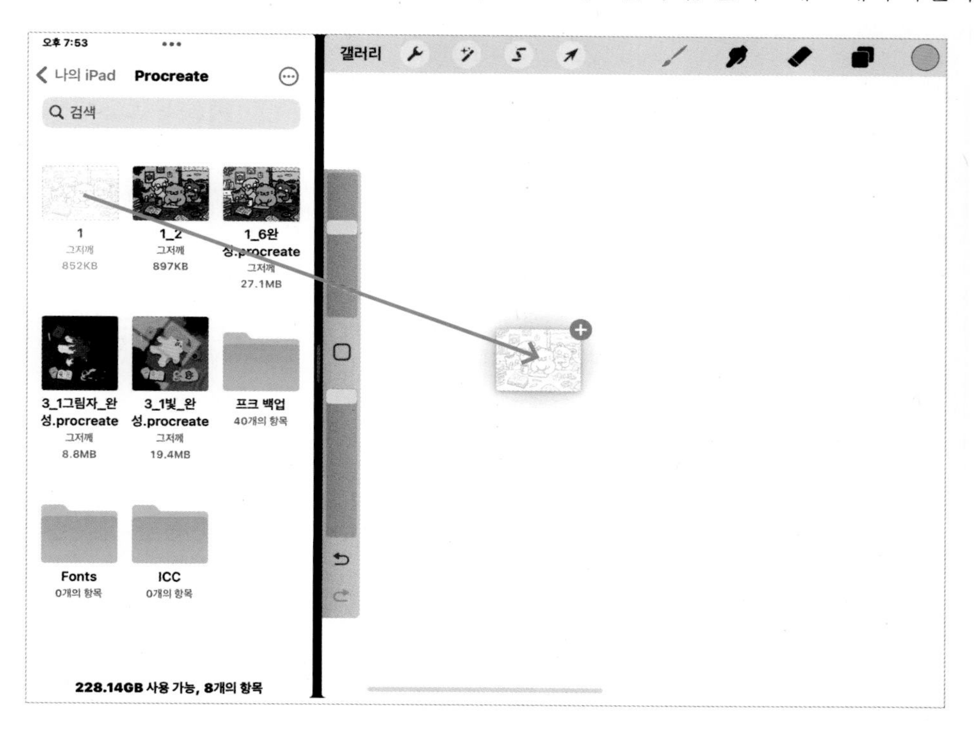

04 한 손가락으로 분할선을 왼쪽 끝까지 슬라이드하면 추가된 앱이 사라집니다.

05 ❶ 03에서 ⓐ 지점을 프로크리에이트 화면 쪽으로 드래그합니다. ❷ 창이 플로팅됩니다. 편의에 따라 창을 이리저리 옮길 수도 있습니다.

09 LESSON 브러시 스튜디오의 모든 것

프로크리에이트는 드로잉 작업에 유용한 기본 브러시를 지원하고 있습니다. 그러나 기본 브러시를 쓰다 보면 부족함을 느낄 때가 있습니다. 이때는 [브러시 스튜디오]에서 브러시 옵션을 수정하여 사용합니다.

❶ 브러시가 파랗게 선택된 상태에서 한 번 더 터치하면 ❷ [브러시 스튜디오]로 들어옵니다. [브러시 스튜디오]에서는 브러시의 필압, 거칠기, 모양 등 사용자의 취향에 따라 브러시를 섬세하게 수정할 수 있습니다. [브러시 스튜디오]에서 알아두면 좋은 기능에 대해 살펴보겠습니다.

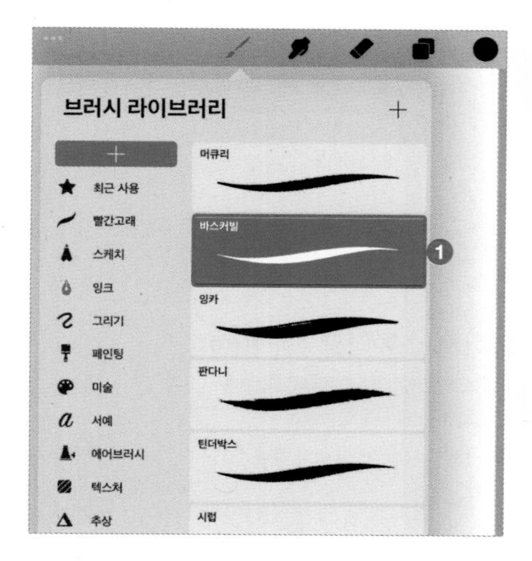

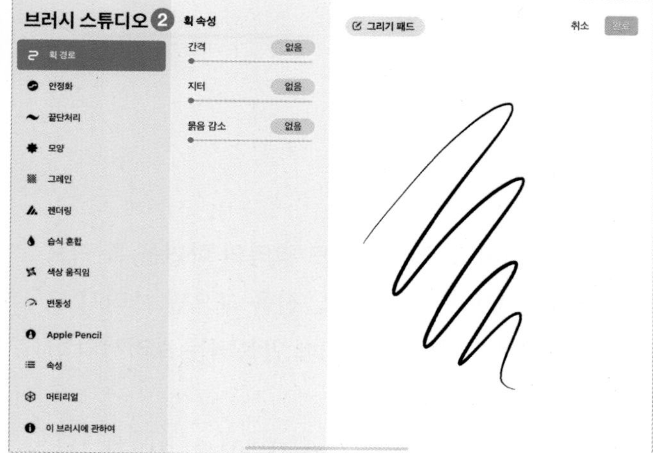

그리기 패드

브러시 옵션을 수정하면서 이 브러시가 어떻게 표현되는지 확인하려면 그리기 패드 영역에 선을 그어봅니다. 선을 너무 많이 그어서 지저분해졌다면 ❶ [그리기 패드]를 터치하고 ❷ [그리기 패드 초기화]를 선택합니다. 그리기 패드 영역이 깨끗이 지워집니다. 또는 세 손가락으로 화면을 세 번 이상 문질러도 그리기 패드 영역이 깨끗이 지워집니다. 브러시 옵션을 수정하다가 처음으로 되돌아가고 싶다면 ③ [모든 브러시 설정 초기화]를 터치합니다.

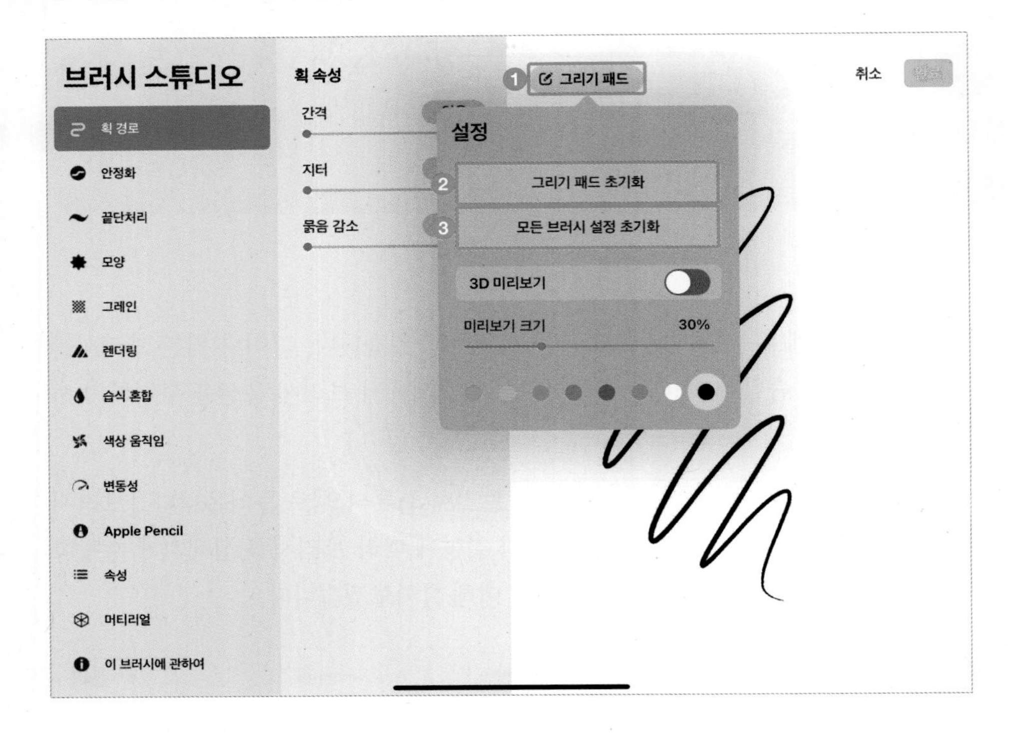

획 경로

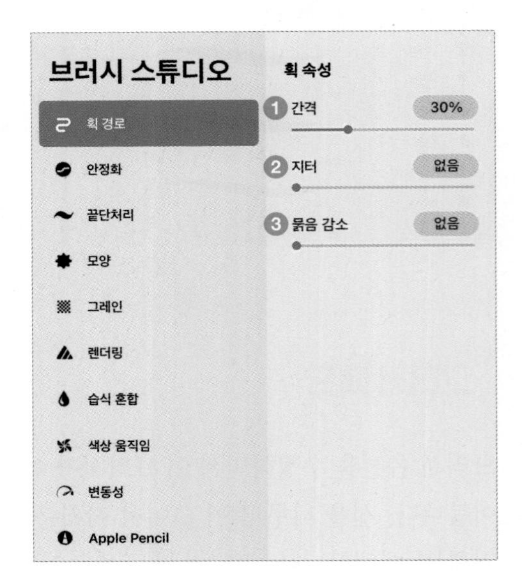

① **간격** | 브러시로 그리기 패드 영역의 화면을 톡 찍으면 브러시의 모양이 나타나고, 선을 그으면 브러시 모양이 반복되어 나타납니다. 이때 반복되는 브러시의 간격을 조절할 수 있습니다.

② **지터** | 값을 올리면 브러시가 사방으로 흩어집니다. 거친 브러시를 만드는 데 좋은 기능입니다.

③ **묽음 감소** | 브러시의 끝이 점점 투명하게 사라지게 하는 기능입니다.

안정화

손떨림 방지 기능입니다. 선을 그을 때 손을 떨면서 그어도 선이 반듯하게 그려지도록 보정합니다.

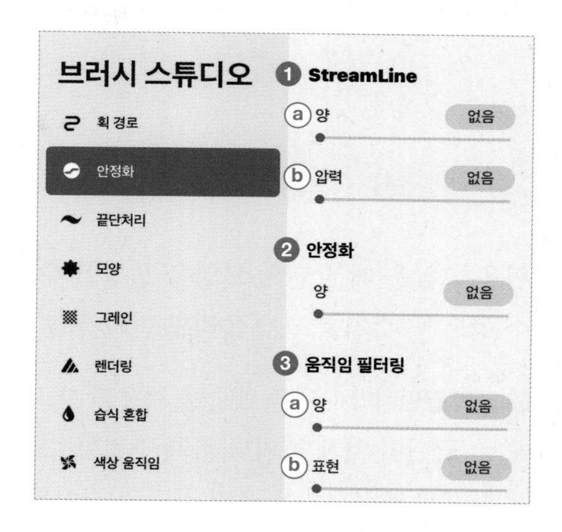

❶ **StreamLine** | 선의 작은 떨림을 보정합니다.

ⓐ **양** : 손떨림의 보정 정도를 말합니다. 0%로 설정하면 사용자가 그은 선 그대로 표현되고 100%로 설정하면 매끄럽게 보정해줍니다. 필자는 자연스러운 드로잉을 할 때는 0%로 설정하고, 선을 반듯하게 그려야 할 때는 30% 정도로 설정합니다.

▲ 원본 ▲ [양]을 100%로 적용

ⓑ **압력** : 필압에 따라 두께가 조절되는 브러시일 때 두께가 일정하게 나오도록 보정합니다.

▲ 원본 ▲ [압력]을 100%로 적용

❷ **안정화** | [StreamLine]은 잔떨림을 보정하지만, [안정화]는 선 전체의 떨림을 보정하여 완만하고 반듯한 곡선으로 만듭니다. [양]을 늘리면 완만한 정도를 조절할 수 있습니다.

▲ 원본 ▲ [양]을 100%로 적용

❸ **움직임 필터링** | 가장 강력한 손떨림 방지 기능입니다. 거의 직선에 가깝게 보정합니다. 선을 그을 때 움직이게 되는 손목과 팔 전체의 흔들림을 잡아줍니다.

ⓐ **양** : 수치가 높을 수록 강하게 보정됩니다.

ⓑ **표현** : 굴곡이 있는 선의 굴곡 정도를 섬세하게 조절합니다.

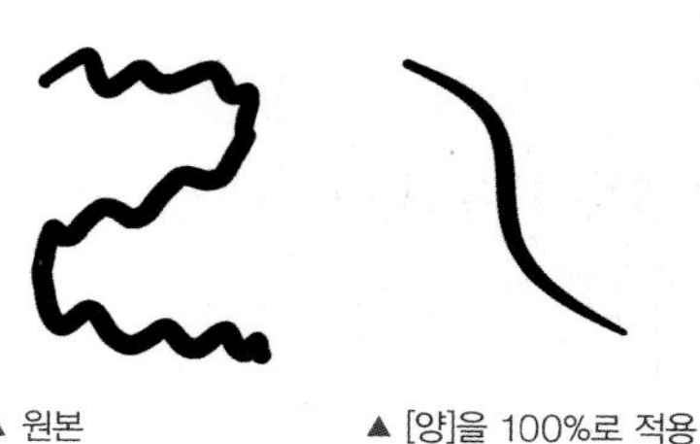

▲ 원본 ▲ [양]을 100%로 적용

> **TIP 모든 브러시에 안정화 적용하기**
>
> [브러시 스튜디오]에서 안정화를 적용할 수 있지만 모든 브러시에 적용하려면 브러시를 하나씩 터치한 후 일일이 적용해야 하므로 굉장히 번거롭습니다. 이때는 동작 에서 [설정]–[압력 및 다듬기]를 터치합니다. [안정화], [움직임 필터링], [움직임 필터링 표현] 중 [안정화]를 [최대]로 설정합니다. 캔버스 안에 있는 모든 브러시에 안정화가 적용됩니다.

끝단처리

선을 그었을 때 끝단의 모양을 설정할 수 있습니다. 끝으로 갈수록 투명하고 가늘어지도록 설정할 수 있으며, 수치를 크게 올려도 변화가 많지 않고 자연스럽습니다.

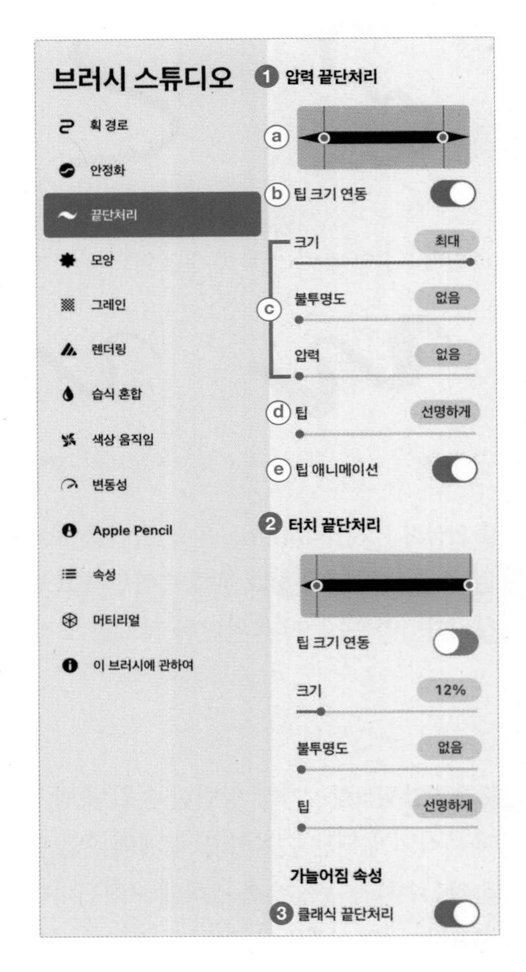

❶ **압력 끝단처리** | 애플 펜슬을 사용할 때 적용되는 옵션으로, 끝단을 얇게 하거나 굵게 조절할 수 있습니다.

ⓐ 파란색 조절점 ● 을 옮겨 끝단의 길이를 설정합니다. 얇은 꼬리가 길게, 또는 짧게 나오도록 설정합니다.

ⓑ **팁 크기 연동** : 활성화하면 양쪽 팁이 함께 조절됩니다.

ⓒ 브러시 끝의 크기, 불투명도, 압력을 조절할 수 있습니다.

ⓓ **팁** : 끝단을 가늘게 뺄 것인지 뭉툭하게 할 것인지 선택할 수 있습니다.

ⓔ **팁 애니메이션** : 선을 그을 때 끝단이 같이 그려질지, 선을 그리고 난 후 끝단이 그려질지 선택할 수 있습니다. 끝단을 표현하는 애니메이션 방식이므로 작업하는 데 큰 차이는 없습니다.

❷ **터치 끝단처리** | 손가락으로 선을 그을 때 적용되는 옵션입니다.

❸ **클래식 끝단처리** | 활성화하면 끝단이 좀 더 뭉툭해집니다.

모양

브러시의 기본 모양을 결정합니다. 브러시를 화면에 톡 찍으면 브러시의 모양이 나타나고, 길게 드래그하면 기본 모양이 매우 촘촘하게 연속되어 표현됩니다.

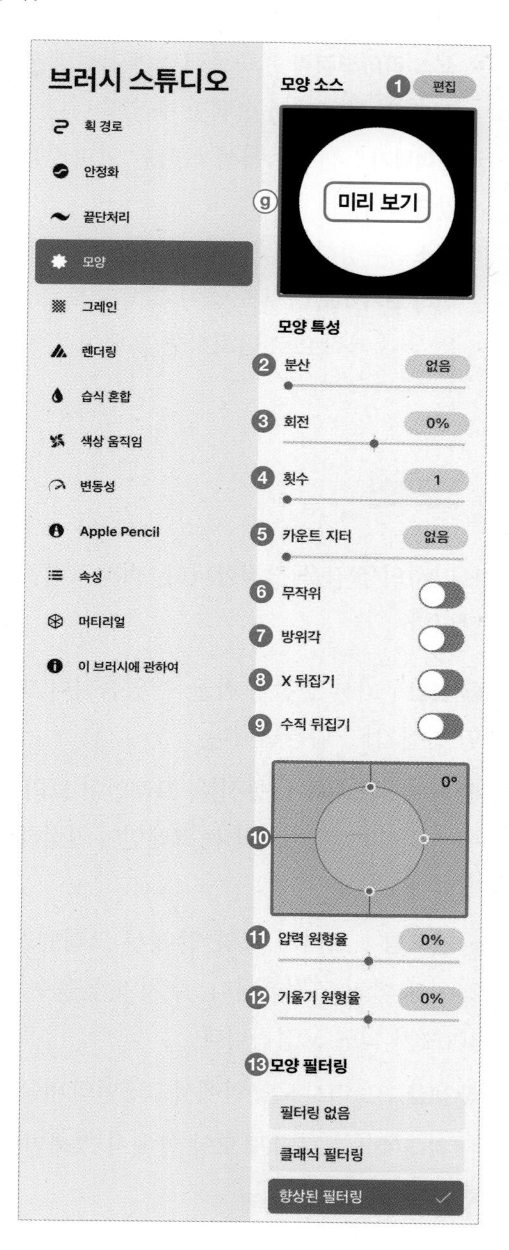

❶ **편집** | 브러시의 기본 모양을 바꿀 수 있습니다. 터치하면 [모양 편집기]가 나타납니다. 프로크리에이트에서 제공하는 모양으로 바꿀 수도 있고 외부에서 모양을 불러올 수도 있습니다.

❷ **분산** | 브러시 모양이 무작위로 회전합니다.

❸ **회전** | 선을 긋는 방향에 따라 회전합니다. 방향성이 뚜렷하게 보이는 브러시에서 큰 변화를 확인할 수 있습니다.

❹ **횟수** | 한 지점에 브러시 모양이 찍히는 횟수입니다. 수치가 높을수록 여러 개의 모양이 겹쳐집니다.

❺ **카운트 지터** | 한 지점에 브러시 모양이 무작위 횟수로 찍힙니다. [횟수]에서 지정한 숫자 이하로 찍힙니다.

❻ **무작위** | 선을 그을 때 브러시 모양의 각도가 무작위로 찍힙니다.

❼ **방위각** | 애플 펜슬의 기울기에 따라 브러시 모양의 각도가 달라집니다.

❽ **X 뒤집기** | 브러시 모양을 수평으로 뒤집습니다.

❾ **수직 뒤집기** | 브러시 모양을 수직으로 뒤집습니다.

❿ 파란색 조절점 을 움직여 브러시 모양을 납작하게 합니다. 연두색 조절점 을 움직여서 각도를 조절할 수 있습니다.

⓫ **압력 원형율** | 애플 펜슬의 필압에 따라 브러시 모양을 납작하게 할 수 있습니다.

⓬ **기울기 원형율** | 애플 펜슬의 기울기에 따라 브러시 모양을 납작하게 할 수 있습니다.

⓭ **모양 필터링** | 브러시 모양의 가장자리를 어느 수준만큼 부드럽게 할지 결정합니다. [클래식 필터링]은 이전 방식이고 [향상된 필터링]은 최신 방식으로 부드럽게 설정합니다.

01 [모양 편집기] 세부 옵션 알아보기

ⓐ **가져오기** : 터치하면 ⓑ, ⓒ, ⓓ, ⓔ 메뉴가 나타납니다.

ⓑ **사진 가져오기** : [사진]에서 이미지를 불러옵니다.

ⓒ **파일 가져오기** : [파일]에서 이미지를 불러옵니다.

ⓓ **소스 라이브러리** : 프로크리에이트에서 제공하는 약 150가지 모양에서 선택할 수 있습니다.

ⓔ **붙여넣기** : 캔버스에서 복사한 이미지를 붙여 넣을 수 있습니다.

ⓕ **취소** : 수정하지 않고 [모양 편집기]를 닫습니다.

ⓖ **미리 보기** : 브러시 모양이 흑백 모드로 보입니다. 흰색 영역이 브러시 모양입니다. 미리 보기 영역을 두 손가락으로 터치하면 흑백이 반전됩니다.

그레인

브러시의 질감을 결정합니다. 회화적인 느낌의 브러시라면 어떤 그레인을 쓰느냐에 따라 큰 차이가 납니다.

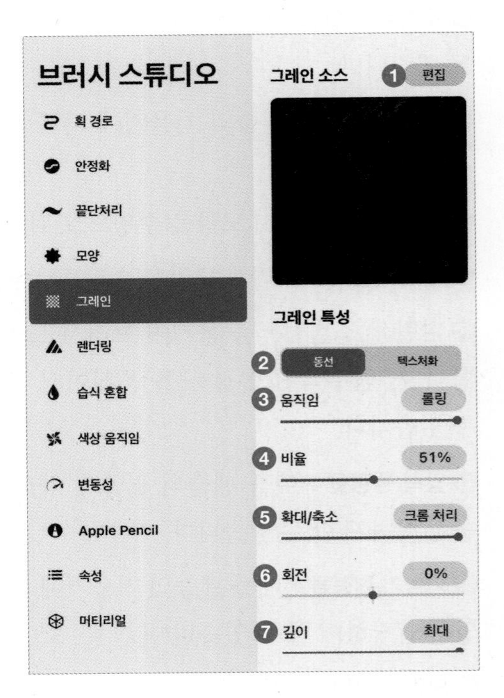

❶ **편집** | 기본 질감을 바꿀 수 있습니다. 터치하면 [그레인 편집기]가 나타납니다.

❷ **동선, 텍스처화** | [동선]은 그레인이 브러시 안에서 움직이는 것이고, [텍스처화]는 그레인이 일정하게 나타나는 것입니다.

❸ **움직임** | 브러시 모양 안에서 그레인을 얼마만큼 움직이게 할지 조절합니다. 수치가 높을수록 덜 움직이며 100%가 되면 고정됩니다.

❹ **비율** | 브러시 모양안에서 그레인의 비율을 조절합니다.

❺ **확대/축소** | 브러시 모양 안에서 그레인의 크기를 조절합니다.

❻ **회전** | 브러시를 쓰는 방향에 따라 그레인이 회전합니다. 100%로 설정하면 [뒤따르는획]으로 바뀌며 질감이 획과 반대 방향으로 회전되어 나타납니다.

❼ **깊이** | 그레인의 진한 정도입니다. 수치가 높을수록 대비가 커집니다.

❽ **최소 깊이** | 필압이 가장 약할 때 그레인의 진한 정도를 설정합니다.

❾ **깊이 지터** | 그레인의 진한 정도를 무작위로 설정합니다.

❿ **오프셋 지터** | 그레인의 위치를 무작위로 설정합니다. 격자무늬와 같이 일정하게 표현되어야 하는 브러시라면 비활성화합니다.

⓫ **혼합 모드** | 그레인이 사용하는 색상과 혼합되는 방식을 결정합니다.

⓬ **밝기** | 그레인의 밝기를 조절합니다.

⓭ **대비** | 그레인의 대비를 조절합니다.

⓮ **그레인 필터링** | 그레인의 가장자리 부드럽기를 결정합니다. [향상된 필터링]을 사용하는 것이 좋습니다.

⓯ **3D 그레인 특성** | 3D 모델 페인팅에 해당하는 기능입니다. 입체에 페인팅을 하면 평면에 페인팅하는 것과 달리 질감이 어색해 보이는 부분이 발생할 수 있습니다. 모델의 외곽 부분이 약간 어색하게 찌그러져 보일 수 있는데 [카메라를 팔로우하는 그레인]을 활성화하면 외곽 부분이 자연스럽게 3D 모델에 적용되어 보입니다.

01 [그레인 편집기] 세부 옵션 알아보기

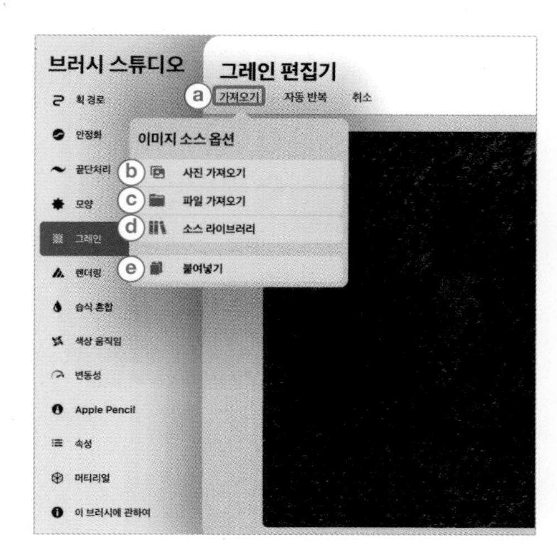

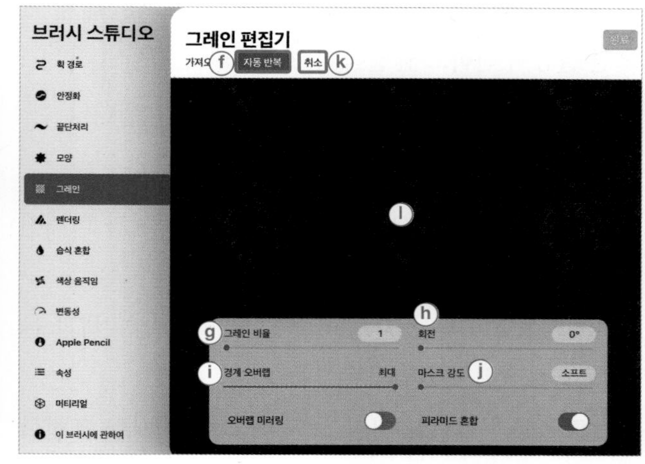

ⓐ **가져오기** : 터치하면 ⓑ, ⓒ, ⓓ, ⓔ 메뉴가 나타납니다.

ⓑ **사진 가져오기** : [사진]에서 이미지를 불러옵니다.

ⓒ **파일 가져오기** : [파일]에서 이미지를 불러옵니다.
ⓓ **소스 라이브러리** : 프로크리에이트에서 제공하는 약 120가지 모양에서 선택할 수 있습니다.
ⓔ **붙여넣기** : 캔버스에서 복사한 이미지를 붙여 넣을 수 있습니다.
ⓕ **자동 반복** : 그레인을 작게 축소하여 반복합니다. 터치하면 세부 옵션을 설정할 수 있습니다.
ⓖ **그레인 비율** : 그레인 자체의 크기를 조절합니다.
ⓗ **회전** : 그레인을 회전합니다.
ⓘ **경계 오버랩** : 그레인 사이의 경계가 겹쳐지는 정도를 설정합니다.
ⓙ 마스크 강도, 오버랩 미러링, 피라미드 혼합은 질감과 질감 사이가 자연스럽게 이어지도록 만드는 옵션입니다. 하나씩 터치해보면서 가장 자연스러운 옵션을 선택합니다.
ⓚ **취소** : 수정을 하지 않고 [그레인 편집기]를 닫습니다.
ⓛ **미리 보기** : 그레인이 흑백 모드로 보입니다. 흰색 영역이 질감으로 브러시에 적용됩니다. 미리 보기 영역을 두 손가락으로 터치하면 흑백이 반전됩니다.

렌더링

브러시 획이 캔버스의 질감 또는 다른 브러시로 그린 선과 어떻게 혼합할 것인지를 결정합니다.

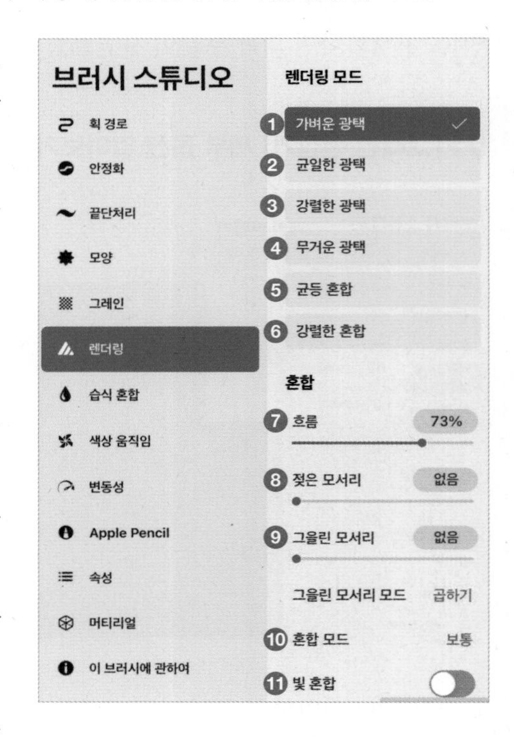

❶ **가벼운 광택** | 프로크리에이트의 표준 설정입니다. 질감이 있는 브러시라면 질감이 자연스럽고 적절하게 나타납니다.

❷ **균일한 광택** | 살살 그으면 질감이 나타나고, 세게 그으면 질감이 진하고 균일하게 표현됩니다.

❸ **강렬한 광택** | 질감이 진하고 균일하게 표현됩니다.

❹ **무거운 광택** | [강렬한 광택]보다 더 진합니다.

❺ **균등 혼합** | 수채화 느낌의 브러시라면 물기가 더해진 느낌으로 표현됩니다.

❻ **강렬한 혼합** | 가장 강렬한 혼합 모드입니다. 색과 물기 모두 강하게 혼합됩니다.

❼ **흐름** | 색과 질감이 캔버스와 혼합되는 정도를 조절합니다.

❽ **젖은 모서리** | 브러시의 가장자리가 물에 번지는 정도를 조절합니다.

❾ **그을린 모서리** | 브러시의 가장자리가 불에 그을리는 정도를 조절합니다.

❿ **혼합 모드** | 여러 레이어를 혼합하듯이 브러시를 쓸 때마다 혼합 모드가 적용됩니다.

⓫ **빛 혼합** | 색이 밝고 선명하게 혼합됩니다.

습식 혼합

브러시에 물기를 적용하는 기능으로 수채화 느낌의 브러시에만 적용됩니다.

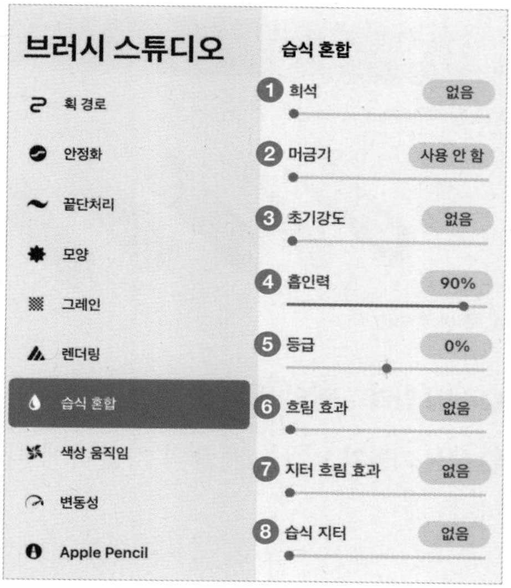

❶ **희석** | 브러시에 적용된 물기의 양을 조절합니다. 수치가 높을수록 물이 많이 더해집니다.

❷ **머금기** | 브러시가 머금은 물감의 양을 조절합니다. 수치가 높을수록 진한 선이 나옵니다. [희석]이 [없음(0%)]이면 변화가 없습니다. [희석]과 [머금기]는 함께 조절하는 옵션입니다.

❸ **초기강도** | 캔버스에 적용된 물감의 양을 조절합니다. 긴 선을 그렸을 때 [머금기]로는 필압에 따라 물감의 양을 조절할 수 있고, [초기강도]는 선 전체의 양을 일정하게 조절할 수 있습니다.

❹ **흡인력** | 다른 선과 섞이는 정도를 조절합니다. 다른 선과 자연스럽게 번지면서 섞이는 수채화의 느낌을 낼 수 있습니다.

❺ **등급** | 번지는 부분의 부드럽기를 결정합니다.

❻ **흐림 효과** | 다른 색으로 겹쳐 칠할 때 경계선 부분이 어느 만큼 흐려지는지가 조절됩니다.

❼ **지터 흐림 효과** | 다른 색으로 겹쳐 칠할 때 경계선 부분이 흐려지는 정도가 무작위로 설정됩니다.

❽ **습식 지터** | 여러 색으로 겹쳐 칠할 때 섞이는 정도가 무작위로 설정됩니다. 실제로 수채화를 사용하면 종종 뜻하지 않은 우연의 효과를 경험하는 것과 같습니다.

색상 움직임

브러시의 색조, 채도, 밝기, 명암을 조절하고 한 브러시에서 여러 가지 색이 나오도록 설정하는 기능입니다.

❶ **도장 색상 지터** | 브러시 모양 하나에 적용하는 옵션입니다.

❷ **획 색상 지터** | 브러시로 그은 선 전체에 적용하는 옵션입니다. [도장 색상 지터]는 한 획 안에서의 변화라면, [획 색상 지터]는 획마다 변화를 주는 옵션입니다. 예를 들어 아래와 같이 [도장 색상 지터]는 한 획 안에서 여러 가지 색이 나타나고 [획 색상 지터]는 획을 그을 때마다 다른 색이 나옵니다.

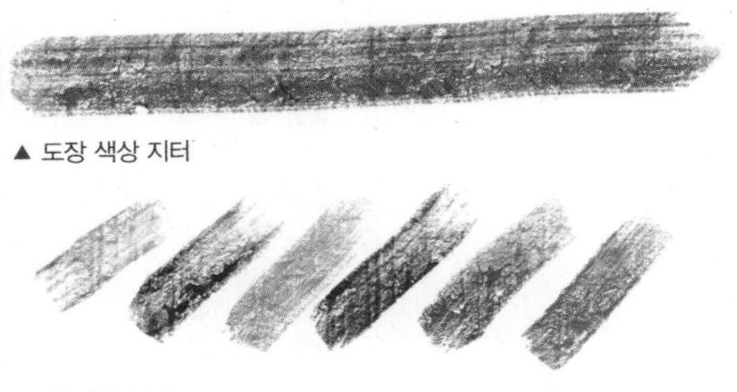

▲ 도장 색상 지터

▲ 획 색상 지터

❸ **색상 압력** | 필압에 따라 색상에 변화가 생깁니다.

❹ **색상 기울기** | 애플 펜슬의 기울기에 따라 변화가 생깁니다.

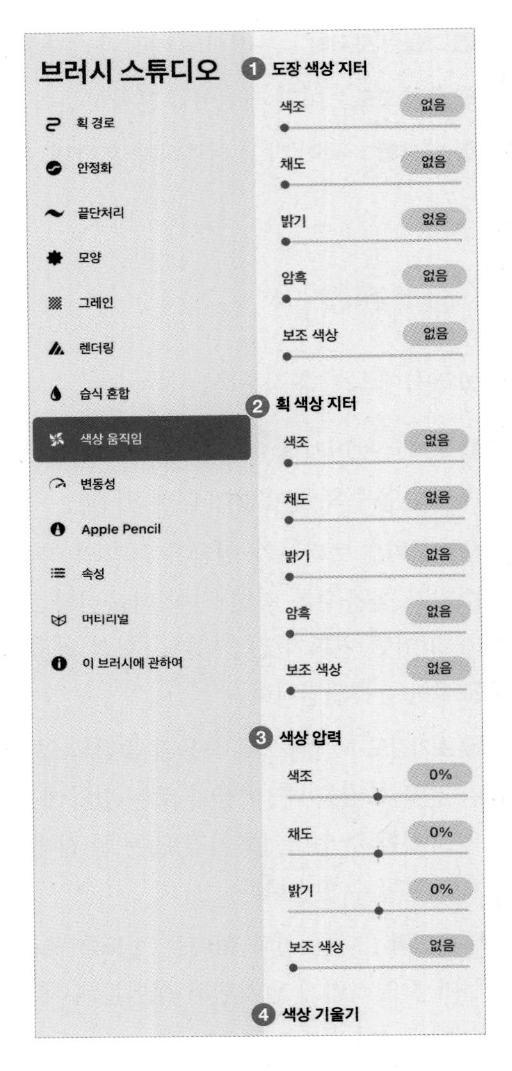

01 색상 지터 옵션 알아보기

ⓐ **색조** : 한 획에서 여러 가지 색이 동시에 나오도록 조절하는 옵션입니다. 수치가 높을수록 여러 가지 색이 나타납니다.

ⓑ **채도** : 여러 가지 채도가 무작위로 설정됩니다.

ⓒ **밝기** : 선택된 색상의 명암보다 더 밝아지며, 밝음의 정도는 무작위입니다.

ⓓ **암흑** : 선택된 색상의 명암보다 더 어두워지며, 어두움의 정도는 무작위입니다.

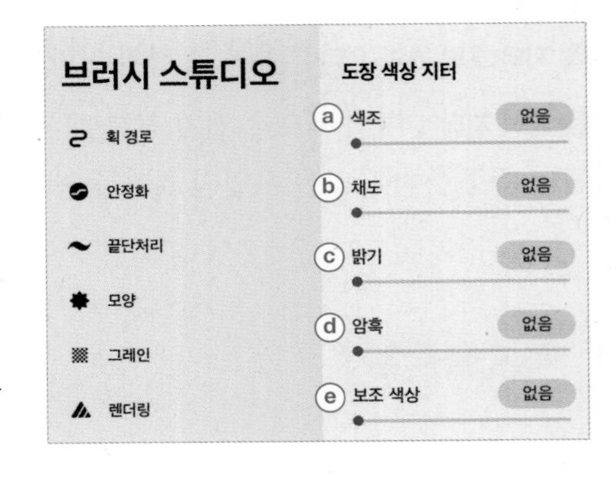

ⓔ **보조 색상** : 기본 색상과 보조 색상이 무작위로 섞입니다.

변동성

획을 그을 때마다 브러시에 무작위로 변화를 주어 마치 손 그림을 그리듯 자연스러운 효과를 표현합니다.

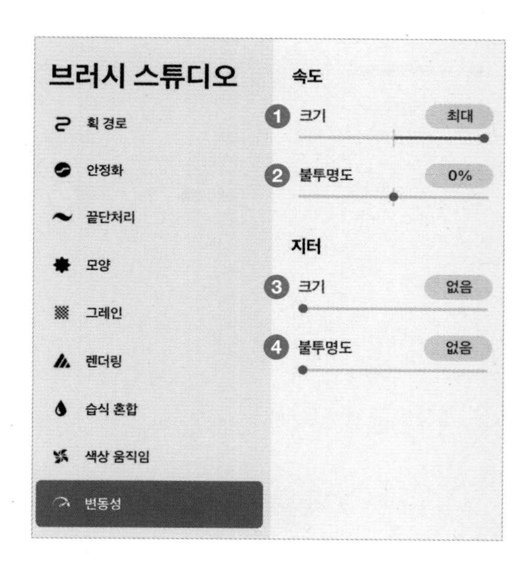

❶ **속도–크기** | 브러시의 속도에 따라 크기가 조절됩니다. 수치를 높게 설정할수록 빨리 그리면 얇아지고 천천히 그리면 두꺼워집니다.

❷ **속도–불투명도** | 수치를 높게 설정할수록 빨리 그리면 투명하게 표현되고 천천히 그릴수록 진하게 표현됩니다.

❸ **지터–크기** | 수치를 높게 설정할수록 무작위로 브러시의 굵기(두께)가 달라집니다.

❹ **지터–불투명도** | 수치를 높게 설정할수록 무작위로 브러시의 불투명도가 달라집니다.

Apple Pencil

애플 펜슬의 설정을 섬세하게 조절할 수 있습니다.

❶ **압력** | 필압에 따라 애플 펜슬의 설정을 수정할 수 있습니다.

ⓐ **크기** : 필압에 따라 얇고 굵게 나오는 정도를 조절합니다.

ⓑ **불투명도** : 선 전체의 불투명도를 조절합니다.

ⓒ **흐름** : 선의 필압에 따라 물감을 머금은 정도를 조절합니다.

ⓓ **블리드** : 필압에 따라 번지는 정도가 조절됩니다. 질감이 있는 브러시라면 확연한 차이를 느낄 수 있습니다.

❷ **기울기** | 애플 펜슬의 기울기에 따라 어떤 변화를 줄 것인지 결정합니다. 그래프 안의 파란색 조절점 ◉을 옮기면 기울기가 조절됩니다.

ⓔ **불투명도** : 기울기에 따라 불투명도를 조절합니다.

ⓕ **그라데이션** : 기울기에 따라 선 모서리에 그러데이션이 생깁니다.

ⓖ **블리드** : 기울기에 따라 번짐의 정도가 조절됩니다.

ⓗ **크기** : 수치가 높을수록 기울기에 크게 반응합니다.

ⓘ **크기 압축** : 활성화하면 브러시 크기에 따라 그레인의 크기가 커지거나 작아지지 않고 일정하게 나옵니다.

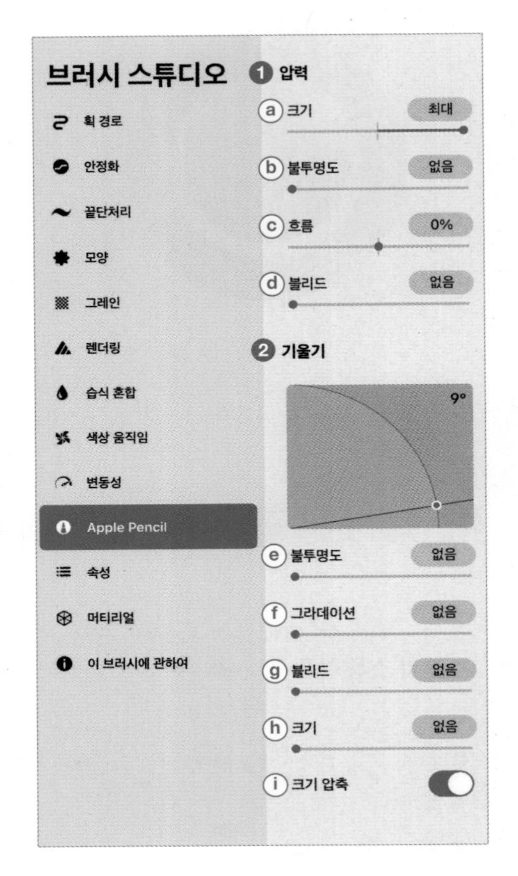

속성

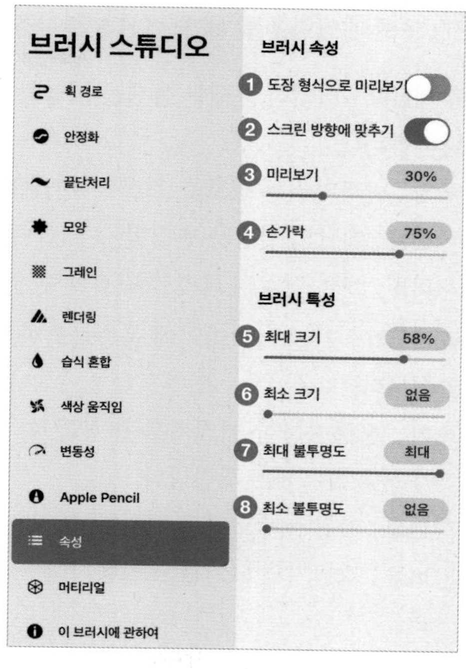

❶ **도장 형식으로 미리보기** | 활성화하면 [브러시 라이브러리]에서 획으로 길게 보였던 브러시가 모양으로 보입니다.

❷ **스크린 방향에 맞추기** | 활성화하면 스크린과 캔버스를 회전하는 방향에 따라 브러시 모양의 방향도 자동으로 회전됩니다.

❸ **미리보기** | [도장 형식으로 미리보기]를 활성화한 경우 [브러시 라이브러리]에서 보이는 브러시의 모양 크기를 결정합니다.

❹ **손가락** | 스머지 를 사용할 때 색이 비벼지는 정도를 조절합니다.

❺ **최대 크기** | 브러시 크기의 최댓값을 설정합니다. 사이드바에서 크기 슬라이더를 최대로 올렸을 때의 크기입니다.

❻ **최소 크기** | 브러시 크기의 최솟값을 설정합니다. 사이드바에서 크기 슬라이더를 최소로 내렸을 때의 크기입니다.

❼ **최대 불투명도** | 불투명도의 최댓값입니다. 사이드바에서 불투명도 슬라이더를 최대로 올렸을 때의 크기입니다.

❽ **최소 불투명도** | 불투명도의 최솟값입니다. 사이드바에서 불투명도 슬라이더를 최소로 내렸을 때의 크기입니다.

머티리얼

3D 모델 페인팅을 할 때 브러시의 질감을 조절할 수 있습니다.

❶ **메탈릭** | 터치하면 세부 옵션을 수정할 수 있는 메뉴가 나타납니다.

ⓐ **양** : 반짝거리는 정도를 조절할 수 있습니다.

ⓑ **편집** : 메탈의 질감을 변경할 수 있습니다.

ⓒ **비율** : 메탈 질감의 크기를 변경할 수 있습니다.

❷ **거칠기** | 기본 머티리얼에 울퉁불퉁한 정도를 더할 수 있습니다.

ⓓ **양** : 울퉁불퉁한 거칠기를 변경할 수 있습니다. 수치가 높을수록 매트해집니다.

ⓔ **편집** : 거칠기의 모양을 변경할 수 있습니다.

ⓕ **비율** : 거칠기의 크기를 조절합니다.

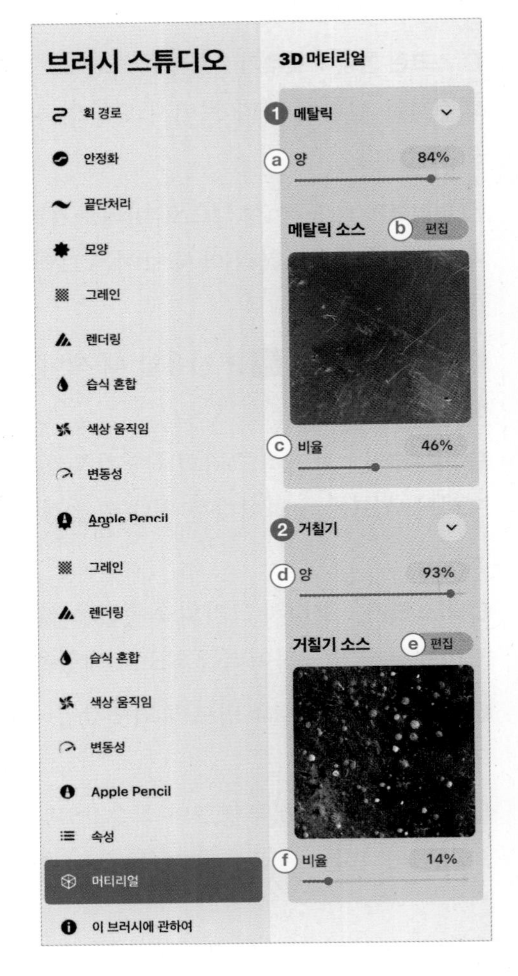

이 브러시에 관하여

브러시에 대한 정보입니다. 브러시 이름과 제작자의 이름을 확인할 수 있고 초기화할 수도 있습니다.

❶ 이름을 터치하면 키패드가 나타납니다. 이름을 수정할 수 있습니다. 단, 프로크리에이트에 기본적으로 내장된 브러시는 수정할 수 없습니다.

❷ 제작자의 사진을 넣을 수 있습니다.

❸ 제작자의 이름을 수정할 수 있습니다.

❹ 애플 펜슬로 제작자의 사인을 넣을 수 있습니다.

❺ **새로운 초기화 포인트 생성** | 브러시를 만들고 터치하면 해당 브러시의 기본값으로 정해집니다.

❻ **브러시 초기화** | [브러시 라이브러리]에서 옵션을 수정해도 [브러시 초기화]를 터치하면 [새로운 초기화 포인트 생성]에서 저장한 기본값으로 되돌아갑니다.

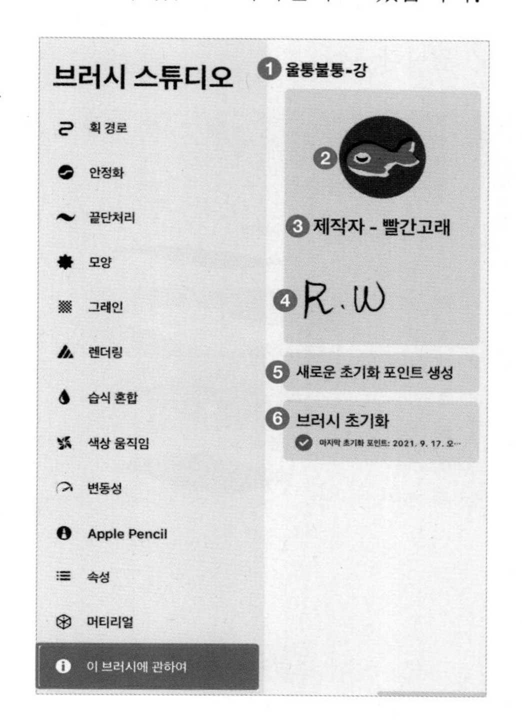

듀얼 브러시

❶ [브러시 라이브러리]에서 [잉크]-[머큐리]를 터치하고 [브러시 스튜디오]에 들어가면 ❷ 두 개의 브러시가 나타납니다. 이 두 개의 브러시 속성이 합쳐져서 [머큐리] 브러시가 만들어진 것입니다. 이렇게 두 개의 브러시가 하나로 합쳐진 것을 듀얼 브러시라고 합니다.

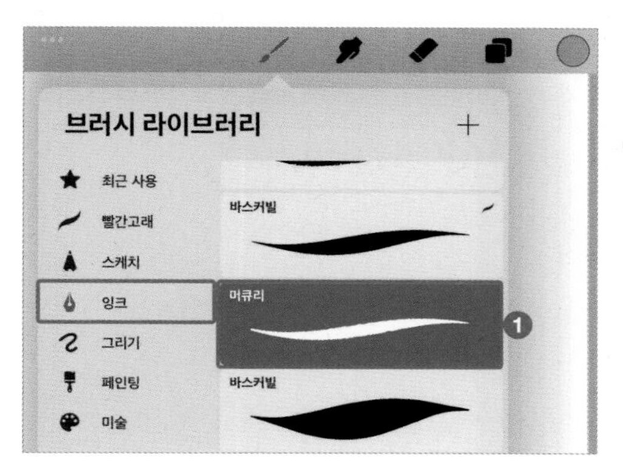

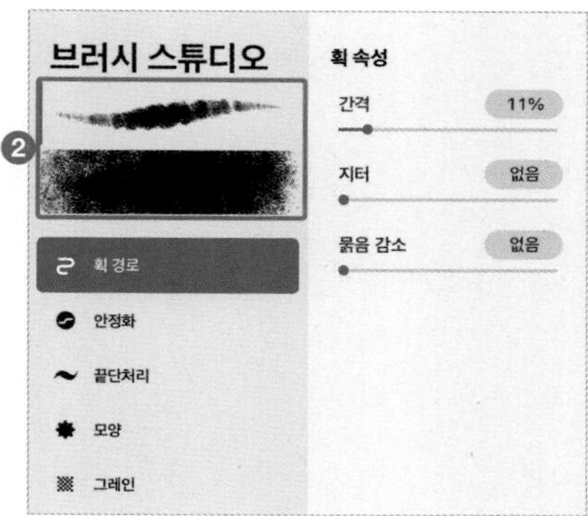

01 듀얼 브러시 만들기

❶ [브러시 라이브러리]에서 하나의 브러시가 선택된 상태에서 ❷ 다른 브러시를 왼쪽에서 오른쪽으로 슬라이드해 함께 선택합니다. ❸ [결합]을 터치하면 두 개의 브러시가 하나로 합쳐져 듀얼 브러시가 됩니다.

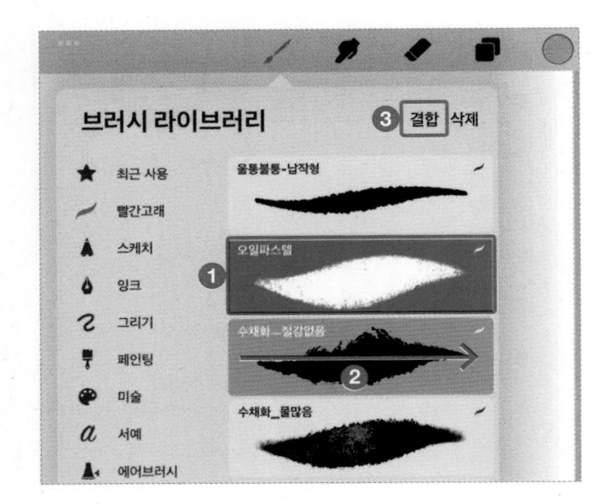

10 LESSON 프로크리에이트의 환경 설정

프로크리에이트를 사용하다 보면 화면의 밝기 조절과 같이 사용자 편의에 따라 앱의 환경 설정을 바꿔야 할 때가 있습니다. 동작 에서 [설정]을 터치하여 앱의 환경 설정을 수정해보겠습니다.

설정 수정하기

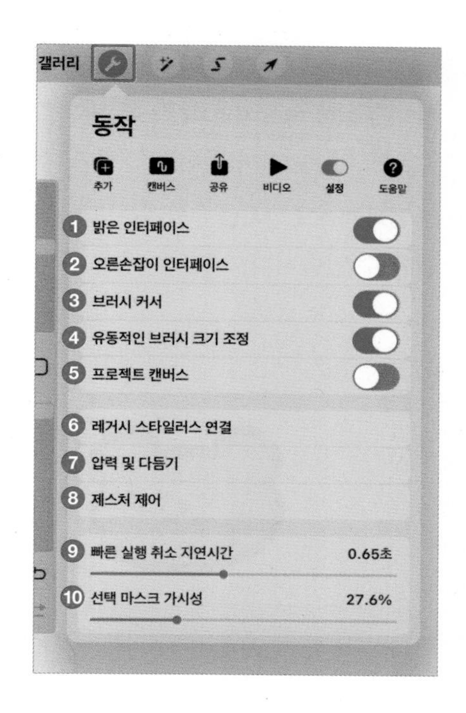

❶ **밝은 인터페이스** | 프로크리에이트는 어두운 모드가 기본 설정입니다. 활성화하면 밝은 모드로 바뀝니다.

❷ **오른손잡이 인터페이스** | 브러시 크기, 불투명도를 조절할 수 있는 사이드바가 오른쪽으로 이동합니다. 041쪽을 참고합니다.

❸ **브러시 커서** | 브러시로 드래그할 때 브러시 모양이 나타납니다.

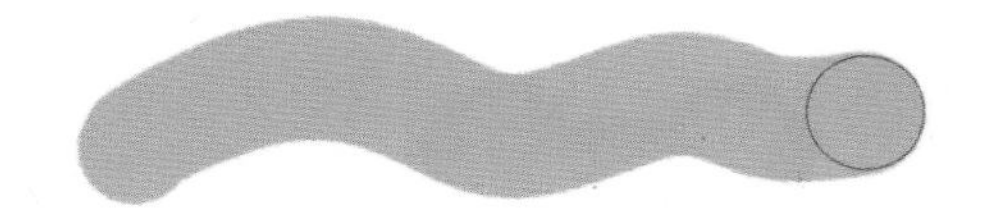

❹ **유동적인 브러시 크기 조정** | 캔버스를 확대하거나 축소해도 브러시의 두께가 일정하게 표현됩니다. 비활성화하면 캔버스를 확대/축소할 때마다 브러시의 두께가 다르게 표현됩니다. 활성화하여 사용하는 것이 좋습니다.

❺ **프로젝트 캔버스** | 프로크리에이트의 화면을 모니터와 같은 외부 디스플레이 장치로 내보낼 수 있습니다. 활성화하면 연결한 모니터에는 메뉴와 사이드바가 없는 캔버스만 보입니다.

❻ **레거시 스타일러스 연결** | 애플 펜슬을 제외한 다른 펜을 블루투스로 연결할 수 있습니다.

❼ **압력 및 다듬기** | 캔버스에 사용하는 모든 브러시에 손떨림 방지 기능을 조절할 수 있고, 회화적인 브러시에는 농담을 조절할 수 있습니다.

ⓐ **안정화** : 떨림을 보정하여 완만하고 반듯한 곡선으로 만듭니다.

ⓑ **움직임 필터링** : 거의 직선에 가깝게 보정합니다. 선을 그을 때 움직이게 되는 손목과 팔 전체의 흔들림을 잡아줍니다.

ⓒ **움직임 필터링 표현** : 굴곡이 있는 선의 경우 굴곡의 정도를 섬세하게 조절합니다.

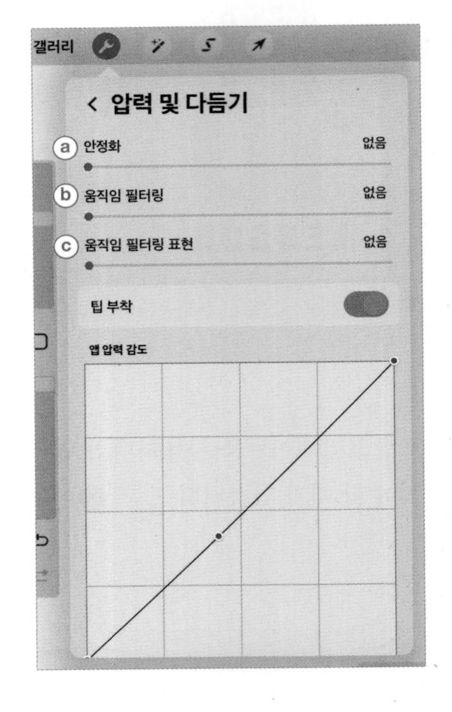

❽ **제스처 제어** | 손가락으로 조작하는 제스처를 설정할 수 있습니다. 335쪽을 참고합니다.

❾ **빠른 실행 취소 지연시간** | 두 손가락으로 터치하면 뒤로가기가 적용되고 두 손가락으로 계속 누르고 있으면 250회까지 뒤로 갑니다. 취소되는 속도를 천천히 또는 빠르게 조절할 수 있습니다.

❿ **선택 마스크 가시성** | 선택하고 나면 선택되지 않은 부분은 빗금 처리됩니다. 이 빗금의 밝기를 조절할 수 있습니다.

▲ 20% 적용

▲ 70% 적용

아이패드의 설정 활용하기

아이패드 [설정]에서 [Procreate]를 선택해도 환경 설정을 수정할 수 있습니다.

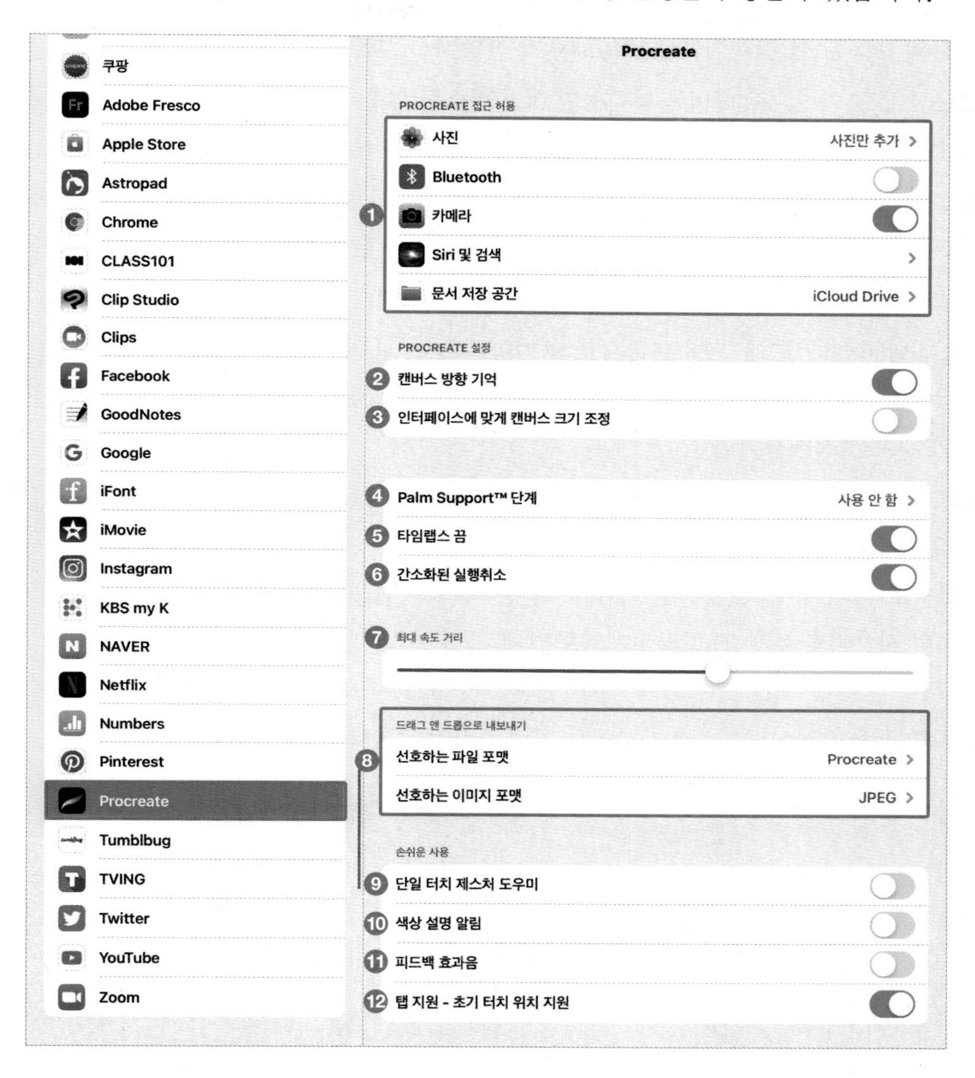

❶ 아이패드 내에 있는 앱과 프로크리에이트의 연동 여부를 선택할 수 있습니다.

❷ **캔버스 방향 기억** ㅣ 캔버스의 회전 방향이 함께 저장됩니다. 예를 들어 두 손가락으로 캔버스를 회전하고 저장했다면 회전된 상태로 저장됩니다. 단, 90˚, 180˚, 270˚, 360˚로 저장됩니다.

❸ **인터페이스에 맞게 캔버스 크기 조정** ㅣ 캔버스를 두 손가락으로 꼬집으면 아이패드 화면에 꽉 차도록 기본 정렬됩니다. 활성화하면 캔버스가 상단 메뉴와 사이드바 안쪽으로 기본 정렬됩니다. 비활성화하면 메뉴와 사이드바 아래에 캔버스가 겹치게 정렬됩니다.

❹ **Palm Support™ 단계** | (이 메뉴는 5.3.1 이상 버전부터는 삭제되었습니다.) 손바닥이 아이패드 화면에 닿아서 원하지 않는 선이 그어지거나 이동된다면 [Palm Support™ 단계]를 조절합니다.

❺ **타임랩스 끔** | 프로크리에이트에서 드로잉을 하면 기본적으로 타임랩스가 활성화되어 모든 동작이 녹화됩니다. [타임랩스 끔]을 활성화하면 타임랩스가 녹화되지 않습니다. 341쪽을 참고합니다.

❻ **간소화된 실행취소** | 두 손가락으로 화면을 터치하면 실행 취소됩니다. 이때 실행 취소 단계를 얼마나 세밀하게 나눌 것인지를 결정합니다. 비활성화하면 세세하게 단계를 나누어 뒤로가기가 적용됩니다.

❼ **최대 속도 거리** | [브러시 스튜디오]–[변동성]–[속도]의 [크기]와 [불투명도]를 조절하면 브러시 속도에 따라 브러시 크기와 불투명도가 달라집니다. 슬라이더바를 왼쪽으로 옮기면 속도에 민감하게 반응하고, 오른쪽으로 옮기면 둔감하게 반응합니다.

❽ **드래그 앤 드롭으로 내보내기** | 드래그 앤 드롭으로 파일을 내보낼 때의 파일과 이미지 형식을 결정합니다. 필자는 멀티태스킹으로 프로크리에이트의 그림을 다른 앱으로 내보낼 때 드래그 앤 드롭을 자주 사용하며 [JPEG]로 설정해둡니다.

❾ **단일 터치 제스처 도우미** | 활성화하면 프로크리에이트 화면 내에 제스처 옵션창이 나타납니다. 손가락으로 하던 제스처를 애플 펜슬로 터치하여 사용할 수 있습니다. 양손을 다 쓰기 불편한 사용자를 위한 프로크리에이트의 배려 있는 기능입니다.

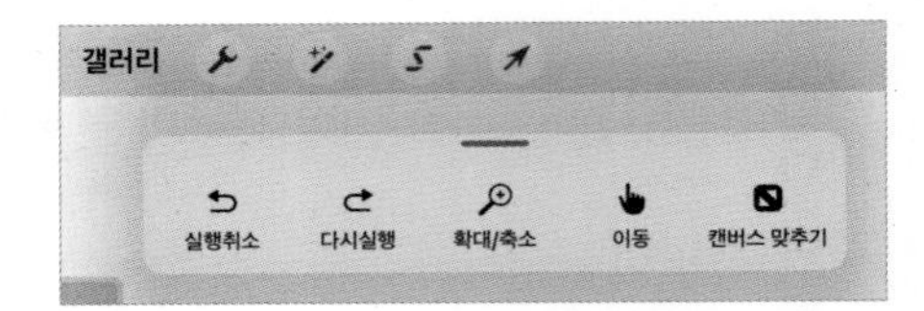

❿ **색상 설명 알림** | 활성화해두면 손가락으로 화면을 길게 누를 때 상단에 색상 이름이 나타납니다.

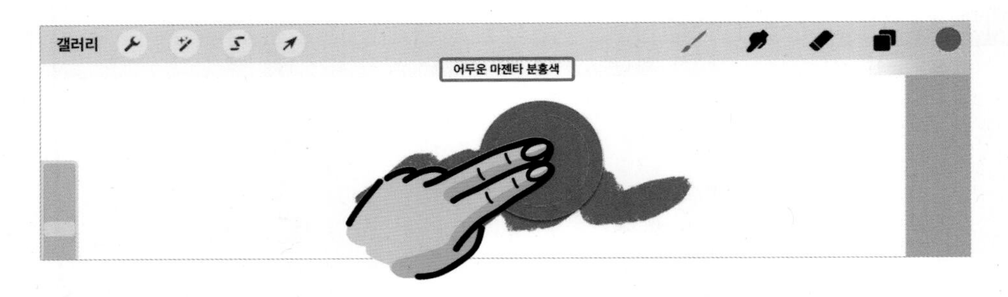

⓫ **피드백 효과음** | 프로크리에이트의 버튼이나 슬라이더를 터치할 때 소리가 납니다.

⓬ **탭 지원 – 초기 터치 위치 지원** | 아이패드 [설정⚙]의 [손쉬운 사용]–[터치]–[AssistiveTouch] 기능은 손떨림이 있고 미세한 손동작이 어려운 사용자를 위한 기능입니다. 그러나 [AssistiveTouch]를 활성화하고 사용하면 프로크리에이트에서 선이 잘 그어지지 않거나 제스처가 잘 동작되지 않습니다. 이때 [탭 지원– 초기 터치 위치 지원]을 활성화하면 프로크리에이트 내에서 드로잉 및 터치가 잘 동작됩니다. '초기 터치 위치 지원'이란 첫 터치 후에 발생하는 후속 터치에 영향을 받지 않는다는 뜻입니다.

11 LESSON 그림에 다양한 효과를 주는 조정

조정 메뉴 알아보기

조정 을 터치하면 그림을 보정하거나 특수한 효과를 주는 다양한 메뉴가 나타납니다. 원하는 메뉴를 터치하면 해당 메뉴의 이름(ⓐ)이 캔버스 상단에 나타납니다. 메뉴 이름을 터치하면 레이어 전체(ⓑ)에 적용할 것인지 특정 부분(ⓒ)에 적용할 것인지 선택할 수 있습니다. 한 손가락으로 캔버스를 터치하면 [적용], [취소], [초기화], [실행취소], [미리보기](ⓓ)를 선택할 수 있습니다.

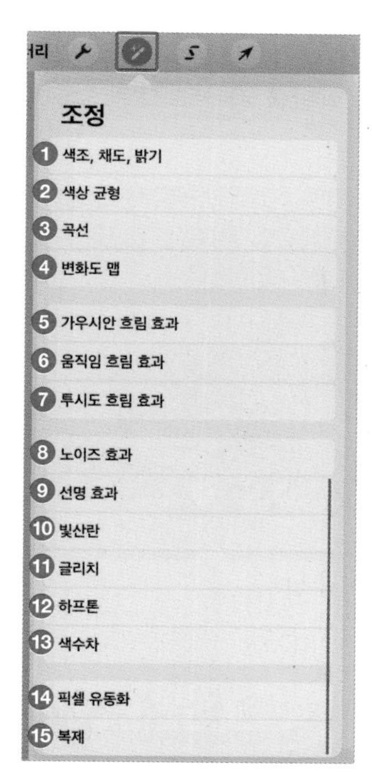

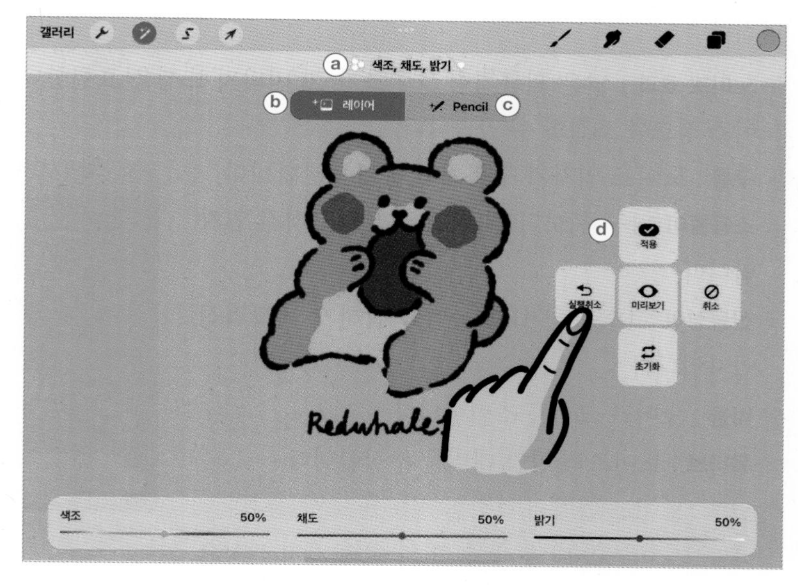

❶ 색조, 채도, 밝기 | 색조, 채도, 밝기를 조절할 수 있습니다. 조정 메뉴에서 자주 사용하는 기능입니다.

❷ **색상 균형** | 색상을 수정할 수 있습니다. 그림에서 부족한 색감을 더하거나 뺄 수 있습니다.

❸ **곡선** | 그래프의 곡선으로 밝기나 색상을 수정할 수 있습니다. 슬라이더로 하는 것보다 더 자연스럽게 변경할 수 있습니다. [감마]는 전체적인 밝기를 수정합니다. [색상]을 선택하고 곡선을 수정하면 자연스럽게 색상이 더해지거나 빠집니다.

❹ **변화도 맵** | 분위기 있는 색상 모드로 수정할 수 있습니다. [변화도 라이브러리]에서 원하는 모드를 선택할 수 있고 화면을 좌우로 드래그하여 색상 모드의 적용 정도를 조절할 수 있습니다.

❺ **가우시안 흐림 효과** | 초점이 나간 것처럼 흐려집니다. 화면을 좌우로 드래그하면 흐림 정도를 조절할 수 있습니다.

❻ **움직임 흐림 효과** | 빠르게 움직이는 것 같은 효과를 냅니다. 화면을 좌우로 드래그하면 흐림 정도와 방향을 조절할 수 있습니다.

❼ **투시도 흐림 효과** | [투시도 흐림 효과]를 선택하면 캔버스 가운데에 원이 생깁니다. 이 원을 기준으로 방사형 흐림 효과가 적용되어 빨려 들어가는 듯한 효과를 줄 수 있습니다. 원을 드래그하여 기준점을 옮길 수 있고, 화면을 좌우로 드래그하여 투시도 흐림 정도를 조절할 수 있습니다. [방향성 방향성]을 터치하면 방사형으로 흐려지고 [방향성 방향성]을 터치하면 어느 한쪽 방향으로만 흐려집니다.

❽ **노이즈 효과** | 낡은 필름처럼 노이즈가 낀 빈티지 느낌을 표현합니다. 화면을 좌우로 드래그하면 노이즈 정도를 조절할 수 있습니다.

ⓐ **구름** : 노이즈 입자가 구름처럼 동글동글합니다.
ⓑ **소용돌이** : [구름]보다 더 복잡하게 찌그러진 입자입니다.
ⓒ **산등성이** : [소용돌이]보다 더 복잡하게 찌그러진 입자입니다.
ⓓ **비율** : 노이즈 크기를 조절합니다.
ⓔ **옥타브** : 노이즈의 명암 대비를 조절합니다.
ⓕ **난류** : 노이즈 입자의 복잡함 정도를 조절합니다.
ⓖ **채널** : 노이즈를 단일 색상, 또는 여러 가지 색상으로 적용할 수 있습니다.

❾ **선명 효과** | 선명도를 조절할 수 있습니다. 다음과 같이 배경은 흐리게 하고 앞에 있는 검은색 실루엣에 선명 효과를 주어서 더욱 선명하게 표현하여 배경과 차이를 줄 수 있습니다.

❿ **빛산란** | 찬란하게 빛나는 효과를 줄 수 있습니다. 화면을 좌우로 드래그하면 정도를 조절할 수 있습니다.

ⓐ **전환효과** : 빛의 가장 밝은 부분이 적용되는 영역을 조절합니다.
ⓑ **크기** : 빛의 크기를 조절합니다.
ⓒ **번** : 빛이 타오르는 정도를 조절합니다.

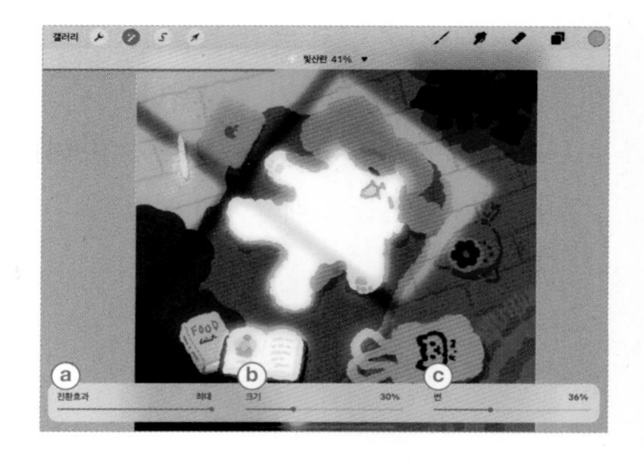

⓫ **글리치** | 화면이 깨지는 듯한 효과를 줄 수 있습니다. 화면을 좌우로 드래그하면 글리치의 적용 정도를 조절할 수 있습니다.

ⓐ **인공결함** : 모니터가 깨진 듯한 느낌입니다.
ⓑ **파동** : 화면이 여러 개로 잘린 듯한 느낌입니다.
ⓒ **신호** : TV 신호가 잡히지 않는 것처럼 화면이 겹쳐 보이는 느낌입니다.
ⓓ **분기** : [파동]과 [신호]가 섞인 느낌입니다.
ⓔ **양** : 조각의 양을 조절합니다.
ⓕ **블록 크기** : 조각의 크기를 조절합니다.
ⓖ **확대/축소** : 전체 효과의 크기를 조절합니다.

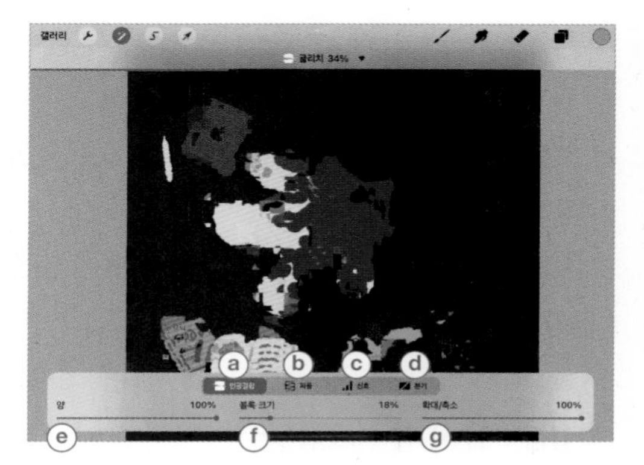

⓬ **하프톤** | 망점이 추가된 빈티지 느낌을 표현합니다. 화면을 좌우로 드래그하면 망점의 크기가 조절됩니다.

ⓐ **전체 색상** : 여러 가지 색상으로 망점이 표현됩니다.
ⓑ **화면 프린트** : [전체 색상]보다 색상 수가 줄어들고 명암 대비가 커집니다.
ⓒ **신문** : 흑백으로 바뀝니다.

⑬ **색수차** | 색상이 다른 레이어가 여러 개로 겹쳐 보이는 듯한 효과를 표현합니다. 화면을 좌우로 드래그하면 색수차의 정도가 조절됩니다.

ⓐ **원근** : 기준점을 두고 방사형으로 겹쳐집니다.

ⓑ **옮겨놓기** : 화면을 드래그하면 여러 개의 레이어가 이동됩니다.

ⓒ **흐림 효과** : 초점이 나간 듯한 효과를 줍니다.

ⓓ **불투명도** : 불투명도를 조절합니다.

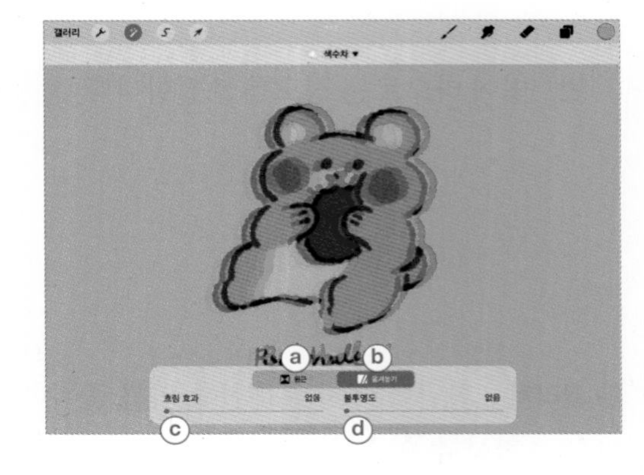

⑭ **픽셀 유동화** | 드래그하는 대로 형태가 늘어나거나 오므려집니다.

ⓐ **밀기** : 형태를 밀어서 늘리거나 오므립니다.

ⓑ **비틀기 시계방향/비틀기 반시계방향** : 소용돌이치듯 형태가 돌돌 말립니다.

ⓒ **꼬집기** : 터치한 지점을 기준으로 형태가 오므라듭니다.

ⓓ **확장** : 터치한 지점을 기준으로 형태가 확장됩니다.

ⓔ **결정** : 물이 얼 때 생기는 결정체 모양으로 형태가 변합니다.

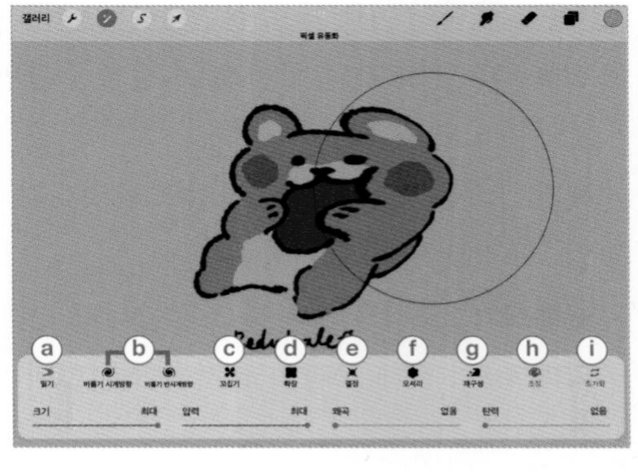

ⓕ **모서리** : 터치한 지점을 기준으로 모서리처럼 모입니다.

ⓖ **재구성** : 픽셀 유동화의 모든 기능을 취소합니다.

ⓗ **조정** : 픽셀 유동화의 모든 기능의 강도를 조절합니다.

ⓘ **초기화** : 처음으로 되돌아갑니다.

⑮ **복제** | [복제]를 선택하면 캔버스 가운데에 원이 생깁니다. 원에서 떨어진 지점을 드래그하면 원이 있는 지점의 오브젝트가 복제됩니다. 원은 드래그하여 이동할 수 있습니다.